WESTERN NAVAJO RESERVATION
NAVAJO, HOPI AND PAIUTE
1933 CENSUS
WITH BIRTH & DEATH ROLLS
1925-1933

TRANSCRIBED BY
JEFF BOWEN
NATIVE STUDY
Gallipolis, Ohio
USA

Copyright © 2015
by Jeff Bowen

ALL RIGHTS RESERVED
No part of this publication may be reproduced
or used in any form or manner whatsoever
without previous written permission from the
copyright holder or publisher.

Originally published:
Baltimore, Maryland
2015

Reprinted by:

Native Study LLC
Gallipolis, OH
www.nativestudy.com
2020

Library of Congress Control Number: 2020916929

ISBN: 978-1-64968-057-0

Made in the United States of America.

This book is dedicated
to Larry and Sue Priest
who every day
"Fight the Good Fight"

Other Books and Series by Jeff Bowen

1901-1907 Native American Census Seneca, Eastern Shawnee, Miami, Modoc, Ottawa, Peoria, Quapaw, and Wyandotte Indians (Under Seneca School, Indian Territory)

1932 Census of The Standing Rock Sioux Reservation with Births And Deaths 1924-1932

Census of The Blackfeet, Montana, 1897- 1901 Expanded Edition

Eastern Cherokee by Blood, 1906-1910, Volumes I thru XIII

Choctaw of Mississippi Indian Census 1929-1932 with Births and Deaths 1924-1931   Volume I

Choctaw of Mississippi Indian Census 1933, 1934 & 1937, Supplemental Rolls to 1934 & 1935 with Births and Deaths 1932-1938, and Marriages 1936-1938 Volume II

Eastern Cherokee Census Cherokee, North Carolina 1930-1939 Census 1930-1931 with Births And Deaths 1924-1931 Taken By Agent L. W. Page Volume I

Eastern Cherokee Census Cherokee, North Carolina 1930-1939 Census 1932-1933 with Births And Deaths 1930-1932 Taken By Agent R. L. Spalsbury   Volume II

Eastern Cherokee Census Cherokee, North Carolina 1930-1939 Census 1934-1937 with Births and Deaths 1925-1938 and Marriages 1936 & 1938 Taken by Agents R. L. Spalsbury And Harold W. Foght Volume III

Seminole of Florida Indian Census, 1930-1940 with Birth and Death Records, 1930-1938

Texas Cherokees 1820-1839 A Document For Litigation 1921

Choctaw By Blood Enrollment Cards 1898-1914 Volumes I thru XVII

Starr Roll 1894 (Cherokee Payment Rolls) Districts: Canadian, Cooweescoowee, and Delaware Volume One

Starr Roll 1894 (Cherokee Payment Rolls) Districts: Flint, Going Snake, and Illinois   Volume Two

Starr Roll 1894 (Cherokee Payment Rolls) Districts: Saline, Sequoyah, and Tahlequah; Including Orphan Roll   Volume Three

Cherokee Intruder Cases Dockets of Hearings 1901-1909 Volumes I & II

Other Books and Series by Jeff Bowen

Indian Wills, 1911-1921 Records of the Bureau of Indian Affairs Books One thru Seven;

Native American Wills & Probate Records 1911-1921

Turtle Mountain Reservation Chippewa Indians 1932 Census with Births & Deaths, 1924-1932

Chickasaw By Blood Enrollment Cards 1898-1914 Volume I thru V

Cherokee Descendants East An Index to the Guion Miller Applications Volume I
Cherokee Descendants West An Index to the Guion Miller Applications Volume II (A-M)
Cherokee Descendants West An Index to the Guion Miller Applications Volume III (N-Z)

Applications for Enrollment of Seminole Newborn Freedmen, Act of 1905

Eastern Cherokee Census, Cherokee, North Carolina, 1915-1922, Taken by Agent James E. Henderson   Volume I (1915-1916)
Volume II (1917-1918)
Volume III (1919-1920)
Volume IV (1921-1922)

Complete Delaware Roll of 1898

Eastern Cherokee Census, Cherokee, North Carolina, 1923-1929, Taken by Agent James E. Henderson   Volume I (1923-1924)
Volume II (1925-1926)
Volume III (1927-1929)

Applications for Enrollment of Seminole Newborn Act of 1905 Volumes I & II

North Carolina Eastern Cherokee Indian Census 1898-1899, 1904, 1906, 1909-1912, 1914 Revised and Expanded Edition

1932 Hopi and Navajo Native American Census with Birth & Death Rolls (1925-1931) Volume 1 - Hopi

1932 Hopi and Navajo Native American Census with Birth & Death Rolls (1930-1932) Volume 2 - Navajo

Visit our website at **www.nativestudy.com** to learn more about these and other books and series by Jeff Bowen

TABLE OF CONTENTS

Introduction	vii
Census Instructions	xi
1933 Navajo Census	1
1933 Hopi Census	125
1933 Paiute Census	137
Additions and Deductions	139

BIRTHS

Navajo Birth Rolls

Year 1925	141
Year 1926	141
Year 1927	141
January 1, 1928 – June 30, 1928	141
July 1, 1928 – June 30, 1929	142
July 1, 1929 – June 30, 1930	146
July 1, 1930 – June 30, 1931	149
July 1, 1931 – June 30, 1932	152
July 1, 1932 – March 30, 1933	154

Hopi Birth Rolls

January 1 – June 30, 1927	155
July 1, 1927 – June 30, 1928	155
July 1, 1928 – June 30, 1929	155
July 1, 1929 – March 31, 1930	155
April 1, 1930 – March 31, 1931	156
April 1, 1931 – March 31, 1932	156
April 1, 1932 – March 31, 1933	157

Paiute Birth Rolls

April 1, 1930 – March 31, 1931	161
April 1, 1931 – March 31, 1932	161

DEATHS

Navajo Death Rolls

April 1, 1926 – March 31, 1927	165
April 1, 1927 – March 31, 1928	165
April 1, 1928 – March 31, 1929	165
April 1, 1929 – March 31, 1930	166

TABLE OF CONTENTS

April 1, 1930 – March 31, 1931   168
April 1, 1931 – March 31, 1932   170
April 1, 1932 – March 31, 1933   171

Hopi Death Rolls
April 1, 1927 – March 31, 1928   175
April 1, 1928 – March 31, 1929   175
April 1, 1929 – March 31, 1930   175
April 1, 1930 – March 31, 1931   175
April 1, 1931 – March 31, 1932   175
April 1, 1932 – March 31, 1933   176

Paiute Death Rolls
April 1, 1931 – March 31, 1932   179

Index   181

INTRODUCTION

These records have been transcribed from the National Archival film roll M-595 Roll 644, Indian Census Rolls 1885-1940 (Navajo, Hopi and Paiute Indians), 1933 with Birth and Death rolls, 1925-1933. At the beginning of this book is a set of instructions explaining how to read the census and use the key at the top of each page. The original 1933 Census data was typed using columns with labels at the top of each column; however, in this transcription semicolons are used instead of columns to save space. The 1933 Census provides the following information on each individual: Census Number, Surname, Given Name, Sex, Year of Birth, Age at Last Birthday, Tribe, Degree of Blood (F= Full, 1/2= Half), Marital Status, Relationship to Head of Family, Whether at Jurisdiction Where Enrolled (yes/no), Whether A Ward, and Allotment, Annuity and/or Identification Number. The Census starts with the Navajo, which is the largest of the three tribes, then the Hopi, and lastly the Paiute. All persons enumerated in the census are numbered consecutively, despite the change in tribal affiliation, and the author has placed the tribe's name on those pages where a tribal change took place within the census. Readers should check the table of contents for each census division or location. Each tribal census is in alphabetical order but in a few instances a name has been inserted that disrupts the sequence and has created the need for a limited index in the back of the book.

The birth records transcribed for this book were originally published by the author in a separate 1996 publication. Their inclusion here completes the transcription of M-595 Roll 644, and offers researchers the opportunity to examine its contents in one place.

In all cases, the author has been careful to copy the names and dates exactly as indicated on these microfilm records. It is the hope of the author that these pages will be of great value to those seeking their heritage concerning these tribes and that they will honor the people of each tribe concerned and their ancestors. Following is a synopsis of the history and culture of the three tribes under discussion:

"The Navajo have been in the Southwest since at least 1300, after migrating from western Canada. Today, they call themselves Dine', "The People." The Navajo people are most closely related by language and culture to the Apache peoples of the Southwest, but Navajo religion shares many elements with the religions of nearby Pueblo peoples."[1]

"Until contact with Pueblos and the Spanish, the Navajo were largely hunters and gatherers. The tribe adopted crop farming techniques from the Pueblo peoples, growing mainly corn, beans, and squash. When the Spanish arrived, the Navajo began herding sheep and goats as a main source of trade and food, with meat becoming an essential component of the Navajo diet. Sheep also became a form of currency and status symbol among the Navajo based on the overall quantity of herds a family maintained. In

---

[1] National Geographic Indian Nations of North America p224 para 2.

addition, the practice of spinning and weaving wool into blankets and clothing became common and eventually developed into a form of highly valued artistic expression."[2]

"The Hopi live in northeastern Arizona, on a dry, stark high-desert plateau surrounded by the much larger Navajo Reservation. Their 12 villages include what is probably the oldest continually inhabited community in the United States, Old Oraibi, which dates back to 1150. The villages are high on First Mesa, Second Mesa, and Third Mesa, with farming in the valleys below. The villages are the focus of elaborate religious ceremonies that involve dances by colorful masked figures of the Kachinas, the spirits of nature and dead ancestors. The traditional Hopi language of most of the villages is in the Uto-Aztecan family, different from that of the other Pueblo peoples. One village belongs to a group of Tewa speakers, the Hopi-Tewa, who have been there since about 1700."[3]

"The Southern Paiute traditionally lived in the Colorado River basin and Mojave Desert in northern Arizona and southeastern California including Owens Valley, southern Nevada and southern Utah. Terminated as a tribe in 1954 under federal efforts at assimilation, the Southern Paiute regained federal recognition in 1980. Many of these Paiute traded with coastal tribes; for example, tribes of the Owens Valley have been proven to trade with the Chumash of the Central Coast, based upon archaeological recovery at Morro Creek. A band of Southern Paiute at Willow Springs and Navajo Mountain, south of the Grand Canyon, reside inside the Navajo Indian Reservation. These "San Juan Paiute" were officially recognized as a separate tribe by the Bureau of Indian Affairs in 1980."

"The first European contact with the Southern Paiute occurred in 1776, when fathers Silvestre Vélez de Escalante and Francisco Atanasio Dominguez encountered them during an attempt to find an overland route to the missions of California. They noted that the some of the Southern Paiute men 'had thick beards and were thought to look more in appearance like Spanish men than Native Americans'. Before this date, the Southern Paiute suffered slave raids by the Navajo and the Ute. The arrival of Spanish and later Euro-American explorers into their territory increased slave raiding by other tribes. In 1851, Mormon settlers strategically occupied Paiute water sources, which created a dependency relationship. But, the presence of Mormon settlers soon ended the slave raids, and relations between the Paiutes and the Mormons were basically peaceful. The Mormon missionary Jacob Hamblin worked at diplomatic efforts. The introduction of European settlers and agricultural practices (most especially large herds of cattle) made it difficult for the Southern Paiute to continue their traditional lifestyle, as it drove away the game and reduced their ability to hunt, as well as to gather natural foods. Today Southern Paiute communities are located at Las Vegas, Pahrump, and Moapa, in Nevada; Cedar City, Kanosh, Koosharem, Shivwits, and Indian Peaks, in Utah; at Kaibab and Willow Springs, in Arizona; Death Valley and at the Chemehuevi Indian Reservation

---

[2] Wikipedia, Navajo People.

[3] National Geographic Indian Nations of North America p 210 para 1.

and on the Colorado River Indian Reservation in California. Some would include the 29 Palms Reservations in San Bernardino and Counties of California."[4]

"The San Juan Southern Paiutes lived east of the Grand Canyon, in lands bounded by the San Juan and Colorado Rivers for centuries. Although they lived by the Hopi and Navajo people, the San Juan Southern Paiutes maintained their own distinct language and culture. Several of their communities were on what is now the Navajo Reservation in north Arizona, California, Nevada, and Utah."[5]

[The next paragraph gives a little background about Tuba City, Arizona, the location of the Western Navajo Reservation and its importance to the three tribes.]

"The written history of the town dates back more than 200 years. When Father Francisco Garcés visited the area in 1776, he recorded that the Indians were cultivating crops. The town was named after Tuuvi, a Hopi leader. Chief Tuuvi converted to Mormonism circa 1870, and invited the Mormons to settle near Moenkopi. Tuba City was founded by the Mormons in 1872. Tuba City drew Hopi, Navajo and Paiute Indians to the area because of its natural springs. In 1956, Tuba City became a uranium boomtown, as the regional office for the Rare Metals Corporation and the Atomic Energy Commission. The mill closed in 1966, and reclamation of the millsite and tailings pile was completed in 1990. Tuba City is located within the Painted Desert near the western edge of the Navajo Nation. The town is situated on U.S. Route 160, near the junction with Arizona State Route 264. Tuba City is located about 50 miles (80 km) from the eastern entrance to Grand Canyon National Park. Most of Tuba City's residents are Navajo, with a small Hopi minority."[6]

Jeff Bowen
Gallipolis, Ohio
NativeStudy.com

---

[4] Wikipedia, Southern Paiute.

[5] Wikipedia, San Juan Southern Paiute Tribe of Arizona.

[6] Wikipedia, Tuba City, Arizona, History.

INSTRUCTIONS

(*A*) A separate roll is to be made of each reservation; also, of each *rancheria* or reserve, and a separate roll of Indians allotted on the public domain or homesteading. The roll is to be based on enrollment and not on residence.

(*B*) Persons are to be listed by families alphabetically; that is, not only by the first letter of the surname, but also by the second and subsequent letters when the first letter or letters are the same. For example: Ab*a*lon, Ab*b*ott, Ab*c*on, Ab*e*nd, Ab*i*ct; B*a*ll, B*e*ll, B*i*ll, B*o*ll, B*u*ll; ...etc. Families having the same surname are also to be listed in this way, e.g.; Brown, *A*nson; Brown, *B*ill; Brown, *C*harles; Brown, *D*avid. In the case of English translations of Indian names, such as John *Flying-Elk*, Flying-Elk is the surname and is to be listed under F. In such cases the first word of the translated Indian name determines the alphabetical position. The best way to accomplish this will be to write the names of each family group on a separate card; then, arrange the cards alphabetically and type the names therefrom onto the census roll.

Members of a family are to be listed in the following order: Head, first; wife, second; then children, whether sons or daughters, *in the order of their ages*; and lastly, all other relatives and persons living with the family who do not constitute another family group.

Annuity and per capita payment rolls are also to be prepared in the same manner.

(*C*) A family is composed of the following members:
1. Both parents and their unmarried children, if any, living with them; all other relatives and persons living with the family who do not constitute another family group.
2. Either parent and the unmarried children, if the other parent is dead; all other relatives and persons living with the family who do not constitute another family group.
3. A single person over 21 years of age, not living with a relative.

(*D*) For each person the following information is to be furnished:
1. NUMBER. – A number is to be assigned in serial order. Thus, the first person listed is to be numbered as "1," the second, as "2," and so on until the census is completed.
2. NAME. – If there are both an Indian and an English name, the allotment or annuity roll name is to be given. First, the last or surname; then, the given name in full. Ditto marks are to be used under the surname of the head for the surnames of the other members of one family.
3. SEX. – "M" for male; "F" for female.
4. AGE AT LAST BIRTHDAY. – Age in completed years at last birthday is to be shown. For infants under 1 year, age in completed months, expressed as twelfths of a year. Thus, 3 months as 3/12 yr.
5. TRIBE. – Care is to be taken that tribe, not band or local name, is given. Thus, Ute tribe, not Pahvant, which is a band of Ute. Likewise, Hupa tribe, not Bear River, which is a local name for the members of the Hupa tribe living near Bear River.
6. DEGREE OF BLOOD. – "F" for full blood; "1/4+" for one-fourth or more

INSTRUCTIONS

Indian blood; "-1/4" for less than one fourth Indian blood.
7. MARITAL STATUS. – "S" for a single or unmarried person; "M" for a married person; and "Wd" for widowed of either sex.
8. RELATIONSHIP TO HEAD OF FAMILY. – The head, whether husband or father, widow or unmarried person of either sex, is to be designated as such. For the other members, the appropriate term which designates the particular relationship the person bears to the head is to be used.
9. RESIDENCE. –
    (*a*) At *jurisdiction* where enrolled: Yes or no. The term jurisdiction includes all reservations and public domain allotments under the agency.
    (*b*) *Or* at another jurisdiction. The name of the jurisdiction is to be given.
    (*c*) *Or* elsewhere:
        1. Post office: Both the proper name of the post office and the class by which it is known (city, town, village, etc.) are to be given. Thus, Lewiston, city.
        2. County.
        3. State.
10. WARD. – Yes or no. Wardship depends primarily upon the ownership of individual property held in trust or upon membership in a tribe living on a Federal reservation.

11. ALLOTMENT, ANNUITY, AND IDENTIFICATION NUMBERS. —"Al", for allotment; "An", for annuity; and "Id", for identification, before the appropriate number or numbers. All numbers are to be shown.

(*E*) Rolls not prepared in strict conformity with the above instructions will be returned for correction.

Western Navajo Reservation
1933 Census Roll

Key: Number; Surname Given; Sex; Year Born and Age at Last Birthday; Tribe; Degree of Blood; Marital Status; Relationship to Head of Family & No. Last Census Roll; At Jurisdiction Where Enrolled (Yes/No); (If no – Where); Ward (Yes/No); Allotment Annuity and/or Identification Numbers

NAVAJO

1 Acneenez, Verne; m; 1911 22; Navajo; F; s; alone 1; yes; yes; id-85 892

2 Acothley, Dan; m; 1894 39; Navajo; F; m; head 2; yes; yes; id-71 546
3 " Margaret; f; 1903 30; Navajo; F; m; wife#1 3; yes; yes; id-71 547
4 " Janet; f; 1919 14; Navajo; F; s; dau 4; yes; yes; id-71 548
5 " Joe; m; 1921 12; Navajo; F; s; son 5; yes; yes; id-71 549
6 " Away; ?; Navajo; F; s; ? 6; yes; yes; id- 803
7 " John; m; 1925 8; Navajo; F; s; son 7; yes; yes; id-71 550
8 " Frances; f; 1929 4; Navajo; F; s; dau 8; yes; yes; id-77 718
9 " Sarah; f; 1912 21; Navajo; F; m; wife#2 9; yes; yes; id-71 551
10 " Paul; m; 1928 5; Navajo; F; s; son 10; yes; yes; id-71 552
11 " Pauline; f; 1931 2; Navajo; F; s; dau 11; yes; yes; id-71 872
12 Depthloney, Nancy; f; 1913 20; Navajo; F; s; niece 12; yes; yes; id-71 553

13 Adaciah, Ace; m; unk.; Navajo; F; m; head 13; yes; yes; id-73 487
14 " Ina; f; 1873 60; Navajo; F; m; wife 14; yes; yes; id-73 488
15 Standly, Inez; f; 1915 18; Navajo; F; s; st.dau 15; yes; yes; id-73 489
16 " Mabel; f; 1917 16; Navajo; F; s; st.dau 16; yes; yes; id-73 490
17 Stanley, Margery; f; 1925 8; Navajo; F; s; grand-dau 17; yes; yes; id- 73491

18 Adaiki, Jessie; m; 1881 52; Navajo; F; m; head 18; yes; yes; id- 81704
19 " Lulu; f; 1898 35; Navajo; F; m; wife 19; yes; yes; id- 81705
20 " Arlo; m; 1921 12; Navajo; F; s; son 20; yes; yes; id- 81706
21 " Keith; m; 1923 9; Navajo; F; s; son 21; yes; yes; id- 81707
22 " Warren; m; 1926 7; Navajo; F; s; son 22; yes; yes; id- 81708

23 Adakiah, Ab; m; 1873 60; Navajo; F; m; head 23; yes; yes; id- 73157
24 " Jane; f; 1867 66; Navajo; F; m; wife 24; yes; yes; id- 73158
25 " Elmer; m; 1913 20; Navajo; F; s; son 25; yes; yes; id- 73377
26 " Fay; f; 1922 11; Navajo; F; s; dau 26; yes; yes; id- 73161

27 Adakiah, Alford; m; 1882 51; Navajo; F; m; head 27; yes; yes; id- 73375
28 " Sela; f; 1889 44; Navajo; F; m; wife#1 28; yes; yes; id- 73155
29 " Adloid; 1890 43; Navajo; F; m; wife#2 29; yes; yes; id- 73156
30 " Annie; f; 1902 31; Navajo; F; wd; head 30; yes; yes; id- 73071
31 " Ed.; m; 1928 5; Navajo; F; s; son 31; yes; yes; id- 73072

32 Adakiah, Wade; m; 1874 59; Navajo; F; m; head 32; yes; yes; id- 73064
33 " Nua; f; 1886 47; Navajo; F; m; wife 33; yes; yes; id- 73065
34 " Gie (Guy); m; 1917 16; Navajo; F; s; son 34; yes; yes; id- 73067
35 " Fred; m; 1918 15; Navajo; F; s; son 35; yes; yes; id- 73068
36 " Hattie; f; 1924 9; Navajo; F; s; dau 36; yes; yes; id- 73069

Western Navajo Reservation
1933 Census Roll

Key: Number; Surname Given; Sex; Year Born and Age at Last Birthday; Tribe; Degree of Blood; Marital Status; Relationship to Head of Family & No. Last Census Roll; At Jurisdiction Where Enrolled (Yes/No); (If no – Where); Ward (Yes/No); Allotment Annuity and/or Identification Numbers

37 Adakiah, Tillman; m; 1926 7; Navajo; F; s; son 37; yes; yes; id- 73070
38 " Frank; m; 1929 4; Navajo; F; s; son 38; yes; yes; id- 73080

39 Adams, Bessie; f; 1904 29; Navajo; F; wd; head 39; yes; yes; id- 77353
40 " Ruth; f; 1923 10; Navajo; F; s; dau 40; yes; yes; id- 77354
41 " Bill; m; 1925 8; Navajo; F; s; son 41; yes; yes; id- 77355

42 Adams, Juliet; f; 1869 64; Navajo; F; wd; head 42; yes; yes; id- 71904

43 Adson, Fred; m; 1899 34; Navajo; F; m; head 43; yes; yes; id- 75 586
44 " May; f; 1906 27; Navajo; F; m; wife 44; yes; yes; id- 75 587
45 " Helen; f; 1924 9; Navajo; F; s; dau 45; yes; yes; id- 75 588
46 " mark; m; 1929 4; Navajo; F; s; son 46; yes; yes; id- 79 825

47 Adson chicchee, Austa; f; 1890 43; Navajo; F; wd; head 47; yes; yes; id- 71 343
48 " " Brian; m; 1907 26; Navajo; F; s; son 48; yes; yes; id- 71 343
49 " " Dale; m; 1909 24; Navajo; F; s; son 49; yes; yes; id- 71 344
50 " " Haswood; m; 1920 13; Navajo; F; s; son 50; yes; yes; id- 71 345
51 Lincheeze, Lillie; f; 1917 16; Navajo; F; s; grand-d 51; yes; yes; id- 71 347
52 Adson chicchee, Sosie; m; 1921 12; Navajo; F; s; grand-s 51; yes; yes; id- 71 346

53 Akee, Abbie Canyon; f; 1908 25; Navajo; F; m; wife 53; yes; Married to Akee of Keams Canyon; yes; id- 71 794
54 " Dora; f; 1931 2; Navajo; F; s; dau 54; yes; id- 83 707

55 " Nancy; f; 1857 76; Navajo; F; wd; head 55; yes; yes; id- 71 925

56 Alford, Lucy; f; 1888 45; Navajo; F; sep; head 56; yes; yes; id- 71 074
57 " John; m; 1920 13; Navajo; F; s; son 57; yes; yes; id- 71 075
58 " Manley; m; 1922 11; Navajo; F; s; son 58; yes; yes; id- 71 076
59 " Zella; f; 1925 8; Navajo; F; s; dau 59; yes; yes; id- 71 077

60 Allen, Ben; m; Unk; Navajo; F; m; head 60; yes; yes; id- 71 081
61 Died Feb. 1934 Bessie; f; 1868 65; Navajo; F; m; wife 61; yes; yes; id- 71 082
62 " Zinni; m; 1907 26; Navajo; F; s; son 62; yes; yes; id- 71 083
63 " Stella; f; 1911 22; Navajo; F; s; son 63; yes; yes; id- 71 084
64 " Sate; m; 1912 21; Navajo; F; s; son 64; yes; yes; id- 71 085

65 Allen, Joe; m; 1899 34; Navajo; F; m; head 65; yes; yes; id- 73286
66 " Jettie; f; 1904 29; Navajo; F; m; wife 66; yes; yes; id- 73 284
67 " Kee; m; 1923 10; Navajo; F; s; son 67; yes; yes; id- 73 635
68 " Nelda; f; 1926 7; Navajo; F; s; dau 68; yes; yes; id- 73 285
69 " Jedd; m; 1929 4; Navajo; F; s; son 69; yes; yes; id- 73 755
70 " Mark; m; 1930 3; Navajo; F; s; son 70; yes; yes; id- 73 856

Western Navajo Reservation
1933 Census Roll

Key: Number; Surname Given; Sex; Year Born and Age at Last Birthday; Tribe; Degree of Blood; Marital Status; Relationship to Head of Family & No. Last Census Roll; At Jurisdiction Where Enrolled (Yes/No); (If no – Where); Ward (Yes/No); Allotment Annuity and/or Identification Numbers

71 Althbah, Nettie; f; 1903 30; Navajo; F; sep; head 71; yes; yes; id- 71 041
72 "   Willie; m; 1924 9; Navajo; F; s; son 72; yes; yes; id- 71 042
73 "   Nellie; f; 1927 6; Navajo; F; s; dau 73; yes; yes; id- 71 043

74 Andrews, Bertie; m; 1910 23; Navajo; F; wd; head 74; yes; yes; id- 79 417
75 "   Billie; m; 1928 5; Navajo; F; s; son 75; yes; yes; id- 79 418

76 Andrews, Madge; f; 1877 56; Navajo; F; wd; head 76; yes; yes; id- 79 415
77 "   Dot; f; 1910 23; Navajo; F; s; dau 77; yes; yes; id- 79 416

78 Andrews, May; f; 1848 85; Navajo; F; wd; head 78; yes; yes; id- 79 419

79 Anthony, Mark; m; 1884 49; Navajo; F; m; head 79; yes; yes; id- 77 657
80 "   Cleo; f; 1890 43; Navajo; F; m; wife 80; yes; yes; id- 77 658
81 "   Lulu; f; 1917 17; Navajo; F; s; dau 81; yes; yes; id- 77 660
82 "   Leland; m; 1922 11; Navajo; F; s; son 82; yes; yes; id- 77 661
83 "   Rose; f; 1928 5; Navajo; F; s; dau 83; yes; yes; id- 77 659

84 Atene, Bert; m; 1897 36; Navajo; F; m; head 84; yes; yes; id- 73 106
85 "   Cola; f; 1892 41; Navajo; F; m; wife 85; yes; yes; id- 73 107
86 "   Bessie; f; 1924 9; Navajo; F; s; dau 86; yes; yes; id- 73 108
87 "   Avis; f; 1927 6; Navajo; F; s; dau 87; yes; yes; id- 73 109
88 "   Oscar; m; 1929 4; Navajo; F; s; son 88; yes; yes; id- 79 831
89 "   Mattie; f; 1915 18; Navajo; F; s; st-d 89; yes; yes; id- 73 110
90 "   Eunice; f; 1918 15; Navajo; F; s; st-d 90; yes; yes; id- 73 159

91 Atene, Bob; m; 1890 43; Navajo; F; m; head 91; yes; yes; id- 73 124
92 "   Ennet; f; 1897 36; Navajo; F; m; wife#1 92; yes; yes; id- 73 125
93 "   Ernest; m; 1913 20; Navajo; F; s; son 93; yes; yes; id- 73 126
94 "   Nancy; f; 1915 18; Navajo; F; s; dau 94; yes; yes; id- 73 129
95 "   Rodney; m; 1917 16; Navajo; F; s; son 95; yes; yes; id- 73 214
96 "   Maison; f; 1918 15; Navajo; F; s; dau 96; yes; yes; id- 73 127
97 "   Betty; f; 1920 13; Navajo; F; s; dau 97; yes; yes; id- 73 130
98 "   Zetty; f; 1923 10; Navajo; F; s; dau 98; yes; yes; id- 73 128
99 "   Ashley; m; 1924 9; Navajo; F; s; son 99; yes; yes; id- 73 131
100 "   Rachel; f; 1909 24; Navajo; F; m; wife#2 100; yes; yes; id- 73 132
101 "   Jedeth; f; 1925 8; Navajo; F; s; dau 101; yes; yes; id- 73 133
192 "   Lizzie; f; 1928 5; Navajo; F; s; dau 192; yes; yes; id- 73 134
103 "   Ben; m; 1929 4; Navajo; F; s; son 103; yes; yes; id- 73 745

104 Atene, Herman Foote; m; 1912 21; Navajo; F; s; head 104; yes; yes; id- 73 670
105 "   Edna Foote; f; 1915 18; Navajo; F; s; sis 105; yes; yes; id- 73 668
106 "   Sophia; f; 1917 16; Navajo; F; s; sis 106; yes; yes; id- 73 655
107 "   Dike; m; 1918 15; Navajo; F; s; bro 107; yes; yes; id- 73 656

Western Navajo Reservation
1933 Census Roll

Key: Number; Surname Given; Sex; Year Born and Age at Last Birthday; Tribe; Degree of Blood; Marital Status; Relationship to Head of Family & No. Last Census Roll; At Jurisdiction Where Enrolled (Yes/No); (If no – Where); Ward (Yes/No); Allotment Annuity and/or Identification Numbers

108 Atene, Clara; f; 1921 12; Navajo; F; s; sis 108; yes; yes; id- 73 669

109 Atene, Hubert; m; 1856 77; Navajo; F; m; head 109; yes; yes; id- 73 086
110 " Beth; f; 1910 23; Navajo; F; m; wife 110; yes; yes; id- 73 087
111 " Dave; m; 1929 4; Navajo; F; s; son 111; yes; yes; id- 73 776
112 " Fred; m; 1930 3; Navajo; F; s; son 112; yes; yes; id- 73 842

113 Atene, Jack; m; 1881 51; Navajo; F; m; head 113; yes; yes; id- 73 007
114 " Kitty; f; 1900 33; Navajo; F; m; wife 114; yes; id- 83 008
115 " Tessie; f; 1917 16; Navajo; F; s; dau 115; yes; yes; id- 73 009
116 " Lula; f; 1919 14; Navajo; F; s; dau 116; yes; yes; id- 73 005
117 " Charley; m; 1921 12; Navajo; F; s; son 117; yes; yes; id- 73 006
118 " Ada; f; 1923 9; Navajo; F; s; dau 118; yes; yes; id- 73 010
119 " Adolph; m; 1929 4; Navajo; F; s; son 119; yes; yes; id- 73 828

120 Atene, Mother; f; 1836 97; Navajo; F; wd; head 120; yes; yes; id- 73 653
121 " Mattie; f; 1920 13; Navajo; F; s; gr-d 121; yes; yes; id- 73 654

122 Attaiki, Joe; m; 1879 54; Navajo; F; m; head 122; yes; yes; id- 82 127
123 " Cora; f; 1891 42; Navajo; F; m; wife 123; yes; yes; id- 82 128
124 " Keeznez; m; 1921 22; Navajo; F; s; son 124; no; no; Prescott Yavapai Ariz; yes; id- 71 445
125 " Clara; f; 1915 18; Navajo; F; s; dau 125; yes; yes; id- 82 133
126 " Harold; m; 1916 17; Navajo; F; s; son 126; yes; yes; id- 71 447
127 " Adolph; m; 1917 16; Navajo; F; s; son 127; yes; yes; id- 71 448
128 " Julia; f; 1917 16; Navajo; F; s; dau 128; yes; yes; id- 71 449
129 " Keyah; m; 1921 12; Navajo; F; s; son 129; yes; yes; id- 72 450
130 " Keith; m; 1924 9; Navajo; F; s; son 130; yes; yes; id- 82 129
131 " Betty; f; 1930 3; Navajo; F; s; dau 131; yes; yes; id- 83 688

132 Austin, Buck; m; 1907 26; Navajo; F; m; head 132; yes; yes; id- 79 431
133 " Martha; f; 1909 24; Navajo; F; m; wife 133; yes; yes; id- 79 432
134 " Mattie; f; 1929 4; Navajo; F; m[sic]; dau 134; yes; yes; id- 79 845

135 Austin, Gertie; f; 1910 23; Navajo; F; wd; head 135; yes; yes; id- 79 430

136 Austin, John; m; 1856 77; Navajo; F; m; head 136; yes; yes; id- 79 401
137 " Mary; f; 1870 63; Navajo; F; m; wife 137; yes; yes; id- 79 402
138 " Ed Klo; m; 1915 18; Navajo; F; s; son 138; yes; yes; id- 79 403
139 " May; f; 1923 10; Navajo; F; s; dau 139; yes; yes; id- 79 404

140 Azontzo, Delph; m; 1880 53; f; wd; head 140; yes; yes; id- 73 839
141 " Dennis; m; 21; Navajo; F; s; son 141; yes; yes; id- 73 840

Western Navajo Reservation
1933 Census Roll

Key: Number; Surname Given; Sex; Year Born and Age at Last Birthday; Tribe; Degree of Blood; Marital Status; Relationship to Head of Family & No. Last Census Roll; At Jurisdiction Where Enrolled (Yes/No); (If no – Where); Ward (Yes/No); Allotment Annuity and/or Identification Numbers

```
142  Babbitt,  Ray; m; 1898 35; Navajo; F; m; head 142; yes; yes; id- 71 261
143     "      Laura; f; 1899 34; Navajo; F; m; wife 143; yes; yes; id- 71 262
144     "      George; m; 1918 15; Navajo; F; s; son 145; yes; yes; id- 71 264
145     "      Sissy; f; 1923 10; Navajo; F; s; dau 146; yes; yes; id- 71 265
146     "      Amelia; f; 1927 6; Navajo; F; s; dau 147; yes; yes; id- 71 266

147  Back,  Chester; m; 1878 55; Navajo; F; m; head 148; yes; yes; id- 77 554
148     "    Patricia; f; 1909 24; Navajo; F; m; wife 149; yes; yes; id- 77 555
149     "    Vida; f; 1912 21; Navajo; F; s; st-d 150; yes; yes; id- 77 556
150  Reid, Logan; m; 1916 17; Navajo; F; s; st-s 151; yes; yes; id- 77 557

151  Badeyes,  Jake; m; 1868 65; Navajo; F; m; head 152; yes; yes; id- 75 360
152      "     Ada; f; 1888 45; Navajo; F; m; wife 153; yes; yes; id- 75 361
153      "     Chloe Big Ida; f; 1913 20; Navajo; F; s; dau 154; yes; yes; id- 75 362
154      "     Woodie Chloe; m; 1920 13; Navajo; F; s; son 155; yes; yes; id- 75 363
155      "     Grover; m; 1921 12; Navajo; F; s; son 156; yes; yes; id- 75 364
156      "     Nellie; f; 1924 9; Navajo; F; s; dau 157; yes; yes; id- 75 365
157      "     Mack; m; 1913 20; Navajo; F; s; st-s 158; yes; yes; id- 75 366

158  Bain,  George; m; 1871 62; Navajo; F; sep; head 159; yes; yes; id- 71 135
159     "   Ruby; f; 1910 23; Navajo; F; s; gr-d 160; yes; yes; id- 71 137

160  Balli,  Howard; m; 1898 35; Navajo; F; m; head 161; yes; yes; id- 75 477
161     "    Ellen; f; 1878 55; Navajo; F; m; wife 162; yes; yes; id- 75 478

162  Baloon,  Helen; f; 1902 31; f; wd; head 163; yes; yes; id- 81 611

163  Bancroft,  George; m; 1875 58; Navajo; F; m; head 164; yes; yes; id- 71 035
164      "      Mary; f; 1891 41; Navajo; F; m; wife 165; yes; yes; id- 71 036
165      "      Mattie; f; 1911 22; Navajo; F; s; dau 166; yes; yes; id- 71 037
166      "      Homer; m; 1920 13; Navajo; F; s; son 167; yes; yes; id- 71 038
167      "      Lillie; f; 1928 5; Navajo; F; s; dau 168; yes; yes; id- 71 039
168  Tsinnie, Richard; m; 1909 24; Navajo; F; s; neph 169; yes; yes; id- 71 040

169  Bancroft,  Haska; m; 1881 52; Navajo; F; m; head 170; yes; yes; id- 71 182
170      "      Mary; f; 1882 51; Navajo; F; m; wife 171; yes; yes; id- 71 183
171      "      Clifford; m; 1923 10; Navajo; F; s; son 172; yes; yes; id- 71 187
172      "      Red; m; 1913 20; Navajo; F; s; st-s 173; yes; yes; id- 71 185
173  Braider, Juliet; f; 1915 18; Navajo; F; s; st-d 174; yes; yes; id- 71 184

174  Barlow,  Howard; m; 1884 49; Navajo; F; m; head 180; yes; yes; id- 79 590
175     "     Elizabeth; f; unk; Navajo; F; m; wf#1 181; yes; yes; id- 79 591
176     "     Patrick Singer; m; 1913 20; Navajo; F; s; son 182; yes; yes; id-79 796
177     "     Wesley; m; 1914 19; Navajo; F; s; son 183; yes; yes; id- 79 593
```

Western Navajo Reservation
1933 Census Roll

Key: Number; Surname Given; Sex; Year Born and Age at Last Birthday; Tribe; Degree of Blood; Marital Status; Relationship to Head of Family & No. Last Census Roll; At Jurisdiction Where Enrolled (Yes/No); (If no – Where); Ward (Yes/No); Allotment Annuity and/or Identification Numbers

178	Barlow,	Alice; f; 1915 18; Navajo; F; s; dau 184; yes; yes; id- 79 594
179	"	Bert Haskayazzie; m; 1919 14; Navajo; F; s; son 185; yes; yes; id- 75 725
180	"	May; f; 1916 17; Navajo; F; s; dau 186; yes; yes; id- 79 589
181	"	Floyd Haskayazzie; m; 1919 14; Navajo; F; s; son 187; yes; yes; id- 79 798
182	"	May; f; 1920 13; Navajo; F; s; dau 188; yes; yes; id- 79 595
183	"	Alberta; f; 1921 12; Navajo; F; s; dau 189; yes; yes; id- 79 596
184	"	Sadie; f; 1925 7; Navajo; F; s; dau 190; yes; yes; id- 79 597
185	"	Haska; m; 1929 4; Navajo; F; s; son 101; yes; yes; id- 79 824
186	"	Woodie; m; 1930 3; Navajo; F; s; son 192; yes; yes; id- 79 847
187	"	Zelia; f; 1931 2; Navajo; F; s; dau 193; yes; yes; id- 71 974
188	"	Gevaix; f; 1903 30; Navajo; F; m; wf#2; 175; yes; yes; id- 75 575
189	"	Dina; f; 1921 12; Navajo; F; s; dau 177; yes; yes; id- 75 576
190	"	Lawrence; m; 1920 13; Navajo; F; s; son 176; yes; yes; id- 75 577
191	"	Zona; f; 1922 11; Navajo; F; s; dau 178; yes; yes; id- 75 578
192	"	Bill; m; 1923 10; Navajo; F; s; son 179; yes; yes; id- 75 579
193	"	Merna; f; 1930 3, mo. & day unk; Navajo; F; s; dau none; yes; yes; id- 75 735
194	"	Frank M; m; 1932 Feb., day unk; Navajo; F; s; son none; yes; yes; id-75 733

195	Barlow,	Jean; m; 1897 36; Navajo; F; m; head 194; yes; yes; id- 79 567
196	"	Treva; f; 1909 24; Navajo; F; m; wife 195; yes; yes; id- 79 568
197	"	Jack; m; 1921 12; Navajo; F; s; son 196; yes; yes; id- 79 570
198	"	Bill; m; 1923 10; Navajo; F; s; son 197; yes; yes; id- 79 571
199	"	Fannie; f; 1928 5; Navajo; F; s; dau 198; yes; yes; id- 79 569
200	"	Bessie; f; 1930 3; Navajo; F; s; dau 199; yes; yes; id- 79 835

201	Bartlet,	Jim; m; 1904 29; Navajo; F; m; head 200; yes; yes; id- 79 584
202	"	Maggie; f; 1909 24; Navajo; F; m; wife 201; yes; yes; id- 79 585
203	"	Fay; f; 1928 5; Navajo; F; s; dau 202; yes; yes; id- 79 838

204	Beach,	Rex; m; 1898 35; Navajo; F; m; head 203; yes; yes; id- 81 575
205	"	Lora; f; 1904 29; Navajo; F; m; wife; 204; yes; yes; id- 81 576
206	"	Robert; m; 1913 20; Navajo; F; s; son 205; yes; yes; id- 81 578
207	"	Ruby; f; 1922 11; Navajo; F; s; dau 206; yes; yes; id- 81 579
208	"	Florence; f; 1923 10; Navajo; F; s; dau 207; yes; yes; id- 81 577
209	"	Preston; m; 1929 4; Navajo; F; s; son 208; yes; yes; id- 82 172

210	Beard,	Dale; m; 1905 27; Navajo; F; m; head 209; yes; yes; id- 77 479
211	"	May; f; 1911 22; Navajo; F; m; wife 210; yes; yes; id- 77 480
212	"	Rosemary; f; 1930 3; Navajo; F; s; dau 211; yes; yes; id- 75 712

213	Beckabeth,	Maud; f; unk; Navajo; F; wd; head 212; yes; yes; id- 79 565
214	"	Mabel; f; 1911 22; Navajo; F; s; gr-d 213; yes; yes; id- 79 566
215	"	Lizzie; f; 1916 17; Navajo; F; s; gr-d 214; yes; yes; id- 79 574
216	"	Floyd; m; 1917 16; Navajo; F; s; gr-s 215; yes; yes; id- 79 564

Western Navajo Reservation
1933 Census Roll
Key: Number; Surname Given; Sex; Year Born and Age at Last Birthday; Tribe; Degree of Blood; Marital Status; Relationship to Head of Family & No. Last Census Roll; At Jurisdiction Where Enrolled (Yes/No); (If no – Where); Ward (Yes/No); Allotment Annuity and/or Identification Numbers

217 Begay, Arthur; m; 1867 66; Navajo; F; m; head 216; yes; yes; id- 81 904
218 " Corine; f; 1873 60; Navajo; F; m; wf#1 217; yes; yes; id- 71 460
219 " Marie; f; 1908 25; Navajo; F; s; dau 219; yes; yes; id- 81 905
220 " Carl; m; 1913 15; Navajo; F; s; son 220; yes; yes; id- 81 906
221 " Ray; m; 1913 20; Navajo; F; s; son 221; yes; yes; id- 81 909
222 " Laura; f; 1915 18; Navajo; F; s; dau 222; yes; yes; id- 81 907
223 " Jennie; f; 1920 13; Navajo; F; s; dau 223; yes; yes; id- 71 465
224 " Bahi; f; 1923 10; Navajo; F; s; dau 224; yes; yes; id- 71 466
225 " Nex; f; 1924 9; Navajo; F; s; dau 225; yes; yes; id- 71 467
226 " Maud; f; 1929 4; Navajo; F; s; dau 226; yes; yes; id- 71 890
227 " Leona; f; 1880 53; Navajo; F; m; wf#2 227; yes; yes; id- 81 960
228 " Blanche; f; 1903 30; Navajo; F; s; dau 228; yes; yes; id- 81 964
229 " Rachel Mary; f; 1910 23; Navajo; F; s; dau 229; yes; yes; id- 82 186
230 " Rita; f; 1915 18; Navajo; F; s; dau 230; yes; yes; id- 83 670
231 " Leo; m; 1919 14; Navajo; F; s; son 231; yes; yes; id- 81 959
232 " Vera; f; 1924 9; Navajo; F; s; dau 232; yes; yes; id- 81 961
233 " Myrtle; f; 1926 7; Navajo; F; s; dau 233; yes; yes; id- 81 962
234 " Larry; m; 1929 4; Navajo; F; s; son 234; yes; yes; id- 81 417
235 " Melvin; m; 1925 8; Navajo; F; s; gr-s 235; yes; yes; id- 81 963

236 Begay, Billy; m; 1907 26; Navajo; F; s; head 236; yes; yes; id- 85 535

237 Begay, Ceasar[sic]; m; 1907 26; Navajo; F; m; head 237; yes; yes; id- 71 981
238 " Doris Yazzie; f; 1911 22; Navajo; F; m; wife 238; yes; yes; id- 79 508

239 Begay, Charley; m; 1901 32; Navajo; F; wd; head 239; yes; yes; id- 85 838

240 Begay, Frances; f; 1909 24; Navajo; F; wd; head 240; yes; yes; id- 83 623

241 Begay, Guy; m; 1901 32; Navajo; F; m; head 241; yes; yes; id- 71 078
242 " Inez ba[sic]; m[sic]; 1908 25; f; m; wife 242; yes; yes; id- 71 414
243 " Walter; m; 1929 4; Navajo; F; s; son 242; yes; yes; id- 71 847
244 " Fred; m; 1931 2; Navajo; F; s; son 244; yes; yes; id- 71 848
245 " William; m; 1932 May 30; Navajo; F; s; son none; yes; yes; id- 71 993

246 Begay, Harrison; m; 1902 31; Navajo; F; m; head 245; yes; yes; id- 71 410
247 " Yazzie Etsitty; f; 1907 26; Navajo; F; m; wife 1415; yes; yes; id- 71 934
248 Tisi, Jerry; m; 1930 3; Navajo; F; s; st-s 1416; yes; yes; id- 71 835

249 Begay, Henry D; m; 1908 25; Navajo; F; m; head 246; yes; yes; id- 75 459
250 " Neldia Chief; f; 1915 18; Navajo; F; m; wife 247; yes; yes; id- 73 541
251 " Gilbert; m; 1931 2; Navajo; F; s; son 248; yes; yes; id- 71 985
252 " Ernest; m; 1932 Dec. 26; Navajo; F; s; son none; yes; yes; id- 75 780

Western Navajo Reservation
1933 Census Roll

Key: Number; Surname Given; Sex; Year Born and Age at Last Birthday; Tribe; Degree of Blood; Marital Status; Relationship to Head of Family & No. Last Census Roll; At Jurisdiction Where Enrolled (Yes/No); (If no – Where); Ward (Yes/No); Allotment Annuity and/or Identification Numbers

253 Begay, Hoover; m; 1904 29; Navajo; F; m; head 249; yes; yes; id- 71 601
254 " Nellie; f; 1903 30; Navajo; F; m; wife 250; yes; yes; id- 71 602
255 " Roy; m; 1928 5; Navajo; F; s; son 251; yes; yes; id- 71 603

256 Begay, Hughes; m; 1902 31; Navajo; F; m; head 252; yes; yes; id- 71982
257 " Merle Long; f; 1907 26; Navajo; F; m; wife 2403; yes; yes; id- 81 915
258 " Mina; f; 1925 8; Navajo; F; s; dau 2406; yes; yes; id- 75 766
259 " Elinor; f; 1932 1; Navajo; F; s; dau none; yes; yes; id- 81 916

260 Begay, John; m; 1909 24; Navajo; F; s; head 253; yes; yes; id- 71 597

261 Begay, John; m; 1909 24; Navajo; F; m; head none; yes; yes; id- 75 803
262 " Betty Ettsity; f; 1899 34; Navajo; F; m; wife 1424; yes; yes; id- 75 386

263 Begay, Julius; m; 1901 32; Navajo; F; m; head 254; yes; yes; id- 71 535
264 " Frances; f; 1906 27; Navajo; F; m; wife 255; yes; yes; id- 71 536
265 " Doris May; f; 1926 7; Navajo; F; s; dau 256; yes; yes; id- 71 537
266 " Frank; m; 1929 4; Navajo; F; s; son 257; yes; yes; id- 71 791
267 " Florence; f; 1931 2; Navajo; F; s; dau 258; yes; yes; id- 71 853
268 " Margaret Frances; f; 1933 3-19; Navajo; F; s; dau none; yes; yes; id- 75 795

269 Begay, Lester; m; 1909 24; Navajo; F; s; head 259; yes; yes; id- 71 681

270 Begay, Mack; m; 1876 57; Navajo; F; m; head 260; yes; yes; id- 75 457
271 " Bell Maloney; f; 1893 40; Navajo; F; m; wife 261; yes; yes; id- 75 458
272 Maloney, James; m; 1912 21; Navajo; F; s; step son 262; yes; yes; id- 75 460
273 " Marvin; m; 1913 20; Navajo; F; s; step son 263; yes; yes; id- 75 461
274 " Okee; m; 1918 15; Navajo; F; s; step son 264; yes; yes; id- 75 463
275 " John; m; 1920 13; Navajo; F; s; st-s 265; yes; yes; id- 75 464

276 Begay, Mark; m; 1909 24; Navajo; F; s; head 266; yes; yes; id- 82 205

277 Begay, Nalcady; m; 1891 42; Navajo; F; m; head 267; yes; yes; id- 71 316
278 " Sarah; f; 1891 42; Navajo; F; m; wife 268; yes; yes; id- 71 317
279 " Tom Kibahi; m; 1911 22; Navajo; F; s; son 269; yes; yes; id- 71 319
280 " Zola Kibahi; f; 1915 18; Navajo; F; s; dau 270; yes; yes; id- 71 575
281 Binally, Ben; m; 1907 26; Navajo; F; s; st-s 271; yes; yes; id- 71 318

282 Begay, Nelson; m; 1906 27; Navajo; F; m; head 272; yes; yes; id- 83 608
283 " Kate; f; 1913 20; Navajo; F; m; wife 273; yes; yes; id- 83 608

284 Begay, Paul; m; 1897 36; Navajo; F; m; head 274; yes; yes; id- 85 701
285 " Mabel; f; 1903 30; Navajo; F; m; wife 275; yes; yes; id- 85 702

Western Navajo Reservation
1933 Census Roll

Key: Number; Surname Given; Sex; Year Born and Age at Last Birthday; Tribe; Degree of Blood; Marital Status; Relationship to Head of Family & No. Last Census Roll; At Jurisdiction Where Enrolled (Yes/No); (If no – Where); Ward (Yes/No); Allotment Annuity and/or Identification Numbers

286 Begay, Teasadote; , m; 1902 31; Navajo; F; m; head 276; yes; yes; id- 86 032
287 " Pruit; f[sic]; 1930 3; Navajo; F; s; son 277; yes; yes; id- 81 445

288 Begay, Wallace; m; 1911 22; Navajo; F; s; head none; yes; yes; id- 71 991

289 Begishi, Martha; f; 1886 47; Navajo; F; wd; head 278; yes; yes; id- 73 152
290 " Daniel; m; 1909 24; Navajo; F; s; son 279; yes; yes; id- 73 154
291 " Martha; f; 1917 16; Navajo; F; s; gr-d 280; yes; yes; id- 73 150
292 " Jim; m; 1920 13; Navajo; F; s; gr-s 281; yes; yes; id- 73 151
293 " Fred; m; 1923 10; Navajo; F; s; gr-s 282; yes; yes; id- 73 153

294 Begishi, Nat; m; 1905 28; Navajo; F; wd; head 283; yes; yes; id- 73 720

295 Begody, David; m; 1912 21; Navajo; F; s; head 284; yes; yes; id- 86 056

296 Begody, Jack; m; 1909 24; Navajo; F; s; head 285; yes; yes; id- 71 923

297 Begody, Lee; m; 1897 36; Navajo; F; m; head 286; yes; yes; id- 75 483
298 " Bernice; f; 1911 22; Navajo; F; m; wife 287; yes; yes; id- 75 483
299 " Betty Lee; f; 1928 5; Navajo; F; s; dau 288; yes; yes; id- 75 484
300 " Shine; m; 1929 4; Navajo; F; s; son 289; yes; yes; id- 75 679
301 " Gussie; m; 1930 3; Navajo; F; s; son 291; yes; yes; id- 77 773
302 " Bessie; f; 1930 3; Navajo; F; s; dau 290; yes; yes; id- 77 775

303 Begody, Leonard; m; 1915 19; Navajo; F; s; alone 292; yes; yes; id- 71 393

304 Bejoshla, Joe; m; 1872 61; Navajo; F; m; head 293; yes; yes; id- 81 609
305 " Janet; f; 1881 52; Navajo; F; m; wife 294; yes; yes; id- 81 610
306 " Alice; f; 1913 20; Navajo; F; s; dau 295; yes; yes; id- 81612
307 " Ely; m; 1916 17; Navajo; F; s; son 296; yes; yes; id- 81 616
308 " George; m; 1919 14; Navajo; F; s; son 297; yes; yes; id- 81 615
309 " Rose; f; 1921 12; Navajo; F; s; dau 298; yes; yes; id- 81 613

310 Bejoshlah, Dickson; m; 1906 27; Navajo; F; m; head 299; yes; yes; id- 81 637
311 " Anna; f; 1901 31; Navajo; F; m; wife 300; yes; yes; id- 81 638
312 " John; m; 1923 10; Navajo; F; s; son 301; yes; yes; id- 81 639

313 Bekay, Emma; f; 1889 44; Navajo; F; wd; head 302; yes; yes; id- 73 663
314 " Ezra; m; 1917 16; Navajo; F; s; son 303; yes; yes; id- 73 664
315 " Wade; m; 1922 11; Navajo; F; s; son 304; yes; yes; id- 73 665
316 " Ted; m; 1927 6; Navajo; F; s; son 305; yes; yes; id- 73 666
317 " Dollie; f; 1930 3; Navajo; F; s; dau 306; yes; yes; id- 73 857

318 Bekay, Eather[sic]; m; 1838 95; Navajo; F; wd; head 307; yes; yes; id- 73 342

Western Navajo Reservation
1933 Census Roll

Key: Number; Surname Given; Sex; Year Born and Age at Last Birthday; Tribe; Degree of Blood; Marital Status; Relationship to Head of Family & No. Last Census Roll; At Jurisdiction Where Enrolled (Yes/No); (If no – Where); Ward (Yes/No); Allotment Annuity and/or Identification Numbers

319 Bennett, Frank; m; 1899 34; Navajo; F; m; head 308; yes; yes; id- 81 518
320 " Viola; f; 1905 28; Navajo; F; m; wife 309; yes; yes; id- 81 520

321 Bennett, Frank; m; 1880 53; Navajo; F; m; head 310; yes; yes; id- 82 118
322 " Alma; f; 1899 34; Navajo; F; m; wife 311; yes; yes; id- 81 573
323 " Joe; m; 1910 23; Navajo; F; s; son 312; yes; yes; id- 82 024
324 " Harold; m; 1911 22; Navajo; F; s; son 313; yes; yes; id- 81 574
325 " Joe; m; 1916 17; Navajo; F; s; son 314; yes; yes; id- 71 247
326 " Frances; f; 1916 17; Navajo; F; s; dau 315; yes; yes; id- 81 570
327 " Juanita; f; 1917 16; Navajo; F; s; dau 316; yes; yes; id- 81 571
328 " Jack; m; 1920 13; Navajo; F; s; son 317; yes; yes; id- 81 666
329 " Lois; f; 1922 11; Navajo; F; s; fay 318; yes; yes; id- 81 569
330 " Grace; f; 1925 8; Navajo; F; s; dau 319; yes; yes; id- 81 568
331 " Pauline; f 1927 6; Navajo; F; s; dau 320; yes; yes; id- 81 572
332 " Julius; m; 1931 2; Navajo; F; s; son 321; yes; yes; id- 83 685

333 Benson, Anna; f; 1902 31; Navajo; F; m; wife 322; yes; Benson not enrolled this unit (husband); yes; id- 77 701
334 " Ed; m; 1924 9; Navajo; F; s; son 323; yes; yes; id- 77 702
335 " James; m; 1927 6; Navajo; F; s; son 324; yes; yes; id- 77 703

336 Berden, Joseph Lee; m; unk; Navajo; F; m; head none; yes; yes; id- 77 722
337 " Anna Mae; f; 1914 19; Navajo; F; m; wife 858; yes; yes; id- 82 000

338 Berlin, Ralph; m; 1863 70; f; wd; head 325; yes; yes; id- 71 677

339 Betah, Herbert; m; 1904 29; Navajo; F; m; head 329; yes; yes; id- 82 032
340 " Lillian; f; 1907 26; Navajo; F; m; wife 330; yes; yes; id- 82 030
341 " Lee; f; 1927 6; Navajo; F; s; son[sic]; 331; yes; yes; id- 82 031
342 " Glen; m; 1929 4; Navajo; F; s; son 332; yes; yes; id- 82 165

343 Betony, David B; m; 1902 31; Navajo; F; sep; head 333; yes; yes; id- 71 510

344 Betony, Fred B; m; 1908 25; Navajo; F; s; head 334; yes; yes; id- 71 511

345 Betsoi, Seemosie; f; 1889 44; Navajo; F; sep; head 335; yes; yes; id- 83 672
346 " June; m; 1919 14; Navajo; F; s; son 336; yes; yes; id- 77 602

347 Betsoie, Dogoi; m; 1879 54; Navajo; F; s; head 337; yes; yes; id- 73 781

348 Bidonie, Adakai; m; 1890 43; Navajo; F; n; head 338; yes; yes; id- 71 735

349 Bidonie, Kay; m; 1894 39; Navajo; F; m; head 339; yes; yes; id- 85 750
350 " Leola; f; 1899 34; Navajo; F; m; wife 340; yes; yes; id- 85 751

Western Navajo Reservation
1933 Census Roll

Key: Number; Surname Given; Sex; Year Born and Age at Last Birthday; Tribe; Degree of Blood; Marital Status; Relationship to Head of Family & No. Last Census Roll; At Jurisdiction Where Enrolled (Yes/No); (If no – Where); Ward (Yes/No); Allotment Annuity and/or Identification Numbers

351 Bidonie, Lemar; m; 1914 19; Navajo; F; s; son 341; yes; yes; id- 85 752
352 "   Vera; f; 1921 12; Navajo; F; s; dau 342; yes; yes; id- 85 753
353 "   Sid; m; 1923 10; Navajo; F; s; son 343; yes; yes; id- 85 754
354 "   Bell; f; 1926 7; Navajo; F; s; dau 344; yes; yes; id- 85 755
355 "   Fin; m; 1927 6; Navajo; F; s; son 345; yes; yes; id- 85 756
356 "   Allen; m; 1928 5; Navajo; F; s; son 346; yes; yes; id- 85 457
357 "   Neil; m; 1930 3; Navajo; F; s; son 347; yes; yes; id- 85 456
358 "   Betsie; f; 1904 29; Navajo; F; m; wife#2 348; yes; yes; id- 85 757
359 "   Le Var; m; 1921 12; Navajo; F; s; son 349; yes; yes; id- 85 758
360 "   Wania; f; 1925 8; Navajo; F; s; dau 350; yes; yes; id- 85 759
361 "   Boyd; m; 1928 5; Navajo; F; s; son 351; yes; yes; id- 85 760
362 "   Etta; f; 1929 4; Navajo; F; s; dau 352; yes; yes; id- 81 458
363 "   Ethel; f; 1929 4; Navajo; F; s; dau 353; yes; yes; id- 81 448

364 Big, Edward; m; 1884 49; Navajo; F; m; head 354; yes; yes; id- 73 742

365 Big, Edwin; m; 1903 30; Navajo; F; m; head 355; yes; yes; id- 77 393
366 "   Agnes; f; 1906 27; Navajo; F; m; wife 356; yes; yes; id- 77 394
367 "   Hubert; m; 1925 8; Navajo; F; s; son 357; yes; yes; id- 77 395
368 "   Pat; m; 1927 6; Navajo; F; s; son 358; yes; yes; id- 77 396
369 "   Carroll; m; 1930 3; Navajo; F; s; son 359; yes; yes; id- 71 949

370 Big, Ivor; m; 1887 46; Navajo; F; m; head 360; yes; yes; id- 73 314
371 "   Mattie; f; 1886 47; Navajo; F; m; wife 361; yes; yes; id- 73 315
372 "   Tallas; m; 1907 26; Navajo; F; s; son 362; yes; yes; id- 73 603
373 "   Joshua Nah; m; 1910 23; Navajo; F; s; son 363; yes; yes; id- 73 358
374 "   Billie; m; 1910 23; Navajo; F; s; son 364; yes; yes; id- 73 316
375 "   Jennie; f; 1912 21; Navajo; F; s; dau 365; yes; yes; id- 73 317
376 "   Anna Bigfinger; f; 1916 17; Navajo; F; s; dau 366; yes; yes; id- 73 318
377 "   Lawrence Bigfinger; m; 1918 15; Navajo; F; s; son 367; yes; yes; id- 73 319
378 "   Fan; f; 1924 9; Navajo; F; s; dau 368; yes; yes; id- 73 320

379 Bigambler, Caroline; f; 1908 25; Navajo; F; m; wife 369; yes; Married to Andrew Bigambler, not enrolled here; yes; id- 77 717

380 Bigambler, Lawshia; m; 1912 21; Navajo; F; s; head 370; yes; yes; id- 71 353
381 "   Sam; m; 1915 18; Navajo; F; s; bro 371; yes; yes; id- 71 334

382 Big horse, Gus; m; 1843 90; Navajo; F; m; head 372; yes; yes; id- 71 624
383 "   Bah; f; 1893 40; Navajo; F; m; wife 373; yes; yes; id- 71 625
384 "   Glen; m; 1913 20; Navajo; F; s son 374; yes; yes; id- 71 626
385 "   Tina; f; 1917 16; Navajo; F; s; dau 375; yes; yes; id- 71 627
386 "   Bessie; f; 1918 15; Navajo; F; s; dau 376; yes; yes; id- 71 778
387 "   Floyd; m; 1922 11; Navajo; F; s; son 377; yes; yes; id- 71 628

Western Navajo Reservation
1933 Census Roll

Key: Number; Surname Given; Sex; Year Born and Age at Last Birthday; Tribe; Degree of Blood; Marital Status; Relationship to Head of Family & No. Last Census Roll; At Jurisdiction Where Enrolled (Yes/No); (If no – Where); Ward (Yes/No); Allotment Annuity and/or Identification Numbers

388 Bigman, Lucy; f; 1871 62; Navajo; F; wd; head 379; yes; yes; id- 71 220
389 " Tom; m; 1910 23; Navajo; F; s; son 380; yes; yes; id- 71 221
390 " John; m; 1917 16; Navajo; F; s; son 381; yes; yes; id- 71 222

391 Bigman, Henry; m; 1880 53; Navajo; F; m; head 382; yes; yes; id- 82 078
392 " Martha; f; 1887 46; Navajo; F; m; wife 383; yes; yes; id- 82 079
393 " Robert; m; 1906 27; Navajo; F; s; son 384; yes; yes; id- 82 135
394 " Sullivan Tallgoat; m; 1913 20; f; s; son 385; yes; yes; id- 82 201
395 " Nora; f; 1916 17; Navajo; F; s; dau 386; yes; yes; id- 82 083
396 " Evelyn; f; 1919 14; Navajo; F; s; dau 387; yes; yes; id- 82 122
397 " Fern; f; 1922 11; Navajo; F; s; dau 388; yes; yes; id- 82 081
398 " Ray; m; 1924 9; Navajo; F; s; son 389; yes; yes; id- 82 080
399 " Maude; f; 1927 6; Navajo; F; s; dau 390; yes; yes; id- 82 082
400 " Haskey; m; 1930 3; Navajo; F; s; son 391; yes; yes; id- 81 404

401 Bigman, Israel; m; 1890 43; Navajo; F; m; head 392; yes; yes; id- 73 376
402 " Ada; f; 1899 34; Navajo; F; m; wife 393; yes; yes; id- 73 146
403 " Eddie; m; 1920 13; Navajo; F; s; son 394; yes; yes; id- 73 147
404 " Dan; m; 1920 13; Navajo; F; s; son 395; yes; yes; id- 73 160
405 " Sarah; f; 1920 13; Navajo; F; s; dau 396; yes; yes; id- 73 774
406 " Seth; m; 1924 9; Navajo; F; s; son 397; yes; yes; id- 73 148
407 " Eva; f; 1927 6; Navajo; F; s; dau 398; yes; yes; id- 73 149
408 " Ace; m; 1928 5; Navajo; F; s; son 399; yes; yes; id- 73 775

409 Bigman, Nezohne; m; 1907 26; Navajo; F; m; head 400; yes; yes; id- 83 068
410 " Frances; f; 1913 20; Navajo; F; m; wife 401; yes; yes; id- 71 454
411 " Manson Lawrence; m; 1932 Spring; Navajo; F; s; son none; yes; yes; id- 83 699

412 Bignose, Glen; m; 1903 30; Navajo; F; m; head 402; yes; yes; id- 75 560
413 " Alberta; f; 1913 20; Navajo; F; m; wife 403; yes; yes; id- 75 561

414 Bignose, Tony; m; 1875 58; Navajo; F; m; head 404; yes; yes; id- 71 712
415 " Kate; f; 1877 56; Navajo; F; m; wife 405; yes; yes; id- 71 713
416 Edgewater, Dillon; m; 1915 18; Navajo; F; s; gr-s 406; yes; yes; id- 71 714
417 " Gertie; f; 1920 13; Navajo; F; s; gr-d 407; yes; yes; id- 71 715

418 Baysinger, Dewey; m; 1907 26; Navajo; F; m; head 408; yes; yes; id- 71 902

419 Baysinger, Fred; m; 1876 57; Navajo; F; m; head 410; yes; yes; id- 71 733
420 " Sarah; f; 1875 58; Navajo; F; m; wife 411; yes; yes; id- 71 564
421 " Leona; f; 1911 22; Navajo; F; s; dau 413; yes; yes; id- 71 737
422 " Cole; m; 1920 13; Navajo; F; s; son 414; yes; yes; id- 71 738
423 " Ada; f; 1895 38; Navajo; F; m; wf#2 415; yes; yes; id- 71 392

Western Navajo Reservation
1933 Census Roll

Key: Number; Surname Given; Sex; Year Born and Age at Last Birthday; Tribe; Degree of Blood; Marital Status; Relationship to Head of Family & No. Last Census Roll; At Jurisdiction Where Enrolled (Yes/No); (If no – Where); Ward (Yes/No); Allotment Annuity and/or Identification Numbers

424 Baysinger, Marie; f; 1922 11; Navajo; F; s; dau 417; yes; yes; id- 71 566
425   "   Sue; f; 1923 10; Navajo; F; s; dau 418; yes; yes; id- 71 395
426   "   Dennis; m; 1928 5; Navajo; F; s; son 419; yes; yes; id- 71 396
427   "   Donald; m; 1932 9-14; Navajo; F; s; son none; yes; yes; id- 75 763

428 Big thumb, Josephine; f; 1890 43; Navajo; F; wd; head 420; yes; yes; id- 75 555
429   "   Esther; f; 1915 18; Navajo; F; s; dau 421; yes; yes; id- 75 557
430   "   Jack; m; 1919 14; Navajo; F; s; son 422; yes; yes; id- 75 558
431   "   Melba; f; 1925 8; Navajo; F; s; dau 423; yes; yes; id- 75 559

432 Big thumb, Mabel; f; unk; Navajo; F; wd; head 424; yes; yes; id- 75 371
433   "   Don; m; 1913 20; Navajo; F; s; son 425; yes; yes; id- 75 373
434   "   Leona; f; 1915 18; Navajo; F; s; dau 426; yes; yes; id- 75 374
435   "   Donald; m; 1917 16; Navajo; F; s; son 427; yes; yes; id- 75 375
436   "   Hazel; f; 1920 13; Navajo; F; s; dau 428; yes; yes; id- 75 376

437 Bilagody, John; m; 1909 24; Navajo; F; m; head 429; yes; yes; id- 71 069
438   "   Kisban; f; 1907 26; Navajo; F; m; wife 420; yes; yes; id- 71 935
439   "   Oscar; m; 1929 4; Navajo; F; s; son 431; yes; yes; id- 71 936

440 Bilagody, Susie; f; 1892 41; Navajo; F; wd; head 432; yes; yes; id- 71 382
441   "   Maude Jones; f; 1916 17; Navajo; F; s; dau 433; yes; yes; id- 71 383
442   "   Jessie; m; 1919 14; Navajo; F; s; son 434; yes; yes; id- 71 384
443   "   William; m; 1911 11; Navajo; F; s; son 435; yes; yes; id- 71 385
444   "   Glen; m; 1924 9; Navajo; F; s; son 436; yes; yes; id- 71 386
445   "   Sarah; f; 1928 5; Navajo; F; s; dau 437; yes; yes; id- 71 388
446   "   Sophia; f; 1930 3; Navajo; F; s; dau 4747; yes; yes; id- 71 864

447 Bilagody, Swet; m; 1905 28; f; m; head 438; yes; Married to Esther Quashers, carried on Hopi roll; yes; id- 71 380
448   "   Mary Elizabeth; f; 1931 2; Navajo; F; s; dau 439; yes; yes; id- 83 706

449 Bilagody, Thelma; f; 1885 48; Navajo; F; wd; head 440; yes; yes; id- 71 068
450   "   Ella; f; 1917 16; Navajo; F; s; dau 441; yes; yes; id- 71 070
451   "   Anna; f; 1919 14; Navajo; F; s; dau 442; yes; yes; id- 71 071
452   "   Wesley; m; 1922 11; Navajo; F; s; son 443; yes; yes; id- 71 072
453   "   Henry; m; 1924 9; Navajo; F; s; son 444; yes; yes; id- 71 073

454 Billan, Grannie; f; unk; Navajo; F; wd; head 445; yes; yes; id- 79 502
455   "   Ranny; m; 1878 55; Navajo; F; wd head 446; yes; yes; id- 79 504
456   "   Lee; m; 1918 15; Navajo-Piute[sic]; f; s; son 447; yes; yes; id- 79 499
457   "   Rebecca; f; 1919 14; Navajo-Piute; F; s; dau 448; yes; yes; id- 79420
458   "   Yodel; m; 1920 13; Navajo-Piute; F; s; son 449; yes; yes; id- 79 501
459   "   Bell; f; 1922 11; Navajo-Piute; F; s; dau 450; yes; yes; id- 79 500

Western Navajo Reservation
1933 Census Roll
Key: Number; Surname Given; Sex; Year Born and Age at Last Birthday; Tribe; Degree of Blood; Marital Status; Relationship to Head of Family & No. Last Census Roll; At Jurisdiction Where Enrolled (Yes/No); (If no – Where); Ward (Yes/No); Allotment Annuity and/or Identification Numbers

460 Billie, Wes; m; 1908 25; Navajo; F; m; head 451; yes; yes; id- 79 730
461 " Beulah; f; 1908 25; Navajo; F; m; wife 452; yes; yes; id- 79 731
462 " Gertrude; f; 1930 3; Navajo; F; s; dau 453; yes; yes; id- 79 864

463 Billings, Fred; m; 1891 42; Navajo; F; m; head 454; yes; yes; id- 79 621
464 " May; f; 1896 37; Navajo; F; m; wf#1 455; yes; yes; id- 79 622
465 " Frederic; m; 1915 18; Navajo; F; s; son 456; yes; yes; id- 79 623
466 " Elsie; f; unk; Navajo; F; m; wf#2 457; yes; yes; id- 79 631

467 Billings, Ruth; 1894 39; Navajo; F; wd; head 458; yes; yes; id- 79 632
468 " Millie; f; 1913 20; Navajo; F; s; dau 459; yes; yes; id- 79 633
469 " Mildred; f; 1920 13; Navajo; F; s; dau 460; yes; yes; id- 79 634
470 " Ralph; m; 1927 6; Navajo; F; s; son 461; yes; yes; id- 79 635

471 Billy, Freida; f; 1870 63; Navajo; F; wd; head 462; yes; yes; id- 71 282
472 " Guy; m; 1914 19; Navajo; F; s; son 463; yes; yes; id- 71 284

473 Billy, John; m; 1910 23; Navajo; F; m; head 463; yes; yes; id- 71 283
474 " Fave Bigsinger; f; 1909 24; Navajo; F; m; wife 412; yes; yes; id- 71 736

475 Billy, John; m; 1887 46; Navajo; F; m; head 465; yes; yes; id- 75 201
476 " Anna; f; 1878 55; Navajo; F; m; wife 466; yes; yes; id- 75 202
477 " Grey Maloney; m; 1914 19; Navajo; F; s; son 467; yes; yes; id- 75 203
478 " Hanna Curley; f; 1917 16; Navajo; F; s; dau 468; yes; yes; id- 75 204
479 " Bessie; f; 1917 16; Navajo; F; s; dau 469; yes; yes; id- 75 205
480 " John, Jr; m; 1922 11; Navajo; F; s; son 470; yes; yes; id- 75 206
481 " Rose; f; 1924 9; Navajo; F; s; dau 471; yes; yes; id- 75 207

482 Billy, Mother; f; 1850 83; Navajo; F; wd; head 472; yes; yes; id- 75 524

483 Billyman, Joe; m; 1907 26; Navajo; F; m; head 473; yes; yes; id- 79 758
484 " Sadie; f; 1908 25; Navajo; F; m; wife 474; yes; yes; id- 79 759
485 " Warren; m; 1919 14; Navajo; F; s; son 475; yes; yes; id- 79 751

486 Billyman, Mildred; f; 1875 58; Navajo; F; wd; head 476; yes; yes; id- 79 760

487 Binahlapy, Otis; m; 1905 28; Navajo; F; m; head 477; yes; yes; id- 71 491
488 " Dora Chizzy Yazzie; f; 1916 17; Navajo; F; m; wife 2644; yes; yes; id- 82 193
489 " Laura; f; 1932 7-19; Navajo; F; s; dau none; yes; yes; id- 74 741

490 Binally, Cecil; m; 1901 32; Navajo; F; m; head 478; yes; yes; id- 71 493
491 " Janet; f; 1909 24; Navajo; F; m; wife 479; yes; yes; id- 71 494
492 " Mina; f; 1928 5; Navajo; F; s; dau 480; yes; yes; id- 71 495

Western Navajo Reservation
1933 Census Roll

Key: Number; Surname Given; Sex; Year Born and Age at Last Birthday; Tribe; Degree of Blood; Marital Status; Relationship to Head of Family & No. Last Census Roll; At Jurisdiction Where Enrolled (Yes/No); (If no – Where); Ward (Yes/No); Allotment Annuity and/or Identification Numbers

493 Binally, Frances; f; 1931 2; Navajo; F; s; dau 481; yes; yes; id- 71 855

494 Binally, Charley; m; 1887 46; Navajo; F; m; head 482; yes; yes; id- 71 243
495 " Augusta; f; 1898 35; Navajo; F; m; wife; 483; yes; yes; id- 71 245
496 " Louise; f; 1928 5; Navajo; F; s; dau 484; yes; yes; id- 71 246
497 " George; m; 1930 3; Navajo; F; s; son 485; yes; yes; id- 77 772
498 " Sozy; m; 1927 6; Navajo; F; s; ad son 486; yes; yes; id- 71 702

499 Binally, Charley; m; 1903 30; Navajo; F; m; head 487; yes; yes; id- 71 437
500 " Nolly; f; 1910 23; Navajo; F; m; wife 488; yes; yes; id- 71 438
501 " Alvin; m; 1928 5; Navajo; F; s; son 489; yes; yes; id- 71 439
502 " Agnes; f; 1929 4; Navajo; F; s; dau 490; yes; yes; id- 71 959

503 Binally, Seth; m; 1903 30; Navajo; F; wd; head 491; yes; yes; id- 71 718
504 " Key; m; 1934 9; Navajo; F; s; son 493; yes; yes; id- 71 720
505 " Chee; f; 1926 7; Navajo; F; s; dau 494; yes; yes; id- 71 721
506 " Zahn; f; 1928 5; Navajo; F; s; dau 495; yes; yes; id- 71 722
507 " Kenneth; m; 1932 3-31; Navajo; F; s; son none; yes; yes; id- 75 775

508 Bishop, Pete; m; 1879 54; Navajo; F; wd; head 496; yes; yes; id- 85 958

509 Bissey, Ben; m; 1901 32; Navajo; F; m; head 497; yes; yes; id- 75 445
510 " Agnes; f; 1906 27; Navajo; F; m; wife 498; yes; yes; id- 75 446
511 " Lucille; f; 1925 8; Navajo; F; s; dau 499; yes; yes; id- 75 447
512 " Barbara; f; 1929 4; Navajo; F; s; dau 500; yes; yes; id- 75 701

513 Bitahny, Red; m; 1912 21; Navajo; F; m; head 501; yes; yes; id- 71 751
514 Barnes, Wilford; m; 1918 15; Navajo; F; s; bro 502; yes; yes; id- 71 790

515 Bitannie, Jacob; m; 1897 36; Navajo; F; s; head 503; yes; yes; id- 71 481

516 Bitannie, Silas; m; 1899 44; Navajo; F; s; head 504; yes; yes; id- 71 374

517 Bitsene, Hal; m; 1867 66; Navajo; F; m; head 505; yes; yes; id- 73 291
518 " Betsey; f; 1908 25; Navajo; F; m; wife 506; yes; yes; id- 73 292
519 " Bud; m; 1928 5; Navajo; F; s; son 507; yes; yes; id- 73 293
520 " Laura; f; 1929 4; Navajo; F; s; dau 508; yes; yes; id- 73 818

521 Bitsidody, Frank; m; 1903 30; Navajo; F; m; head 509; yes; yes; id- 71161
522 " Gladys; f; 1906 27; Navajo; F; m; wife 510; yes; yes; id- 71162
523 " Annie; f; 1925 8; Navajo; F; s; dau 511; yes; yes; id- 71163

524 Bitsoie, Lawrence; m; 1893 40; Navajo; F; m; head 512; yes; yes; id- 71441
525 " Betsie; f; 1910 23; Navajo; F; m; wife 513; yes; yes; id- 71442

Western Navajo Reservation
1933 Census Roll

Key: Number; Surname Given; Sex; Year Born and Age at Last Birthday; Tribe; Degree of Blood; Marital Status; Relationship to Head of Family & No. Last Census Roll; At Jurisdiction Where Enrolled (Yes/No); (If no – Where); Ward (Yes/No); Allotment Annuity and/or Identification Numbers

526 Bitter, Walter; m; 1901 31; Navajo; F; m; head 514; yes; yes; id- 75648
527 " Sally; f; 1907 26; Navajo; F; m; wife 515; yes; yes; id- 75649
528 " Lola; f; 1929 4; Navajo; F; s; dau 516; yes; yes; id- 79867
529 " Dena; f; June 1932, 1; Navajo; F; s; dau none; yes; yes; id- 71996

530 Bizardi, Amos; Amos; m; 1913 20; Navajo; F; s; alone none; yes; yes; id- 77576

531 Black, Ben; Ben; m; 1905 25; Navajo; F; m; head 517; yes; yes; id- 73033
532 " Beth; f; 1903 30; Navajo; F; m; wife 518; yes; yes; id- 73051
533 " Ettie; f; 1922 11; Navajo; F; s; dau 519; yes; yes; id- 73052
534 " Sam; m; 1925 8; Navajo; F; s; son 520; yes; yes; id- 730533

535 Black, Bob; m; 1903 30; Navajo; F; m; head 521; yes; yes; id- 73027

536 Black, Boyd; m; 1906 27; Navajo; F; s; head 522; yes; yes; id- 71739

537 Black, Dave; m; 1864 69; Navajo; F; m; head 523; yes; yes; id- 73038
538 " Dessie; f; 1893 40; Navajo; F; m; wife 524; yes; yes; id- 73039
539 " Bessie; f; 1915 18; Navajo; F; s; dau 525; yes; yes; id- 73040
540 " Beatrice; f; 1920 13; Navajo; F; s; dau 526; yes; yes; id- 73041
541 " Al; m; 1923 10; Navajo; F; s; son 527; yes; yes; id- 73042
542 " Alma; f; 1927 6; Navajo; F; s; dau 528; yes; yes; id- 73043

543 Black, Harry; m; 1865 68; Navajo; F; m; head 529; yes; yes; id- 79541
544 " Nellie; f; 1880 53; Navajo; F; m; wife 530; yes; yes; id- 79542
545 " Bertha; f; 1923 10; Navajo; F; s; dau 531; yes; yes; id- 79544

546 Black, Harre; m; 1892 41; Navajo; F; m; head 532; yes; yes; id- 73054
547 " Alice; f; 1905 28; Navajo; F; m; wife#1 533; yes; yes; id- 73055
548 " Jennie; f; 1919 14; Navajo; F; s; dau 534; yes; yes; id- 73056
549 " Kody; m; 1923 10; Navajo; F; s; son 535; yes; yes; id- 73057
550 " Stella; f; 1925 8; Navajo; F; s; dau 536; yes; yes; id- 73058
551 " Janet; f; 1907 25; Navajo; F; m; wife#2 537; yes; yes; id- 73059
552 " Emmet; f; 1926 7; Navajo; F; s; dau 538; yes; yes; id- 73060
553 " Harry; m; 1930 3; Navajo; F; s; son 539; yes; yes; id- 73817

554 Black, Hugh; m; 1889 44; Navajo; F; m; head 540; yes; yes; id- 73262
555 " Het; f; 1896 38; Navajo; F; m; wife 541; yes; yes; id- 73221
556 " Harve Curley; m; 1912 21; Navajo; F; s; son 542; yes; yes; id- 73220
557 " Kay; m; 1913 20; Navajo; F; s; son 543; yes; yes; id- 73023
558 " Zelva; f; 1920 13; Navajo; F; s; dau 544; yes; yes; id- 73223
559 " Jessie; m; 1922 11; Navajo; F; s; son 545; yes; yes; id- 73224
560 " Nell; f; 1926 7; Navajo; F; s; dau 546; yes; yes; id- 73225
561 " Sue; f; 1929 4; Navajo; F; s; dau 547; yes; yes; id- 73822

Western Navajo Reservation
1933 Census Roll

Key: Number; Surname Given; Sex; Year Born and Age at Last Birthday; Tribe; Degree of Blood; Marital Status; Relationship to Head of Family & No. Last Census Roll; At Jurisdiction Where Enrolled (Yes/No); (If no – Where); Ward (Yes/No); Allotment Annuity and/or Identification Numbers

562 Black, Jence; m; 1903 30; Navajo; F; m; head 548; yes; yes; id- 73714

563 Black, Jim; m; 1894 39; Navajo; F; m; head 549; yes; yes; id- 79532
564 " Bob; m; 1915 18; Navajo; F; s; son 550; yes; yes; id- 79536
565 " Ruth; f; 1909 24; Navajo; F; m; wife#1 551; yes; yes; id- 79533
566 " Billy; m; 1923 10; Navajo; F; s; son 552; yes; yes; id- 79534
567 " Frances; f; 1925 8; Navajo; F; s; dau 553; yes; yes; id- 79535
568 " Ada; f; 1929 4; Navajo; F; s; dau 554; yes; yes; id- 73759
569 " Alice; f; 1906 27; Navajo; F; m; wife#2 555; yes; yes; id-73333
570 " Akhe; m; 1924 9; Navajo; F; s; son 556; yes; yes; id- 73334
571 " Denas; m 1926 7; Navajo; F; s; son 557; yes; yes; id- 73335
572 " Ann; f; 1929 4; Navajo; F; s; dau 558; yes; yes; id- 73761

573 Black, John; m; 1876 57; Navajo; F; m; head 559; yes; yes; id- 79606
574 " Fannie; f; 1898 35; Navajo; F; m; wife 560; yes; yes; id- 79629
575 " Keeth; m; 1915 18; Navajo; F; s; son 561; yes; yes; id- 79638
576 " Zelma; f; 1917 16; Navajo; F; s; dau 562; yes; yes; id- 79636
577 " Jane; f; 1918 15; Navajo; F; s; dau 563; yes; yes; id- 79637
578 " Frank; m; 1928 5; Navajo; F; s; son 564; yes; yes; id- 79630

579 Black, Joseph; m; 1884 49; Navajo; F; m; head 565; yes; yes; id- 73472
580 " Fay; f; 1896 37; Navajo; F; m; wife; 566; yes; yes; id- 73473
581 " Relda; f; 1916 17; Navajo; F; s; dau 567; yes; yes; id- 73474
582 " Delbert; m; 1918 15; Navajo; F; s; son 568; yes; yes; id- 73475
583 " Edna; f; 1920 13; Navajo; F; s; dau 569; yes; yes; id- 73475
584 " Ruth; f; 1921 12; Navajo; F; s; dau 570; yes; yes; id- 73477
585 Wetherall, Bettie; f; 1915 18; Navajo; F; s; ward 571; yes; yes; id- 73629
586 " Fanny; f; 1919 14; Navajo; F; s; ward 572; yes; yes; id- 73630

587 Black, Levi; m; 1890 43; Navajo; F; m; head 573; yes; yes; id- 73242
588 " Mary; f; 1899 34; Navajo; F; m; wife#1 574; yes; yes; id- 73232
589 " ketel[sic]; m; 1918 15; Navajo; F; s; son 575; yes; yes; id- 73233
590 " Fan; f; 1920 13; Navajo; F; s; dau 576; yes; yes; id- 73265
591 " Deva; f; 1922 11; Navajo; F; s; dau 577; yes; yes; id- 73234
592 " Bessie; f; 1923 10; Navajo; F; s; dau 578; yes; yes; id- 73235
593 " Bernet; m; 1926 7; Navajo; F; s; son 579; yes; yes; id- 73236
594 " Mattie; f; 1902 31; Navajo; F; m; wife#2 580; yes; yes; id- 73237
595 " Hilda; f; 1919 14; Navajo; F; s; dau 581; yes; yes; id- 73238
596 " Tullie; s[sic]; 1922 11; Navajo; F; s; son 582; yes; yes; id- 73239
597 " Seth; s[sic]; 1925 8; Navajo; F; s; son 583; yes; yes; id- 73240
598 " Chene; f; 1927 5; Navajo; F; s; son 584; yes; yes; id- 73241
599 " Bessie; f; 1912 21; Navajo; F; s; sister 585; yes; yes; id- 73044

Western Navajo Reservation
1933 Census Roll

Key: Number; Surname Given; Sex; Year Born and Age at Last Birthday; Tribe; Degree of Blood; Marital Status; Relationship to Head of Family & No. Last Census Roll; At Jurisdiction Where Enrolled (Yes/No); (If no – Where); Ward (Yes/No); Allotment Annuity and/or Identification Numbers

600 Black, Milo; m; 1833 100; Navajo; F; m; head 586; yes; yes; id- 77383
601 " Madge; f; 1868 65; Navajo; F; m; wife 587; yes; yes; id- 77384
602 " John David; m; 1907 26; Navajo; F; s; son 588; yes; yes; id- 77385

N.E. Black, Unk. – Registered in Keams Canyon District.
603 " Nellie; f; 1913 20; Navajo; F; m; wife 589; yes; yes; id- 73066
604 " Douglas; m; 1930 3; Navajo; F; s; son 590; yes; yes; id- 73816

605 Black, Sam; m; 1886 47; Navajo; F; m; head 591; yes; yes; id- 75503
606 " Ethel; f; unk; Navajo; F; m; wife#1 592; yes; yes; id- 75504
607 " Estell; f; 1903 30; Navajo; F; m; wife#2 593; yes; yes; id- 75505
608 " Lonza; m; 1924 9; Navajo; F; s; son 594; yes; yes; id- 75506
609 " Beatrice; f; 1914 19; Navajo; F; s; dau 595; yes; yes; id- 75507

610 Black, Ted; m; 1855 78; Navajo; F; m; head 596; yes; yes; id- 73025
611 " Annie; f; 1867 66; Navajo; F; m; wife#1 597; yes; yes; id- 73030
612 " Don; m; 1909 24; Navajo; F; s; son 598; yes; yes; id- 73026
613 " Taley; m; 1910 23; Navajo; F; s; son 599; yes; yes; id- 73034
614 " Ella; f; 1886 47; Navajo; F; m; wife#2 600; yes; yes; id- 73046
615 " Bettie; f; 1918 15; Navajo; F; s; dau 601; yes; yes; id- 73049
616 " Ben Clint; m; 1920 13; Navajo; F; s; son 602; yes; yes; id- 73271
617 " Zeba; f; 1923 10; Navajo; F; s; dau 603; yes; yes; id- 73047
618 " Macie; f; 1927 6; Navajo; F; s; dau 604; yes; yes; id- 73048

619 Black, Wilbur; m; 1891 42; Navajo; F; m; head 605; yes; yes; id- 81888
620 " Susie; f; 1891 42; Navajo; F; m; wife 606; yes; yes; id- 81804
621 " Edith; f; 1914 19; Navajo; F; s; dau 607; yes; yes; id- 81805
622 " Edward; m; 1918 15; Navajo; F; s; son 608; yes; yes; id- 81806
623 " Catherine; f; 1922 11; Navajo; F; s; dau 609; yes; yes; id- 80807
624 " Franklin; m; 1924 9; Navajo; F; s; son 610; yes; yes; id- 81808
625 " Elsie; f; 1926 7; Navajo; F; s; dau 611; yes; yes; id- 81809
626 " Billie; m; 1930 3; Navajo; F; s; son 612; yes; yes; id- 71988

637[sic]Black, William; m; 1853 80; Navajo; F; m; head 613; yes; yes; id- 73312
628 " Martha; f; 1859 74; Navajo; F; m; wife 614; yes; yes; id- 73296

629 Black, Yellowhair; m; 1882 51; Navajo; F; wd; head 615; yes; yes; id- 79540

630 Blackhair, Joe; m; 1875 58; Navajo; F; m; head 616; yes; yes; id- 77620
631 " Johan; m; 1913 20; Navajo; F; s; son 619; yes; yes; id- 77624
632 " May; f; 1918 15; Navajo; F; s; dau 620; yes; yes; id- 77636

633 Blackhair, Robert; m; 1910 23; Navajo; F; m; head 618; yes; yes; id- 77625
634 " Laura Keams; f; 1890 43; Navajo; F; m; wife 2172; yes; yes; id- 77356

Western Navajo Reservation
1933 Census Roll

Key: Number; Surname Given; Sex; Year Born and Age at Last Birthday; Tribe; Degree of Blood; Marital Status; Relationship to Head of Family & No. Last Census Roll; At Jurisdiction Where Enrolled (Yes/No); (If no – Where); Ward (Yes/No); Allotment Annuity and/or Identification Numbers

635   "   Cecelia; f; Apr. 1932 1; Navajo; F; s; dau None; yes; yes; id- 77799
636 Keams, Ramona; f; 1911 22; Navajo; F; s; s-dau 2173; yes; yes; id- 77357
637   "   Lee; m; 1916 17; Navajo; F; s; s-son 2174; yes; yes; id- 77359
638   "   Owen Talker; m; 1918 15; Navajo; F; s; s-son 3644; yes; yes; id- 77425
639   "   Opal; f; 1921 12; Navajo; F; s; s-dau 2175; yes; yes; id- 77358
640   "   Frances; f; 1922 11; Navajo; F; s; s-dau 2176; yes; yes; id- 77360
641   "   Mark; m; 1924 9; Navajo; F; s; s-son 2177; yes; yes; id- 77361
642   "   Louise; f; 1928 5; Navajo; F; s; s-dau 2178; yes; yes; id- 77362

643 Blackhat, George; m; 1884 49; Navajo; F; m; head 621; yes; yes; id- 71251
644   "   Mary; f; 1884 49; Navajo; F; m; wife 622; yes; yes; id- 71252
645 Tohanne, Kenneth; m; 1908 25; Navajo; F; s; s-son 623; yes; yes; id- 71253
646   "   Quincy; m; 1917 16; Navajo; F; s; s-son 624; yes; yes; id- 71254
647   "   Grey; m; 1919 14; Navajo; F; s; s-son 625; yes; yes; id- 72155

648 Blackhorse, Donna; f; 1914 19; Navajo; F; s; alone 626; yes; yes; id- 71898

649 Blacksmith, Henry; m; 1895 38; Navajo; F; m; head 627; yes; yes; id- 79704
650   "   Sallie; f; 1906 27; Navajo; F; m; wife 628; yes; yes; id- 79705
651   "   Billie; f; 1926 7; Navajo; F; s; dau 629; yes; yes; id- 79706
652   "   Robert; m; 1930 3; Navajo; F; s; son 630; yes; yes; id- 77778

653 Blacksmith, Paul; m; unk; Navajo; F; m; head 631; yes; yes; id- 75508
654   "   Lula; f; 1878 55; Navajo; F; m; wife 632; yes; yes; id- 75509
655   "   Louise; f; 1922 11; Navajo; F; s; dau 633; yes; yes; id- 75511
656   "   Irene; f; 1922 11; Navajo; F; s; dau 634; yes; yes; id- 75512
657   "   Jim; m; 1927 6; Navajo; F; s; son 635; yes; yes; id- 75513

658 Blacksmithy, Shine; m; 1895 38; Navajo; F; m; head 636; yes; yes; id- 75659

659 Blake, Frank; m; 1900 33; Navajo; F; m; head 637; yes; yes; id- 85742
660   "   Frances; f; 1911 22; Navajo; F; m; wife 638; yes; yes; id- 85743
661   "   George; m; 1928 5; Navajo; F; s; son 639; yes; yes; id- 86055
662   "   Shine; m; 1930 3; Navajo; F; s; son 640; yes; yes; id- 75726

663 Blake, Reed; m; 1895 38; Navajo; F; m; head 641; yes; yes; id- 85 735
664   "   Nancy; f; 1896 36; Navajo; F; m; wife 642; yes; yes; id- 85 736
665   "   Ernest; m; 1917 16; Navajo; F; s; son 643; yes; yes; id- 85 737
666   "   Fay; f; 1919 14; Navajo; F; s; dau 644; yes; yes; id- 85 738
667   "   Edgar; m; 1921 12; Navajo; F; s; son; 645; yes; yes; id- 85 739
668   "   Elsie; f; 1924 9; Navajo; F; s; dau 646; yes; yes; id- 85 740
669   "   Harriet; f; 1928 5; Navajo; F; s; dau 647; yes; yes; id- 85 741
670   "   Alford; m; 1929 4; Navajo; F; s; son 648; yes; yes; id- 82 283

Western Navajo Reservation
1933 Census Roll

Key: Number; Surname Given; Sex; Year Born and Age at Last Birthday; Tribe; Degree of Blood; Marital Status; Relationship to Head of Family & No. Last Census Roll; At Jurisdiction Where Enrolled (Yes/No); (If no – Where); Ward (Yes/No); Allotment Annuity and/or Identification Numbers

671 Bluelake, Jim; m; 1875 58; Navajo; F; m; head 651; yes; yes; id- 75 533
672   "   Josie; f; 1873 60; Navajo; F; m; wife 652; yes; yes; id- 75 534
673   "   Paul Jim; m; 1914 19; Navajo; F; s; son 653; yes; Formerly carried as Leonard; yes; id- 75 535
674   "   Nora; f; 1901 32; Navajo; F; s[sic]; wf#2 654; yes; yes; id- 75 663
675   "   Paul Edison; m; 1914 19; Navajo; F; s; son 655; yes; yes; id- 79 640
676   "   Bell; f; 1917 16; Navajo; F; s; dau 656; yes; yes; id- 75 664
677 Edison, Mary; f; 1917 16; Navajo; F; s; niece 657; yes; yes; id- 79 641

678 Bluelake, Mary Sally; f; 1877 56; Navajo; F; sep; head 658; yes; yes; id- 75 662

679 Bond, Charlie; m; 1906 27; Navajo; F; s; head 659; yes; yes; id- 71 903

680 Boney, Sam; m; 1902 31; Navajo; F; s; head 660; yes; yes; id- 71 806

681 Boone, Arthur; m; unk; Navajo; F; m; head 327; yes; yes; id- 71 679
682   "   Jennie Flatsmith; f; 1916 17; f; m; wife 3302; yes; yes; id- 83 662
683   "   Frances; f; 1918 15; Navajo; F; s; sis 328; yes; yes; id- 71 680

684 Boone, Amos; m; 1911 22; Navajo; F; s; head 661; yes; yes; id- 81 900

685 Boone, Jack; m; 1899 34; Navajo; F; m; head 662; yes; yes; id- 73 576
686   "   Jennie; f; 1903 30; Navajo; F; m; wife 663; yes; yes; id- 73577
687   "   Soie; m; 1926 7; Navajo; F; s; son 664; yes; yes; id- 73 578
688   "   Fanny; f; 1927 6; Navajo; F; s; dau 665; yes; yes; id- 73 579
689   "   Albert; m; 1929 4; Navajo; F; s; son 666; yes; yes; id- 73 836
690   "   Selvay; f; 1922 11; Navajo; F; s; sis 667; yes; yes; id- 73 581

691 Boone, Jim; m; 1882 51; Navajo; F; m; head 668; yes; yes; id- 85 941
692   "   Helen; f; 1889 44; Navajo; F; m; wf#1 669; yes; yes; id- 79 686
693   "   Lillian; f; 1917 16; Navajo; F; s; dau 670; yes; yes; id- 79 687
694   "   Elene; f; 1903 30; Navajo; F; m; wf#2 672; yes; yes; id- 85 939
695   "   Catherine; f; 1917 16; Navajo; F; s; dau 673; yes; yes; id- 85 940
696   "   Norman; m; 1921 12; Navajo; F; s; son 674; yes; yes; id- 85 942
697   "   Miner; m; 1930 3; Navajo; F; s; son 675; yes; yes; id- 83 708

698 Boone, Jim; m; 1899 34; Navajo; F; m; head 676; yes; yes; id- 79 679
699   "   Allene; f; 1903 30; Navajo; F; m; wife 677; yes; yes; id- 79 680
700   "   Fannie; f; 1924 9; Navajo; F; s; dau 678; yes; yes; id- 79 681
701   "   Dan; m; 1926 7; Navajo; F; s; son 679; yes; yes; id- 79 682
702   "   Sally; f; 1927 6; Navajo; F; s; dau 680; yes; yes; id- 79 683

703 Boone, John; m; 1845 88; Navajo; F; wd; head 681; yes; yes; id- 79 684
704 Little, Florence; f; 1915 18; Navajo; F; s; gr-d 682; yes; yes; id- 75 427

Western Navajo Reservation
1933 Census Roll

Key: Number; Surname Given; Sex; Year Born and Age at Last Birthday; Tribe; Degree of Blood; Marital Status; Relationship to Head of Family & No. Last Census Roll; At Jurisdiction Where Enrolled (Yes/No); (If no – Where); Ward (Yes/No); Allotment Annuity and/or Identification Numbers

705 Boone, John; m; 1903 30; Navajo; F; m; head 683; yes; yes; id- 71 157
706 " Agnes; f; 1908 25; Navajo; F; m; wife 684; yes; yes; id- 71 158
707 " Willie; m; 1924 9; Navajo; F; s; son 685; yes; yes; id- 71 159
708 " Edward; m; 1928 5; Navajo; F; s; son 686; yes; yes; id- 71 160

709 Boone, John; m; 1902 31; Navajo; f m; head 687; yes; yes; id- 77 372
710 " Elma; f; 1908 25; Navajo; F; m; wife 688; yes; yes; id- 77 373
711 " Etta; f; 1926 7; Navajo; F; s; dau 689; yes; yes; id- 77 374
712 " Hugo; m; 1929 4; Navajo; F; s; son 690; yes; yes; id- 77 559

713 Boone, Maggie; f; 1868 65; Navajo; F; wd; head 691; yes; yes; id- 79 689
714 " Jimmie; m; 1913 20; Navajo; F; s; bro 692; yes; yes; id- 79 690

715 Bowers, Lizzie; f; 1869 64; Navajo; F; wd; head 693; yes; yes; id- 86 012

716 Bowsley, Charley; m; 1900 33; Navajo; F; m; head 694; yes; yes; id- 79 785
717 " Fay; f; 1903 30; Navajo; F; m; wife 695; yes; yes; id- 79 463
718 " Nettie; f; 1921 12; Navajo; F; s; dau 696; yes; yes; id- 79 464
719 " Liza; f; 1925 8; Navajo; F; s; dau 697; yes; yes; id- 79 465
720 " Bertha; f; 1927 6; Navajo; F; s; da 698; yes; yes; id- 79 466

721 Boyd, Earl; m; 1900 33; Navajo; F; m; head 699; yes; yes; id- 79 803
722 " Ethel; f; 1907 26; Navajo; F; m; wife 700; yes; yes; id- 79 442
723 " Mabel; f; 1922 11; Navajo; F; s; dau 701; yes; yes; id- 79 440
724 " Connie; m; 1923 10; Navajo; F; s; son 702; yes; yes; id- 79 441
725 " Albert; m; 1929 4; Navajo; F; s; son 703; yes; yes; id- 79 852

726 Bracker, Jake; m; 1873 60; Navajo; F; m; head 704; yes; yes; id- 77 506
727 " Lelia; f; 1908 25; Navajo; F; m; wife 705; yes; yes; id- 77 507
728 " Margaret; f; 1931 2; Navajo; F; s; dau 706; yes; yes; id- 77 769

729 Bradley, Frank; m; 1897 36; Navajo; F; m; head 707; yes; yes; id- 73 303
730 " Pauline; f; 1907 26; Navajo; F; m; wife 708; yes; yes; id- 73 304
731 " Frank, Jr; m; 1931 2; Navajo; F; s; son 709; yes; yes; id- [blank]

732 Bradley, Harry; m; 1896 38; Navajo; F; m; head 710; yes; yes; id- 73 497
733 " Susie; f; 1887 46; Navajo; F; m; wife 711; yes; yes; id- 73 498
734 " Albert; m; 1916 17; Navajo; F; s; step-son 712; yes; yes; id- 73 499
735 " Susie; f; 1921 12; Navajo; F; s; step-dau 713; yes; yes; id- 73 500

736 Bradley, Lee A; m; 1900 33; Navajo; F; m; head 714; yes; yes; id- 73 624
737 " Sarah; f; 1903 30; Navajo; F; m; wife 715; yes; yes; id- 73 625
738 " Sarah Louise; f; 1923 10; Navajo; F; s; dau 716; yes; yes; id- 73 626
739 " Lee A, Jr; m; 1924 9; Navajo; F; s; son; 717; yes; yes; id- 73 627

Western Navajo Reservation
1933 Census Roll

Key: Number; Surname Given; Sex; Year Born and Age at Last Birthday; Tribe; Degree of Blood; Marital Status; Relationship to Head of Family & No. Last Census Roll; At Jurisdiction Where Enrolled (Yes/No); (If no – Where); Ward (Yes/No); Allotment Annuity and/or Identification Numbers

740   "   Frank William; m; 1926 7; Navajo; F; s; son 718; yes; yes; id- 73 638
741   "   Lillian Rosalie; f; 1928 5; Navajo; F; s; dau 719; yes; yes; id- 73 729[sic]

742 Brainer, Rose May; f; 1911 11; Navajo; F; wd; head 720; yes; yes; id- 77 653
743   "   Betty Jo; f; 1931 2; Navajo; F; s; dau 721; yes; yes; id- 77 793

744 Bronston, Bill; m; 1894 39; Navajo; F; m; head 722; yes; yes; id- 79 624
745   "   Hazel; f; 1911 22; Navajo; F; m; wife 723; yes; yes; id- 79 691
746   "   Ralph; m; 1923 9; Navajo; F; s; son 724; yes; yes; id- 79 692
747   "   Susie; f; 1927 6; Navajo; F; s; dau 725; yes; yes; id- 79 693

748 Bronston, Doris; f; 1885 48; Navajo; F; wd; head 726; yes; yes; id- 79 694

749 Brown, Dick; m; 1905 28; Navajo; F; wd; head 727; yes; yes; id- 79 559
750   "   Bessie; f; 1924 9; Navajo; F; s; dau 728; yes; yes; id- 79 561

751 Brown, Walter; m; 1909 24; Navajo; F; m; head 729; yes; yes; id- 82 077
752   "   Stella; f; 1910 23; Navajo; F; m; wife 730; yes; yes; id- 82 075
753   "   Ella; f; 1929 4; Navajo; F; s; dau 731; yes; yes; id- 82 164

754 Bryan, Phil; m; 1884 49; Navajo; F; m; head 732; yes; yes; id- 79 488
755   "   Kate; f; 1908 25; Navajo; F; m; wife 733; yes; yes; id- 79 489
756   "   Bob; m; 1918 15; Navajo; F; s son 734; yes; yes; id- 79 490
757   "   Helen; f; 1921 12; Navajo; F; s; dau 735; yes; yes; id- 79 493
758   "   John; m; 1924 9; Navajo; F; s; son 736; yes; yes; id- 79 491
759   "   Homer; m; 1927 6; Navajo; F; s; son 737; yes; yes; id- 79 492

760 Buckeyeson Begay, Preston; m; 1911 22; Navajo; F; s; head 738; yes; yes; id- 82 110

761 Burned foot, Lee; m; 1896 38; Navajo; F; s; head 739; yes; yes; id- 85 847

762 Burns, Hal; m; 1903 30; Navajo; F; m; head 740; yes; yes; id- 73 511
763   "   Nora; f; 1908 25; Navajo; F; m; wife 741; yes; yes; id- 73 512
764   "   Allman; m; 1923 10; Navajo; F; s; son 742; yes; yes; id- 73 515
765   "   John; m; 1930 3; Navajo; F; s; son 743; yes; yes; id- 73 808

766 Burns, Minnie; f; 1887 46; Navajo; F; wd; head 744; yes; yes; id- 79 526

767 Burns, Walter; m; 1908 25; Navajo; F; m; head 745; yes; yes; id- 79 602
768   "   Maggie; f; 1909 24; Navajo; F; m; wife 746; yes; yes; id- 79 523
769 Burns, Eddie; m; 1928 5; Navajo; F; s; son 747; yes; yes; id- 79 524
770   "   Susie; f; 1930 3; Navajo; F; s; dau 748; yes; yes; id- 79 861
771   "   Walter, Jr; m; 1932 Feb.; Navajo; F; s; son none; yes; yes; id- 75 734
772 Claw, Silas; m; 1915 18; Navajo; F; s; neph 749; yes; yes; id- 79 527

Western Navajo Reservation
1933 Census Roll

Key: Number; Surname Given; Sex; Year Born and Age at Last Birthday; Tribe; Degree of Blood; Marital Status; Relationship to Head of Family & No. Last Census Roll; At Jurisdiction Where Enrolled (Yes/No); (If no – Where); Ward (Yes/No); Allotment Annuity and/or Identification Numbers

773 Burns, Sue Weaver; f; 1916 17; Navajo; F; s; niece 750; yes; yes; id- 79 528
774 " Dorothy; f; 1929 4; Navajo; F; s; neice 751; yes; yes; id- 79 530

775 Burton, Agnes; f; 1908 25; Navajo; F; m; wife 752; yes; Married to Gale Burton, who is married on Hopi roll; yes; id- 72 051
776 " Geraldine; f; 1927, April 21 6; f; s; dau none; yes; yes; id- 72 052
777 " Thomas; m; 1930, June 21 3; f; s; son none; yes; yes; id- 72 053
778 " La Verne; f; 1932, June 1 1; f; s; dau none; yes; yes; id- 72 054

779 Bush, Joe; m; 1862 71; Navajo; F; wd; head 753; yes; yes; id- 77 494

780 Butcher, Wallace; m; 1872 61; Navajo; F; s; head 754; yes; yes; id- 77 541

781 Butler, Fred; m; 1888 45; Navajo; F; m; head 755; yes; yes; id- 71 195
782 " Annie; f; 1899 34; Navajo; F; m; wife#1 756; yes; yes; id- 71196
783 " Aimee; f; 1928 5; Navajo; F; s; dau 757; yes; yes; id- 71789
784 " Alice W; f; 1871 52; Navajo; F; m; wife#2; yes; yes; id- 71197
785 Etsitty, Richard; m; 1918 15; Navajo; F; s; s-son 759; yes; yes; id- 71201

786 Butler, Harvey; m; 1897 36; Navajo; F; m; head 761; yes; yes; id- 71232
787 " Lena; f; 1901 32; Navajo; F; m; wife 1283; yes; yes; id- 77678
788 " Dorothy; f; Feb. 1932 1; Navajo; F; s; dau None; yes; yes; id- 77558
789 Dinetso, Hooke; m; 1918 15; Navajo; F; s; s-son 1284; yes; yes; id- 77681
790 " Rebecca; f; 1920 13; Navajo; F; s; s-dau 1285; yes; yes; id- 77680
791 " Lester; m; 1922 11; Navajo; F; s; s-son 1286; yes; yes; id- 77679

792 Butler, Lillie; f; 1891 42; Navajo; F; sep; head 762; yes; yes; id- 71233
793 " Fred; m; 1920 13; Navajo; F; s; son 763; yes; yes; id- 71235
794 " Harry; m; 1922 11; Navajo; F; s; son 764; yes; yes; id- 71236
795 " Annette; f; 1924 9; Navajo; F; s; dau 765; yes; yes; id- 71237
796 " Myrtle; f; 1926 7; Navajo; F; s; dau 766; yes; yes; id- 71238
797 " Jack; m; 1928 5; Navajo; F; s; son 767; yes; yes; id- 71912
798 " Helen; f; 1930 3; Navajo; F; s; dau 768; yes; yes; id- 77771

799 Butler, Richard; m; 1908 25; Navajo; F; m; head 779; yes; yes; id- 71211
800 " Maude Williams; f; 1912 21; Navajo; F; m; wife 771; yes; yes; id-71199
801 " Howard; m; 1929 4; Navajo; F; s; son 772; yes; yes; id- 71929

802 Byade, Chloe; f; 1910 23; Navajo; F; s; head 773; yes; yes; id- 71787

803 Bydoni, Jean; m; 1889 44; Navajo; F; m; head 774; yes; yes; id- 71459
804 " Nez; f; 1901 32; Navajo; F; m; wife#1 775; yes; yes; id- 71463
805 " Kay; m; 1925 8; Navajo; F; s; son 776; yes; yes; id- 71464

Western Navajo Reservation
1933 Census Roll

Key: Number; Surname Given; Sex; Year Born and Age at Last Birthday; Tribe; Degree of Blood; Marital Status; Relationship to Head of Family & No. Last Census Roll; At Jurisdiction Where Enrolled (Yes/No); (If no – Where); Ward (Yes/No); Allotment Annuity and/or Identification Numbers

806 Calamity, Fred; m; 1898 34; Navajo; F; m; head 777; yes; yes; id- 79783
807 " Mage; f; 1907 26; Navajo; F; m; wife#1 778; yes; yes; id- 79613
808 " Mary; f; 1927 6; Navajo; F; s; dau 779; yes; yes; id- 79614
809 " Alice; f; 1929 4; Navajo; F; s; dau 780; yes; yes; id- 79868
810 " Alva; f; 1908 25; Navajo; F; m; wife#2 781; yes; yes; id- 79608
811 " Harold; m; 1930 3; Navajo; F; s; son 782; yes; yes; id- 79869

812 Calamity, Mike; m; 1875 58; Navajo; F; m; head 783; yes; yes; id- 79520
813 " Sadie; f; 1888 45; Navajo; F; m; wife 784; yes; yes; id- 79518
814 " Viola; f; 1914 19; Navajo; F; s; dau 785; yes; yes; id- 79600
815 " Grace; f; 1918 15; Navajo; F; s; dau 786; yes; yes; id- 79601
816 " Fox; m; 1921 12; Navajo; F; s; son 787; yes; yes; id- 79522
817 " Trixie; m; 1923 10; Navajo; F; s; son 788; yes; yes; id- 79519
818 " Dot; f; 1929 4; Navajo; F; s; dau 789; yes; yes; id- 79849

819 Canttalk, Dee; m; 1900 33; Navajo; F; m; head 790; yes; yes; id- 75324
820 " Mary; f; 1907 26; Navajo; F; m; wife 791; yes; yes; id- 75325

821 Canyon, Dan; m; 1898 35; Navajo; F; m; head 792; yes; yes; id- 75589
822 " Polly; f; 1909 24; Navajo; F; m; wife 793; yes; yes; id- 75590

823 Canyon, John; m; 1883 50; Navajo; F; m; head 794; yes; yes; id- 71368
824 " Elwood; m; 1915 18; Navajo; F; s; son 795; yes; yes; id- 71977
825 " Joel; m; 1918 15; Navajo; F; s; son 796; yes; yes; id- 71371
826 " Bahi; f; 1922 11; Navajo; F; s; dau 797; yes; yes; id- 71372
827 " Chee; f; 1924 9; Navajo; F; s; dau 798; yes; yes; id- 71373
828 " Ason; f; 1899 34; Navajo; F; m; wife 799; yes; yes; id- 71349
829 " Jefferson; m; 1917 16; Navajo; F; s; son 800; yes; yes; id- 71370
830 " Barbara; f; 1927 6; Navajo; F; s; dau 801; yes; yes; id- 71518

831 Carr, Charlie; m; 1953 80; Navajo; F; wd; head 802; yes; yes; id- 81779

832 Carr, Daisy; f; 1904 29; Navajo; F; wd; head 803; yes; yes; id- 75600

833 Carr, Gladys; f; 1900 33; Navajo; F; sep; head 804; yes; yes; id- 79649
834 " Rachel; f; 1923 10; Navajo; F; s; dau 805; yes; yes; id- 79650
835 " Marie; f; 1926 7; Navajo; F; s; dau 806; yes; yes; id- 79651

836 Carr, Peter; m; 1894 39; Navajo; F; m; head 807; yes; yes; id- 75242
837 " Nellie; f; 1902 31; Navajo; F; m; wife 808; yes; yes; id- 75243
838 " George; m; 1923 10; Navajo; F; s; son 809; yes; yes; id- 75245
839 " Ida; f; 1924 9; Navajo; F; s; dau 810; yes; yes; id- 75244
840 " Floyd; m; 1928 5; Navajo; F; s; son 811; yes; yes; id- 75246

Western Navajo Reservation
1933 Census Roll

Key: Number; Surname Given; Sex; Year Born and Age at Last Birthday; Tribe; Degree of Blood; Marital Status; Relationship to Head of Family & No. Last Census Roll; At Jurisdiction Where Enrolled (Yes/No); (If no – Where); Ward (Yes/No); Allotment Annuity and/or Identification Numbers

841 Carroll, Elsie; f; 1831 192; Navajo; F; wd; head 812; yes; yes; id- 85905

842 Carson, Kit; m; 1848 85; Navajo; F; wd; head 813; yes; yes; id- 82132

843 Carter, Jack; m; 1890 43; Navajo; F; m; head 814; yes; yes; id- 79671
844   "   Ethel; f; 1899 34; Navajo; F; m; wife 815; yes; yes; id- 79672
845   "   Buster; m; 1918 15; Navajo; F; s; son 816; yes; yes; id- 79673
846   "   Nellie; f; 1920 13; Navajo; F; s; dau 817; yes; yes; id- 79674
847   "   Harry; m; 1922 11; Navajo; F; s; son 818; yes; yes; id- 79675
848   "   Mabel; f; 1924 9; Navajo; F; s; dau 819; yes; yes; id- 79676
849   "   Bert; m; 1927 6; Navajo; F; s; son 820; yes; yes; id- 79677
850   "   Kenneth; m; 1/19-1930 3; Navajo; F; s; son 821; yes; yes; id- 81415
851   "   Erna; m; Mar. 1932 1; Navajo; F; s; dau None; yes; yes; id- 75754

852 Cattlechaser, Leroy; m; 1893 40; Navajo; F; m; head 822; yes; yes; id- 75601
853   "   Alline; f; 1899 34; Navajo; F; m; wife 823; yes; yes; id- 75602
854   "   Alice; f; 1917 16; Navajo; F; s; dau 824; yes; yes; id- 75603
855   "   Baiza; f; 1920 13; Navajo; F; s; dau 825; yes; yes; id- 75604
856   "   Dennis; m; 1921 12; Navajo; F; s; son 826; yes; yes; id- 75605
857   "   Nora; f; 1922 11; Navajo; F; s; dau 827; yes; yes; id- 75607
858   "   Orbra; m; 1924 9; Navajo; F; s; son 828; yes; yes; id- 75606
859   "   Georgia; f; 1925 8; Navajo; F; s; dau 829; yes; yes; id- 75608

860 Chambage, Jack; m; 1897 36; Navajo; F; m; head 830; yes; yes; id- 79800
861   "   Ethel; f; 1906 27; Navajo; F; m; wife 831; yes; yes; id- 79616
862   "   Mabel; f; 1924 9; Navajo; F; s; dau 832; yes; yes; id- 79617
863   "   Hazel; f; 1926 7; Navajo; F; s; dau 833; yes; yes; id- 79618
864   "   Bird; m; 1928 5; Navajo; F; s; son 834; yes; yes; di[sic]- 79619
865   "   John, m; 1922 11; Navajo; F; s; s-son 835; yes; yes; id- 79620

866 Charley, Jeff; m; 1901 32; Navajo; F; s; head 836; yes; yes; id- 73207

867 Chea, Henry; m; 1867 66; Navajo; F; m; head 837; yes; yes; id- 73081
868   "   Hattie; f; 1862 61; Navajo; F; m; wife 838; yes; yes; id- 73083
869   "   Hite; m; 1910 23; Navajo; F; s; son 839; yes; yes; id- 73082

870 Chee, Clarence; m; 1875 58; Navajo; F; m; head 840; yes; yes; id- 82124
871   "   Grace; f; 1898 35; Navajo; F; m; wife#1 841; yes; yes; id- 81994
872   "   Ned; m; 1913 20; Navajo; F; s; son none; yes; yes; id- 75685
873   "   Florence; f; 1917 16; Navajo; F; s; dau 841; yes; yes; id- 82009
874   "   Harold; m; 1921 12; Navajo; F; s; son 843; yes; yes; id- 81995
875   "   Clarence, Jr; m; 1921 12; Navajo; F; s; son 844; yes; yes; id- 82185
876   "   Lettie; f; 1925 8; Navajo; F; s; dau 845; yes; yes; id- 81996
877   "   Oscar; m; 1928 5; Navajo; F; s; son 846; yes; yes; id- 81432

Western Navajo Reservation
1933 Census Roll

Key: Number; Surname Given; Sex; Year Born and Age at Last Birthday; Tribe; Degree of Blood; Marital Status; Relationship to Head of Family & No. Last Census Roll; At Jurisdiction Where Enrolled (Yes/No); (If no – Where); Ward (Yes/No); Allotment Annuity and/or Identification Numbers

```
878     "      Rita; f; 1904 29; Navajo; F; m; wife#2 847; yes; yes; id- 81997
879     "      Arlie; f; 1926 7; Navajo; F; s; dau 848; yes; yes; id- 81998
880     "      Ada; f; 1826 7; Navajo; F; s; dau 849; yes; yes; id- 81433
881     "      Delbert; m; 4-14-31 2; Navajo; F; s; don 850; yes; yes; id-83702

882  Chee, Dan; m; 1906 27; Navajo; F; m; head 851; yes; yes; id- 75629
883     "      Lena; f; 1908 25; Navajo; F; m; wife 852; yes; yes; id- 75629
884     "      Dick; m; 1927 6; Navajo; F; s; son 853; yes; yes; id- 75630
885     "      Morris; m; 1928 5; Navajo; F; s; 854; yes; yes; id- 81431
886     "      Hazel; f; 1-16-1930 3; Navajo; F; s; dau 855; yes; yes; id- 75707

887  Chee, George; m; 1873 60; Navajo; F; m; head 856; yes; yes; id- 82123
888     "      Sadie; f; 1878 55; Navajo; F; m; wife 857; yes; yes; id- 81999
889     "      Frank Black; m; 1920 12; Navajo; F; s; son 859; yes; yes; id- 75631

890  Chee, John; m; 1906 27; Navajo; F; s; head 860; yes; yes; id- 71105

891  Cheie, Grant Slim; m; 1906 27; Navajo; F; m; head 861; yes; yes; id- 73270
892     "      Given; f; 1910 23; Navajo; F; m; wife 862; yes; yes; id- 73045

893  Chewingtobacco, Dee; m; 1902 31; Navajo; F; m; head 863; yes; yes; id- 75479
894     "      Mabel; f; 1900 33; Navajo; F; m; wife 864; yes; yes; id- 75480
895     "      Walter; m; 1927 6; Navajo; F; s; son 865; yes; yes; id- 75481
896     "      Bob; m; 12-28-29 3; Navajo; F; s; son 866; yes; yes; id- 75677

897  Chief, Johnny; m; 1887 46; Navajo; F; m; head 868; yes; yes; id- 73294
898     "      Net; f; 1906 27; Navajo; F; m; wife#1 879; yes; yes; id- 73282
899     "      Nelva; f; 1921 12; Navajo; F; s; dau 880; yes; yes; id- 73281
900     "      Mattie; f; 1910 23; Navajo; F; m; wife#2 881; yes; yes; id- 73279
901     "      Marv; m; 1924 9; Navajo; F; s; son 882; yes; yes; id- 73280

902  Chief, Luke; m; 1896 37; Navajo; F; m; head 873; yes; yes; id- 85834
903     "      Laura; f; 1900 33; Navajo; F; m; wife 874; yes; yes; id- 85835
904     "      Minnie; f; 1919 14; Navajo; F; s; dau 875; yes; yes; id- 85836
905     "      Clara; f; 1927 6; Navajo; F; s; dau 876; yes; yes; id- 85387
906     "      Polly; f; 1929 4; Navajo; F; s; dau 877; yes; yes; id- 86038
907     "      Albert; m; Jan. 1931 2; Navajo; F; s; son 878; yes; yes; id- 83683
908     "      Walter; m; 1916 17; Navajo; F; s; ad-son 879; yes; yes; id- 85840
909     "      Ferl; m; 1916 17; Navajo; F; s; ad-son 880; yes; yes; id- 85845
910     "      Lourie; f; 1920 13; Navajo; F; s; ad-dau 881; yes; yes; id- 85846

911  Chief, Possie; m; 1878 55; Navajo; F; m; head 882; yes; yes; id- 73409
912     "      Bevera; f; 1903 30; Navajo; F; m; wife 883; yes; yes; id- 73413
913     "      Nephi; m; 1922 11; Navajo; F; s; son 885; yes; yes; id- 73414
```

Western Navajo Reservation
1933 Census Roll

Key: Number; Surname Given; Sex; Year Born and Age at Last Birthday; Tribe; Degree of Blood; Marital Status; Relationship to Head of Family & No. Last Census Roll; At Jurisdiction Where Enrolled (Yes/No); (If no – Where); Ward (Yes/No); Allotment Annuity and/or Identification Numbers

914   "   Cecie; m; 1924 9; Navajo; F; s; son 886; yes; yes; id- 73415
915   "   Tah; m; 1926 7; Navajo; F; s; son 887; yes; yes; id- 73416
916   "   Modesta; f; 1929 4; Navajo; F; s; dau 888; yes; yes; id- 73756
917   "   Glena; f; 4-19-31 1; Navajo; F; s; dau 889; yes; yes; id- 73843
918   "   Ira; m; 1917 16; Navajo; F; s; nephew 890; yes; yes; id- 73417

919 Chief, Sam; m; 1896 38; Navajo; F; m; head 891; yes; yes; id- 73539
920   "   Emma; f; 1888 45; Navajo; F; m; wife 892; yes; yes; id- 73540
921   "   Vera; f; 1916 17; Navajo; F; s; dau 893; yes; yes; id- 73542
922   "   Mildred; f; 1917 16; Navajo; F; s; dau 894; yes; yes; id- 73543
923   "   Woodie; m; 1918 15; Navajo; F; s; son 895; yes; yes; id- 73544
924   "   Elwood; m; 1921 12; Navajo; F; s; son 896; yes; yes; id- 73545
925   "   Hyrum; m; 1923 10; Navajo; F; s; son 897; yes; yes; id- 73546
926   "   Doll; f; 1926 7; Navajo; F; s; dau 898; yes; yes; id- 73547
927   "   Alespia; f; 1928 5; Navajo; F; s; dau 899; yes; yes; id- 73548
928   "   Robert; m; 7-3-31 2; Navajo; F; s; son none; yes; yes; id- 71989

929 Chief, Sammy; f; 1908 25; Navajo; F; m; head 900; yes; yes; id- 73367
930   "   Lillie; f; 1901 32; Navajo; F; m; wife 901; yes; yes; id- 73368
931   "   Nellie; f; Apr. 30 3; Navajo; F; s; dau 902; yes; yes; id- 73840

932 Chizzieyazzie; Edward; m; 1906 27; Navajo; F; m; head 903; yes; yes; id- 71534
933   "   Louis Shortfinger; f; 1909 24; Navajo; F; m; wife 904; yes; yes; id- 83660
934   "   Taylor; m; 1929 4; Navajo; F; s; som[sic] 905; yes; yes; id- 71884
935   "   Pauline; f; 1931 2; Navajo; F; s; dau 906; yes; yes; id- 71885
936   "   Chester; m; Jan. 1932 1; Navajo; F; s; son none; yes; yes; id- 83700

937 Chizzieyazzie; Gilbert; m; 1900 33; Navajo; F; m; head 907; yes; yes; id- 83601
938   "   Bahi; f; 1899 34; Navajo; F; m; wife 908; yes; yes; id- 83602
939   "   Jimmie; m; 1923 10; Navajo; F; s; son 910; yes; yes; id- 83604
940   "   Edith Little; 9-5-31 2; Navajo; F; s; dau 911; yes; yes; id- 71966

941 Church, Charlie; m; 1908 25; Navajo; F; m; head 912; yes; yes; id- 82069
942   "   Agnes; f; 1910 23; Navajo; F; m; wife 913; yes; yes; id- 82067
943   "   Susie; f; 1928 5; Navajo; F; s; dau 914; yes; yes; id- 81403

944 Clark, Charley; m; 1904 29; Navajo; F; m; head 915; yes; yes; id- 71609
945   "   Viola; f; 1904 29; Navajo; F; m; wife 916; yes; yes; id- 71610
946   "   Jane; f; 1926 7; Navajo; F; s; dau 917; yes; yes; id- 71611
947   "   Addie; f; 1929 4; Navajo; F; s; dau 918; yes; yes; id- 71813

948 Clark, Deward; m; 1893 40; Navajo; F; m; head 919; yes; yes; id- 86025
949   "   Mandy; f; 1899 34; Navajo; F; m; wife#1 921; yes; yes; id- 86027

Western Navajo Reservation
1933 Census Roll

Key: Number; Surname Given; Sex; Year Born and Age at Last Birthday; Tribe; Degree of Blood; Marital Status; Relationship to Head of Family & No. Last Census Roll; At Jurisdiction Where Enrolled (Yes/No); (If no – Where); Ward (Yes/No); Allotment Annuity and/or Identification Numbers

950	"	Sterling; m; 1924 9; Navajo; F; s; son 922; yes; yes; id- 85850
951	"	Rena; f; 1926 7; Navajo; F; s; dau 923; yes; yes; id- 86030
952	"	Jep; m; 1928 5; Navajo; F; s; son 924; yes; yes; id- 86028
953	"	Sam; m; 1929 4; Navajo; F; s; son 925; yes; yes; id- 86045
954	"	Azona; f; 1904 29; Navajo; F; m; wife#2 926; yes; yes; id- 73819
955	"	Bertha; f; 1926 7; Navajo; F; s; dau 927; yes; yes; id- 73820

956 Clark, Howard; m; 1900 33; Navajo; F; m; head 928; yes; yes; id- 77500
957 " Lottie; f; 1898 35; Navajo; F; m; wife 929; yes; yes; id- 77501
958 " Emil; m; 1920 13; Navajo; F; s; son 930; yes; yes; id- 77503
959 " Harrison; m; 1925 8; Navajo; F; s; son 931; yes; yes; id- 77504
960 " William; m; 1928 5; Navajo; F; s; son 932; yes; yes; id- 77505
961 " Harris; m; 1914 19; Navajo; F; s; s-son 933; yes; yes; id- 77502

962 Clark, Joe; m; 1862 71; Navajo; F; m; head 934; yes; yes; id- 82145
963 " Nora; f; 1870 63; Navajo; F; m; wife 935; yes; yes; id- 82146
964 " Eva; f; 1912 21; Navajo; F; s; dau 936; yes; yes; id- 82147
965 " Buster; m; 1918 15; Navajo; F; s; son 937; yes; yes; id- 82148
966 " Frank; m; 1926 7; Navajo; F; s; son 938; yes; yes; id- 82149

967 Claw, Benjamin; m; 1898 35; Navajo; F; m; head 939; yes; yes; id- 75471
968 " Sallie; f; 1901 32; Navajo; F; m; wife 940; yes; yes; id- 75472
969 " Lelia; f; 1920 13; Navajo; F; s; dau 941; yes; yes; id- 75473
970 " Cal; m; 1922 11; Navajo; F; s; son 942; yes; yes; id- 75474
971 " Cecilia; f; 1924 9; Navajo; F; s; dau 943; yes; yes; id- 75475
972 " Cleburn; m; 1926 7; Navajo; F; s; son 944; yes; yes; id- 75476

973 Claw, Criss; m; 1850 83; Navajo; F; m; head 945; yes; yes; id- 79826
974 " Ethel; f; 1872 61; Navajo; F; m; wife 946; yes; yes; id- 79762
975 " Chester; m; 1910 23; Navajo; F; s; son 947; yes; yes; id- 79757
976 " Anna; f; 1916 17; Navajo; F; s; son 948; yes; yes; id- 79767

977 Claw, Fred; m; 1908 25; Navajo; F; m; head 959[sic]; yes; yes; id- 75547
978 " Alma; f; 1910 23; Navajo; F; m; wife 950; yes; yes; id- 75548

979 Claw, Henry; m; 1905 28; Navajo; F; m; head 951; yes; yes; id- 79756
980 " Millie; f; 1902 31; Navajo; F; m; wife 952; yes; yes; id- 79763
981 " Mary; f; 1923 10; Navajo; F; s; dau 953; yes; yes; id- 79764
982 " John; m; 1926 7; Navajo; F; s; son 954; yes; yes; id- 79765
983 " Fay; f; 1927 6; Navajo; F; s; dau 955; yes; yes; id- 79766

984 Claw, Sidney; m; 1885 48; Navajo; F; s; head 956; yes; yes; id- 79768

Western Navajo Reservation
1933 Census Roll

Key: Number; Surname Given; Sex; Year Born and Age at Last Birthday; Tribe; Degree of Blood; Marital Status; Relationship to Head of Family & No. Last Census Roll; At Jurisdiction Where Enrolled (Yes/No); (If no – Where); Ward (Yes/No); Allotment Annuity and/or Identification Numbers

985 Clawbenally, Clarence; m; 1903 30; Navajo; F; m; head 957; yes; yes; id- 75435
986 "   Sadie; f; 1904 29; Navajo; F; m; wife 958; yes; yes; id- 75436
987 "   AnnaBell; f; 1919 14; Navajo; F; s; dau 959; yes; yes; id- 75437
988 "   Sue; f; 1925 8; Navajo; F; s; dau 960; yes; yes; id- 75438

989 Clawbenally, Mary; f; 1878 55; Navajo; F; wd; head 961; yes; yes; id- 75440
990 "   Raymond Gray; m; 1910 23; Navajo; F; s; son 962; yes; yes; id- 75441
991 "   Lorenzo Hubble; m; 1914 19; Navajo; F; s; son 963; yes; yes; id- 75442
992 "   May; f; 1918 15; Navajo; F; s; dau 964; yes; yes; id- 75443

993 Cling, John; m; 1888 45; Navajo; F; m; head 965; yes; yes; id- 81532
994 "   Martha; f; 1898 35; Navajo; F; m; wife 966; yes; yes; id- 81535
995 "   William; m; 1915 18; Navajo; F; s; son 967; yes; yes; id- 81540
996 "   Edgar; m; 1917 16; Navajo; F; s; son 968; yes; yes; id- 81533
997 "   Harry; m; 1919 14; Navajo; F; s; son 969; yes; yes; id- 81534
998 "   Lorena; f; 1921 12; Navajo; F; s; dau 970; yes; yes; id- 81537
999 "   Dinah; f; 1923 10; Navajo; F; s; dau 971; yes; yes; id- 81539
1000 "   Arlo; m; 1925 8; Navajo; F; s; son 972; yes; yes; id- 81536
1001 "   Leona; f; 1927 6; Navajo; F; s; dau 973; yes; yes; id- 81538

1002 Clinton, Ben; m; 1875 58; Navajo; F; m; head 974; yes; yes; id- 79782
1003 "   Anna; f; 1890 43; Navajo; F; m; wife 975; yes; yes; id- 79607
1004 "   Yazzie; m; 1915 18; Navajo; F; s; son 976; yes; yes; id- 79805
1005 "   Rachel; f; 1917 16; Navajo; F; s; dau 977; yes; yes; id- 79609
1006 "   Sherman; m; 1919 14; Navajo; F; s; son 978; yes; yes; id- 79610
1007 "   Cecil; m; 1923 10; Navajo; F; s; son 979; yes; yes; id- 79611
1008 "   Margaret; f; 1926 7; Navajo; F; s; dau 980; yes; yes; id- 79612

1009 Clitso, Newt; m; 1892 41; Navajo; F; m; head 981; yes; yes; id- 73572
1010 "   Sal; f; 1888 45; Navajo; F; m; wife 982; yes; yes; id- 73573
1011 "   Aske; m; 1916 17; Navajo; F; s; son 983; yes; yes; id- 73580
1012 "   Guy; m; 1922 11; Navajo; F; s; son 984; yes; yes; id- 73574
1013 "   Keal; m; 1924 9; Navajo; F; s; son 985; yes; yes; id- 73575

1014 Clitso, Dell; m; 1888 45; Navajo; F; m; head 986; yes; yes; id- 73527
1015 "   May; f; 1910 23; Navajo; F; m; wife 987; yes; yes; id- 73528
1016 "   Ata; f; 1929 4; Navajo; F; s; dau 988; yes; yes; id- 73754

1017 Clitso, Dud; m; 1870 63; Navajo; F; m; head 989; yes; yes; id- 73420
1018 "   Dora; f; 1903 30; Navajo; F; m; wife 990; yes; yes; id- 73421
1019 "   Dess; f; 1920 13; Navajo; F; s; dau 991; yes; yes; id- 73422
1920 "   Dave; m; 1923 10; Navajo; F; s; son 992; yes; yes; id- 73423
1921 "   Dan; m; 1926 7; Navajo; F; s; son 993; yes; yes; id- 73424

Western Navajo Reservation
1933 Census Roll

Key: Number; Surname Given; Sex; Year Born and Age at Last Birthday; Tribe; Degree of Blood; Marital Status; Relationship to Head of Family & No. Last Census Roll; At Jurisdiction Where Enrolled (Yes/No); (If no – Where); Ward (Yes/No); Allotment Annuity and/or Identification Numbers

1922 Clitso, Hardy; m; 1900 33; Navajo; F; m; head 994; yes; yes; id- 73425
1923 "   Hattie; f; 1889 44; Navajo; F; m; wife 995; yes; yes; id- 73426
1924 "   Fay; f; 1925 8; Navajo; F; s; dau 996; yes; yes; id- 73430
1925 "   Alma; f; 1926 7; Navajo; F; s; dau 997; yes; yes; id- 73431
1926 Edwards, Frances; f; 1918 15; Navajo; F; s; s-dau 998; yes; yes; id- 73438
1927 "   Avis; f; 1914 19; Navajo; F; s; s-dau 999; yes; yes; id- 73428

1928 Closewater, Slim; m; unk; Navajo; F; m; head 1000; yes; yes; id- 75247
1929 "   Sister; f; 1908 25; Navajo; F; m; wife 1001; yes; yes; id- 75251
1030 "   Gray; m; 1926 7; Navajo; F; s; son 1002; yes; yes; id- 75252
1031 "   Cecil; m; 1928 5; Navajo; F; s; son 1003; yes; yes; id- 75253

1032 Cly, Clod; m; 1864 69; Navajo; F; m; head 1005; yes; yes; id- 73226
1033 " Cesta; f; 1879 54; Navajo; F; m; wife#1 1006; yes; yes; id- 73227
1034 " Leon Bradley; m; 1903 30; Navajo; F; s; son 1007; yes; yes; id- 73080
1035 " Agea; f; 1912 21; Navajo; F; s; dau 1008; yes; yes; id- 73228
1036 " Gie; m; 1919 14; Navajo; F; s; son 1009; yes; yes; id- 73257
1037 " Destia; f; 1890 43; Navajo; F; m; wife#2 1010; yes; yes; id- 73229
1038 " Percy; m; 1913 20; Navajo; F; s; son 1011; yes; yes; id- 73263
1039 " Fan; f; 1913 20; Navajo; F; s; dau; 1012; yes; yes; id- 73266
1040 " Calvin; m; 1923 10; Navajo; F; s; son 1013; yes; yes; id- 73230
1041 " Arthur; m; 1928 5; Navajo; F; s; son 1014; yes; yes; id- 73231
1042 " Fay; f; 1930 3; Navajo; F; s; dau 1015; yes; yes; id- 73815
1043 " Loyd; m; 1910 23; Navajo; F; s; grd-son 1016; yes; yes; id- 73264

1044 Cly, Dan; m; 1888 45; Navajo; F; m; head 1017; yes; yes; id- 73783
1045 " Dora; f; 1888 45; Navajo; F; m; wife#1 1018; yes; yes; id- 73784
1046 " Joe; m; 1912 21; Navajo; F; s; son 1019; yes; yes; id- 73785
1047 " Hubert Stanley; m; 1915 18; Navajo; F; s; son 1920; yes; yes; id- 73786
1048 " Bahe Stanley; m; 1919 14; Navajo; F; s; son 1921; yes; yes; id- 73787
1049 " Bessie; f; 1921 12; Navajo; F; s; dau 1922; yes; yes; id- 73788
1050 " Jim; m; 1923 10; Navajo; F; s; son 1923; yes; yes; id- 73789
1051 " Wanetta; f; 1925 8; Navajo; F; s; dau 1924; yes; yes; id- 73790
1052 " Dave; m; 1929 4; Navajo; F; s; son 1925; yes; yes; id- 73791
1053 " Beatrice; f; 11-1931 2; Navajo; F; s; dau none; yes; yes; id- 73867
1054 " Tessie; f; 1900 33; Navajo; F; m; wife#2 1926; yes; yes; id- 73792
1055 " Anna; f; 1915 18; Navajo; F; s; dau 1927; yes; yes; id- 73793
1056 " Effie; f; 1921 12; Navajo; F; s; dau 1928; yes; yes; id- 73794
1057 " Alice; f; 1906 27; Navajo; F; m; wife#3 1929; yes; yes; id- 73795
1058 " Ned; m; 1926 7; Navajo; F; s; son 1030; yes; yes; id- 73796
1059 " John; m; 1928 5; Navajo; F; s; son 1031; yes; yes; id- 73797
1060 " Ella; f; 11-15-31 1; Navajo; F; s; dau 1032; yes; yes; id- 73866

Western Navajo Reservation
1933 Census Roll

Key: Number; Surname Given; Sex; Year Born and Age at Last Birthday; Tribe; Degree of Blood; Marital Status; Relationship to Head of Family & No. Last Census Roll; At Jurisdiction Where Enrolled (Yes/No); (If no – Where); Ward (Yes/No); Allotment Annuity and/or Identification Numbers

1061 Cly, John; m; 1898 35; Navajo; F; m; head 1032; yes; yes; id- 73252
1062 " Harriet; f; 1903 30; Navajo; F; m; wife 1033; yes; yes; id- 73253
1063 " Johnny; m; 1918 15; Navajo; F; s; son 1034; yes; yes; id- 73254
1064 " Jane; f; 1920 13; Navajo; F; s; dau 1035; yes; yes; id- 73255
1065 " Ella; f; 1922 11; Navajo; F; s; dau 1036; yes; yes; id- 73256
1066 " Unk; m; 1930 3; Navajo; F; s; son 1037; yes; yes; id- [blank]

1067 Cly, Willie; m; 1897 36; Navajo; F; m; head 1038; yes; yes; id- 73 247
1068 " Wanda; f; 1902 31; Navajo; F; m; wife 1039; yes; yes; id- 73 248
1069 " Zina; f; 1919 14; Navajo; F; s; dau 1040; yes; yes; id- 73 249
1070 " Freida; f; 1921 12; Navajo; F; s; dau 1041; yes; yes; id- 73 250
1071 " Alfred; m; 1923 10; Navajo; F; s; son 1042; yes; yes; id- 73 260
1072 " Ted; m; 1927 6; Navajo; F; s; son 1043; yes; yes; id- 73 251

1073 Clyah, Clifford; m; 1900 33; Navajo; F; m; head 1044; yes; yes; id- 73 600
1074 " Margie; f; 1904 29; Navajo; F; m; wife 1045; yes; yes; id- 73 549

1075 Coalman, Carl; m; 1901 32; Navajo; F; m; head 1046; yes; yes; id- 73 515
1076 " Bessie; f; 1902 31; Navajo; F; m; wife 1047; yes; yes; id- 73 516
1077 " Bell; f; 1927 6; Navajo; F; s; dau 1048; yes; yes; id- 73 517
1078 " Irene; f; 1930 3; Navajo; F; s; dau 1049; yes; yes; id- 73 844

1079 Cobb, Jessie; m; 1886 67; Navajo; F; m; head 1050; yes; yes; id- 81 595
1080 " Nancy; f; 1883 50; Navajo; F; m; wife 1051; yes; yes; id- 81 596
1081 " Arthur; m; 1914 19; Navajo; F; s; son 1052; yes; yes; id- 81598
1082 " Mabel; f; 1922 11; Navajo; b; s; dau 1053; yes; yes; id- 81 597

1083 Cody, Fred; m; 1892 41; Navajo; F; m; head 1054; yes; yes; id- 73 192
1084 " Selva; f; 1897 36; Navajo; F; m; wf#1 1055; yes; yes; id- 73 193
1085 " Alice; f; 1915 18; Navajo; F; s; dau 1056; yes; yes; id- 73 194
1086 " Lois; f; 1918 15; Navajo; F; s; dau 1057; yes; yes; id- 73 199
1087 " Etta; f; 1920 13; Navajo; F; s; dau 1058; yes; yes; id- 73 200
1088 " Leslie; m; 1920 13; Navajo; F; s; son 1059; yes; yes; id- 73 195
1089 " Eddie; m; 1922 11; Navajo; F; s; son 1060; yes; yes; id- 73 196
1090 " Neph; m; 1927 6; Navajo; F; s; son 1061; yes; yes; id- 73 198
1091 " Bell; f; 1929 4; Navajo; F; s; dau 1062; yes; yes; id- 73 807
1092 " Agnes; f; 1905 28; Navajo; F; m; wf#2 1063; yes; yes; id- 73 201
1093 " Johnnie; m; 1922 11; Navajo; F; s; son 1064; yes; yes; id- 73 202
1094 " Jennie; f; 1925 8; Navajo; F; s; dau 1065; yes; yes; id- 73 203
1095 " Lily; f; 1927 6; Navajo; F; s; dau 1066; yes; yes; id- 73 204
1096 " Trop; m; 1929 4; Navajo; F; s; son 1067; yes; yes; id- 73 806
1097 " Kenneth; m; 1910 23; Navajo; F; s; bro-in law 1068; yes; yes; id- 73 464

Western Navajo Reservation
1933 Census Roll

Key: Number; Surname Given; Sex; Year Born and Age at Last Birthday; Tribe; Degree of Blood; Marital Status; Relationship to Head of Family & No. Last Census Roll; At Jurisdiction Where Enrolled (Yes/No); (If no – Where); Ward (Yes/No); Allotment Annuity and/or Identification Numbers

1098 Coleman, Alice; f; 1894 39; Navajo; F; wd; head 1069; yes; yes; id- 79 734
1099 " Don; m; 1916 17; Navajo; F; s; son 1070; yes; yes; id- 79 735
1100 " Hazel; f; 1921 12; Navajo; F; s; dau 1071; yes; yes; id- 79 736
1101 " Charley; m; 1925 8; Navajo; F; m; son 1072; yes; yes; id- 79 737

1192 Coleman, Louis; m; 1859 74; Navajo; F; m; head 1073; yes; yes; id- 79 752
1103 " Anna; f; 1867 66; Navajo; F; m; wife 1074; yes; yes; id- 79 733
1104 " Howard; m; 1903 30; Navajo; F; s; son 1075; yes; yes; id- 79 738
1105 " Doris; f; 1914 19; Navajo; F; s; dau 1076; yes; yes; id- 79 732

1106 Colie, Jim; m; 1893 40; Navajo; F; m; head 1077; yes; yes; id- 81 695
1107 " Maggie; f; 1896 37; Navajo; F; m; wife 1078; yes; yes; id- 81 689
1108 " Bessie; f; 1917 16; Navajo; F; s; dau 1079; yes; yes; id- 81 690
1109 " Oscar; m; 1919 14; Navajo; F; s; son 1080; yes; yes; id- 81 691
1110 " Jane; f; 1922 11; Navajo; F; s; dau 1081; yes; yes; id- 81 692
1111 " Frank; m; 1924 9; Navajo; F; s; son 1082; yes; yes; id- 81 693
1112 " David; m; 1925 8; Navajo; F; s; son 1083; yes; yes; id- 81 694
1113 " Marlin; m; 1929 4; Navajo; F; s; son 1084; yes; yes; id- 82 192
1114 " Hester; f; 1930 3 Winter; Navajo; F; s; dau none; yes; yes; id- 75 755
1115 " Helen; f; 1930 3 Winter; Navajo; F; s; dau none; yes; yes; id- 75 756

1116 Collins, Sid; m; 1905 28; Navajo; F; m; head 1086; yes; yes; id- 79 741
1117 " Arillia; f; 1912 21; Navajo; F; m; wife 1087; yes; yes; id- 79 739
1118 " Gloria; f; 1928 5; Navajo; F; s; dau 1088; yes; yes; id- 79 740

1119 Colorado, Jim; m; 1889 44; Navajo; F; m; head 1089; yes; yes; id- 77 473
1120 " Audrey; f; 1893 40; Navajo; F; m; wife 1090; yes; yes; id- 77 474
1121 " Rueben[sic]; m; 1914 19; Navajo; F; s; son 1091; yes; yes; id- 77 475
1122 " Johnnie; m; 1921 12; Navajo; F; s; son 1092; yes; yes; id- 77 476
1123 " Lee; m; 1923 10; Navajo; F; s; son 1093; yes; yes; id- 77 477
1124 " Babi; f; 1926 7; Navajo; F; s; dau 1094; yes; yes; id- 77 748
1125 " William; m; 1929 4; Navajo; F; s; son 1095; yes; yes; id- 75 711
1126 " Frank; m; 1930 3; Navajo; F; s; son 1096; yes; yes; id- 75 713

1127 Coppedge, Hugh; m; 1908 25; Navajo; F; sep; head 1098; yes; yes; id- 77 489

1128 Corwin, Elsie; f; 1886 47; Navajo; F; wd; head 1099; yes; yes; id- 79 722
1129 " Maude; f; unk; Navajo; F; s; dau 1100; yes; yes; id- 79 811
1130 " Albert; m; unk; Navajo; F; s; son 1101; yes; yes; id- 79 802
1131 " Frances; f; 1917 16; Navajo; F; s; dau 1192; yes; yes; id- 79 723
1132 " Fannie; f; 1920 13; Navajo; F; s; dau 1103; yes; yes; id- 79 724
1133 " Rosie; f; 1923 10; Navajo; F; s; dau 1104; yes; yes; id- 79 725
1134 " Adam; m; 1927 6; Navajo; F; s; son 1105; yes; yes; id- 79 726

Western Navajo Reservation
1933 Census Roll

Key: Number; Surname Given; Sex; Year Born and Age at Last Birthday; Tribe; Degree of Blood; Marital Status; Relationship to Head of Family & No. Last Census Roll; At Jurisdiction Where Enrolled (Yes/No); (If no – Where); Ward (Yes/No); Allotment Annuity and/or Identification Numbers

1135 Cox, Bill; m; 1889 44; Navajo; F; wd; head 1106; yes; yes; id- 85 933
1136 " Lynn; m; 1927 6; Navajo; F; s; son 1107; yes; yes; id- 85 935
1137 " Dan; m; 1930 3; Navajo; F; s; son 1108; yes; yes; id- 86 057

1138 Crank, Alma; m; 1904 29; Navajo; F; m; head 1109; yes; yes; id- 73 719
1139 " Almay; f; 1903 30; Navajo; F; m; wife 1110; yes; yes; id- 73 707
1140 " Euline; f; 1925 8; Navajo; F; s; dau 1111; yes; yes; id- 73 708
1141 " Irene; f; 1927 6; Navajo; F; s; dau 1112; yes; yes; id- 73 709

1142 Crank, Birg; m; 1906 27; Navajo; F; m; head 1113; yes; yes; id- 73 538
1143 " Rachel; f; 1905 28; Navajo; F; m; wife 1114; yes; yes; id- 73 591
1144 " Eli; m; 1927 6; Navajo; F; s; son 1115; yes; yes; id- 73 592

1145 Crank, Birt; m; 1853 80; Navajo; F; m; head 1116; yes; yes; id- 73 532
1146 " Maud; f; 1890 43; Navajo; F; m; wife 1117; yes; yes; id- 73 533
1147 " Ada; f; 1909 24; Navajo; F; s; dau 1118; yes; yes; id- 73 534
1148 " John; m; 1909 24; Navajo; F; s; son 1119; yes; yes; id- 73 535
1149 Peaches, Henry; m; 1915 18; Navajo; F; s; gr-s 1120; yes; yes; id- 73 337
1150 Crank, Dan; m; 1918 15; Navajo; F; s; gr-s 1121; yes; yes; id- 73 536
1151 " Violet; f; 1922 11; Navajo; F; s; gr-s 1122; yes; yes; id- 73 537

1152 Crank, Clod; m; 1878 55; Navajo; F; m; head 1123; yes; yes; id- 73 101
1153 " Despah; f; 1891 42; Navajo; F; m; wife 1124; yes; yes; id- 73 275
1154 " Sam; m; 1910 23; Navajo; F; s; son 1125; yes; yes; id- 73 215
1155 " Dell; m; 1912 21; Navajo; F; s; son 1126; yes; yes; id- 73 601
1156 " Alvin Bailey; m; 1914 19; Navajo; F; s; son 1127; yes; yes; id- 73 174
1157 " Laura; f; 1915 18; Navajo; F; s; dau 1128; yes; yes; id- 73 272
1158 " Dora; f; 1917 16; Navajo; F; s; dau 1129; yes; yes; id- 73 192
1159 " Joy; f; 1917 16; Navajo; F; s; dau 1130; yes; yes; id- 73 273
1160 " Seth; m; 1921 12; Navajo; F; s; son 1131; yes; yes; id- 73 376
1161 " Ephriam; m; 1921 12; Navajo; F; s; son 1132; yes; yes; id- 73 216
1162 " Andrew; m; 1925 8; Navajo; F; s; son 1134; yes; yes; id- 73 103
1163 " Talis; m; 1925 8; Navajo; F; s; son 1135; yes; yes; id- 73 277
1164 " Fay; f; 1927 6; Navajo; F; s; dau 1136; yes; yes; id- 73 278
1165 " Delbert; m; 1932 8-15; Navajo; F; s; son none; yes; yes; id- 73 864

1166 Crank, Dess; f; 1854 79; Navajo; F; wd; head 1137; yes; yes; id- 73 283

1167 Crooked finger, Bill; m; 1898 35; Navajo; f m; head 1138; yes; yes; id- 75 339
1168 " " Mrs; f; 1864 69; Navajo; F; m; wf#1 1139; yes; yes; id- 86 035
1169 " " Jane; f; 1900 33; Navajo; F; m; wf#2 1140; yes; yes; id- 75 340
1170 " " Reuben; m; 1925 8; Navajo; F; s; son 1141; yes; yes; id- 75 341
1171 " " Ned; m; 1927 6; Navajo; F; s; son 1142; yes; yes; id- 75 342

Western Navajo Reservation
1933 Census Roll

Key: Number; Surname Given; Sex; Year Born and Age at Last Birthday; Tribe; Degree of Blood; Marital Status; Relationship to Head of Family & No. Last Census Roll; At Jurisdiction Where Enrolled (Yes/No); (If no – Where); Ward (Yes/No); Allotment Annuity and/or Identification Numbers

1172 Curley, David; m; 1901 32; Navajo; F; m; head 1143; yes; yes; id- 71 291
1173 " Augusta; f; 1905 28; Navajo; F; m; wife 1144; yes; yes; id- 71 292
1174 " Jean; f; 1921 12; Navajo; F; s; dau 1145; yes; yes; id- 71 293
1175 " Stella; f; 1924 9; Navajo; F; s; dau 1146; yes; yes; id- 71 294
1176 " Clara; f; 1925 8; Navajo; F; s; dau 1147; yes; yes; id- 71 295
1177 " Hilda; f; 1928 5; Navajo; F; s; dau 1148; yes; yes; id- 71 296
1178 " Keith; m; 1929 4; Navajo; F; s; son 1149; yes; yes; id- 79 862

1179 Curley, Edward; m; 1898 35; Navajo; F; m; head 1150; yes; yes; id- 71572
1180 " Winona; f; 1905 28; Navajo; F; m; wife 1151; yes; yes; id- 71 573
1181 " Bert; m; 1922 11; Navajo; F; s; son 1152; yes; yes; id- 71 574
1182 " Norman; f; 1924 9; Navajo; F; s; son 1153; yes; yes; id- 71 575
1183 " Joe; m; 1930 3; Navajo; F; s; son 1154; yes; yes; id- 71 933

1184 Curley, Stanley; m; 1911 22; Navajo; F; s; head 1155; yes; yes; id- 71 931

1185 Curwood, Frank; m; 1859 74; Navajo; F; s; head 1155; yes; yes; id- 71 644

1186 Dafford, Dan; m; unk; Navajo; F; m; head 1157; yes; id- 71 087
1187 " Holoba; f; 1893 40; Navajo; F; wife 1158; yes; yes; id- 71 088
1188 " Disba; f; 1916 17; Navajo; F; s; dau 1160; yes; yes; id- 71 090

1189 Dale, Joe; m; 1907 26; Navajo; F; s; head 1161; yes; yes; id- 71 034

1190 Dan, Albert; m; m; 1913 20; Navajo; F; s; head 1162; yes; yes; id- 71 984

1191 Daniels, Floyd; m; unk; Navajo; F; m; head 1163; yes; yes; id- 81 858
1192 " Flora; f; 1894 39; Navajo; F; m; wife 1164; yes; yes; id- 81 840
1193 " Clara; f; 1912 21; Navajo; F; s; dau 1165; yes; yes; id- 81 841
1194 " Thelma; f; 1916 17; Navajo; F; s; dau 1166; yes; yes; id- 81 842
1195 " Florence; f; 1924 9; Navajo; F; s; dau 1167; yes; yes; id- 81 843
1196 " Rose; f; 1926 7; Navajo; F; s; dau 1168; yes; yes; id- 81 844
1197 " Hattie; f; 1927 6; Navajo; F; s; dau 1169; yes; yes; id- 81 845
1198 " Ruby; f; 1930 3; Navajo; F; s; dau 1170; yes; yes; id- 71 964
1199 Smith, Mathew; m; 1916 17; Navajo; F; s; gr-s 1171; yes; yes; id- 81 857

1200 Daniels, Dave; m; 1903 30; Navajo; F; m; head 1172; yes; yes; id- 73 173
1201 " Dora; f; 1912 21; Navajo; F; m; wife 1173; yes; yes; id- 73 100
1202 " Dorothy; f; 1929 4; Navajo; F; s; dau 1174; yes; yes; id- 71 825
1203 " Carrie; f; 1931 1; Navajo; F; s; dau none; yes; yes; id- 73 863

1204 Davis, Eli; m; 1910 23; Navajo; F; m; head none; yes; yes; id- 77 727
1205 " Claudia; f; 1906 27; Navajo; F; m; head 393; yes; yes; id- 71 792
1206 " Mary Louise; f; 1932 7-15; Navajo; F; s; dau none; yes; yes; id- 71 970

Western Navajo Reservation
1933 Census Roll

Key: Number; Surname Given; Sex; Year Born and Age at Last Birthday; Tribe; Degree of Blood; Marital Status; Relationship to Head of Family & No. Last Census Roll; At Jurisdiction Where Enrolled (Yes/No); (If no – Where); Ward (Yes/No); Allotment Annuity and/or Identification Numbers

1207 Daw, Ben; m; 1901 32; Navajo; F; m; head 1175; yes; yes; id- 75 657
1208   "   Melba; f; 1904 29; Navajo; F; m; wife 1176; yes; yes; id- 75 274
1209 Jody, Betty; f; 1922 11; Navajo; F; s; st-d 1177; yes; yes; id- 75 275

1210 Daw, John; m; 1870 63; Navajo; F; m; head 1178; yes; yes; id- 75 212
1211   "   Susie; f; 1892 41; Navajo; F; m; wf#1 1179; yes; yes; id- 75 213
1212   "   Louise; f; 1911 22; Navajo; F; s; dau 1180; yes; yes; id- 75 214
1213   "   Cleveland; m; 1914 19; Navajo; F; s; son 1181; yes; yes; id- 75 216
1214   "   Keith; m; 1916 17; Navajo; F; s; son 1182; yes; yes; id- 75 218
1215   "   Charles; m; 1923 10; Navajo; F; s; son 1183; yes; yes; id- 75 219
1216   "   Betty Jane; f; 1928 5; Navajo; F; s; dau 1184; yes; yes; id- 75 220
1217   "   Jane; f; 1892 31; Navajo; F; m; wf#2 1185; yes; yes; id- 75 222
1218   "   Eddie; m; 1924 9; Navajo; F; s; son 1186; yes; yes; id- 75 221
1219   "   Susie; f; 1909 24; Navajo; F; s; wf#3 1187; yes; yes; id- 75 223

1220 Daw, Ruth; f; 1909 24; Navajo; F; s; head 1188; yes; yes; id- 75 215
1221   "   Paul; m; 1929 4; Navajo; F; s; son 1189; yes; yes; id- 75 680

1222 Day, Charlie; m; 1855 78; Navajo; F; wd; head 1190; yes; yes; id- 71 913

1223 Dayzie, Herbert, m; 1889 44; Navajo; F; m; head 1191; yes; yes; id- 79 506
1224   "   Pearl; f; 1894 39; Navajo; F; m; wife 1192; yes; yes; id- 79 507
1225   "   Cecil Sheepskin; m; 1916 17; Navajo; F; s; son 1193; yes; yes; id- 79 795
1226   "   Tom; m; 1919 14; Navajo; F; s; son 1194; yes; yes; id- 79 517
1227   "   Sam; m; 1925 8; Navajo; F; s; son 1195; yes; yes; id- 79 509
1228   "   Grace; f; 1927 6; Navajo; F; s; dau 1196; yes; yes; id- 79 510
1229   "   Rena; f; 1929 4; Navajo; F; s; dau 1197; yes; yes; id- 79 858
1230   "   George; m; 1930 3; Navajo; F; s; son 1198; yes; yes; id- 77 791

1231 Deaver, Danny; m; 1900 33; Navajo; F; m; head 1199; yes; yes; id- 77 336
1232   "   Bessie; f; 1904 29; Navajo; F; m; wife 1200; yes; yes; id- 77 337
1233   "   Julia; f; 1927 6; Navajo; F; s; dau 1201; yes; yes; id- 77 338
1234   "   Ethel; f; 1929 4; Navajo; F; s; dau 1202; yes; yes; id- 77 763
1235   "   Daniel; m; 1931 Summer; Navajo; F; s; son none; yes; yes; id- 77 800

1236 Deering, John; m; 1870 63; Navajo; F; m; head 1203; yes; yes; id- 71 917
1237   "   Susie; f; 1878 55; Navajo; F; m; wife 1204; yes; yes; id- 81 860
1238   "   Agnes; f; 1909 24; Navajo; F; s; dau 1205; yes; yes; id- 81 861
1239   "   Lula Begay; f; 1916 17; Navajo; F; s; dau 1206; yes; yes; id- 81 862
1240   "   Rita; f; 1922 11; Navajo; F; s; dau 1207; yes; yes; id- 81 864

1241 Deering, Jean Begay; m; 1911 22; Navajo; F; s; head 1208; yes; yes; id- 82 180

1242 Deering, Hattie; f; 1914 19; Navajo; F; s; head 1209; yes; yes; id- 81 863

Western Navajo Reservation
1933 Census Roll

Key: Number; Surname Given; Sex; Year Born and Age at Last Birthday; Tribe; Degree of Blood; Marital Status; Relationship to Head of Family & No. Last Census Roll; At Jurisdiction Where Enrolled (Yes/No); (If no – Where); Ward (Yes/No); Allotment Annuity and/or Identification Numbers

1243 Dejolie, Emma; f; 1898 35; Navajo; F; wd; head 1210; yes; yes; id- 81 588
1244 " Maxine; f; 1919 13; Navajo; F; s; dau 1211; yes; yes; id- 81 592
1245 " Gus; m; 1923 10; Navajo; F; s; son 1212; yes; yes; id- 81 589
1246 " Dora; f; 1925 8; Navajo; F; s; dau 1213; yes; yes; id- 81 590
1247 " Rena; f; 1928 5; Navajo; F; s; dau 1214; yes; yes; id- 81 591

1248 Dejolie, Kate; f; 1908 25; Navajo; F; s; head 1215; yes; yes; id- 71 796

1249 Dejolie, Robert; m; 1910 23; Navajo; F; m; head 1216; yes; yes; id- 82 019
1250 " Leonard; m; 1930 3; Navajo; F; s; son 1217; yes; yes; id- 81 425

1251 Delaney, Laura; f; unk; Navajo; F; wd; head 1218; yes; yes; id- 79 751

1252 Delmar, Jack; m; 1875 58; Navajo; F; m; head 1219; yes; yes; id- 79 788
1253 " Jane; f; unk; Navajo; F; m; wife 1220; yes; yes; id- 79 789
1254 " Hazel; f; 1914 19; Navajo; F; s; dau 1221; yes; yes; id- 79 786
1255 " Ben; m; 1921 12; Navajo; F; s; son 1222; yes; yes; id- 79 790
1256 " Freida; f; 1924 9; Navajo; F; s; dau 1223; yes; yes; id- 79 791
1257 " John; m; 1925 8; Navajo; F; s; son 1224; yes; yes; id- 79 792

1258 Denalsoie, Dave; m; 1867 66; Navajo; F; m; head 1226; yes; yes; id- 73 596
1259 " Ada; f; 1879 54; Navajo; F; m; wife 1227; yes; yes; id- 73 597
1260 " David; m; 1915 18; Navajo; F; s; son 1228; yes; yes; id- 73 551
1261 " Mary; f; 1920 13; Navajo; F; s; dau 1229; yes; yes; id- 73 552
1262 " Richard; m; 1922 11; Navajo; F; s; son 1230; yes; yes; id- 73 553
1263 Bilai, Betsy; f; 1916 17; Navajo; F; s; st-d 1231; yes; yes; id- 73 555

1264 Denalsoie, Herman; m; 1912 21; Navajo; F; s; head 1232; yes; yes; id- 73 550

1265 Espaiddie, Max; m; 1911 22; Navajo; F; s; head 1233; yes; yes; id- 73 598

1266 Bilia[sic]; Susanna; f; 1909 24; Navajo; F; s; head 1234; yes; yes; id- 73 554

1267 Denalsoie, David; m; 1910 23; Navajo; F; m; head 1235; yes; yes; id- 73 599
1268 " Chonie; f; 1913 20; Navajo; F; m; wife 1236; yes; yes; id- 73 645

1269 Denalsoie, Francis; m; 1882 51; Navajo; F; wd; head 1237; yes; yes; id- 73 563
1270 " Kid; m; 1913 20; Navajo; F; s; son 1238; yes; yes; id- 73 605
1271 " Kay; m; 1918; Navajo; F; s; son 1239; yes; yes; id- 73 556
1272 Green, Nora; f; 1914 19; Navajo; F; s; niece 1240; yes; yes; id- 73 565

1273 Denehdeal, Albert; m; 1873 60; f; m head 1241; yes; yes; id- 71 397
1274 " Winona; f; 1890 43; Navajo; F; m; wife 1242; yes; yes; id- 71 398
1275 " Leo; m; 1909 24; Navajo; F; s; son 1243; yes; yes; id- 71 399

Western Navajo Reservation
1933 Census Roll

Key: Number; Surname Given; Sex; Year Born and Age at Last Birthday; Tribe; Degree of Blood; Marital Status; Relationship to Head of Family & No. Last Census Roll; At Jurisdiction Where Enrolled (Yes/No); (If no – Where); Ward (Yes/No); Allotment Annuity and/or Identification Numbers

1276 Denehdeal, Loraine; f; 1916 17; Navajo; F; s; dau 1245; yes; yes; id- 71 402
1277 " Ray; m; 1920 13; Navajo; F; s; son 1246; yes; yes; id- 71 403
1278 " Julian; m; 1921 12; Navajo; F; s; son 1247; yes; yes; id- 71 404
1279 " Alice; f; 1924 9; Navajo; F; s; son 1248; yes; yes; id- 71 405
1280 " Roy; m; 1925 8; Navajo; F; s; son 1249; yes; yes; id- 71 408
1281 " James; m; 1928 5; Navajo; F; s; son 1250; yes; yes; id- 71 406
1282 " Stacy; m; 1930 3; Navajo; F; s; son 1251; yes; yes; id- 71 960

1283 Denetdeal, Fred; m; 1910 23; Navajo; F; m; head 1252; yes; Married Rena LeFlore March 2, 1953, Oklahoma Ind; yes; id- 71 930

1284 Denetsoe, Harry; m; 1910 23; Navajo; F; s; head 1253; yes; yes; id- 75 646

1285 Desmond, Paul; m; 1892 41; Navajo; F; m; head 1254; yes; yes; id- 75 553
1286 " Pauline; f; 1873 60; Navajo; F; m; wife 1255; yes; yes; id- 75 554

1287 Dick, Frank; m; 1880 52; Navajo; F; m; head; yes; yes; id- 75 686

1288 Dick, Lee; m; 1876 57; Navajo; F; m; head 1256; yes; yes; id- 75 208

1289 Dick, Kathlyn; f; 1903 30; Navajo; F; m; wife 1257; yes; yes; id- 75 209
1290 " Tohnez; f; 1921 12; Navajo; F; s; dau 1258; yes; yes; id- 72 210
1291 " Marguerite; f; 1922 11; Navajo; F; s; dau 1259; yes; yes; id- 75 718
1292 " Nellie; f; 1924 9; Navajo; F; s; dau 1260; yes; yes; id- 75 211

1293 Dick, Paute; m; 1866 67; Navajo; F; m; head 1261; yes; yes; id- 85 947

1294 Dickens, Charles; m; 1904 29; Navajo; F; m; head 1262; yes; Married to Effie Dickens, Pima; yes; id- 71 149

1295 Dickens, Louise; f; 1868 65; Navajo; F; wd; head 1263; yes; yes; id- 71 147
1296 " Harry; m; 1914 19; Navajo; F; s; son 1264; yes; yes; id- 71 148
1297 Hostelo, Lucile; f; 1918 15; Navajo; F; s; gr-d 1265; yes; yes; id- 71 154
1298 " Elsie; f; 1921 12; Navajo; F; s; gr-d 1266; yes; yes; id- 71 155
1299 " Louis; m; 1925 8; Navajo; F; s; gr-s 1267; yes; yes; id- 71 156

1300 Dickson, Carrie; f; [blank]; Navajo; F; wd; head 1268; yes; yes; id- 81 614

1301 Dickson, Harold; m; 1902 31; Navajo; F; m; head 1269; yes; yes; id- 83 667
1302 " Bertie; f; 1908 25; Navajo; F; m; wife 1270; yes; yes; id- 71 079
1303 " Emma Begay; f; 1926 7; Navajo; F; s; dau 1271; yes; yes; id- 71 080

1304 Dickson, William; m; 1906 27; Navajo; F; m; head 1272; yes; yes; id- 81 606
1305 " Mary; f; 1909 24; Navajo; F; m; wife 1273; yes; yes; id- 81 607

Western Navajo Reservation
1933 Census Roll

Key: Number; Surname Given; Sex; Year Born and Age at Last Birthday; Tribe; Degree of Blood; Marital Status; Relationship to Head of Family & No. Last Census Roll; At Jurisdiction Where Enrolled (Yes/No); (If no – Where); Ward (Yes/No); Allotment Annuity and/or Identification Numbers

1306 Dinetso, Albert; m; 1866 67; Navajo; F; m; head 1275; yes; yes; id- 71 176
1307   "   Doris; f; 1892 41; Navajo; F; m; wife 1276; yes; yes; id- 71 177
1308   "   Ruth; f; 1916 17; Navajo; F; s; dau 1277; yes; yes; id- 71 179
1309   "   John; m; 1923 10; Navajo; F; s; son 1278; yes; yes; id- 71 180
1310   "   Harry; m; 1925 8; Navajo; F; s; son 1279; yes; yes; id- 71 181
1311   "   Mollie; f; 1928 5; Navajo; F; s; dau 1280; yes; yes; id- 71 814

1312 Dinetso, Billy; m; 1910 23; Navajo; F; s; head 1281; yes; yes; id- 71 615

1313 Dinetso, John; m; 1905 28; Navajo; F; s; head 1282; yes; yes; id- 71 740

1314 Dirtywhickers Bert; m; 1897 36; Navajo; F; m; head 1287; yes; yes; id- 85 872
1315   "   Leola; f; 1884 39; Navajo; F; m; wife 1288; yes; yes; id- 85 873

1316 Dix, Richard; m; 1868 65; Navajo; F; s; head 1289; yes; yes; id- 77 542

1317 Doctor, Alford; m; 1873 60; Navajo; F; m; head 1290; yes; yes; id- 73 410
1318   "   Cora; f; 1888 45; Navajo; F; m; wife#1 1291; yes; yes; id- 73 449
1319   "   Dave; m; 1913 20; Navajo; F; s; son 1292; yes; yes; id- 73 450
1320   "   Frank; m; 1919 14; Navajo; F; s; son 1293; yes; yes; id- 73 451
1321   "   Miah; m; 1923 10; Navajo; F; s; son 1294; yes; yes; id- 73 452
1322   "   Helen; f; 1908 25; Navajo; F; m; wf#2 1295; yes; yes; id- 73 411
1323   "   May; f; 1924 9; Navajo; F; s; dau 1296; yes; yes; id- 73 412

1324 Doctor, Clod; m; 1897 36; Navajo; F; m; head 1297; yes; yes; id- 73 380
1325   "   Frances; f; 1901 32; Navajo; F; m; wife 1298; yes; yes; id- 73 381
1326   "   Chee; m; 1920 13; Navajo; F; s; son 1299; yes; yes; id- 73 382
1327   "   Jane; f; 1923 10; Navajo; F; s; dau 1399; yes; yes; id- 73 383
1328   "   Alford; m; 1929 4; Navajo; F; s; son 1301; yes; yes; id- 73 799
1329   "   Fess; m; 1931 Jan.; Navajo; F; s; son none; yes; yes; id- 73 868

1330 Doctor, Mat; m; 1888 45; Navajo; F; wd; head 1303; yes; yes; id- 73 701
1331   "   Cris; m; 1914 19; Navajo; F; s; son 1303; yes; yes; id- 73 702

1332 Dodson, Frank; m; unk; Navajo; F; s; head 1304; yes; yes; id- 82 210

1333 Dodson, Jacob; m; 1908 25; Navajo; F; s; head 1305; yes; yes; id- 71 394

1334 Dodson, Lester; m; 1876 57; Navajo; F; m; head 1306; yes; yes; id- 82 150
1335   "   Sallie; f; 1904 29; Navajo; F; m; wife 1307; yes; yes; id- 81 502
1336   "   Louis; m; 1929 4; Navajo; F; s; son 1310; yes; yes; id- 71 811
1337   "   Harold; m; 1930 3; Navajo; F; s; son 1311; yes; yes; id- 71 983
1338   "   Carl; m; 1921 12; Navajo; F; s; st-son 1308; yes; yes; id- 81 519
1339   "   Olive; f; 1926 7; Navajo; F; s; st-d 1309; yes; yes; id- 81 503

Western Navajo Reservation
1933 Census Roll

Key: Number; Surname Given; Sex; Year Born and Age at Last Birthday; Tribe; Degree of Blood; Marital Status; Relationship to Head of Family & No. Last Census Roll; At Jurisdiction Where Enrolled (Yes/No); (If no – Where); Ward (Yes/No); Allotment Annuity and/or Identification Numbers

1340 Dodson, Lester; m; 1900 33; Navajo; F; m; head 1312; yes; yes; id- 81 521
1341 " Diana; f; 1902 31; Navajo; F; m; wife 1313; yes; yes; id- 82 034
1342 " John; m; 1922 11; Navajo; F; s; son 1314; yes; yes; id- 82 035
1343 " Jean; f; 1925 8; Navajo; F; s; dau 1315; yes; yes; id- 82 036
1344 " Walter; m; 1927 6; Navajo; F; s; son 1316; yes; yes; id- 82 037
1345 " Betty; f; 1931 2; Navajo; F; s; dau 1317; yes; yes; id- 71 852

1346 Dodson, Nora; Nora; f; 1856 77; Navajo; F; wd; head 1318; yes; yes; id- 81 505

1347 Dohi, Joe; m; 1891 42; Navajo; F; m; head 1319; yes; yes; id- 77 728
1348 " Jennie; f; 1900 33; Navajo; F; m; wife 1320; yes; yes; id- 77 683
1349 " Jasper; m; 1919 14; Navajo; F; s; son 1321; yes; yes; id- 77 686
1350 " Lillian; f; 1921 12; Navajo; F; s; dau 1322; yes; yes; id- 77 685
1351 " Fred; m; 1923 10; Navajo; F; s; son 1323; yes; yes; id- 77 422
1352 " May; f; 1923 10; Navajo; F; s; dau 1324; yes; yes; id- 77687
1353 " Jean; f; 1926 7; Navajo; F; s; dau 1325; yes; yes; id- 77 684
1354 " Keith; m; 1929 4; Navajo; F; s; son 1326; yes; yes; id- 77 750
1355 " Marion; f; 1930 3; Navajo; F; s; dau 1327; yes; yes; id- 77 785

1356 Donald, Harry T; m; 1892 41; Navajo; F; m; head 1328; yes; yes; id- 79 603
1357 " Fannie; f; unk; Navajo; F; m; wife 1329; yes; yes; id- 79 562
1358 " Frances; f; 1925 8; Navajo; F; s; dau 1330; yes; yes; id- 79 573
1359 " Frank; m; 1929 4; Navajo; F; s; son 1331; yes; yes; id- 79 823
1360 " Miner; m; 1930 3; Navajo; F; s; son 1332; yes; yes; id- 75 721

1361 Donald, Millie; f; 1883 50; Navajo; F; wd; head 1333; yes; yes; id- 79 494
1362 " Mabel Rock; f; 1913 20; Navajo; F; s; dau 1334; yes; yes; id- 79 495
1363 " Bell; f; 1919 14; Navajo; F; s; dau 1335; yes; yes; id- 79 496
1364 " Luke; m; 1926 7; Navajo; F; s; son 1336; yes; yes; id- 79 498

1365 Dougi, Leo; m; 1882 51; Navajo; F; m; head 1337; yes; yes; id- 82 061
1366 " Bessie; f; 1889 44; Navajo; F; m; wife 1338; yes; yes; id- 82 056
1367 Tachebegay, Ada; f; 1909 24; Navajo; F; s; dau 1339; yes; yes; id- 82 018
1368 " Agnes; f; 1913 20; Navajo; F; s; dau 1340; yes; yes; id- 82 017
1369 Dougi, Boyd; m; 1914 19; Navajo; F; s; son 1341; yes; yes; id- 82 057
1370 " Edward; m; 1914 19; Navajo; F; s; son 1342; yes; yes; id- 82 158
1371 " Lorene; f; 1918 15; Navajo; F; s; dau 1343; yes; yes; id- 82 059
1372 " Bert; m; 1920 13; Navajo; F; s; son 1344; yes; yes; id- 82 060
1373 " Ruth; f; 1904 29; Navajo; F; m; wf#2 1345; yes; yes; id- 82 062
1374 " Simon Dugi; m; 1917 16; Navajo; F; s; son 1346; yes; yes; id- 82 063
1375 " Thomas; m; 1921 12; Navajo; F; s; son 1347; yes; yes; id- 82 064
1376 " Edwin; m; 1924 9; Navajo; F; s; son 1348; yes; yes; id- 82 065
1377 " Fred; m; 1928 5; Navajo; F; s; son 1349; yes; yes; id- 82 066

Western Navajo Reservation
1933 Census Roll

Key: Number; Surname Given; Sex; Year Born and Age at Last Birthday; Tribe; Degree of Blood; Marital Status; Relationship to Head of Family & No. Last Census Roll; At Jurisdiction Where Enrolled (Yes/No); (If no – Where); Ward (Yes/No); Allotment Annuity and/or Identification Numbers

1378 Drake, Clarence; m; 1896 38; Navajo; F; m; head 1350; yes; yes; id- 85 839
1379 "   Cleo; f; 1904 29; Navajo; F; m; wife 1351; yes; yes; id- 85 842

1380 Dugi, Albert; m; unk; Navajo; F; m; head 1352; yes; yes; id- 77 603
1381 "   Minnie; f; 1889 44; Navajo; F; m; wife 1353; yes; yes; id- 77 604
1382 "   Sherman; m; 1910 23; Navajo; F; s; son 1355; yes; yes; id- 77 610
1383 "   Blanche; f; 1915 18; Navajo; F; s; dau 1356; yes; yes; id- 77 606
1384 "   Kay; m; 1917 16; Navajo; F; s; son 1357; yes; yes; id- 77 708
1385 "   Ada; f; 1923 10; Navajo; F; s; dau 1358; yes; yes; id- 77 607
1386 "   Fannie; f; 1925 8; Navajo; F; s; dau 1359; yes; yes; id- 77 608
1387 "   Arthur; m; 1927 6; Navajo; F; s; son 1360; yes; yes; id- 77 609
1388 "   Virgil; m; 1930 3; Navajo; F; s; son 1361; yes; yes; id- 77 770

1389 Dugi, Fred; m; 1900 33; Navajo; F; m; head 1362; yes; yes; id- 83 609
1390 "   Bessie; f; 1901 32; Navajo; F; m; wife 1363; yes; yes; id- 83 610
1391 "   Nora; f; 1921 12; Navajo; F; s; dau 1364; yes; yes; id- 83 611
1392 "   Mary; f; 1924 9; Navajo; F; s; dau 1365; yes; yes; id- 83 612
1393 "   John; m; 1926 7; Navajo; F; s; son 1366; yes; yes; id- 83 613
1394 "   Esther; f; 1931 2; Navajo; F; s; dau 1367; yes; yes; id- 81 412

1395 Dugi, Kenneth; m; 1908 25; Navajo; F; m; head 1368; yes; yes; id- 77 605
1396 "   Belle Nestsosie; f; 1913 20; Navajo; F; m; wife 1369; yes; yes; id- 71 579
1397 "   Chester; m; 1931 2; Navajo; F; s; son 1370; yes; yes; id- 71 895

1398 Earbob, Jot; m; 1894 39; Navajo; F; m; head 1371; yes; yes; id- 75 292
1399 "   Ella; f; 1906 27; Navajo; F; m; wife 1372; yes; yes; id- 75 293
1400 "   Sally; f; 1922 11; Navajo; F; s; dau 1373; yes; yes; id- 75 294
1401 "   Dora; f; 1923 10; Navajo; F; s; dau 1374; yes; yes; id- 75 295

1402 Edd, Joe; m; 1893 40; Navajo; F; m; head 1375; yes; yes; id- 73 837
1403 "   Louise; f; 1909 24; Navajo; F; m; wife 1376; yes; yes; id- 73 712
1404 "   William; f; 1930 3; Navajo; F; s; son 1377; yes; yes; id- 75 705

1405 Edwards, Hazel; f; 1909 24; Navajo; F; wd; head 1378; yes; yes; id- 73 437
1406 "   Billie Joe; m; 1929 4; Navajo; F; s; son 1379; yes; yes; id- 73 778

1407 Edwards, Rena; f; 1915 18; Navajo; F; s; alone 1380; yes; yes; id- 373 859

1408 Elder, Ruth; f; 1853 80; Navajo; F; wd; head 1381; yes; yes; id- 77 528

1409 Eli, Glenn; m; 1909 24; Navajo; F; m; head 1382; yes; yes; id- 75 469
1410 "   May; f; 1912 21; Navajo; F; m; wife 1383; yes; yes; id- 75 470

1411 Eli, John; m; 1908 25; Navajo; F; m; head 1384; yes; yes; id- 75 626

Western Navajo Reservation
1933 Census Roll

Key: Number; Surname Given; Sex; Year Born and Age at Last Birthday; Tribe; Degree of Blood; Marital Status; Relationship to Head of Family & No. Last Census Roll; At Jurisdiction Where Enrolled (Yes/No); (If no – Where); Ward (Yes/No); Allotment Annuity and/or Identification Numbers

1412 Elsogie, Slim; m; 1892 41; Navajo; F; m; head 1385; yes; yes; id- 85 778
1413 " Alice; f; 1899 34; Navajo; F; m; wife 1386; yes; yes; id- 85 779
1414 " Julia; f; 1916 17; Navajo; F; s; dau 1387; yes; yes; id- 85 780
1415 " Jack; m; 1921 12; Navajo; F; s; son 1388; yes; yes; id- 85781
1416 " Ella; f; 1924 9; Navajo; F; s; dau 1389; yes; yes; id- 85 782

1417 Endischee, Check; m; 1898 35; Navajo; F; m; head 1390; yes; yes; id- 85 783
1418 " Clara; f; 1900 33; Navajo; F; m; wife 1391; yes; yes; id- 85 784
1419 " Sadie; f; 1915 18; Navajo; F; s; dau 1392; yes; yes; id- 85 785
1420 " Velta; f; 1921 12; Navajo; F; s; dau 1393; yes; yes; id- 85 786
1421 " Linda; f; 1923 10; Navajo; F; s; dau 1394; yes; yes; id- 85 787
1422 " Tad; m; 1925 8; Navajo; F; s; son 1395; yes; yes; id- 85 788
1423 " Nora; f; 1927 6; Navajo; F; s; dau 1396; yes; yes; id- 85 789
1424 " Dan; m; 1930 3; Navajo; F; s; son 1397; yes; yes; id- 81 455

1425 Eskee, Frank; m; 1902 80; Navajo; F; s; head 1398; yes; yes; id- 73 728

1426 Esplin, Jack; m; 1875 58; Navajo; F; m; head 1399; yes; yes; id- 85 705
1427 " Rachel; f; 1883 50; Navajo; F; m; wife 1400; yes; yes; id- 85 706
1428 " Sarah; f; 1907 26; Navajo; F; s; dau 1401; yes; yes; id- 85 707
1429 " Reed; m; 1914 19; Navajo; F; s; son 1402; yes; yes; id- 85 708
1430 " Thelma; f; 1910 13; Navajo; F; s; dau 1403; yes; yes; id- 85 709
1431 " Easton; m; 1923 10; Navajo; F; s; son 1404; yes; yes; id- 85 710

1432 Esplin, Joe; m; 1903 30; Navajo; F; m; head 1405; yes; yes; id- 85 712
1433 " Ella Maloney; f; 1915 18; Navajo; F; m; wife 1406; yes; yes; id- 75 462
1434 " Bobby; m; 1921 1; Navajo; F; s; son 1407; yes; yes; id- 71 976

1435 Etsitso, John; m; 1886 47; Navajo; F; m; head 1408; yes; yes; id- 71 055
1436 " Etta; f; 1861 72; Navajo; F; m; wife 1409; yes; yes; id- 71 056
1437 " Gila; f; 1923 10; Navajo; F; s; grd-d 1410; yes; yes; id- 71 058
1438 " Toti; m; 1912 21; Navajo; F; s; grd-s 1411; yes; yes; id- 71 057

1439 Etsitty, Charles; m; 1878 55; Navajo; F; m; head 1412; yes; yes; id- 71 901

1440 Etsitty, Bertha; f; 1868 65; Navajo; F; wd; head 1413; yes; yes; id- 71 758

1441 Etsity[sic], Johnson; m; 1899 34; Navajo; F; m; head 1414; yes; yes; id- 71 840

1442 Etsity, Agnes; f; 1901 32; Navajo; F; wd; head 1417; yes; yes; id- 75 387
1443 " West; m; 1920 13; Navajo; F; s; son 1418; yes; yes; id- 75 388

1444 Etsity, Amos; m; 1898 35; Navajo; F; m; head 1419; yes; yes; id- 75 332
1445 " Vera; f; 1904 29; Navajo; F; m; wife 1420; yes; yes; id- 75 333

Western Navajo Reservation
1933 Census Roll

Key: Number; Surname Given; Sex; Year Born and Age at Last Birthday; Tribe; Degree of Blood; Marital Status; Relationship to Head of Family & No. Last Census Roll; At Jurisdiction Where Enrolled (Yes/No); (If no – Where); Ward (Yes/No); Allotment Annuity and/or Identification Numbers

1446   "   Ernest; m; 1922 11; Navajo; F; s; son 1421; yes; yes; id- 75 334
1447   "   Verla; f; 1925 8; Navajo; F; s; dau 1422; yes; yes; id- 75 335
1448   "   Laura; f; 1928 5; Navajo; F; s; dau 1423; yes; yes; id- 75 336

1449 Etsity, Elmer; m; 1890 43; Navajo; F; m; head 1425; yes; yes; id- 75 328
1450   "   Bessie; f; 1905 28; Navajo; F; m; wife 1426; yes; yes; id- 75 329
1451   "   Ben; m; 1924 9; Navajo; F; s; son 1427; yes; yes; id- 75 330
1452   "   Anna Bell; f; 1926 7; Navajo; F; s; dau 1428; yes; yes; id- 75 331
Died Feb. 25, 1934
1453 Etsity, Noljay; m; 1890 43; Navajo; F; m; head 1429; yes; yes; id- 75 410
1454   "   Della; f; 1899 34; Navajo; F; m; wife 1430; yes; yes; id- 75 411
1455   "   Otto; m; 1923 10; Navajo; F; s; son 1431; yes; yes; id- 75 412
1456   "   Unknown; m; 1930 3; Navajo; F; s; son 1432; yes; yes; id- none
1457   "   Pansy; f; 1931 2; Navajo; F; s; dau 1433; yes; yes; id- 75 717

1458 Etsity, Young; m; 1920 13; Navajo; F; s; alone 1435; yes; yes; id- 75 389

1459 Etsosie, Dennis; m; 1880 53; Navajo; F; m; head 1436; yes; yes; id- 83 653
1460   "   Esasba; f; 1888 45; Navajo; F; m; wife 1437; yes; yes; id- 83 654
1461   "   Albert Slim; m; 1919 14; Navajo; F; s; son 1438; yes; yes; id- 83 655
1462   "   Allen; m; 1920 13; Navajo; F; s; son 1439; yes; yes; id- 83 656
1463   "   Lee; m; 1927 6; Navajo; F; s; son 1440; yes; yes; id- 83 657
1464   "   Richard; m; 3-10-30 3; Navajo; F; s; son 1441; yes; yes; id- 71 853

1465 Fairbank, Joan; f; Unk; Navajo; F; wd; head 1442; yes; yes; id- 79 548
1466   "   Dan; m; 1927 6; Navajo; F; s; son 1443; yes; yes; id- 79 549

1467 Farley, Howard; m; 1886 47; Navajo; F; m; head 1444; yes; yes; id- 79 742
1468   "   Helen; f; 1899 34; Navajo; F; m; wife 1445; yes; yes; id- 79 743
1469   "   Sally; f; 1918 15; Navajo; F; s; dau 1446; yes; yes; id- 79 744
1470   "   Don; m; 1920 13; Navajo; F; s; son 1447; yes; yes; id- 79 745
1471   "   Jack; m; 1924 9; Navajo; F; s; son 1448; yes; yes; id- 79 746
1472   "   Frank; m; 1927 6; Navajo; F; s; son 1449; yes; yes; id- 79 747
1473   "   Ethel; f; 1928 5; Navajo; F; s; dau 1450; yes; yes; id- 79 865
1474   "   Dorothy; f; 1930 3; Navajo; F; s; dau 1451; yes; yes; id- 75 706

1475 Farrell, Frank; m; 1893 40; Navajo; F; wd; head 1452; yes; yes; id- 81 740

1476 Fat, Drake; m; 1908 25; Navajo; F; m; head 1453; yes; yes; id- 79 473
1477   "   Myrtle; f; 1909 24; Navajo; F; m; wife 1454; yes; yes; id- 85 989
1478   "   Lola; f; 1922 11; Navajo; F; s; dau 1455; yes; yes; id- 85 991

1479 Fat, John; m; 1882 51; Navajo; F; m; head 1456; yes; yes; id- 79 467
1480   "   Nellie; f; 1885 48; Navajo; F; m; wife#1 1457; yes; yes; id- 79 449

Western Navajo Reservation
1933 Census Roll
Key: Number; Surname Given; Sex; Year Born and Age at Last Birthday; Tribe; Degree of Blood; Marital Status; Relationship to Head of Family & No. Last Census Roll; At Jurisdiction Where Enrolled (Yes/No); (If no – Where); Ward (Yes/No); Allotment Annuity and/or Identification Numbers

1481   "   Susie; f; 1916 17; Navajo; F; s; dau 1458; yes; yes; id- 79 450
1482   "   Ben; m; 1920 13; Navajo; F; s; son 1459; yes; yes; id- 79 451
1483   "   Mildred; f; 1890 43; Navajo; F; m; wife#2 1460; yes; yes; id- 79 468
1484   "   Joe; m; 1916 17; Navajo; F; s; son 1461; yes; yes; id- 79 474
1485   "   Gertie; f; 1919 14; Navajo; F; s; dau 1462; yes; yes; id- 79 469
1486   "   Susie; f; 1911 11; Navajo; F; s; dau 1463; yes; yes; id- 79 471
1487   "   Maud; f; 1927 6; Navajo; F; s; dau 1464; yes; yes; id- 79 482
1488   "   Woodie; m; 1930 3; Navajo; F; s; son 1465; yes; yes; id- 81 440

1489   Fat, Oldman; m; 1837 96; Navajo; F; m; head 1466; yes; yes; id- 85 848
1490   "   Elva; f; 1866 67; Navajo; F; m; wife 1467; yes; yes; id- 85 849
1491   "   Bud Alma; m; 1919 14; Navajo; F; s; ad-s 1468; yes; yes; id- 85 851

1492   Fat, Tim; m; unk; Navajo; F; m; head 1469; yes; yes; id- 79 793
1493   "   Harold; m; 1928 5; Navajo; F; s; son 1470; yes; yes; id- 81 439

1494   Fatman, Louise; f; unk; Navajo; F; wd; head 1471; yes; yes; id- 81 556

1495   Fish, Robert; Robert; m; 1909 24; Navajo; F; m; head 1472; yes; yes; id- 81 556[sic]
1496   "   Mildred; f; 1909 24; Navajo; F; m; wife 1473; yes; yes; id- 81 566
1497   "   Clyde Sombrero; m; 1929 4; Navajo; F; s; son 1474; yes; yes; id- 82 169

1498   Fisher, Joe; m; 1873 60; Navajo; F; m; head 1475; yes; yes; id- 73 432
1499   "   Martha; f; 1875 58; Navajo; F; m; wife 1476; yes; yes; id- 73 187
1500   "   John; m; 1898 35; Navajo; F; s; son 1477; yes; yes; id- 73 724

1501   Fisher, Joe; m; 1906 27; Navajo; F; m; head 1479; yes; yes; id- 73 186
1502   "   Ina; f; 1912 21; Navajo; F; m; wife 1480; yes; yes; id-73 130

1503   Fowler, Archie; m; 1890 43; Navajo; F; m; head 1481; yes; yes; id- 79 708
1504   "   Nellie; f; 1896 38; Navajo; F; m; wife#1 1482; yes; yes; id- 79 709
1505   "   King Sitachee; m; 1916 17; Navajo; F; s; son 1483; yes; yes; id- 79 808
1506   "   Jace; m; 1916 17; Navajo; F; s; son 1484; yes; yes; id- 79 715
1507   "   Rex Sitachee; m; 1918 15; Navajo; F; s; son 1485; yes; yes; id- 79 809
1508   "   Bell; f; 1920 13; Navajo; F; s; dau 1486; yes; yes; id- 79 707
1509   "   Zoila; f; 1920 13; Navajo; F; s; dau 1487; yes; yes; id- 79 810
1510   "   Mose; m; 1921 12; Navajo; F; s; son 1488; yes; yes; id- 79 716
1511   "   Lillie; f; 1922 11; Navajo; F; s; dau 1489; yes; yes; id- 79 712
1512   "   Warren; m; 1924 9; Navajo; F; s; son 1490; yes; yes; id- 79 713
1513   "   Anna; f; 1926 7; Navajo; F; s; dau 1491; yes; yes; id- 79 719
1514   "   Kee; m; 1929 4; Navajo; F; s; son 1492; yes; yes; id- 79 827
1515   "   Katie; f; 1897 36; Navajo; F; m; wife#2 1493; yes; yes; id- 79 710
1516   "   Jean; f; 1920 13; Navajo; F; s; dau 1494; yes; yes; id- 79 711
1517   "   Jake; m; 1923 10; Navajo; F; s; son 1495; yes; yes; id- 79 717

Western Navajo Reservation
1933 Census Roll

Key: Number; Surname Given; Sex; Year Born and Age at Last Birthday; Tribe; Degree of Blood; Marital Status; Relationship to Head of Family & No. Last Census Roll; At Jurisdiction Where Enrolled (Yes/No); (If no – Where); Ward (Yes/No); Allotment Annuity and/or Identification Numbers

1518 Fowler, Jessie; f; 1924 9; Navajo; F; s; dau 1496; yes; yes; id- 79 718
1519 " Jess; m; 1927 6; Navajo; F; s; son 1497; yes; yes; id- 79 714
1520 " Keith; m; 1928 5; Navajo; F; s; son 1498; yes; yes; id- 79 720
1521 " Daisy; f; 1930 3; Navajo; F; s; dau 1499; yes; yes; id- 81 461

1522 Fowler, Joe; m; 1856 77; Navajo; F; wd; head 1500; yes; yes; id- 79 721

1523 Franklin, Lillian; f; 1860 73; Navajo; F; wd; head 1502; yes; yes; id- 81 652
1524 " Bonnie; f; 1912 21; Navajo; F; s; dau 1503; yes; yes; id- 81 654
1525 " Romeo; m; 1913 20; Navajo; F; s; son 1504; yes; yes; id- 81 655

1526 Franklin, Olaf; m; 1904 29; Navajo; F; Sep; head 1505; yes; yes; id- 85 713

1527 Franklin, Sylvia; f; 1908 25; Navajo; F; Sep; head 1506; yes; yes; id- 85 714
1528 " Ben; m; 1928 5; Navajo; F; s; son 1507; yes; yes; id- 79 844

1529 Freeman, Joe; m; 1908 25; Navajo; F; s; head 1508; yes; yes; id- 71 545

1530 Freeman, Shorty; m; 1888 45; Navajo; F; m; head 1509; yes; yes; id- 79 766
1531 " Nellie; f; unk; Navajo; F; m; wife 1510; yes; yes; id- 79 777
1532 " Edward; m; 1920 13; Navajo; F; s; son 1511; yes; yes; id- 79 779
1533 " Jack; m; 1924 9; Navajo; F; s; son 1512; yes; yes; id- 79 778

1534 Friday, Linn; m; 1893 40; Navajo; F; m; head 1513; yes; yes; id- 75 296
1535 " Alberta; f; 1894 39; Navajo; F; m; wife#1 1514; yes; yes; id- 75 301
1536 " Sue; f; 1902 31; Navajo; F; m; wife#2 1515; yes; yes; id- 75 297
1537 " Joe; m; 1922 11; Navajo; F; s; son 1516; yes; yes; id- 75 298
1538 " Bert; m; 1924 9; Navajo; F; s; son 1517; yes; yes; id- 75 299
1539 " Virginia; f; 1927 6; Navajo; F; s; dau 1518; yes; yes; id- 75 300

1540 Frost, Elsie; f; 1880 53; Navajo; F; wd; head 1519; yes; yes; id- 77 370

1541 Frost, Julia; f; 1867 66; Navajo-Piute; F; wd; head 1520; yes; yes; id- 77 973

1542 Fuller, Warren; m; 1908 25; Navajo; F; m; head 1521; yes; yes; id- 85 889
1543 " Nancy; f; 1910 23; Navajo; F; m; wife 1522; yes; yes; id- 85 890
1544 " Bob; m; 1928 5; Navajo; F; s; son 1523; yes; yes; id- 79 855

1545 Fulton, Robert; m; 1910 23; Navajo; F; m; head 1524; yes; yes; id- 71 065
1546 " Dorris[sic]; f; 1911 22; Navajo; F; m; wife 1525; yes; yes; id- 71 066
1547 " David; m; 4-17-30 3; Navajo; F; s; son 1526; yes; yes; id- 71 860

1548 Gamble, Charlie; m; 1910 23; Navajo; F; s; head 1527; yes; yes; id- 71 866

Western Navajo Reservation
1933 Census Roll

Key: Number; Surname Given; Sex; Year Born and Age at Last Birthday; Tribe; Degree of Blood; Marital Status; Relationship to Head of Family & No. Last Census Roll; At Jurisdiction Where Enrolled (Yes/No); (If no – Where); Ward (Yes/No); Allotment Annuity and/or Identification Numbers

1549 Gamble, George; m; 1899 34; Navajo; F; m; head 1528; yes; yes; id- 82 130
1550 " Gertrude; f; 1902 31; Navajo; F; m; wife 1529; yes; yes; id- 81 653
1551 " Lorena; f; 1921 12; Navajo; F; s; dau 1530; yes; yes; id- 83 710
1552 " Hazel; f; 1924 9; Navajo; F; s; dau 1531; yes; yes; id- 81 656
1553 " Benjamin; m; 1926 7; Navajo; F; s; son 1532; yes; yes; id- 81 657
1554 " Paul; m; 1929 4; Navajo; F; s; son 1533; yes; yes; id- 82 227

1555 Gamble, Roy; m; 1866 67; Navajo; F; m; head 1534; yes; yes; id- 81 699
1556 " Vera; f; 1883 50; Navajo; F; m; wife 1535; yes; yes; id- 81 709
1557 " Sophie; f; 1920 13; Navajo; F; s dau 1538; yes; yes; id- 81 700
1558 " Rex; m; 1922 11; Navajo; F; s; son 1539; yes; yes; id- 81 701
1559 " May; f; 1924 9; Navajo; F; s; dau 1540; yes; yes; id- 81 702
1560 " Leona; f; 1928 5; Navajo; F; s; dau 1541; yes; yes; id- 81 703
1561 " Kay; m; 1930 3; Navajo; F; s; son 1542; yes; yes; id- 81 422

1562 Gambol, Jack; m; unk; Navajo; F; m; head 1543; yes; yes; id- 83 647
1563 " Fay; f; 1902 31; Navajo; F; m; wife 1544; yes; yes; id- 83 918
1564 " Curtie; f; 1923 10; Navajo; F; s; dau 1545; yes; yes; id- 85 919
1565 " Sam; m; 1924 9; Navajo; F; s; son 1546; yes; yes; id- 85 920
1566 " Gumple; m; 1926 7; Navajo; F; s; son 1547; yes; yes; id- 85 921
1567 " Nettie; f; 1930 3; Navajo; F; s; dau 1548; yes; yes; id- 82 239

1568 Gardner, Teddy; m; 1901 32; Navajo; F; m; head 1549; yes; yes; id- 85 730
1569 " Bernice; f; 1911 22; Navajo; F; m; wife 1550; yes; yes; id- 85 731
1570 " Ezra; m; 1927 6; Navajo; F; s; son 1551; yes; yes; id- 85 732
1571 " David; m; 1929 4; Navajo; F; s; son 1552; yes; yes; id- 79 854

1572 George, Charley; m; 1899 34; Navajo; F; m; head 1553; yes; yes; id- 71 130
1573 " Alice; f; 1903 30; Navajo; F; m; wife 1554; yes; yes; id- 71 059
1574 " Gale; m; 1921 12; Navajo; F; s; son 1555; yes; yes; id- 71 060
1575 " Tillie; f; 1923 10; Navajo; F; s; dau 1556; yes; yes; id- 71 061
1576 " Bell; f; 1930 3; Navajo; F; s; dau 1557; yes; yes; id- 71 814

1577 George, William; m; 1896 37; Navajo; F; m; head 1558; yes; yes; id- 75 519
1578 " Anna; f; 1901 32; Navajo; F; m; wife 1559; yes; yes; id- 75 520
1579 " Cadeba; f; 1921 12; Navajo; F; s; dau 1560; yes; yes; id- 75 525
1580 " Anna; f; 1918 15; Navajo; F; s; dau 1561; yes; yes; id- 75 521
1581 " Frances; f; 1922 11; Navajo; F; s; dau 1562; yes; yes; id- 75 522
1582 " Leora; f; 1824 9; Navajo; F; s; dau 1563; yes; yes; id- 75 523
1583 " Fannie; f; 1929 4; Navajo; F; s; dau 1564; yes; yes; id- 75 661
1584 " Delmar; m; 1933 Feb.; Navajo; F; s; son none; yes; yes; id- 75 790

1585 Gifford, Ellis; m; 1885 48; Navajo; F; m; head 1565; yes; yes; id- 85 929
1586 " Connie; f; 1895 38; Navajo; F; m; wife 1566; yes; yes; id- 85 930

Western Navajo Reservation
1933 Census Roll

Key: Number; Surname Given; Sex; Year Born and Age at Last Birthday; Tribe; Degree of Blood; Marital Status; Relationship to Head of Family & No. Last Census Roll; At Jurisdiction Where Enrolled (Yes/No); (If no – Where); Ward (Yes/No); Allotment Annuity and/or Identification Numbers

1587   "   Maggie; f; 1918 15; Navajo; F; s; dau 1567; yes; yes; id- 85 931

1588   Gishe, Curley; m; 1897 36; Navajo; F; m; head 1568; yes; (wife registered at Keams Canyon, Ariz.) yes; id- 75 645
1589   "   Urban; m; Apr. 1932 1; Navajo; F; s; son none; yes; yes; id- 75 746

1590   Gishe, Fred; m; 1887 46; Navajo; F; m; head 1570; yes; yes; id- 81 719
1591   "   Leona; f; 1890 43; Navajo; F; m; wife 1571; yes; yes; id- 81 720
1592   "   Lester Betah; m; 1912 21; Navajo; F; s; son 1572; yes; yes; id- 83 687
1593   "   Twolie; m; 1914 19; Navajo; F; s; son 1573; yes; yes; id- 81 721
1594   "   Flora; f; 1917 16; Navajo; F; s; dau 1574; yes; yes; id- 81 733
1595   "   Lola; f; 1918 15; Navajo; F; s; dau 1575; yes; yes; id- 81 734
1596   "   Leeman; m; 1930 13; Navajo; F; s; son 1576; yes; yes; id- 81 722
1597   "   Albert; m; 1924 9; Navajo; F; s; son 1577; yes; yes; id- 81 724
1598   "   Frances; f; 1928 5; Navajo; F; s; dau 1578; yes; yes; id- 81 725
1599   "   George; m; 1930 3; Navajo; F; s; son 1579; yes; yes; id- 81 423
1600   "   Sam; m; Feb. 1932 1; Navajo; F; s; son none; yes; yes; id- 75 758

1601   Goatskin, Jack; m; 1899 34; Navajo; F; m; head 1580; yes; yes; id- 71 880

1602   Goatson, George; m; 1888 45; Navajo; F; m; head 1581; yes; yes; id- 82 070
1603   "   Ella; f; 1895 38; Navajo; F; m; wife 1582; yes; yes; id- 82 071
1604   "   Edmond; m; 1916 17; Navajo; F; s; son 1583; yes; yes; id- 82 072
1605   "   Leland; m; 1918 15; Navajo; F; s; son 1584; yes; yes; id- 82 073
1606   "   John; m; 1922 11; Navajo; F; s; son 1585; yes; yes; id- 82 076
1607   "   Roger; m; 1925 8; Navajo; F; s; son 1586; yes; yes; id- 82 074
1608   "   Evelyn; f; 1929 4; Navajo; F; s; dau 1587; yes; yes; id- 82 163
1609   "   Aliene; f; Apr. 1932 1; Navajo; F; s; dau none; yes; yes; id- 75 757

1610   Gold, Frank; m; 1891 42; Navajo; F; m; head 1588; yes; yes; id- 77 509
1611   "   Margaret; f; 1892 41; Navajo; F; m; wife 1589; yes; yes; id- 77 510
1612   "   Sonya f; 1916 17; Navajo; F; s; dau 1590; yes; yes; id- 77 511
1613   "   Ray; m; 1918 15; Navajo; F; s; son 1591; yes; yes; id- 77 512
1614   "   Teddy; m; 1923 10; Navajo; F; s; son 1592; yes; yes; id- 77 513
1615   "   Keith; m; 1925 8; Navajo; F; s; son 1593; yes; yes; id- 77 514
1616   "   Herbert; m; 9-1-31 1; Navajo; F; s; son 1594; yes; yes; id- 75 722

1617   Gon, Jim; m; 1884 49; Navajo; F; m; head 1595; yes; yes; id- 73 492
1618   "   Jettie; f; 1890 43; Navajo; F; m; wife 1596; yes; yes; id- 73 493
1619   "   Ila; f; 1920 13; Navajo; F; s; dau 1597; yes; yes; id- 73 494
1620   "   Harve; m; 1923 10; Navajo; F; s; son 1598; yes; yes; id- 73 495
1621   " Yazzie, Bessie; f; 1914 19; Navajo; F; s; ward 1599; yes; yes; id- 73 496

1622   Goodman, Nat; m; 1908 25; Navajo; F; s; head 1600; yes; yes; id- 73 726

Western Navajo Reservation
1933 Census Roll

Key: Number; Surname Given; Sex; Year Born and Age at Last Birthday; Tribe; Degree of Blood; Marital Status; Relationship to Head of Family & No. Last Census Roll; At Jurisdiction Where Enrolled (Yes/No); (If no – Where); Ward (Yes/No); Allotment Annuity and/or Identification Numbers

1623 Goodman, Paul; m; 1894 39; Navajo-Piute; F; m; head 1601; yes; yes; id- 85 772
1624 " Jeannette; f; 1901 32; Navajo; F; m; wife 1602; yes; yes; id- 85 773
1625 " Rose; f; 1922 11; Navajo-Piute; F; s; dau 1603; yes; yes; id- 85 774
1626 " Billie; m; 1924 9; Navajo-Piute; F; s; son 1604; yes; yes; id- 85 775
1627 " Clyde; m; 1926 7; Navajo-Piute; F; s; son 1605; yes; yes; id- 85 776
1628 " Carrie; f; 1929 4; Navajo-Piute; F; s; dau 1606; yes; yes; id- 81 434

1629 Goodman, Pop; m; 1860 73; Navajo; F; wd; head 1607; yes; yes; id- 73 529
1630 " Keal; m; 1922 11; Navajo; F; s; grd-s 1608; yes; yes; id- 73 530

1631 Gordy, Gene; m; 1890 43; Navajo; F; m; head 1609; yes; yes; id- 77 375
1632 " Helen; f; 1894 39; Navajo; F; m; wife 1610; yes; yes; id- 77 376
1633 " Lois; f; 1921 12; Navajo; F; s; dau 1611; yes; yes; id- 77 378
1634 " Lawrence; m; 1923 10; Navajo; F; s; son 1612; yes; yes; id- 77 379
1635 " Harry; m; 1928 5; Navajo; F; s; son 1613; yes; yes; id- 77 706
1636 " George; m; 1917 16; Navajo; F; s; ad-s 1614; yes; yes; id- 77 377

1637 Graham, Tom; m; unk; Navajo; F; m; head 1615; yes; yes; id- 82 204
1638 " Madge; f; 1888 45; Navajo; F; m; wife#1 1616; yes; yes; id- 82 011
1639 " Lola; f; 1901 32; Navajo; F; m; wife#2 1617; yes; yes; id- 82 013

1640 Graham, Boyd; m; 1912 21; Navajo; F; m; head 1618; yes; yes; id- 82 010
1641 " Fanny Nez; f; 1903 30; Navajo; F; m; wife 2794; yes; yes; id- 83 624
1642 " Danoba Nez; f; 1919 14; Navajo; F; s; step dau 2795; yes; yes; id- 83 625
1643 " Norman Nez; m; 1923 10; Navajo; F; s; step son 2796; yes; yes; id- 83 626
1644 " Jasper; m; May 1932; Navajo; F; s; son none; yes; yes; id- 83 689

1645 Grange, Harold; m; 1905 28; Navajo; F; m; head 1619; yes; yes; id- 77 419
1646 " Georgia; f; 1904 29; Navajo; F; m; wife 1620; yes; yes; id- 77 420
1647 " Rodger; m; 1927 6; Navajo; F; s; son 1621; yes; yes; id- 77 421
1648 " Lettie; f; 1929 4; Navajo; F; s; dau 1622; yes; yes; id- 77 735
1649 " Phylis[sic]; f; 1931 2; Navajo; F; s; dau 1623; yes; yes; id- 77 780

1650 Grant, John; m; 1895 38; Navajo; F; wd; head 1624; yes; yes; id- 77 644
1651 " June; f; 1921 12; Navajo; F; s; dau 1626; yes; yes; id- 77 648
1652 " Bettie; f; 1924 9; Navajo; F; s; dau 1627; yes; yes; id- 77 649
1653 " Bessie; f; 1926 7; Navajo; F; s; dau 1628; yes; yes; id- 77 650
1654 " Dorothy; f; 1928 5; Navajo; F; s; dau 1629; yes; yes; id- 77 651
1655 " Rebecca; f; 1912 21; Navajo; F; s; step-d 1630; yes; yes; id- 77 646
1656 " Ruby; f; 1916 17; Navajo; F; s; step-d 1631; yes; yes; id- 77 647

1657 Grass, Edward; m; 1908 25; Navajo; F; m; head 1632; yes; yes; id- 81 651
1658 " Rachel; f; 1908 25; Navajo; F; m; wife 1633; yes; yes; id- 79 497

Western Navajo Reservation
1933 Census Roll

Key: Number; Surname Given; Sex; Year Born and Age at Last Birthday; Tribe; Degree of Blood; Marital Status; Relationship to Head of Family & No. Last Census Roll; At Jurisdiction Where Enrolled (Yes/No); (If no – Where); Ward (Yes/No); Allotment Annuity and/or Identification Numbers

1659 Gray, Mamie; f; 1881 52; Navajo; F; wd; head 1634; yes; yes; id- 75 486
1660 " Sadie; f; 1914 19; Navajo; F; s; dau 1635; yes; yes; id- 75 488
1661 " Wilson; m; 1917 16; Navajo; F; s; son 1636; yes; yes; id- 75 489
1662 " Lena; f; 1927 6; Navajo; F; s; dau 1637; yes; yes; id- 75 590

1663 Gray, Ralph; m; 1892 41; Navajo; F; m; head 1638; yes; yes; id- 73 518
1664 " Zella; f; 1899 34; Navajo; F; m; wife 1639; yes; yes; id- 73 519
1665 " Mary; f; 1920 13; Navajo; F; s; dau 1640; yes; yes; id- 73 692
1666 " Rose; f; 1922 11; Navajo; F; s; dau 1641; yes; yes; id- 73 693
1667 " Ralph, Jr; m; 1924 9; Navajo; F; s; son 1642; yes; yes; id- 73 694
1668 "Johnson, Paul; m; 1914 19; Navajo; F; s; bro-in-law 1644; yes; yes; id- 73 520

1669 Gray, Roy; m; 1906 27; Navajo; F; m; head 1645; yes; yes; id- 83 522
1670 " Bettie; f; 1907 26; Navajo; F; m; wife 1646; yes; yes; id- 73 695
1671 "Scenelly, Gus; m; 1913 20; Navajo; F; s; bro 1647; yes; yes; id- 73 631

1672 Gray, Wallace; m; 1901 32; Navajo; F; m; head 1648; yes; yes; id- 73 839

1673 Grayhat, Charley; m; 1865 68; Navajo; F; m; head 1649; yes; yes; id- 71 285
1674 " Norma; f; 1894 39; Navajo; F; m; wife 1650; yes; yes; id- 71 286
1675 " Billie; m; 1913 20; Navajo; F; s; son 1651; yes; yes; id- 71 287
1676 " Charley; m; 1917 16; Navajo; F; s; son 1652; yes; yes; id- 71 288
1677 " Sam; m; 1921 12; Navajo; F; s; son 1653; yes; yes; id- 71 289
1678 " Nathan; m; 1925 8; Navajo; F; s; son 1654; yes; yes; id- 71 290
1679 " Grace; f; 1929 4; Navajo; F; s; dau 1655; yes; yes; id- 71 921

1680 Grayhat, Dud; m; 1908 25; Navajo; F; wd; head 1656; yes; yes; id- 71 451

N.E. Graymountain   [all other information blank]   Keams Canyon
1681 " Elsie; f; 1877 56; Navajo; F; m; wife 1657; yes; yes; id- 71 761
1682 " Jake; m; 1904 29; Navajo; F; s; son 1658; yes; yes; id- 71 769

1683 Graymountain, Hebe; m; 1906 27; Navajo; F; m; head 1659; yes; yes; id- 86 058

1684 Graymountain, Old; m; 1860 73; Navajo; F; m; head 1660; yes; yes; id- 85 761
1685 " Liza; f; 1871 62; Navajo; F; m; wife 1661; yes; yes; id- 85 762
1686 " Jackson; m; 1904 29; Navajo; F; s; son 1662; yes; yes; id- 85 763
1687 " Yazzie; f; 1909 24; Navajo; F; s; dau 1663; yes; yes; id- 85 764
1688 " Gilmore; m; 1914 19; Navajo; F; s; son 1664; yes; yes; id- 85 765
1689 " Agnes; f; 3-3-1930 3; Navajo; F; s; dau 1665; yes; yes; id- 83 681

1690 Grebb, Harry; m; 1885 48; Navajo; F; m; head 1666; yes; yes; id- 77 363
1691 " Lucy; f; 1903 30; Navajo; F; m; wife 1667; yes; yes; id- 77 364
1692 " Helen; f; 1919 14; Navajo; F; s; dau 1668; yes; yes; id- 77 365

Western Navajo Reservation
1933 Census Roll

Key: Number; Surname Given; Sex; Year Born and Age at Last Birthday; Tribe; Degree of Blood; Marital Status; Relationship to Head of Family & No. Last Census Roll; At Jurisdiction Where Enrolled (Yes/No); (If no – Where); Ward (Yes/No); Allotment Annuity and/or Identification Numbers

1693 Grebb, Alvin; m; 1922 11; Navajo; F; s; son 1669; yes; yes; id- 77 367
1694 "   Gilbert; m; 1924 9; Navajo; F; s; son 1670; yes; yes; id- 77 368
1695 "   Ruth; f; 1926 7; Navajo; F; s; dau 1671; yes; yes; id- 77 366
1696 "   Fay; f; 1928 5; Navajo; F; s; dau 1672; yes; yes; id- 77 369

1697 Green, Ruby; f; 1877 56; Navajo; F; wd; head 1673; yes; yes; id- 77 593

1698 Green, Tessie; f; 1871 62; Navajo; F; s; wd; head 1674; yes; yes; id- 85 853
1699 "   Verda; f; 1914 19; Navajo; F; s; dau 1675; yes; yes; id- 85 854
1700 "   Heber; m; 1916 17; Navajo; F; s; son 1676; yes; yes; id- 85 857
1701 "   Helen; f; 1918 15; Navajo; F; s; dau 1677; yes; yes; id- 85 855
1702 "   Karl; m; 1925 8; Navajo; F; s; son 1678; yes; yes; id- 85 856

1703 Grey, Elmer; m; 1906 27; Navajo; F; m; head 1679; yes; yes; id- 81 584
1704 "   Blanche; f; 1910 23; Navajo; F; m; wife 1680; yes; yes; id- 81 585
1705 "   Albert; m; 1928 5; Navajo; F; s; son 1681; yes; yes; id- 81 586
1706 "   Bettie; f; 1930 3; Navajo; F; s; dau 1682; yes; yes; id- 81 430

1707 Grey, Rex; m; 1889 44; Navajo; F; m; head 1683; yes; yes; id- 85 718
1708 "   Laura; f; 1900 33; Navajo; F; m; wife; 1684; yes; yes; id- 85 719
1709 "   Annie; f; 1921 12; Navajo; F; s; dau 1685; yes; yes; id- 85 720
1710 "   Kate; f; 1923 10; Navajo; F; s; dau 1686; yes; yes; id- 85 721
1711 "   Hazel; f; 1927 6; Navajo; F; s; dau 1687; yes; yes; id- 85 723
1712 "   Joe; m; 1929 4; Navajo; F; s; son 1688; yes; yes; id- 82 167

1713 Greyeyes, Earl; m; 1879 54; Navajo; F; m; head 1689; yes; yes; id- 85 959
1714 "   Frances; f; 1891 42; Navajo; F; m; wife#1 1690; yes; yes; id- 85 960
1715 "   Bertha; f; 1913 20; Navajo; F; s; dau 1691; yes; yes; id- 85 961
1716 "   Elwood; m; 1915 18; Navajo; F; s; son 1692; yes; yes; id- 85 985
1717 "   Tullie; m; 1919 14; Navajo; F; s; son 1693; yes; yes; id- 85 962
1718 "   Lillian; f; 1921 12; Navajo; F; s; dau 1694; yes; yes; id- 85 963
1719 "   Huck; m; 1924 9; Navajo; F; s; son 1695; yes; yes; id- 85 964
1720 "   Pete; m; 1927 6; Navajo; F; s; son 1696; yes; yes; id- 85 965
1721 "   Repeat; m 1927 6; Navajo; F; s; son 1697; yes; yes; id- 85 966
1722 "   Florence; f; 1907 26; Navajo; F; m; wife#2 1698; yes; yes; id- 85 967
1723 "   Clara; f; 1926 7; Navajo; F; s; dau 1699; yes; yes; id- 85 968
1724 "   Maggie; f; 1928 5; Navajo; F; s; dau 1700; yes; yes; id- 85 969

1725 Gresham, Harry; m; 1900 33; Navajo; F; m; head 1701; yes; yes; id- 82 153
1726 "   Bettie; f; 1903 30; Navajo; F; m; wife 1702; yes; yes; id- 82 154
1727 "   Doris; f; 1929 4; Navajo; F; s; dau 1703; yes; yes; id- 82 170

1728 Hadley, Dan; m; 1907 26; Navajo; F; s; head 3600; yes; Formerly carried as
                    Dan Thin; yes; id- 71 538

Western Navajo Reservation
1933 Census Roll

Key: Number; Surname Given; Sex; Year Born and Age at Last Birthday; Tribe; Degree of Blood; Marital Status; Relationship to Head of Family & No. Last Census Roll; At Jurisdiction Where Enrolled (Yes/No); (If no – Where); Ward (Yes/No); Allotment Annuity and/or Identification Numbers

1729 Hadley, Tillman; m; 1897 36; Navajo; F; m; head 1704; yes; yes; id- 71 600
1730 " Gloria Denetdeal; f; 1905 28; Navajo; F; m; wife 1705; yes; yes; id-71 704
1731 " Eula; f; 1932 9-17; Navajo; F; s; dau none; yes; yes; id- 71 999

1732 Haley, Black; m; 1903 30; Navajo; F; m; head 1706; yes; yes; id- 73 031

1733 Hall, Helen; f; 1903 30; Navajo; F; wd; head 1707; yes; yes; id- 73 205
1734 " Helva; f; 1928 5; Navajo; F; s; dau 1708; yes; yes; id- 73 206

1735 Hanks, George, Jr; m; 1908 25; Navajo; F; s; head 1709; yes; yes; id- 81 879

1736 Hardy, Slim; m; 1896 37; Navajo; F; m; head 1710; yes; yes; id- 71 030
1737 " Nina; f; 1909 24; Navajo; F; m; wife 1711; yes; yes; id- 71 031
1738 " Guy Young; m; 1926 7; Navajo; F; s; son 1712; yes; yes; id- 71 032
1739 " Key Chee; f; 1927 6; Navajo; F; s; dau 1713; yes; yes; id- 71 033
1740 " Mervin; m; 1929 4; Navajo; F; s; son none; yes; yes; id- 72 900

1741 Harley, William; m; 1878 55; Navajo; F; m; head 1714; yes; yes; id- 81 911
1742 " Gertrude; f; 1888 45; Navajo; F; m; wife 1715; yes; yes; id- 81 954
1743 " Frank; m; 1917 16; Navajo; F; s; son 1716; yes; yes; id- 81 955
1744 " Edna; f; 1903 30; Navajo; F; m; wf#2 1717; yes; yes; id- 81 953
1745 " Florence; f; 1925 8; Navajo; F; s; dau 1718; yes; yes; id- 81 956

1746 Harper, Anna; f; 1863 70; Navajo; F; wd; head 1719; yes; yes; id- 82 015

1747 Harper, Ruby; f; 1910 23; Navajo; F; wd; head 1721; yes; yes; id- 82 014

1748 Harris, Fred; m; 1881 52; Navajo; F; wd; head 1722; yes; yes; id- 81 754
1749 " Abe; m; 1915 18; Navajo; F; s; son 1723; yes; yes; id- 81 757
1750 " Milo; m; 1927 6; Navajo; F; s; son 1724; yes; yes; id- 81 756
1751 " Lawrence; m; 1929 4; Navajo; F; s; son 1725; yes; yes; id- 81 401

1752 Harrison, Walter; m; 1881 52; Navajo; F; m; head 1726; yes; yes; id- 81 790
1753 " Ruth; f; 1883 50; Navajo; F; m; wife 1727; yes; yes; id- 81 799
1754 " Paul; m; 1912 21; Navajo; F; s; son 1728; yes; yes; id- 81 792
1755 " Mike; m; 1919 14; Navajo; F; s; son 1729; yes; yes; id- 81 800

1756 Haskay, Lee; m; 1907 26; Navajo; F; s; head 1730; yes; yes; id- 71 873

1757 Haskkay[sic], Sherman; m; 1894 39; Navajo; F; m; head 1731; yes; yes; id- 81 872
1758 " Eva; f; 1890 43; Navajo; F; m; wf#1 1732; yes; yes; id- 81 846
1759 " Alvina; f; 1915 18; Navajo; F; s; dau 1733; yes; yes; id- 81 848
1760 " Xenia; f; 1917 16; Navajo; F; s; dau 1734; yes; yes; id- 81 849
1761 " Charley; m; 1921 12; Navajo; F; s; son 1735; yes; yes; id- 81 850

Western Navajo Reservation
1933 Census Roll

Key: Number; Surname Given; Sex; Year Born and Age at Last Birthday; Tribe; Degree of Blood; Marital Status; Relationship to Head of Family & No. Last Census Roll; At Jurisdiction Where Enrolled (Yes/No); (If no – Where); Ward (Yes/No); Allotment Annuity and/or Identification Numbers

1762 Haskkay[sic], Harley; m; 1924 9; Navajo; F; s; son 1736; yes; yes; id- 81 851
1763 " Buryl; m; 1925 8; Navajo; F; s; son 1737; yes; yes; id- 82 187
1764 " Billie; m; 1926 7; Navajo; F; s; son 1738; yes; yes; id- 81 852
1765 " Roscoe; m; 1930 3; Navajo; F; s; son 1739; yes; yes; id- 77 788
1766 " John; m; 1908 25; Navajo; F; s; St-s 1740; yes; yes; id- 81 847
1767 " Violet; f; 1910 23; Navajo; F; s; st-d 1741; yes; yes; id- 81 853
1768 " Hattie; f; 1906 27; Navajo; F; m; wife#2 1743; yes; yes; id- 81 854
1769 " Keith; m; 1921 12; Navajo; F; s; son 1744; yes; yes; id- 81 855
1770 " Webster; m; 1925 8; Navajo; F; s; son 1745; yes; yes; id- 81 856
1771 " Addalissa; f; 1929 4; Navajo; F; s; dau 1746; yes; yes; id- 82 190
1772 " Blanche; f; 1931 2; Navajo; F; s; dau 1747; yes; yes; id- 77 787

1773 Haskon, Charley; m; 1900 33; Navajo; F; m; head 1748; yes; yes; id- 71 018
1774 " Lena Whittier; f; 1902 31; Navajo; F; m; wife 1749; yes; yes; id- 71 019
1775 " Evan; m; 1922 11; Navajo; F; s; son 1750; yes; yes; id- 71 020
1776 " Bertha; f; 1925 8; Navajo; F; s; dau 1751; yes; yes; id- 71 021
1777 " Betty; f; 1928 5; Navajo; F; s; dau 1752; yes; yes; id- 71 022

1778 Haskon, Herbert; m; 1907 26; Navajo; F; wd; hear 1753; yes; yes; id- 71 477

1779 Haswood, Howard; m; 1912 21; Navajo; F; s; head 1754; yes; yes; id- 71446

1780 Hat, Feather; m; 1882 51; Navajo; F; m; head 1755; yes; yes; id- 73 189
1781 " Aoda; f; 1898 35; Navajo; F; m; wife 1756; yes; yes; id- 73 190
1782 " Una; f; 1901 32; Navajo; F; s; dau 1757; yes; yes; id- 73 295
1783 " Chee; f; 1920 13; Navajo; F; s; dau 1758; yes; yes; id- 73 191

1784 Hat, Feather, Jr; m; 1906 27; Navajo; F; m; head 1759; yes; yes; id- 73 032
1785 " Alice; f; 1907 26; Navajo; F; m; wife 1760; yes; yes; id- 73 035
1786 " Ada; f; 1923 10; Navajo; F; s; dau 1761; yes; yes; id- 73 036
1787 " Goodey; m; 1925 8; Navajo; F; s; son 1762; yes; yes; id- 73 037

1788 Hat, Jimmie; m; 1893 40; Navajo; F; m; head 1763; yes; yes; id- 85 901
1789 " Emily; f; 1888 45; Navajo; F; m; wife 1764; yes; yes; id- 85 902
1790 " Pete; m; 1917 16; Navajo; F; s; son 1765; yes; yes; id- 85 903
1791 " Yata; m; 1921 12; Navajo; F; s; son 1765; yes; yes; id- 81 545
1792 " Dick; m; 1925 8; Navajo; F; s; son 1766; yes; yes; id- 85 904
1793 " Walter; m; 1930 3; Navajo; F; s; son 1767; yes; yes; id- 75 708
1794 "Ross, Heber; m; 1916 17; Navajo; F; s; st-s 1770; yes; yes; id- 86 060

1795 Haver, Phillis; f; 1865 68; Navajo; F; wd; head 1771; yes; yes; id- 77 598
1796 " June; f; 1906 27; Navajo; F; s; gr-d 1772; yes; yes; id- 77 599
1797 " Anna; f; 1908 25; Navajo; F; s; gr-d 1773; yes; yes; id- 77 600

Western Navajo Reservation
1933 Census Roll

Key: Number; Surname Given; Sex; Year Born and Age at Last Birthday; Tribe; Degree of Blood; Marital Status; Relationship to Head of Family & No. Last Census Roll; At Jurisdiction Where Enrolled (Yes/No); (If no – Where); Ward (Yes/No); Allotment Annuity and/or Identification Numbers

1798 Haycock, Bucke; m; 1895 38; Navajo; F; m; head 1774; yes; yes; id- 73 162
1799 " Sola; f; 1908 25; Navajo; F; m; wife#1 1775; yes; yes; id- 73 163
1800 " Bud; m; 1926 7; Navajo; F; s; son 1776; yes; yes; id- 73 164
1801 " Dave; m; 1930 3; Navajo; F; s; son 1777; yes; yes; id- 73 823
1802 " Bevery[sic]; f; 1910 23; Navajo; F; m; wife#2 1778; yes; yes; id- 73 165
1803 " Gie; m; 1926 7; Navajo; F; s; son dau 1779; yes; yes; id- 73 166
1804 " Hattie; f; 1928 5; Navajo; F; s; dau 1780; yes; yes; id- 73 167
1805 " Bertha; f; 1930 3; Navajo; F; s; dau 1781; yes; yes; id- 73 824

1806 Heaton, LeGrand; m; 1847 86; Navajo; F; wd; head 1782; yes; yes; id- 85 882

1807 Heavy, Adolph; m; 1866 67; Navajo; F; m; head 1783; yes; yes; id- 77 427
1808 " Hattie; f; 1872 61; Navajo; F; m; wife 1784; yes; yes; id- 77 428
1809 " Martha; f; 1906 27; Navajo; F; s; dau 1785; yes; yes; id- 77 429
1810 " Vera; f; 1909 24; Navajo; F; s; dau 1786; yes; yes; id- 77 430
1811 " Grady; m; 1914 19; Navajo; F; s; son 1787; yes; yes; id- 77 431

1812 Heilig, George; m; 1906 27; Navajo; F; m; head 1788; yes; yes; id- 71 256
1813 " Edna; f; 1902 31; Navajo; F; m; wife 1789; yes; yes; id- 71 257
1814 " Frank; m; 1922 11; Navajo; F; s; son 1790; yes; yes; id- 71 258
1815 " Mattie; f; 1926 7; Navajo f; s; dau 1791; yes; yes; id- 71 259
1816 " Rena; f 1928 5; Navajo; F; s; dau 1792; yes; yes; id- 71 260
1817 " Lee; m; 1929 4; Navajo; F; s; son 1793; yes; yes; id- 71 530

1818 Henry, Bill; m; 1905 28; Navajo; F; s; head 1794; yes; yes; id- 81 895

1819 Henry, William; m; 1878 55; Navajo; F; m; head 1795; yes; yes; id- 81 646
1820 " Florence; f; 1878 55; Navajo; F; m; wife 1796; yes; yes; id- 81 647
1821 " Clement; m; 1911 22; Navajo; F; s; son 1797; yes; yes; id- 82 022
1822 " Lucy; f; 1913 20; Navajo; F; s; dau 1798; yes; yes; id- 81 648
1823 " Richard; m; 1923 10; Navajo; F; s; son 1799; yes; yes; id- 81 649
1824 " Frank; m; 1924 9; Navajo; F; s; gr-s 1800; yes; yes; id- 81 650

1825 Hicks, Charlie; m; 1899 34; Navajo; F; m; head 1801; yes; yes; id- 73 403
1826 " Grace; f; 1905 28; Navajo; F; m; wife 1802; yes; yes; id- 73 300
1827 " Pauline; f; 1927 6; Navajo; F; s; dau 1803;4 yes; yes; id- 73 301

1828 Hicks, Si; m; 1885 48; Navajo; F; m; head 1804; yes; yes; id- 86 031
1829 " Evelyn; f; 1899 34; Navajo; F; m; wife 1805; yes; yes; id- 86 020
1830 " Tad; m; 1920 13; Navajo; F; s; son 1806; yes; yes; id- 86 021
1831 " Karl; m; 1924 9; Navajo; F; s; son 1807; yes; yes; id- 86 022
1832 " Maxine; f; 1926 7; Navajo; F; s; dau 1808; yes; yes; id- 86 023
1833 " Thomas; m; 1927 6; Navajo; F; s; son 1809; yes; yes; id- 86 024
1834 " Paul; m; 1929 4; Navajo; F; s; son 1810; yes; yes; id- 81 454

Western Navajo Reservation
1933 Census Roll

Key: Number; Surname Given; Sex; Year Born and Age at Last Birthday; Tribe; Degree of Blood; Marital Status; Relationship to Head of Family & No. Last Census Roll; At Jurisdiction Where Enrolled (Yes/No); (If no – Where); Ward (Yes/No); Allotment Annuity and/or Identification Numbers

1835 Hicks, Inez; f; 3-15-1930 3; Navajo; F; s; dau none; yes; yes; id- 73 865

1836 Holgate, Eugene; m; 1895 38; Navajo; F; m; head 1811; yes; yes; id- 85 979
1837   "   Mag; f; 1904 29; Navajo; F; m; wife 1812; yes; yes; id- 85 980
1838   "   Myron; m; 1924 9; Navajo; F; s; son 1813; yes; yes; id- 85 984
1839   "   Berna; f; 1926 7; Navajo; F; s; dau 1814; yes; yes; id- 85 981

1840 Holiday, Billie; m; 1889 44; Navajo; F; m; head 1815; yes; yes; id- 73 015
1841   "   Net; f; 1903 30; Navajo; F; m; wife 1816; yes; yes; id- 73 084
1842   "   Henry; m; 1916 17; Navajo; F; s; son 1817; yes; yes; id- 73 111
1843   "   Keith; m; 1929 4; Navajo; F; s; son 1818; yes; yes; id- 73 821

1844 Holiday, Charles Joe; m; 1897 36; Navajo; F; m; head 1819; yes; yes; id- 73 061
1845   "   Effie; f; 1905 28; Navajo; F; m; wife 1820; yes; yes; id- 73 062
1846   "   Nalsoso; m; 1927 6; Navajo; F; s; son 1821; yes; yes; id- 73 063

1847 Holiday, Charley; m; 1888 45; Navajo; F; m; head 1822; yes; yes; id- 73 170
1848   "   Ella; f; 1899 34; Navajo; F; m; wife#1 1823; yes; yes; id- 73 011
1849   "   Jet; m; 1916 17; Navajo; F; s; son 1824; yes; yes; id- 73 012
1850   "   Zella f; 1918 15; Navajo; F; s; dau 1825; yes; yes; id- 73 013
1851   "   Kayo; m; 1920 13; Navajo; F; s; son 1826; yes; yes; id- 73 014
1852   "   Harry; m; 1921 12; Navajo; F; s; son 1827; yes; yes; id- 73 015
1853   "   Samuel; m; 1924 9; Navajo; F; s; son 1828; yes; yes; id- 73 016
1854   "   Susie; f; 1927 6; Navajo; F; s; dau 1829; yes; yes; id- 73 017
1855   "   Nellie; f; 1929 4; Navajo; F; s; dau 1830; yes; yes; id- 73 827
1856   "   Rose; f; 1909 24; Navajo; F; m; wife#2 1831; yes; yes; id- 73 175
1857   "   Inez; f; 1929 4; Navajo; F; s; dau 1832; yes; yes; id- 73 726

1858 Holiday, Dave; m; 1898 35; Navajo; F; m; head 1833; yes; yes; id- 73 710
1859   "   Dollie; f; 1900 33; Navajo; F; m; wife 1834; yes; yes; id- 73 018
1860   "   Kay; m; 1918 15; Navajo; F; s; son 1835; yes; yes; id- 73 114
1861   "   Jeff; m; 1921 12; Navajo; F; s; son 1836; yes; yes; id- 73 115
1862   "   Jenny; f; 1925 8; Navajo; F; s; dau 1837; 73 019
1863   "   Ada; f; 1929 4; Navajo; F; s; dau 1838; yes; yes; id- 73 749

1864 Holiday, Jim; m; 1886 47; Navajo; F; m; head 1839; yes; yes; id- 73 584
1865   "   Jen; f; 1886 47; Navajo; F; m; wife 1840; yes; yes; id- 73 567
1866   "   Georgia; f; 1912 21; Navajo; F; s; dau 1841; yes; yes; id- 73 028
1867   "   Paul; m; 1913 20; Navajo; F; s son 1842; yes; yes; id- 73 585
1868   "   Bruce; m; 1916 17; Navajo; F; s; son 1843; yes; yes; id- 73 568
1869   "   James; m; 1919 13; Navajo; F; s; gr-s 1844; yes; yes; id- 73 560
1870   "   Ben; m; 1925 8; Navajo; F; s; gr-s 1845; yes; yes; id- 73 569

Western Navajo Reservation
1933 Census Roll

Key: Number; Surname Given; Sex; Year Born and Age at Last Birthday; Tribe; Degree of Blood; Marital Status; Relationship to Head of Family & No. Last Census Roll; At Jurisdiction Where Enrolled (Yes/No); (If no – Where); Ward (Yes/No); Allotment Annuity and/or Identification Numbers

1871 Holiday, Seth; m; 1898 35; Navajo; F; m; head 1846; yes; yes; id- 73 465
1872 " Beth; f; 1913 20; Navajo; F; m; wife 1847; yes; yes; id- 73 112
1873 " Jed; m; 1923 10; Navajo; F; s; ward 1848; yes; yes; id- 73 113

1874 Holiday, Talos; m; 1904 29; Navajo; F; m; head 1849; yes; yes; id- 73 258
1875 " Edna; f; 1912 21; Navajo; F; m; wife 1850; yes; yes; id- 73 259
1876 " Ben; m; 1929 4; Navajo; F; s; son 1851; yes; yes; id- 83 814

1877 Holiday, Tom; m; 1854 79; Navajo; F; m; head 1852; yes; yes; id- 73 001
1878 " Kitty; f; 1879 54; Navajo; F; m; wife 1853; yes; yes; id- 73 002
1879 " Keith; m; 1911 22; Navajo; F; s; son 1854; yes; yes; id- 73 004

1880 Holiday, Tso; m; 1880 53; Navajo; F; m; head-1855; yes; yes; id- 73 088
1881 " Zettie; f; 1888 45; Navajo; F; m; wife 1856; yes; yes; id- 73 089
1882 " Kenneth; m; 1913 20; Navajo; F; s; son 1857; yes; yes; id- 73 090
1883 " Tom; m; 1918 15; Navajo; F; s; son 1858; yes; yes; id- 73 091
1884 " Keith; m; 1918 15; Navajo; F; s; son 1859; yes; yes; id- 73 168
1885 " Zinie; f; 1921 12; Navajo; F; s; dau 1860; yes; yes; id- 73 092
1886 " Shonie; m; 1921 12; Navajo; F; s; son 1861; yes; yes; id- 73 169
1887 " Carl; m; 1923 10; Navajo; F; s; son 1862; yes; yes; id- 73 093
1888 " Tad; m; 1923 10; Navajo; F; s; son 1863; yes; yes; id- 73 094

1889 Holt, Mamie; f; 1859 74; Navajo; F; wd; head 1864; yes; yes; id- 77 334
1890 " Lois; f; 1925 8; Navajo; F; s; ad-d 1865; yes; yes; id- 77 335

1891 Homer, Jack; m; unk; Navajo; F; m; head 1866; yes; yes; id- 71 415
1892 " Norma; f; 1885 48; Navajo; F; m; wife#1 1867; yes; yes; id- 71 416
1893 " Grace; f; 1906 27; Navajo; F; m; wife#2 1868; yes; yes; id- 71 417
1894 " Albert; m; 1920 13; Navajo; F; s; son 1869; yes; yes; id- 71 418
1895 " Bessie; f 1922 11; Navajo; F; s; dau 1870; yes; yes; id- 71 419
1896 " Edith; f; 1923 9; Navajo; F; s; dau 1871; yes; yes; id- 71 420
1897 " Charles m; 1929 4; Navajo; F; s; son 1872; yes; yes; id- 71 828
1898 " Clara; f; 9-20-31 2; Navajo; F; s; dau 1873; yes; yes; id- 75 720

1899 Horse, Juan; m; 1895 38; Navajo; F; m; head 1874; yes; yes; id- 77 569
1900 " Mildred; f; 1906 27; Navajo; F; m; wife 1875; yes; yes; id- 77 570
1901 " Lois; f; 1926 7; Navajo; F; s; dau 1876; yes; yes; id- 77 571
1902 " Betty Jo; f; 1929 4; Navajo; F; s; dau 1877; yes; yes; id- 77 767
1903 " Percy; m; 1920 13; Navajo; F; s; ad-s 1878; yes; yes; id- 77572
1904 " Hunt, Jean; f; 1915 18; Navajo; F; s; sister-in-law 1879; yes; yes; id- 77 553

1905 Horseherder, Anna; f; 1906 27; Navajo; F; wd; head 1880; yes; yes; id- 75 309
1906 " Dick; m; 1924 9; Navajo; F; s; son 1881; yes; yes; id- 75 310
1907 " Frances; f; 1926 7; Navajo; F; s; dau 1882; yes; yes; id- 75 311

Western Navajo Reservation
1933 Census Roll

Key: Number; Surname Given; Sex; Year Born and Age at Last Birthday; Tribe; Degree of Blood; Marital Status; Relationship to Head of Family & No. Last Census Roll; At Jurisdiction Where Enrolled (Yes/No); (If no – Where); Ward (Yes/No); Allotment Annuity and/or Identification Numbers

1908 Horseherder, Jerry; m; 1929 4; Navajo; F; s; son None; yes; yes; id- 75 687

1909 Hoschian, Carrol; m; 1890 43; Navajo; F; m; head 1883; yes; yes; id- 71 558
1910 " Deborah; f; 1893 40; Navajo; F; m; wife#1 1884; yes; yes; id- 71 559
1911 " Ethel; f; 1916 17; Navajo; F; s; dau 1885; yes; yes; id- 71 561
1912 " Thelma; f; 1895 38; Navajo; F; m; wife#2 1886; yes; yes; id- 71 562
1913 " Keith; m; 1919 14; Navajo; F; s; son 1887; yes; yes; id- 71 563
1914 " Guy; m; 1921 12; Navajo; F; s; son 1888; yes; yes; id- 71 564
1915 " Arabella; f; 1924 9; Navajo; F; s; dau 1889; yes; yes; id- 71 565
1916 " Florence; f; 1929 4; Navajo; F; s; dau 1890; yes; yes; id- 71 932
1917 " Georg; m; 11-30 3; Navajo; F; s; son 1891; yes; yes; id- 71 865

1918 Hoshkon, Grant; m; 1890 43; Navajo; F; m; head 1892; yes; yes; id- 73 616
1919 " Bettie; f; 1901 32; Navajo; F; m; wife 1893; yes; yes; id- 73 617
1920 " Della; f; 1919 14; Navajo; F; s; dau 1894; yes; yes; id- 73 618
1921 " Dot; f; 1921 12; Navajo; F; s; dau 1895; yes; yes; id- 73 619
1922 " Annie; f; 1924 9; Navajo; F; s; dau 1896; yes; yes; id- 73 620

1923 Hosteen, Dick; m; 1890 43; Navajo; F; wd; head 1897; yes; yes; id- 71 513
1924 " Leo; m; 1915 18; Navajo; F; s; son 1899; yes; yes; id- 71 515
1925 " Donald; m; 1923 10; Navajo; F; s; son 1900; yes; yes; id- 81 410
1926 " Glen; m; 1925 8; Navajo; F; s; son 1901; yes; yes; id- 81 409
1927 " Guy; m; 1927 6; Navajo; F; s; son 1902; yes; yes; id- 81 408
1928 " Agnes; f; 1928 5; Navajo; F; s; dau 1903; yes; yes; id- 81 411
1929 " Lee; m; 1930 Aug. 3; Navajo; F; s; son 1904; yes; yes; id- 71 896

1930 Hosteenez, Bighamy; m; 1877 56; Navajo; F; m; head 1905; yes; yes; id- 85 906
1921 " Till; f; 1866 67; Navajo; F; wife#1 1906; yes; yes; id- 85 907
1932 " James; m; 1923 10; Navajo; F; s; son 1907; yes; yes; id- 85 910
1933 " Ella; f; 1927 6; Navajo; F; s; dau 1908; yes; yes; id- 85 911
1934 " Wanda; f; 1920 13; Navajo; F; s; dau 1909; yes; yes; id- 85 909
1935 " Julia; f; 1895 38; Navajo; F; m; wife#2 1910; yes; yes; id- 85 912
1936 " Merle; f; 1915 18; Navajo; F; s; dau 1911; yes; yes; id- 85 913
1937 " Harriet; f; 1916 17; Navajo; F; s; dau 1912; yes; yes; id- 85 914
1938 " Charlie; m; 1917 16; Navajo; F; s; son 1913; yes; yes; id- 85 915
1939 " Israel; m; 1923 10; Navajo; F; s; son 1914; yes; yes; id- 85 916
1940 " Tim; m; 1927 6; Navajo; F; s; son 1915; yes; yes; id- 85 917
1941 " Sophia; f; 1930 Sept. 3; f; s; dau 1916; yes; yes; id- 83 684

1942 Hosteenez, Jahebetse; f; 1874 59; Navajo; F; Sep; head 1917; yes; yes; id- 71 001
1943 " Theo; m; 1908 25; Navajo; F; s; son 1918; yes; yes; id- 71 002
1944 " Dakan; f; 1915 18; Navajo; F; s; dau 1919; yes; yes; id- 71 003
1945 " Mina; f; 1917 16; Navajo; F; s; dau 1920; yes; yes; id- 71 004
1946 " Rena; f; 1919 14; Navajo; F; s; dau 1921; yes; yes; id- 71 005

Western Navajo Reservation
1933 Census Roll

Key: Number; Surname Given; Sex; Year Born and Age at Last Birthday; Tribe; Degree of Blood; Marital Status; Relationship to Head of Family & No. Last Census Roll; At Jurisdiction Where Enrolled (Yes/No); (If no – Where); Ward (Yes/No); Allotment Annuity and/or Identification Numbers

1947 Hosteenez, Alice; f; 1922 11; Navajo; F; s; dau 1922; yes; yes; id- 71 006

1948 Hottallchally, Ason; f; 1845 85; Navajo; F; wd; head 1923; yes; yes; id- 77 756

1949 Howard, Jack; m; 1910 23; Navajo; F; m; head 1924; yes; yes; id- 81 926
1950 "   Bettie; f; 1911 22; Navajo; F; m; wife 1925; yes; yes; id- 81 923

1951 Howard, Susan; f; 1888 45; Navajo; F; wd; head 1926; yes; yes; id- 81 919
1952 "   Warren; m; 1906 27; Navajo; F; s; son 1927; yes; yes; id- 81 925
1953 "   Martha; f; 1914 19; Navajo; F; s; dau 1928; yes; yes; id- 81 920
1954 "   Pearl; f; 1918 15; Navajo; F; s; dau 1929; yes; yes; id- 81 921
1955 "   Tony; m; 1920 13; Navajo; F; s; son 1930; yes; yes; id- 81 922
1956 "   Dora; f; 1927 6; Navajo; F; s; dau 1931; yes; yes; id- 81 924

1957 Hudgine, Jack; m; 1846 87; Navajo; F; m; head 1932; yes; yes; id- 73 142
1958 "   Sarah; f; 1874 59; Navajo; F; m; wife 1933; yes; yes; id- 73 141
1959 "   Elmer; m; 1908 25; Navajo; F; s; son 1934; yes; yes; id- 73 378
1960 "   Elva; f; 1922 11; Navajo; F; s; gr-d 1935; yes; yes; id- 73 144
1961 "   Maud; f; 1923 9; Navajo; F; s; gr-d 1936; yes; yes; id- 73 145

1962 Hudgine, Pearl; f; 1906 27; Navajo; F; s; head 1937; yes; yes; id- 73 143
1963 "   Henry; m; 1929 4; Navajo; F; s; son 1938; yes; yes; id- 73 932

1964 Hudgine, Betty; f; 1910 23; Navajo; F; s; head 1939; yes; yes; id- 73 722
1965 "   John; m; 1929 4; Navajo; F; s; son 1940; yes; yes; id- 73 746

1966 Hudgine, Nez; m; 1897 36; Navajo; F; m; head 1941; yes; yes; id- 73 138
1967 "   Patsy; f; 1903 30; Navajo; F; m; wife 1942; yes; yes; id- 73 139
1968 "   Ilene; f; 1927 6; Navajo; F; s; dau 1943; yes; yes; id- 73 140

1969 Hudson, George; m; 1871 62; Navajo; F; m; head 1944; yes; yes; id- 81 618
1970 "   Sally; f; 1972 61; Navajo; F; m; wife 1945; yes; yes; id- 81 620
1971 "   Lucy; f; 1899 34; Navajo; F; s; dau 1946; yes; yes; id- 81 624
1972 "   Henry; m; 1917 16; Navajo; F; s; son 1947; yes; yes; id- 81 645
1973 "   Mary; f; 1917 16; Navajo; F; s; dau 1948; yes; yes; id- 81 626
1974 "   Jack; m; 1919 14; Navajo; F; s; son 1949; yes; yes; id- 81627
1975 "   William; m; 1922 11; Navajo; F; s; son 1950; yes; yes; id- 81 620
1976 "   Sam; m; 1924 9; Navajo; F; s; son 1951; yes; yes; id- 81 621
1977 "   Charlotte; f; 1928 5; Navajo; F; s; dau 1952; yes; yes; id- 81 424
1978 "Boone, Sam; m; 1918 15; Navajo; F; s; gr-s 1953; yes; yes; id- 81 629
1979 "Burke, Gladys; f; 1922 11; Navajo; F; s; gr-d 1954; yes; yes; id- 81 628
1980 "   "   Margaret; f; 1925 8; Navajo; F; s; gr-d 1955; yes; yes; id- 81 625

Western Navajo Reservation
1933 Census Roll
Key: Number; Surname Given; Sex; Year Born and Age at Last Birthday; Tribe; Degree of Blood; Marital Status; Relationship to Head of Family & No. Last Census Roll; At Jurisdiction Where Enrolled (Yes/No); (If no – Where); Ward (Yes/No); Allotment Annuity and/or Identification Numbers

1981 Hulligan, Happy; m; 1883 50; Navajo; F; m; head 1956; yes; yes; id- 73 441
1982 " Het; f; 1873 60; Navajo; F; m; wife 1957; yes; yes; id- 73 442
1983 " Si; m; 1921 12; Navajo; F; s; son 1958; yes; yes; id- 73 445
1984 " Kirk; m; 1924 9; Navajo; F; s; son 1959; yes; yes; id- 73 446
1985 "Hoskins, Boyd; m; 1911 22; Navajo; F; s; st-s 1960; yes; yes; id- 73 443
1986 "Cody, Elsie; f; 1917 16; Navajo; F; s; st-d 1961; yes; yes; id- 73 444

1987 Hunter, Elsie; f; 1905 28; Navajo; F; Sep; head 1962; yes; yes; id- 77 380
1988 " Susan; f; 1923 10; Navajo; F; s; dau 1963; yes; yes; id- 77 381
1989 " Gilmore; m; 1925 8; Navajo; F; s; son 1964; yes; yes; id- 77 382

1990 Huskon, Harry; m; 1898 35; Navajo; F; m; head 1965; yes; yes; id- 77 721
1991 " Beatrice; f; 1904 29; Navajo; F; m; wife 1966; yes; yes; id- 77 738
1992 " Klezzie; f; 1919 14; Navajo; F; s; dau 1967; yes; yes; id- 77 739
1993 " Emma; f; 1922 11; Navajo; F; s; dau 1968; yes; yes; id- 77 740
1994 " Tsosie; m; 1923 10; Navajo; F; s; son 1969; yes; yes; id- 77 741
1995 " Leo; m; 1925 8; Navajo; F; s; son 1970; yes; yes; id- 77 742
1996 " Mable; f; 1929 4; Navajo; F; s; dau 1971; yes; yes; id- 77 743
1997 " Betty Jo; f; 1931 2; Navajo; F; s; dau 1972; yes; yes; id- 77 781

1998 Huskon, Harvey; m; 1902 31; Navajo; F; m; head 1973; yes; yes; id- 77 432
1999 " Ada; f; 1903 30; Navajo; F; m; wife 1974; yes; yes; id- 77 433
2000 " Marie; f; 1923 10; Navajo; F; s; dau 1975; yes; yes; id- 77 434
2001 " Maxwell; m; 1925 8; Navajo; F; s; son 1976; yes; yes; id- 77 435
2002 " Jean; f; 1928 5; Navajo; F; s; dau 1977; yes; yes; id- 77 436

2003 Huskon, Roy; m; 1880 53; Navajo; F; m; head 1978; yes; yes; id- 77 409
2004 " Susie; f; 1868 65; Navajo; F; m; wife#1 1979; yes; yes; id- 77 410
2005 " Anna; f; 1902 31; Navajo; F; m; wife#2 1980; yes; yes; id- 77 411
2006 " Marie; f; 1918 15; Navajo; F; s; dau 1981; yes; yes; id- 77412
2007 " Max; m; 1921 12; Navajo; F; s; son 1982; yes; yes; id- 77416
2008 " Byron; m; 1923 10; Navajo; F; s; son 1983; yes; yes; id- 77 417
2009 " Elva; f; 1924 9; Navajo; F; s; dau 1984; yes; yes; id- 77 413
2010 " Abe; m; 1924 9; Navajo; F; s; son 1985; yes; yes; id- 77 418
2011 " Earl; m; 1925 8; Navajo; F; s; son 1986; yes; yes; id- 77 414
2012 " Janet; f; 1928 5; Navajo; F; s; dau 1987; yes; yes; id- 77 415

2013 Hyden, Percy; m; 1896 37; Navajo; F; m; head 1988; yes; yes; id- 71 248
2014 " Cora; f; 1907 26; Navajo; F; m; wife 1989; yes; yes; id- 71 249
2015 " Herbert; m; 1923 10; Navajo; F; s; son 1990; yes; yes; id- 71 250

2016 Indischee, Oldman; m; 1859 74; Navajo; F; m; head 1991; yes; yes; id- 85 800
2017 " Inez; f; 1981 62; Navajo; F; m; wife 1992; yes; yes; id- 85 801

Western Navajo Reservation
1933 Census Roll

Key: Number; Surname Given; Sex; Year Born and Age at Last Birthday; Tribe; Degree of Blood; Marital Status; Relationship to Head of Family & No. Last Census Roll; At Jurisdiction Where Enrolled (Yes/No); (If no – Where); Ward (Yes/No); Allotment Annuity and/or Identification Numbers

2018 Iron, Homer; m; 1893 40; Navajo; F; m; head 1993; yes; yes; id- 75 642
2019 " Frances; f; 1904 29; Navajo; F; f[sic]; wife 1994; yes; yes; id- 81 758
2020 " Sarah; f; 1924 9; Navajo; F; s; dau 1995; yes; yes; id- 81 759
2021 " Keats; m; 1929 4; Navajo; F; s; son 1996; yes; yes; id- 71 830

2022 Isaacs, Joe; m; 1887 46; Navajo; F; m; head 1997; yes; yes; id- 75 609
2023 " Mabel; f; 1893 40; Navajo; F; m; wife 1998; yes; yes; id- 75 610
2024 " Lawrence; m; 1911 22; Navajo; F; s; son 1999; yes; yes; id- 75 611
2025 " Lewis; m; 1913 20; Navajo; F; s; son 2000; yes; yes; id- 75 612
2026 " Lorene; f; 1915 18; Navajo; F; s; dau 2001; yes; yes; id- 75 613
2027 " Katherine; f; 1918 15; Navajo; F; s; dau 2002; yes; yes; id- 75 614
2028 " Frank; m; 1922 11; Navajo; F; s; son 2003; yes; yes; id- 75 615
2029 " Harry; m; 1927 6; Navajo; F; s; son 2004; yes; yes; id- 75 616
2030 " Josephine; f; 1929 4; Navajo; F; s; dau 2005; yes; yes; id- 75 716

2031 Jackson, Albert; m; 1903 30; Navajo; F; s; head 2006; yes; yes; id- 81 913

2032 Jackson, Tex; m; 1903 30; Navajo; F; s; head 2007; yes; yes; id- 85 749

2033 Jasper, Owen; m; 1905 28; Navajo; F; m; head 2008; yes; yes; id- 82 144
2034 " Katie; f; 1909 24; Navajo; F; m; wife 2009; yes; yes; id- 81 553

2035 Jean, Navajo; m; 1878 55; Navajo; F; m; head 2010; yes; yes; id- 71 741
2036 " Betty; f; 1888 45; Navajo; F; m; wife#1 2011; yes; yes; id- 71 742
2037 " Gertrude; f; 1911 11; Navajo; F; s; dau 2012; yes; yes; id- 71 743
2038 " Deschee; f; 1892 41; Navajo; F; m; wife#2 2014; yes; yes; id- 71 745
2039 " Mable; f; 1919 14; Navajo; F; s; dau 2015; yes; yes; id- 71 746
2040 " Bessie; f; 1921 12; Navajo; F; s; dau 2016; yes; yes; id- 71 747
2041 " Keith; m; 1927 6; Navajo; F; s; son 2017; yes; yes; id- 71 748
2042 " Vernon; m; 1909 24; Navajo; F; s; son 2018; yes; yes; id- 71 749
2043 " Zohn; f; 1889 44; Navajo; F; m; wife#3 2019; yes; yes; id- 71 750
2044 " Betsy; f; 1889 44; Navajo; F; m; wife#4 2020; yes; yes; id- 71 461
2045 " Estell; f; 1929 4; Navajo; F; s; dau 2021; yes; yes; id- 71 462
2046 " Elsie; f; 1931 May 2; Navajo; F; s; dau 2022; yes; yes; id- 71 952

2047 Jefferson, Mark; m; 1908 25; Navajo; F; s; head 2023; yes; yes; id- 81 901

N. E. Jensen, Luke; [all other information blank] (Registered at Leupp, Ariz.)
2048 " Hannah; f; 1890 43; Navajo; F; m; wife 2024; yes; yes; id- 77 465
2049 " Mary; f; 1915 18; Navajo; F; s; dau 2025; yes; yes; id- 77 466
2050 " Nevy; m; 1917 16; Navajo; F; s; dau 2027; yes; yes; id- 77 467
2051 " Caroline; f; 1919 14; Navajo; F; s; dau 2027; yes; yes; id- 77 468
2052 " Milo; m; 1931 Jan. 2; Navajo; F; s; son 2028; yes; yes; id- 77 789

Western Navajo Reservation
1933 Census Roll

Key: Number; Surname Given; Sex; Year Born and Age at Last Birthday; Tribe; Degree of Blood; Marital Status; Relationship to Head of Family & No. Last Census Roll; At Jurisdiction Where Enrolled (Yes/No); (If no – Where); Ward (Yes/No); Allotment Annuity and/or Identification Numbers

2053 Jewelryman, Norman; m; 1872 61; Navajo; F; m; head 2029; yes; yes; id- 85 725
2054 " Florence; f; 1877 56; Navajo; F; m; wife 2030; yes; yes; id- 85 726
2055 " Lillian; f; 1916 17; Navajo; F; s; dau 2031; yes; yes; id- 85 727
2056 " Luke; m; 1918 15; Navajo; F; s; son 2032; yes; yes; id- 85 728
2057 " Ada; f; 1925 8; Navajo; F; s; grand-dau 2033; yes; yes; id- 79 853

2058 Jiggs, Martha; f; 1862 71; Navajo; F; wd; head 2034; yes; yes; id- 77 582

2059 Jim, Big; m; 1894 39; Navajo; F; s; head 2035; yes; yes; id- 81 894

2060 Jim, Navajo; m; 1899 34; Navajo; F; m; head 2036; yes; yes; id- 85 924
2061 " Elinor; f; 1900 33; Navajo; F; m; wife 2037; yes; yes; id- 85 925
2062 " Bernice; f; 1920 13; Navajo; F; s; dau 2038; yes; yes; id- 85 926
2063 " Elmeta; f; 1923 10; Navajo; F; s; dau 2039; yes; yes; id- 85 927
2064 " Stewart; m; 1927 6; Navajo; F; s; son 2040; yes; yes; id- 85 928
2065 " Fay; f; 1929 4; Navajo; F; s; dau 2041; yes; yes; id- 82 240

2066 Joe, John; m; 1890 43; Navajo; F; m; head 2042; yes; yes; id- 75 677

2067 Joe, Navajo; m; 1899 34; Navajo; F; m; head 2043; yes; yes; id- 79 703
2068 " Dickie; f; 1899 34; Navajo; F; m; wife 2044; yes; yes; id- 79 819
2069 " Navajo Etsosie; m; 1919 14; Navajo; F; s; son 2045; yes; yes; id-79 820
2070 " Dick; m; 1921 12; Navajo; F; s; son 2046; yes; yes; id- 79 813
2071 " Ethel; f; 1923 10; Navajo; F; s; dau 2047; yes; yes; id- 79 807
2072 " Ellis; m; 1925 8; Navajo; F; s; son 2048; yes; yes; id- 79 806
2073 " Zona; f; 1927 6; Navajo; F; s; dau 2049; yes; yes; id- 79 804
2074 " Esther; f; 1929 4; Navajo; F; s; dau 2050; yes; yes; id- 81 462

2075 John, Charley; m; 1905 28; Navajo; F; m; head 2051; yes; yes; id- 71 228
2076 " Edna; f; 1909 24; Navajo; F; m; wife 2052; yes; yes; id- 71 229
2077 " Kenneth; m; 1926 7; Navajo; F; s; son 2053; yes; yes; id- 71 230
2078 " Elmer; m; 1928 5; Navajo; F; s; son 2054; yes; yes; id- 71 928
2079 " Percy; m; 1901 32; Navajo; F; s; bro-in-law 2055; yes; yes; id-71 231

2080 John, Clyde; m; 1879 54; Navajo; F; m; head 2056; yes; yes; id- 79 828
2081 " Elsie; f; unk; Navajo; F; m; wife 2057; yes; yes; id- 79 769
2082 " Gus; m; 1909 24; Navajo; F; s; son 2058; yes; yes; id- 79 814
2083 " Ben; m; 1912 21; Navajo; F; s; son 2059; yes; yes; id- 79 770

2084 John, Navajo; m; 1892 41; Navajo; F; m; head 2060; yes; yes; id- 71 207
2085 " Betty; f; 1899 34; Navajo; F; m; wife 2061; yes; yes; id- 71 208
2086 " Archie; m; 1923 10; Navajo; F; s; son 2062; yes; yes; id- 71 209
2087 " Maud; f; 1925 8; Navajo; F; s; dau 2063; yes; yes; id- 71 210
2088 " Ada; f; 1929 4; Navajo; F; s; dau 2064; yes; yes; id- 71 312

Western Navajo Reservation
1933 Census Roll

Key: Number; Surname Given; Sex; Year Born and Age at Last Birthday; Tribe; Degree of Blood; Marital Status; Relationship to Head of Family & No. Last Census Roll; At Jurisdiction Where Enrolled (Yes/No); (If no – Where); Ward (Yes/No); Allotment Annuity and/or Identification Numbers

2089 John, Willie; m; 1890 43; Navajo; F; m; head 2065; yes; yes; id- 71 496
2090 " Rose Tucha; f; 1892 41; Navajo; F; m; wife#1 2066; yes; yes; id- 71 497
2091 " Peter; m; 1926 7; Navajo; F; s; son 2067; yes; yes; id- 71 498
2092 " Violet; f; 1927 6; Navajo; F; s; dau 2068; yes; yes; id- 71 499
2093 " Helen; f; 1929 4; Navajo; F; s; dau 2069; yes; yes; id- 71 826
2094 " Ruth; f; 1930 3; Navajo; F; s; dau 2070; yes; yes; id- 71 827
2095 " Lily Tucha; f; 1904 29; Navajo; F; m; wife#2 3854; yes; yes; id- 71 501
2096 " Franklin D; m; 1932 1; Navajo; F; s; son none; yes; yes; id- 75 784
2097 " Pansy Tucha; f; 1912 21; Navajo; F; m; wife#3 3856; yes; yes; id- 71 503
2098 " Cecelia Loraine; f; 12-30-32; Navajo; F; s; dau none; yes; yes; id- 75 783

2099 Johnnie, Maud; f; 1893 40; Navajo; F; wd; head 2071; yes; yes; id- 85 943

2100 Johnson, Albert; m; 1909 24; Navajo; F; s; head 2072; yes; yes; id- 71 709

2101 Johnson, Frank; m; 1897 36; Navajo; F; m; head 2073; yes; yes; id- 77 448
2192 " Grace; f; 1910 23; Navajo; F; m; wife 2074; yes; yes; id- 77 449
2103 " Bernard; m; 1926 7; Navajo; F; s; son 2075; yes; yes; id- 77 450
2104 " Fred; m; 1929 4; Navajo; F; s; son 2076; yes; yes; id- 77 736
2105 " Frank; m; 1930 3; Navajo; F; s; son 2077; yes; yes; id- 77 746
2106 " Juanita; f; 1931 Aug. 2; Navajo; F; s; dau 2078; yes; yes; id- 75 730

2107 Johnson, Harry; m; 1882 51; Navajo; F; m; head 2079; yes; yes; id- 71 188
2108 " Beza; f; 1904 29; Navajo; F; m; wife 2080; yes; yes; id- 71 189
2109 " Ruth; f; 1921 12; Navajo; F; s; dau 2081; yes; yes; id- 71 190
2110 " Jack; m; 1923 10; Navajo; F; s; son 2082; yes; yes; id- 71 191
2111 " Marion; f; 1928 5; Navajo; F; s; son 2083; yes; yes; id- 71 711
2112 " Harley; m; 9-23-30 2; Navajo; F; s; son 2084; yes; yes; id- 71 961
2113 "Blackhat, Maxine; f; 1913 20; f; s; neice[sic] 2085; yes; yes; id- 71 192
2114 " John; m; 1917 16; Navajo; F; s; neph 2086; yes; yes; id- 71 193

2115 Johnson, Josephine; f; 1888 45; Navajo; F; wd; head 2087; yes; yes; id- 71 697
2116 " Edith; f; 1908 25; Navajo; F; s; dau 2088; yes; yes; id- 71 698
2117 " Erma; f; 1914 19; Navajo; F; s; dau 2089; yes; yes; id- 71 699
2118 " Zoho; m; 1918 15; Navajo; F; s; son None; yes; yes; id- 71 700
2119 " Frank; m; 1922 11; Navajo; F; s; son 2090; yes; yes; id- 71 701
2120 "Saganitso, Louis; m; 1922 11; Navajo; F; s; gr-s 2091; yes; yes; id- 71 703

2121 Johnson, Mary; f; 1863 70; Navajo; F; wd; head 2092; yes; yes; id- 71 315

2122 Johnson, Patsy; f; 1893 40; Navajo; F; wd; head 2093; yes; yes; id- 73 467
2123 " Pansy; f; 1921 12; Navajo; F; s; dau 2094; yes; yes; id- 73 468
2124 " Jessie; f; 1924 9; Navajo; F; s; dau 2095; yes; yes; id- 73 469
2125 " Joe; m; 1925 8; Navajo; F; s; son 2096; yes; yes; id- 73 470

Western Navajo Reservation
1933 Census Roll

Key: Number; Surname Given; Sex; Year Born and Age at Last Birthday; Tribe; Degree of Blood; Marital Status; Relationship to Head of Family & No. Last Census Roll; At Jurisdiction Where Enrolled (Yes/No); (If no – Where); Ward (Yes/No); Allotment Annuity and/or Identification Numbers

2126 Johnson, Josephine; f; 1926 7; Navajo; F; s; dau 2097; yes; yes; id- 73 471

2127 Johnson, Shoie; m; 1870 63; Navajo; F; m; head 2098; yes; (Family at Leupp) yes; id- 79 787

2128 Johnson, William; m; 1897 36; Navajo; F; m; head 2099; yes; yes; id- 86 004
2129 " Nal Mae; f; 1906 27; Navajo; F; m; wife 2100; yes; yes; id- 86 005
2130 " Ethel; f; 1929 4; Navajo; F; s; dau 2101; yes; yes; id- 73 757

2131 Jolly, Criss; m; 1890 43; Navajo; F; m; head 2102; yes; yes; id- 79 514
2132 " Sammie; f; 1892 41; Navajo; F; f[sic]; wife 2103; yes; yes; id- 79 515
2133 " Mamie; f; 1922 11; Navajo; F; f[sic]; dau 2104; yes; yes; id- 79 516
2134 " Roth Askie; m; 1929 4; Navajo; F; s; son 2105; yes; yes; id- 73 753

2135 Jones, Charles; m; 1878 55; Navajo; F; m; head 2106; yes; yes; id- 77 321
2136 " Lillian; f; 1885 48; Navajo; F; m; wf#1 2107; yes; yes; id- 77 322
2137 " Julia Ann; f; 1915 18; Navajo; F; s; dau 2109; yes; yes; id- 77 332
2138 " Riley; m; 1916 17; Navajo; F; s; son 2110; yes; yes; id- 77 327
2139 " Leon; m; 1919 14; Navajo; F; s; son 2111; yes; yes; id- 77 326
2140 " Frank; m; 1921 12; Navajo; F; s; son 2112; yes; yes; id- 77 328
2141 " Marie; f; 1925 8; Navajo; F; s; dau 2113; yes; yes; id- 77 325
2142 " James; m; 1932 1; Navajo; F; s; son none; yes; yes; id- 77 798
2143 " Maud; f; 1905 28; Navajo; F; m; wf#2 2114; yes; yes; id- 77 323
2144 " Ray; m; 1922 11; Navajo; F; s; dau[sic] 2115; yes; yes; id- 77 324
2145 " Jeanette; f; 1924 9; Navajo; F; s; dau 2116; yes; yes; id- 77 329
2146 " Jack; m; 1925 8; Navajo; F; s; son 2117; yes; yes; id- 77 330
2147 " Carl; m; 1928 5; Navajo; F; s; son 2118; yes; yes; id- 77 796
2148

Jones, Phyllis; f; 1912 21; Navajo; F; s; head 2108; yes; yes; id- 77 331
2149 " Regina; f; 1932 Aug.; Navajo; F; s; dau none; yes; yes; id- 75 769

2150 Jones, John; m; unk; Navajo; F; s; head 2119; yes; yes; id- 77 807

2151 Jones, Leo; m; 1902 31; Navajo; F; m; head 2120; yes; yes; id- 77 498
2152 " Hal; m; 1928 5; Navajo; F; s; son 2121; yes; yes; id- 77 707

2153 Jones, Leslie; m; 1893 40; Navajo; F; m; head 2122; yes; yes; id- 81 557
2154 " Mary; f; 1900 33; Navajo; F; m; wife 2123; yes; yes; id- 81 558
2155 " Dick; m; 1918 15; Navajo; F; s; son 2124; yes; yes; id- 81 562
2156 " Stella; f; 1925 8; Navajo; F; s; dau 2125; yes; yes; id- 81 559
2157 " Agnes; f; 1926 7; Navajo; F; s; dau 2126; yes; yes; id- 81 560
2158 " Jennie; f; 1928 5; Navajo; F; s; dau 2127; yes; yes; id- 81 561
2159 " Majell; f; 1929 4; Navajo; F; s; dau 2128; yes; yes; id- 71 851

Western Navajo Reservation
1933 Census Roll

Key: Number; Surname Given; Sex; Year Born and Age at Last Birthday; Tribe; Degree of Blood; Marital Status; Relationship to Head of Family & No. Last Census Roll; At Jurisdiction Where Enrolled (Yes/No); (If no – Where); Ward (Yes/No); Allotment Annuity and/or Identification Numbers

2160 Jones, Lloyd; m; 1907 26; Navajo; F; m; head 2129; yes; yes; id- 79 537
2161   "   Inez; f; 1903 30; Navajo; F; m; wife 2130; yes; yes; id- 79 538
2162   "   Drake; m; 1925 8; Navajo; F; s; son 2131; yes; yes; id- 79 539

2163 Jones, Paul; m; 1829 104; Navajo; F; m; head 2132; yes; yes; id- 81 543
2164   "   Ruth; f; 1865 68; Navajo; F; m; wife 2133; yes; yes; id- 81 544

2165 Jordan, Ben; m; 1901 32; Navajo; F; m; head 2134; yes; yes; id- 81 152
2166   "   Lillian; f; 1895 38; Navajo; F; m; wf#1 2135; yes; yes; id- 82 038
2167   "   Oliver; m; 1922 11; Navajo; F; s; son 2136; yes; yes; id- 82 039
2168   "   Alice; f; 1929 4; Navajo; F; s; dau 2137; yes; yes; id- 82 173
2169   "   Ruth; f; 1909 24; Navajo; F; m; wf#2 2138; yes; yes; id- 82 040
2170   "   Eva; f; 1928 5; Navajo; F; s; dau 2139; yes; yes; id- 82 041

2171 Josly, Dick; m; 1906 27; Navajo; F; m; head 2140; yes; yes; id- 81 549
2172   "   Rose; f; 1902 31; Navajo; F; m; wife 2141; yes; yes; id- 81 550
2173 Mannheimer, Kiern; m; 1919 14; Navajo; F; s; s-son 2143; yes; yes; id- 81 554
2174 Josly, Alice; f; 1921 12; Navajo; F; s; st-d 2144; yes; yes; id- 81 551
2175   "   May; f; 1928 5; Navajo; F; s; st-d 2145; yes; yes; id- 81 552

2176 Judd, Albert; m; 1883 50; Navajo; F; m; head 2146; yes; yes; id- 73 287
2177   "   Susie; f; 1888 45; Navajo; F; m; wife 2147; yes; yes; id- 73 288
2178 Holiday, Calcin; m; 1916 17; Navajo; F; s; ward 2148; yes; yes; id- 73 557
2179 Judd, Ann; f; 1917 16; Navajo; F; s; dau 2149; yes; yes; id- 73 289
2180   "   Avas; f; 1924 9; Navajo; F; s; dau 2150; yes; yes; id- 73 290

2181 Judge, Mack; m; unk; Navajo; F; m; head 2151; yes; yes; id- 79 587
2182   "   Jackie; f; 1866 67; Navajo; F; m; wife 2152; yes; yes; id- 79 444
2183   "   Robert; m; 1923 10; Navajo; F; s; ad-s 2153; yes; yes; id- 79 583

2184 Judge, Mary; f; 1840 93; Navajo; F; wd; head 2154; yes; yes; id- 79 445

2185 June, Adolph; m; 1900 33; Navajo; F; m; head 2155; yes; yes; id- 81 738
2186   "   Mable; f; 1905 28; Navajo; F; m; wife 2156; yes; yes; id- 81 713
2187   "   Del; m; 1921 12; Navajo; F; s; son 2157; yes; yes; id- 81 745
2188   "   Irene; f; 1924 9; Navajo; F; s; dau 2158; yes; yes; id- 81 714
2189   "   Floyd; m; 1926 7; Navajo; F; s; son 2159; yes; yes; id- 81 715
2190   "   Lester; m; 1928 5; Navajo; F; s; son 2160; yes; yes; id- 82 179
2191   "   Darnell; m; 1931 Summer; Navajo; F; s; son none; yes; yes; id-75 750

2192 Kaibetony, John; m; 1900 33; Navajo; F; m; head 2161; yes; yes; id- 71619
2193   "   Stella Drafford; f; 1913 20; Navajo; F; m; wife 1159; yes; Married 1933 yes; id- 71 089
2194   "   Key; m; 1923 10; Navajo; F; s; son 2163; yes; yes; id- 71 621

Western Navajo Reservation
1933 Census Roll

Key: Number; Surname Given; Sex; Year Born and Age at Last Birthday; Tribe; Degree of Blood; Marital Status; Relationship to Head of Family & No. Last Census Roll; At Jurisdiction Where Enrolled (Yes/No); (If no – Where); Ward (Yes/No); Allotment Annuity and/or Identification Numbers

2195 Kaibetony, Rachel; f; 1924 9; Navajo; F; s; dau 2164; yes; yes; id- 71 622
2196 " Pearl; f; 1928 5; Navajo; F; s; dau 2165; yes; yes; id- 71 623
2197 " Julia; f; 1929 4; Navajo; F; s; dau 2166; yes; yes; id- 77 720
2198 " Douglas; m; 1930 3; Navajo; F; s; son 2167; yes; yes; id- 71 863

2199 Kansas, Julia; f; 1910 23; Navajo; F; s; head 2168; yes; yes; id- 71 793

2200 Kanaswood, Lee; m; 1910 23; Navajo; F; s; head 2169; yes; yes; id- 71 598

2201 Kay, Fred; m; 1900 33; Navajo; F; m; head 2170; yes; yes; id- 77 731
2202 " Maggie Denetdele; f; 1912 21; Navajo; F; m; wife 1244; yes; yes; id- 71 400
2203 " Marilynn; f; 1932 Nov.; Navajo; F; s; dau none; yes; yes; id- 75 774

2204 Kay, Helen; f; 1909 24; Navajo; F; s; head 2171; yes; yes; id- 71 834

2205 Keller, Amy; f; 1861 72; Navajo; F; wd; head 2179; yes; yes; id- 85 871

2206 Kelly, Fred; m; unk; Navajo; F; m; head 2180; yes; yes; id- 82 194
2207 " Pauline; f; 1908 25; Navajo; F; m; wife 2181; yes; yes; id- 81 869
2208 " Leo; m; 1927 6; Navajo; F; s; son 2182; yes; yes; id- 81 871
2209 " Lillian; f; 1913 20; Navajo; F; m; wf#2 2183; yes; yes; id- 81 870
2210 " Roscoe; m; 1931 2; Navajo; F; s; son none; yes; yes; id- 75 767

2211 Kelly, John; m; 1892 41; Navajo; F; m; head 2184; yes; yes; id- 77 496
2212 " Bessie; f; 1901 32; Navajo; f m; wife 2185; yes; yes; id- 77 497

2213 Kemper, Lee; m; 1907 26; Navajo; F; m; head 2186; yes; yes; id- 81 546
2214 " June; f; 1905 28; Navajo; F; m; wife 2187; yes; yes; id- 81 547
2215 " Ruby; f; 1927 6; Navajo; F; s; dau 2188; yes; yes; id- 81 548
2216 " Della; f; 1929 4; Navajo; F; s; dau 2189; yes; yes; id- 82 176

2217 Kent, Walter; m; 1850 83; Navajo; F; m; head 2190; yes; yes; id- 81 945
2218 " Myra; f; 1886 47; Navajo; F; m; wife 2191; yes; yes; id- 81 946
2219 " Lizzie; f; 1916 17; Navajo; F; s; dau 2192; yes; yes; id- 81 947
2220 " Edward; m; 1920 13; Navajo; F; s; son 2193; yes; yes; id- 81 948

2221 Kent, Walter; m; unk; Navajo; F; wd; head 2194; yes; yes; id- 82 202
2222 " Jessie; m; 1914 19; Navajo; F; s; son 2195; yes; yes; id- 81 957

2223 Kenyon, Doris; f; 1904 29; Navajo; F; wd; head 2196; yes; yes; id- 86 017
2224 " Isabel; f; 1923 10; Navajo; F; s; dau 2197; yes; yes; id- 86 018

2225 Kerley, Don; m; 1907 26; Navajo; F; m; head 2198; yes; yes; id- 77 444
2226 " Beth; f; 1905 28; Navajo; F; m; wife 2199; yes; yes; id- 77 445

Western Navajo Reservation
1933 Census Roll

Key: Number; Surname Given; Sex; Year Born and Age at Last Birthday; Tribe; Degree of Blood; Marital Status; Relationship to Head of Family & No. Last Census Roll; At Jurisdiction Where Enrolled (Yes/No); (If no – Where); Ward (Yes/No); Allotment Annuity and/or Identification Numbers

2227 Kerley, Molly; f; 1928 5; Navajo; F; s; dau 2200; yes; yes; id- 77 447
2228 " Lucille; f; 1930 3; Navajo; F; s; dau 2201; yes; yes; id- 77 782
2229 " Margaret; f; 1921 12; Navajo; F; s; st-d 2202; yes; yes; id- 77 446

2230 Keshkoli, Nathaniel; m; 1911 22; Navajo; F; m; head 2203; yes; yes; id- 71 841

2231 Kietennie, Jen; f; 1883 50; Navajo; F; wd; 2205; yes; yes; id- 73 185

2232 King, David; m; 1906 27; Navajo; F; m; head 2206; yes; yes; id- 86 008
2233 " Margaret; f; 1906 27; Navajo; F; m; wife 2207; yes; yes; id- 86 009
2234 " Dana; m; 1926 7; Navajo; F; s; son 2208; yes; yes; id- 86 010
2235 " John; m; 1928 5; Navajo; F; s; son 2209; yes; yes; id- 86 011
2236 " Etta; f; 1929 4; Navajo; F; s; dau 2210; yes; yes; id- 86 037

2237 Kisannie, Charley; m; 1904 29; Navajo; F; m; head 2211; yes; yes; id- 71 309
2238 " Selina; f; 1900 33; Navajo; F; m; wife 2212; yes; yes; id- 71 310
2239 " Robert; m; 1928 5; Navajo; F; s; son 2213; yes; yes; id- 71 165
2240 "Tsinnie, James; m; 1914 19; Navajo; F; s; st-s 2214; yes; yes; id- 71 311
2241 " " Jane; f; 1917 16; Navajo; F; s; st-d 2215; yes; yes; id- 77 548
2242 " " Grace; f; 1921 12; Navajo; F; s; st-d 2216; yes; yes; id- 71 313

2243 Klain, Billy; m; 1903 30; Navajo; F; m; head 2217; yes; yes; id- 75 419
2244 " Bessie; f; 1905 28; Navajo; F; m; wife 2218; yes; yes; id- 75 420
2245 " Johnnie; m; 1922 11; Navajo; F; m[sic]; son 2219; yes; yes; id- 75 421
2246 " Joe; m; 1924 9; Navajo; F; m[sic]; son 2220; yes; yes; id- 75 422
2247 " Bessie May; f; 1926 7; Navajo; F; s; dau 2221; yes; yes; id- 75 423
2248 " Annie; f; 1927 6; Navajo; F; s; dau 2222; yes; yes; id- 75 424

2249 Knight, Harrison; m; 1905 28; Navajo; F; m; head 2223; yes; yes; id- 77 534
2250 " Myrtle; f; 1909 24; Navajo; F; m; wife 2224; yes; yes; id- 77 535
2251 " Lena; f; 1926 7; Navajo; F; s; dau 2225; yes; yes; id- 77 536
2252 " Helen; f; 1928 5; Navajo; F; s; dau 2226; yes; yes; id- 77 537
2253 " Horace; m; 9-31 1; Navajo; F; s; son None; yes; yes; id- 77 538

2254 Lake; Calvin; m; 1883 50; Navajo; F; m; head 2227; yes; yes; id- 75 312
2255 " Lena; f; 1885 48; Navajo; F; m; wife#1 2228; yes; yes; id- 75 310
2256 " Little Dude; m; 1906 27; Navajo; F; s; son 2229; yes; yes; id- 75 346
2257 " Kee; m; 1916 17; Navajo; F; s; 2230; yes; yes; id- 75 321
2258 " Lillie; f; 1920 13; Navajo; F; s; dau 2231; yes; yes; id- 75 322
2259 " Frank; m; 1924 9; Navajo; F; s; son 2232; yes; yes; id- 75 323
2260 " Sallie; f; 1930 3; Navajo; F; s; dau 2233; yes; yes; id- 75 682
2261 " Bon Bigoda; m; 1913 20; Navajo; F; s; st-s 2234; yes; yes; id- 75 318
2262 "Kesquilia, Christine; f; 1911 22; Navajo; F; s; st-d 2235; yes; yes; id- 75 320
2263 " Mamie; f; 1896 37; Navajo; F; m; wife#2 2236; yes; yes; id- 75 313

Western Navajo Reservation
1933 Census Roll

Key: Number; Surname Given; Sex; Year Born and Age at Last Birthday; Tribe; Degree of Blood; Marital Status; Relationship to Head of Family & No. Last Census Roll; At Jurisdiction Where Enrolled (Yes/No); (If no – Where); Ward (Yes/No); Allotment Annuity and/or Identification Numbers

2264 Lake, William; m; 1923 10; Navajo; F; s; son 2237; yes; yes; id- 75 314
2265   "   Fred; m; 1925 8; Navajo; F; s; son 2238; yes; yes; id- 75 315
2266   "   Porter; m; 1926 7; Navajo; F; s; son 2239; yes; yes; id- 75 316
2267 "Bejada, Jessie; m; 1916 17; Navajo; F; st-s 2240; yes; yes; id- 75 317

2268 Lane, Franklin K; m; 1907 26; Navajo; F; m; head 2241; yes; yes; id- 71 566
2269   "   Martha; f; 1913 20; Navajo; F; m; wife 2242; yes; yes; id- 71 567

2270 Lane, Keith; m; 1879 54; Navajo; F; m; head 2243; yes; yes; id- 81 989
2271   "   Emma; f; 1884 49; Navajo; F; m; wife#1 2244; yes; yes; id- 81 988
2272   "   Maud; f; 1904 29; Navajo; F; s; dau 2245; yes; yes; id- 81 990
2273   "   Milo; m; 1908 25; Navajo; F; s; son 2246; yes; yes; id- 81 987
2274   "   Nancy; f; 1909 24; Navajo; F; s; dau 2247; yes; yes; id- 81 976
2275   "   Henry; m; 1913 20; Navajo; F; s; son 2248; yes; yes; id- 81 979
2276   "   Sarah; f; 1914 19; Navajo; F; s; dau 2249; yes; yes; id- 81 985
2277   "   Manley; m; 1915 18; Navajo; F; s; son 2250; yes; yes; id- 81 982
2278   "   Fred; m; 1918 15; Navajo; F; s; son 2251; yes; yes; id- 81 981
2279   "   Julius; m; 1920 13; Navajo; F; s; 2252; yes; yes; id- 81 980
2280   "   Mary; f; 1921 12; Navajo; F; s; dau 2253; yes; yes; id- 81 984
2281   "   Winifred; f; 1925 8; Navajo; F; s; dau 2254; yes; yes; id- 81 983
2282   "   Lola; f; 1928 5; Navajo; F; s; dau 2255; yes; yes; id- 81 986
2283   "   Glen; m; 1924 9; Navajo; F; s; gr-s 2256; yes; yes; id- 81 977
2284   "   Thelma; f; 1926 7; Navajo; F; s; gr-d 2257; yes; yes; id- 81 978
2285   "   Fay; f; 1891 42; Navajo; F; m; wife#2 2258; yes; yes; id- 81 969
2286   "   Lila; f; 1915 18; Navajo; F; s; dau 2259; yes; yes; id- 81 972
2287   "   Jennie; f; 1917 16; Navajo; F; s; dau 2260; yes; yes; id- 81 974
2288   "   Rose; f; 1921 12; Navajo; F; s; dau 2261; yes; yes; id- 81 873
2289   "   King; m; 1923 10; Navajo; F; s; son 2262; yes; yes; id- 81 975
2290   "   Joseph; m; 1925 8; Navajo; F; s; son 2263; yes; yes; id- 81 970
2291   "   Ruth; f; 1927 6; Navajo; F; s; dau 2264; yes; yes; id- 81 971
2292   "   Joe; m; 1926 7; Navajo; F; s; grand-son 2265; yes; yes; id- 81 992
2293   "   Rex; m; 1927 6; Navajo; F; s; gr-s 2266; yes; yes; id- 81 991

2294 Lane, Owen; m; 1914 19; Navajo; F; m; head 2267; yes; yes; id- 81 993
2295   "   Fannie Tohannie; f; 1910 23; Navajo; F; m; wife 2268; yes; yes; id- 71 269
1196   "   Albert; m; 6-31 1; Navajo; F; s; son 2269; yes; yes; id- 71 891

2297 Lanier, Wood; m; 1874 59; Navajo; F; wd; head 2270; yes; yes; id- 71 759

2298 Laugher, Tom; m; 1889 44; Navajo; F; m; head 2271; yes; yes; id- 79 452
2299   "   Rachel; f; 1896 37; Navajo; F; m; wife#1 2272; yes; yes; id- 79 453
2300   "   Askie; m; 1928 5; Navajo; F; s; son 2273; yes; yes; id- 73 777
2301   "   Sallie; f; 1900 33; Navajo; F; m; wife#2 2274; yes; yes; id- 79 454
2302   "   Keith; m; 1929 4; Navajo; F; s; son 2275; yes; yes; id- 79 832

Western Navajo Reservation
1933 Census Roll

Key: Number; Surname Given; Sex; Year Born and Age at Last Birthday; Tribe; Degree of Blood; Marital Status; Relationship to Head of Family & No. Last Census Roll; At Jurisdiction Where Enrolled (Yes/No); (If no – Where); Ward (Yes/No); Allotment Annuity and/or Identification Numbers

2303 Laugher, Abba; f; 1908 25; Navajo; F; m; wife#3 2276; yes; yes; id- 79 455
2304　" 　　Fred; m; 1920 13; Navajo; F; s; son 2278; yes; yes; id- 79 457
2305　" 　　Sose; m; 1922 11; Navajo; F; s; son 2279; yes; yes; id- 79 458
2306　" 　　Lettie; f; 1924 9; Navajo; F; s; dau 2280; yes; yes; id- 79 460
2307　" 　　Leonard; m; 1926 7; Navajo; F; s; son 2281; yes; yes; id- 79 459
2308　" 　　May; f; 1926 7; Navajo; F; s; dau 2282; yes; yes; id- 79 461

2309 Le Clere, Mable Johnson; f; unk; Navajo; F; m; wife None; no; [blank]; None None[sic]　　　　(Married to Pottawatomie Indian)

2310 Lee, Emmett; m; 1900 33; Navajo; F; m; head 2283; yes; yes; id- 77 640
2311　" 　Elva; f; 1879 54; Navajo; F; m; wife 2284; yes; yes; id- 77 641
2312　" 　Harold; m; 1921 12; Navajo; F; s; son 2285; yes; yes; id- 77 642
2313　" 　Susan; f 1926 7; Navajo; F; s; dau 2286; yes; yes; id- 77 643

2314 Lee, John; m; 1910 23; Navajo; F; s; head 2287; yes; yes; id- 91 978

2315 Lee, Silas; m; 1900 33; Navajo; F; m; head 2288; yes; yes; id- 71 027
2316　" 　Bahi Bigsinger; f; 1909 24; Navajo; F; m; wife 2289; yes; yes; id- 71 029
2317　" 　Mary; f; 1927 6; Navajo; F; s; dau 2290; yes; yes; id- 71 028
2318　" 　Zona; f; 1929 4; Navajo; F; s; dau 2291; yes; yes; id- 71 920
2319　" 　Josephine; f; 9-31 1; Navajo; F; s; dau 2292; yes; yes; id- 77 747
2320　" 　Gladys; f; 11-32; Navajo; F; s; dau None; yes; yes; id- 75 776

2321 Lefthand, Frank; m; 1899 34; Navajo; F; m; head 2294; yes; yes; id- 81 791
2322　" 　　Lena; f; 1900 33; Navajo; F; m; wife 2295; yes; yes; id- 81 793
2323　" 　　Evelyn; f; 1916 17; Navajo; F; s; dau 2296; yes; yes; id- 81 794
2324　" 　　Silas; m; 1919 14; Navajo; F; s; son 2297; yes; yes; id- 81 795
2325　" 　　Mina; f; 1922 11; Navajo; F; s; dau 2298; yes; yes; id- 81 796
2326　" 　　Clara; f; 1924 9; Navajo; F; s; dau 2299; yes; yes; id- 81 797
2327　" 　　Edna; f; 1926 7; Navajo; F; s; dau 2300; yes; yes; id- 81 798
2328　" 　　Grace; f; 1929 4; Navajo; F; s; dau 2301; yes; yes; id- 82 229

2329 Lefthand, Percy; m; 1912 21; Navajo; F; s; head 2302; yes; yes; id- 75 487

2330 Lefthand, Bernell; m; 1897 36; Navajo; F; m; head none; yes; yes; id- 77 716
2331　" 　　Violet Begay; f; 1907 26; Navajo; F; m; wife 218; yes; yes; id- 83 669
2332　" 　　Robert; m; 1931 2; Navajo; F; s; son none; yes; yes; id- 75 744

2333 Lefthand, Yellow; m; 1870 63; Navajo; F; m; head 2303; yes; yes; id- 71 820
2334　" 　Ann; f; 1895 38; Navajo; F; m; wife 2304; yes; yes; id- 71 821
2335　" 　Olive; f; 1922 11; Navajo; F; s; dau 2305; yes; yes; id- 71 822
2336　" 　Max; m; 1926 7; Navajo; F; s; son 2306; yes; yes; id- 71 823
2337　" 　Susie; f; 1929 4; Navajo; F; s; dau 2307; yes; yes; id- 71 824

Western Navajo Reservation
1933 Census Roll
Key: Number; Surname Given; Sex; Year Born and Age at Last Birthday; Tribe; Degree of Blood; Marital Status;
Relationship to Head of Family & No. Last Census Roll; At Jurisdiction Where Enrolled (Yes/No); (If no – Where);
Ward (Yes/No); Allotment Annuity and/or Identification Numbers

2338 Leftman, Georgia; f; 1884 49; Navajo; F; Sep; head 2308; yes; yes; id- 71 108
2339 " Stephen; m; 1910 23; Navajo; F; s; son 2309; yes; yes; id- 71 109

2340 Lewis, Gloria; f; 1924 9; Navajo; F; s; st-d 2310; yes; (Step-dau of Walter Lewis –
Hopi) yes; id- 71 517

2341 Lewis, Harry; m; 1890 43; Navajo; F; wd; head 2311; yes; yes; id- 82 085
2342 " Grace; f; 1919 14; Navajo; F; s; dau 2312; yes; yes; id- 82 087
2343 " Alma; f; 1924 9; Navajo; F; s; dau 2313; yes; yes; id- 82 088
2344 " Charlie; m; 1926 7; Navajo; F; s; son 2314; yes; yes; id- 82 089

2345 Lewis, Tom; m; 1904 29; Navajo; F; m; head 2315; yes; yes; id- 71 307
2346 " Abbie Tallman; f; 1914 19; Navajo; F; m; wife 3659; yes; yes; id- 71 429
2347 " May; f; 5-20-32; Navajo; F; s; dau None; yes; yes; id- 71 972

2348 Lincoln, Josephine; f; 1873 60; Navajo; F; wd; head 2317; yes; yes; id- 73 637
2349 " Doctor, Johnnie; m; 1921 12; Navajo; F; s; st-s 2318; yes; yes; id- 73 638

2350 Litsue, Arda; f; 1879 54; Navajo; F; wd; head 2319; yes; yes; id- 73 176
2351 " Clara; f; 1903 30; Navajo; F; s; dau 2320; yes; yes; id- 73 177
2352 " Tall; m; 1907 26; Navajo; F; s; son 2321; yes; yes; id- 73 178
2353 " John; m; 1915 18; Navajo; F; s; son 2322; yes; yes; id- 73 179
2354 " Alice; f; 1918 15; Navajo; F; s; dau 2323; yes; yes; id- 73 180

2355 Little, Bert; m; 1904 29; Navajo; F; m; head 2324; yes; yes; id- 79 421
2356 " Ita; f; 1910 23; Navajo; F; m; wife 2325; yes; yes; id- 79 422
2357 " Rita; f; 1927 6; Navajo; F; s; dau 2326; yes; yes; id- 79 423
2358 "Nelson, Alfred; m; 1910 23; Navajo; F; s; bro-in-law 2327; yes; yes; id- 79 424
2359 " " Ivan; m; 1916 17; Navajo; F; s; bro-in-law 2328; yes; yes; id- 79 817

2360 Little, Deafy; m; 1892 41; Navajo; F; s; head 2329; yes; yes; id- 71 512

2361 Little, Dora; f; Unk; Navajo; F; wd; head 2330; yes; yes; id- 75 367
2362 " Nora; f; 1909 24; Navajo; F; s; dau 2331; yes; yes; id- 75 368
2363 " Sue; f; 1923 10; Navajo; F; s; dau 2332; yes; yes; id- 75 369
2364 " Blanche; f; 1925 8; Navajo; F; s; dau 2333; yes; yes; id- 75 370

2365 Little, Henry; m; 1870 63; Navajo; F; wd; head 2334; yes; yes; id- 81 744
2366 " Virgil; m; 1923 10; Navajo; F; s; son 2335; yes; yes; id- 81 735
Died Feb. 7, 1934
2367 " Johnnie; m; 1925 8; Navajo; F; s; son 2336; yes; yes; id- 81 711
2368 " Richard; m; 1926 7; Navajo; F; s; son 2337; yes; yes; id- 81 712

2369 Little, Joe; m; 1909 24; Navajo; F; m; head 2338; yes; yes; id- 77 390
2370 " Elizabeth; f; 1906 27; Navajo; F; m; wife 2339; yes; yes; id- 77 391

Western Navajo Reservation
1933 Census Roll

Key: Number; Surname Given; Sex; Year Born and Age at Last Birthday; Tribe; Degree of Blood; Marital Status; Relationship to Head of Family & No. Last Census Roll; At Jurisdiction Where Enrolled (Yes/No); (If no – Where); Ward (Yes/No); Allotment Annuity and/or Identification Numbers

2371 Little, Edna; f; 1927 6; Navajo; F; s; dau 2340; yes; yes; id- 77 392

2372 Little, Starley[sic]; m; 1893 40; Navajo; F; m; head 2341; yes; yes; id- 79 598
2373   " Susie; f; 1898 35; Navajo; F; m; wife 2342; yes; yes; id- 79 599
2374   " Bert; m; 1918 15; Navajo; F; s; son 2343; yes; yes; id- 79 586
2375   " Aaron; m; 1914 19; Navajo; F; d; neph 2344; yes; yes; id- 79 837

2376 Little, Topah; m; 1900 33; Navajo; F; m; head 2345; yes; yes; id- 75 658
2377   " Short lady; f; Unk; Navajo; F; m; wife 2346; yes; yes; id- 71 799
2378   " Edward; m; 6-5-30 3; Navajo; F; s; son 2347; yes; yes; id- 71 883
2379   " Irene; f; 3-31 2; Navajo; F; s; dau 2348; yes; yes; id- 83 706

2380 Little, Viola; f; 1906 27; Navajo; F; wd; head 2349; yes; yes; id- 75 356
2381   " Clyde; m; 1923 10; Navajo; F; s; son 2350; yes; yes; id- 75 357
2382   " Soleman; m; 1926 7; Navajo; F; s; son 2351; yes; yes; id- 75 359
2383   " Selma; f; 1928 5; Navajo; F; s; dau 2352; yes; yes; id- 75 358
2384   " May; f; 1929 4; Navajo; F; s; dau 2353; yes; yes; id- 79 836
2385   " Harry; m; 3-31 2; Navajo; F; s; son 2354; yes; yes; id- 75 710

2386 Littlefoot, Hattie; f; 1838 95; Navajo; F; wd; head 2355; yes; yes; id- 81 697

2387 Littlefoot, Henry; m; 1887 46; Navajo; F; m; head 2356; yes; yes; id- 82 020
2388   " Thelma; f; 1883 50; Navajo; F; m; wife 2357; yes; yes; id- 81 659
2389   " Marie; f; 1910 23; Navajo; F; sep; dau 2358; yes; yes; id- 81 661
2390 John, Harry; m; 10/9/1928 4; Navajo; F; s; gr-s 2360; yes; yes; id- 82 178
2391 Littlefoot, Frances; m; 1926 7; Navajo; F; s; gr-s 2359; yes; yes; id- 81 662

2392 Littleman, Dock; m; 1870 63; Navajo; F; m; head 2361; yes; yes; id- 75 591
2393   " Kit; f; 1883 60; Navajo; F; m; wife#1 2362; yes; yes; id- 75 592
2394   " Daniel; m; 1906 27; Navajo; F; s; son 2363; yes; yes; id- 75 593
2395   " Laura Yazzie; f; 1915 18; Navajo; F; s; dau 2364; yes; yes; id- 75 594
2396   " Sadie; f; 1920 13; Navajo; F; s; dau 2365; yes; yes; id- 75 595
2397   " Henry; m; 1922 11; Navajo; F; s; son 2366; yes; yes; id- 75 596
2398   " Gertie; f; 1890 43; Navajo; F; m; wife#2 2367; yes; yes; id- 75 597
2399   " Nettie; f; 1921 12; Navajo; F; s; dau 2368; yes; yes; id- 75 598
2400   " Ruby; f; 1923 10; Navajo; F; s; dau 2369; yes; yes; id- 75 599

2401 Littleman, Joan; f; 1904 29; Navajo; F; wd; head 2370; yes; yes; id- 71 091
2401   " Oscar; m; 1932 1; Navajo; F; s; son none; yes; yes; id- 75 738
2403   " Haskay; m; 1912 21; Navajo; F; s; bro 2371; yes; yes; id- 71 092

2404 Littleman, John; m; 1872 61; Navajo; F; m; head 2372; yes; yes; id- 71 106
2405   " Sarah; f; 1870 63; Navajo; F; m; wife 2373; yes; yes; id- 71 107

Western Navajo Reservation
1933 Census Roll

Key: Number; Surname Given; Sex; Year Born and Age at Last Birthday; Tribe; Degree of Blood; Marital Status; Relationship to Head of Family & No. Last Census Roll; At Jurisdiction Where Enrolled (Yes/No); (If no – Where); Ward (Yes/No); Allotment Annuity and/or Identification Numbers

2406 Littleman, Louis; m; 1904 29; Navajo; F; m; head 2374; yes; yes; id- 71 519
2407 " Nell (Yellowood); f; 1915 18; Navajo; F; m; wife 3407; yes; yes; id- 82 157
2408 " Jimmie; m; 1931 1½; Navajo; F; s; son none; yes; yes; id- 75 765

2409 Littleman, Omar; m; 1911 22; Navajo; F; s; head 2377; yes; yes; id- 79 816

2410 Littleman, Sam; m; 1872 61; Navajo; F; m; head 2378; yes; yes; id- 75 647
2411 " Martha; f; 1866 67; Navajo; F; m; wife#1 2379; yes; yes; id- 75 648
2412 " Sadie; f; 1882 51; Navajo; F; m; wife#2 2380; yes; yes; id- 79 657
2413 " Lemuel; m; 1911 22; Navajo; F; s; son; 2381; yes; yes; id- 79 799
2414 " Frances; f; 1914 19; Navajo; F; s; dau 2382; yes; yes; id- 79 658
2415 " Brown; m; 1917 16; Navajo; F; s; son 2383; yes; yes; id- 79 659
2416 " Fannie; f; 1923 10; Navajo; F; s; dau 2384; yes; yes; id- 79 660
2417 " Eddie; m; 1923 10; Navajo; F; s; son 2385; yes; yes; id- 79 662
2418 " Myrtle; f; 1926 7; Navajo; F; s; dau 2386; yes; yes; id- 79 661

2419 Littleman, Tena; f; 1903 30; Navajo; F; sep; head 2375; yes; yes; id- 71 519
2420 " Ben; m; 1928 5; Navajo; F; s; son 2376; yes; yes; id- 71 521

2421 Littleman, William; m; 1875 58; Navajo; F; m; head 2387; yes; yes; id- 81 746
2422 " Anna; f; 1891 42; Navajo; F; m; wife 2388; yes; yes; id- 81 747
2423 " Winifield; m; 1915 18; Navajo; F; s; son 2389; yes; yes; id- 81 748
2424 " Paul; m; 1918 15; Navajo; F; s; son 2390; yes; yes; id- 81 749
2425 " Leona; f; 1920 13; Navajo; F; s; dau 2391; yes; yes; id- 81 750
2426 " Edwin; m; 1921 12; Navajo; F; s; son 2392; yes; yes; id- 81 751
2427 " Ada; f; 1924 9; Navajo; F; s; dau 2393; yes; yes; id- 81 752
2428 " Jimmie; m; 1928 5; Navajo; F; s; son 2394; yes; yes; id- 81 753

2429 Littlesinger, Lester; m; 1898 35; Navajo; F; m; head 2395; yes; yes; id- 77 404
2430 " Eva; f; 1906 27; Navajo; F; m; wife 2396; yes; yes; id- 77 405
2431 " Calvin; 1920 13; Navajo; F; s; son 2397; yes; yes; id- 77 407
2432 " Ben; m; 1923 10; Navajo; F; s; son 2398; yes; yes; id- 77 408
2433 " Lillie; f; 1931 2; Navajo; F; s; dau 2399; yes; yes; id- 77 795
2434 " Amelia; f; 1921 12; Navajo; F; s; step dau 2400; yes; yes; id-77 406

2435 Long, Alice; f; 1880 53; Navajo; F; wd; head 2401; yes; yes; id- 81 914
2436 " Joe; m; 1905 28; Navajo; F; s; son 2402; yes; yes; id- 81 912
2437 " Lucille; f; 1910 23; Navajo; F; s; dau 2404; yes; yes; id- 81 918
2438 " Elma; f; 1915 18; Navajo; F; s; dau 2405; yes; yes; id- 81 917

2439 Long, John; m; 1887 46; Navajo; F; m; head 2407; yes; yes; id- 73 353
2440 " Carrie; f; 1903 30; Navajo; F; m; wife 2408; yes; yes; id- 73 354

2441 Longsalt, Ma; f; 1864 69; Navajo; F; wd; head 2409; yes; yes; id- 85 766

Western Navajo Reservation
1933 Census Roll

Key: Number; Surname Given; Sex; Year Born and Age at Last Birthday; Tribe; Degree of Blood; Marital Status; Relationship to Head of Family & No. Last Census Roll; At Jurisdiction Where Enrolled (Yes/No); (If no – Where); Ward (Yes/No); Allotment Annuity and/or Identification Numbers

2442 Longsalt, Robert; m; 1889 44; Navajo; F; m; head 2410; yes; yes; id- 85 998
2443 " Rita; f; 1897 36; Navajo; F; m; wife 2411; yes; yes; id- 85 999
2444 " Bert; m; 1915 18; Navajo; F; s; son 2412; yes; yes; id- 86 054
2445 " Ilena; f; 1920 13; Navajo; F; s; dau 2413; yes; yes; id- 86 000
2446 " Nan; f; 1925 8; Navajo; F; s; dau 2415; yes; yes; id- 86 003
2447 " Rena; f; 1926 7; Navajo; F; s; dau 2414; yes; yes; id- 86 001
2448 " Sam; m; 1928 5; Navajo; F; s; son 2416; yes; yes; id- 81 453
2449 " Anna; f; 1929 4; Navajo; F; s; dau 2417; yes; yes; id- 81 452

2450 Longwhiskers, Tom; m; 1886 47; Navajo; F; m; head 2418; yes; yes; id- 71 116
2451 " Evelyn; f; 1903 30; Navajo; F; m; wife 2419; yes; yes; id- 71 117
2452 " Carlos; m; 1921 12; Navajo; F; s; son 2420; yes; yes; id- 71 118
2453 " Louise; f; 1928 7; Navajo; F; s; dau 2421; yes; yes; id- 71 119
2454 " Leonard; m; 1928 5; Navajo; F; s; son 2422; yes; yes; id- 71 120
2455 " Lillian; f; 1929 4; Navajo; F; s; dau 2423; yes; yes; id- 75 714
2456 " Curtis; m; 1931 2; Navajo; F; s; son 2424; yes; yes; id- 71 957
2457 " George Garner; m; 1932 1; Navajo; F; s; son none; yes; yes; id- 75 785

2458 Low, John; m; 1884 49; Navajo; F; m; head 2425; yes; yes; id- 85 833
2459 " Bertie; f; 1930 3; Navajo; F; s; dau 2426; yes; yes; id- 81 406

2460 Luna, Lawrence; m; 1877 56; Navajo; F; m; head 2427; yes; yes; id- 73 501
2461 " Laura; f; 1882 51; Navajo; F; m; wife 2428; yes; yes; id- 73 502
2462 " Away; m; 1904 29; Navajo; F; s; son 2429; yes; yes; id- 73 503
2463 " Hugh Burns; m; 1912 21; Navajo; F; s; son 2430; yes; yes; id- 73 504
2464 " Boyd Burns; m; 1915 18; Navajo; F; s; son 2431; yes; yes; id- 73 505
2465 " Bob; m; 1921 12; Navajo; F; s; son 2432; yes; yes; id- 73 506
2466 " Bert; m; 1923 10; Navajo; F; s; son 2433; yes; yes; id- 73 507
2467 " Ted; m; 1929 4; Navajo; F; s; son 2434; yes; yes; id- 73 751
2468 " Sammy; m; 1913 20; Navajo; F; s; grd-son 2435; yes; yes; id- 73 508
2469 " Marcy; f; 1918 15; Navajo; F; s; grd-dau 2436; yes; yes; id- 73 509
2470 " Janet; f; 1918 15; Navajo; F; s; grd-dau 2437; yes; yes; id- 73 510

2471 Luna, Sampson; m; 1906 27; Navajo; F; m; head 2438; yes; yes; id- 73 633
2472 " Belva; f; 1911 22; Navajo; F; m; wife 2439; yes; yes; id- 73 657
2473 " Dessie; f; 1928 5; Navajo; F; s; dau 2440; yes; yes; id- 73 658
2474 " Bonnie; f; 1929 4; Navajo; F; s; dau 2441; yes; yes; id- 73 830
2475 " Dorothy; f; 1930 3; Navajo; F; s; dau 2442; yes; yes; id- 73 858

2476 Luther, Maggie; f; 1903 30; Navajo; F; wd; head 2443; yes; yes; id- 79 668
2477 " Frank; m; 1919 14; Navajo; F; s; son 2444; yes; yes; id- 79 669
2478 " Millie; f; 1921 12; Navajo; F; s; dau 2445; yes; yes; id- 79 670

Western Navajo Reservation
1933 Census Roll

Key: Number; Surname Given; Sex; Year Born and Age at Last Birthday; Tribe; Degree of Blood; Marital Status; Relationship to Head of Family & No. Last Census Roll; At Jurisdiction Where Enrolled (Yes/No); (If no – Where); Ward (Yes/No); Allotment Annuity and/or Identification Numbers

2479 Luther, Lillie; f; 1879 63; Navajo; F; wd; head 2446; yes; yes; id- 79 663
2480 " John; m; 1911 22; Navajo; F; s; son 2447; yes; yes; id- 79 794
2481 " Cecil; m; 1913 20; Navajo; F; s; dau 2448; yes; yes; id- 79 664
2482 " James; m; 1916 18; Navajo; F; s; son 2449; yes; yes; id- 79 667
2483 " George; m; 1919 14; Navajo; F; s; son 2450; yes; yes; id- 79 665
2484 " Fannie; f; 1924 9; Navajo; F; s; dau 2451; yes; yes; id- 79 666

2485 Mad, Orval; m; 1868 65; Navajo; F; m; head 2452; yes; yes; id- 79 545
2486 " Donna; f; 1880 53; Navajo; F; m; wife 2453; yes; yes; id- 79 546
2487 " Millie; f; 1920 13; Navajo; F; s; dau 2454; yes; yes; id- 79 547

2488 Madman, Edith; f; 1894 39; Navajo; F; wd; head 2455; yes; yes; id- 75 268
2489 Yananatza, Phoebe; f; 1916 17; Navajo; F; s; dau none; yes; yes; id- 77 725
2490 Madman, Guy; m; 1916 17; Navajo; F; s; son 2456; yes; yes; id- 75 269
2491 " Clara; f; 1918 15; Navajo; F; s; dau 2457; yes; yes; id- 75 276
2492 " Lucy; f; 1927 6; Navajo; F; s; dau 2458; yes; yes; id- 75 271
2493 " Rex; m; 1929 4; Navajo; F; s; son 2459; yes; yes; id- 75 665
2494 " Robert; m; 1932 1; Navajo; F; s; son none; yes; yes; id- 75 668
2495 Yanatza[sic], Anna; f; 1915 18; Navajo; F; s; grd-dau 2460; yes; yes; id- 71 272

2496 Madson, Abe; m; 1897 36; Navajo; F; m; head 2461; yes; yes; id- 73 171
2497 " Beth; f; 1899 34; Navajo; F; m; wife 2462; yes; yes; id- 73 095
2498 " Ace; m; 1914 19; Navajo; F; s; son 2463; yes; yes; id- 73 097
2499 " Ella; f; 1922 11; Navajo; F; s; dau 2464; yes; yes; id- 73 098
2500 " Elva; f; 1922 11; Navajo; F; s; dau 2465; yes; yes; id- 73 182
2501 " Rill; f; 1924 9; Navajo; F; s; dau 2466; yes; yes; id- 73 099
2502 " Aske; m; 1929 4; Navajo; F; s; son 2467; yes; yes; id- 73 804

2503 Maid, Lucy; f; 1868 65; Navajo; F; wd; head 2468; yes; yes; id- 85 948
2504 " Jennie; f; 1918 15; Navajo; F; s; dau 2469; yes; yes; id- 85 956
2505 " Nettie; f; 1921 12; Navajo; F; s; dau 2470; yes; yes; id- 85 950

2506 Maloney, Adolph; m; 1898 35; Navajo; F; m; head 2471; yes; yes; id- 71 541
2508[sic] " Edna; f; 1900 33; Navajo; F; m; wife 2472; yes; yes; id- 71 542
2508 " Lillie; f; 1924 9; Navajo; F; s; dau 2473; yes; yes; id- 71 543
2509 " Paul; m; 1925 8; Navajo[sic]; f; s; son 2474; yes; yes; id- 71 544
2510 Denetdele, Martha; f; 1914 19; Navajo; F; s; sis-in-law 2475; yes; yes; id- 71 599

2511 Maloney, James; m; 1886 47; Navajo; F; m; head 2476; yes; yes; id- 71 093
2512 " Ester; f; 1893 40; Navajo; F; m; wife 2477; yes; yes; id- 71 094
2513 " Alice Mae; f; 1916 17; Navajo; F; s; dau 2478; yes; yes; id- 71 096
2514 " Ida Mae; f; 1918 15; Navajo; F; s; dau 2479; yes; yes; id- 71 097
2515 " Eva; f; 1932 11; Navajo; F; s; dau 2480; yes; yes; id- 71 098
2516 " Mike; m; 1927 6; Navajo; F; s; son 2482; yes; yes; id- 71 100

Western Navajo Reservation
1933 Census Roll

Key: Number; Surname Given; Sex; Year Born and Age at Last Birthday; Tribe; Degree of Blood; Marital Status; Relationship to Head of Family & No. Last Census Roll; At Jurisdiction Where Enrolled (Yes/No); (If no – Where); Ward (Yes/No); Allotment Annuity and/or Identification Numbers

2517 Manheimer, Leonard; m; 1910 23; Navajo; F; m; head 2484; no; Albuquerque, N.M; yes; id- 71 808
2518 " Agnes; f; 1908 25; Navajo; F; m; wife 2485; no; Albuquerque, N.M.; yes; id- 71 809
2519 " Mary; f; 1930 3; Navajo; F; s; dau 2486; no; Albuquerque, N.M.; yes; id- 71 810
2520 " John; m; 1915 18; Navajo; F; s; bro 2487; yes; yes; id- 71 516

2521 Mann, Billy; m; 1887 46; Navajo; F; m; head 2488; yes; yes; id- 79 512
2522 " Edna; f; unk; Navajo; F; m; wife 2489; yes; yes; id- 79 513

2523 Mann, Billy; m; 1874 59; Navajo; F; m; head 2490; yes; yes; id- 75 416
2524 " Nellie; f; 1883 59; Navajo; F; m; wife#1 2491; yes; (Ran away) yes; id- 75 417
2525 " Jane; f; 1907 26; Navajo; F; m; wife#2 2492; yes; yes; id- 75 418
2526 " Tom; m; 1929 4; Navajo; F; s; son 2493; yes; yes; id- 75 660

2527 Mann, Everette; m; 1886 47; Navajo; F; m; head 2494; yes; yes; id- 81 635
2528 " Ruth; f; 1890 43; Navajo; F; m; wife#1 2495; yes; yes; id- 81 630
2529 " Billie; m; 1905 28; Navajo; F; s; son 2496; yes; yes; id- 81 631
2530 " Ramon; m; 1913 20; Navajo; F; s; son none; yes; yes; id- 71 990
2531 " Woodrow; m; 1920 13; Navajo; F; s; son 2497; yes; yes; id- 81 636
2532 " Martin; m; 1922 11; Navajo; F; s; son 2498; yes; yes; id- 81 632
2533 " Ruby; f; 1899 34; Navajo; F; m; wife#2 2499; yes; yes; id- 79 748
2534 " James; m; 1919 14; Navajo; F; s; son 2500; yes; yes; id- 79 645
2535 " Son; m; 1922 11; Navajo; F; s; son 2501; yes; yes; id- 79 749
2536 " Albert; m; 1923 10; Navajo; F; s; son 2502; yes; yes; id- 79 646
2537 " Floyd; m; 1927 5; Navajo; F; s; son 2503; yes; yes; id- 79 750

2538 Manson, Bill; m; 1879 54; Navajo; F; m; head 2504; yes; yes; id- 71 434
2539 " Delia; f; 1910 23; Navajo; F; m; wife 2505; yes; yes; id- 71 435
2540 " Abe; m; 1929 4; Navajo; F; s; son 2506; yes; yes; id- 71 829
2541 " Grace; f; 1930 3; Navajo; F; s; dau 2507; yes; yes; id- 71 897
2542 " Guy Eskiel; m; 1932 1; Navajo; F; s; son none; yes; yes; id- 77 200

2543 Manson, Chissie; m; 1891 42; Navajo; F; m; head 2508; yes; yes; id- 71 452
2544 " Hazel; f; 1897 36; Navajo; F; m; wife 2509; yes; yes; id- 71 453
2545 " Edward; m; 1920 13; Navajo; F; s; son 2510; yes; yes; id- 81 763
2546 " Alfred; m; 1923 10; Navajo; F; s; son 2511; yes; yes; id- 71 456
2547 " Johnnie; m; 1928 5; Navajo; F; s; son 2512; yes; yes; id- 71 779
2548 " Charley; m; 1931 1; Navajo; F; s; son 2513; yes; yes; id- 71 944

2549 Many, May; f; 1883 50; Navajo; F; wd; head 2514; yes; yes; id- 73 609
2550 " Mandy; f; 1928 5; Navajo; F; s; dau 2515; yes; yes; id- 73 612

Western Navajo Reservation
1933 Census Roll

Key: Number; Surname Given; Sex; Year Born and Age at Last Birthday; Tribe; Degree of Blood; Marital Status; Relationship to Head of Family & No. Last Census Roll; At Jurisdiction Where Enrolled (Yes/No); (If no – Where); Ward (Yes/No); Allotment Annuity and/or Identification Numbers

2551 Manychildren; Carrie; f; 1903 30; Navajo; F; sep; head 2516; yes; yes; id- 71 689
2552 Black, Nettie; f; 1918 15; Navajo; F; s; dau 2517; yes; yes; id- 71 690
2553 " Hettie; f; 1920 13; Navajo; F; s; dau 2518; yes; yes; id- 71 691

2554 Manychildren, Judge; m; 1874 59; Navajo; F; m; head 2519; yes; yes; id- 77 451
2555 " Lela; 1875 58; Navajo; F; m; wife#1 2520; yes; yes; id- 77 452
2556 " Alfred; m; 1913 20; Navajo; F; s; son 2521; yes; yes; id- 77 454
2557 " Woodrow; m; 1917 16; Navajo; F; s; son 2522; id 77 455
2558 " Minnie; f; 1919 14; Navajo; F; s; dau 2523; yes; yes; id- 77 450
2559 " Thelma; f; 1880 53; Navajo; F; m; wife#2 2524; yes; yes; id- 77453
2560 " Freida; f; 1920 13; Navajo; F; s; dau 2525; yes; yes; id- 77 457
2561 " Al; m; 1921 12; Navajo; F; s; son 2526; yes; yes; id- 77 456
2562 " Anna Sue; f; 1922 11; Navajo; F; s; dau 2527; yes; yes; id- 77 459

2563 Manychildren, Sampson; m; 1905 28; Navajo; F; m; head 2528; yes; yes; id- 71 688
2564 " Jane; f; 1913 20; Navajo; F; m; wife 2529; yes; yes; id- 77 371
2565 " Alice; f; 1932 1; Navajo; F; s; dau none; yes; yes; id- 77 623

2566 Manychildren, Sampson; m; 1896 37; Navajo; F; m; head 2530; yes; yes; id- 77460
2567 " Mattie; f; 1902 31; Navajo; F; m; wife 2531; yes; yes; id- 77 461
2568 " Vida; f; 1917 16; Navajo; F; s; dau 2532; yes; yes; id- 77 463
2569 " Asa; m; 1920 13; Navajo; F; s; son 2533; yes; yes; id- 77 462
2570 " Alice; f; 1930 3; Navajo; F; s; dau 2534; yes; yes; id- 71 878

2571 Manygoats, Alex; m; 1857 86; Navajo; F; wd; head 2535; yes; yes; id- 71 341

2572 Manygoats, Frank; m; 1879 54; Navajo; F; m; head 2536; yes; yes; id- 85 790
2573 " Jose; m; 1910 23; Navajo; F; s; son 2537; yes; yes; id- 85 791
2574 " Polly; f; 1912 21; Navajo; F; s; dau 2538; yes; yes; id- 73 029
2575 " Della; f; 1916 17; Navajo; F; s; dau 2539; yes; yes; id- 85 792
2576 " Dave; m; 1918 15; Navajo; F; s; son 2540; yes; yes; id- 85 793
2577 " Stub; m; 1923 10; Navajo; F; s; son 2541; yes; yes; id- 85 794
2578 " Emily; f; 1926 7; Navajo; F; s; dau 2542; yes; yes; id- 85 795

2579 Manygoats, Jim; m; 1879 63; Navajo; F; m; head 2543; yes; yes; id- 75 377
2580 " Jennie; f; 1903 30; Navajo; F; m; wife#1 2544; yes; yes; id- 75 378
2581 " Skeet; m; 1928 5; Navajo; F; s; son 2545; yes; yes; id- 75 379
2582 " Margie; f; 1905 28; Navajo; F; m; wife#2 2546; yes; yes; id- 75 380
2582 " Bob; m; 1911 22; Navajo; F; s; son 2547; yes; yes; id- 75 384
2583 " Marjorie; f; 1921 12; Navajo; F; s; dau 2548; yes; yes; id- 75 382
2584 " Peter; m; 1911 22; Navajo; F; s; ad-son 2549; yes; yes; id- 75 383
2585 " Jim, Jr; m; 1921 12; Navajo; F; s; ad-son 2550; yes; yes; id- 75 381

Western Navajo Reservation
1933 Census Roll

Key: Number; Surname Given; Sex; Year Born and Age at Last Birthday; Tribe; Degree of Blood; Marital Status; Relationship to Head of Family & No. Last Census Roll; At Jurisdiction Where Enrolled (Yes/No); (If no – Where); Ward (Yes/No); Allotment Annuity and/or Identification Numbers

2587 Manygoats, Joe; m; 1886 47; Navajo; F; m; head 2551; yes; yes; id- 86 036
2588   " Beth; f; 1898 35; Navajo; F; m; wife 2552; yes; yes; id- 73 769
2589   " Soft; f; 1914 19; Navajo; F; s; dau 2553; yes; yes; id- 86 039
2590   " Toddles; m; 1916 17; Navajo; F; s; son 2554; yes; yes; id- 86 040
2591   " Tom; m; 1917 16; Navajo; F; s; son 2555; yes; yes; id- 75 655
2592   " Nellie; f; 1918 15; Navajo; F; s; dau 2556; yes; yes; id- 86 041
2593   " Helen; f; 1921 12; Navajo; F; s; dau 2557; yes; yes; id- 86 042
2594   " Silent Kenneth; m; 1924 9; Navajo; F; s; son 2558; yes; yes; id- 73 771
2595   " Emma; f; 1927 6; Navajo; F; s; son[sic] 2559; yes; yes; id- 73 772
2596   " Jennie; f; 1928 5; Navajo; F; s; dau 2560; yes; yes; id- 73 773
2597   " Woodrow; m; 1930 3; Navajo; F; s; son 2561; yes; yes; id- 75 727

2598 Manygoats, Nannie; f; 1888 45; Navajo; F; wd; head 2562; yes; yes; id- 75 540
2599   " Lucus[sic]; m; 1914 19; Navajo; F; s; son 2563; yes; yes; id- 75 541
2600   " Solin; m; 1916 17; Navajo; F; s; 2564; yes; yes; id- 75 542
2601   " Lloyd Slim; m; 1918 15; Navajo; F; s; son 2565; yes; yes; id- 75 543
2602   " Tee; m; 1923 10; Navajo; F; s; son 2566; yes; yes; id- 75 544
2603   " Mary Ann; f; 1928 5; Navajo; F; s; dau 25 67; yes; yes; id- 75 545

2604 Manygoats, Nelson; m; 1904 29; Navajo; F; m; head 2568; yes; yes; id- 77 710
2605   " Mandy; f; 1904 29; Navajo; F; m; wife 2569; yes; yes; id- 77 712
2606   " Zona; f; 1925 8; Navajo; F; s; dau 2570; yes; yes; id- 77 713
2607   " Azontso; f; 1926 7; Navajo; F; s; dau 2571; yes; yes; id- 77 714
2608   " Shirley; f; 1929 4; Navajo; F; s; dau 2572; yes; yes; id- 77 733
2609   " Bessie; f; 1931 2; Navajo; F; s; dau none; yes; yes; id- 77 723

2610 Manygoats, Red; m; 1900 33; Navajo; F; m; head 2573; yes; yes; id- 75 235
2611   " Lucy; f; 1902 31; Navajo; F; m; wife#1 2574; yes; yes; id- 75 236
2612   " Kate; f; 1928 5; Navajo; F; s; dau 2576; yes; yes; id- 75 238
2613   " Virginia; f; 1929 4; Navajo; F; s; dau 2577; yes; yes; id- 83 710
2614   " Frederick; m; 1931 2; Navajo; F; s; son 2578; yes; yes; id- 83 709
2615   " Willard; m; 1932 1; Navajo; F; s; son none; yes; yes; id- 75 732
2616   " Kary; f; 1910 23; Navajo; F; m; wife#2 2575; yes; yes; id- 75 237

2617 Manygoats, Rufus; m; 1910 23; Navajo; F; m; head 1434; yes; yes; id- 75 390
1618   " Joan Slatehorse; f; 1918 15; Navajo; F; m; wife 3383; yes; yes; id- 75 454

2619 Manygoats, Slim; m; 1851 75; Navajo; F; m; head 2579; yes; yes; id- 75 624
2620   " Edna; f; 1878 55; Navajo; F; m; wife 2580; yes; yes; id- 75 625

2621 Manygoats, Walter; m; 1899 34; Navajo; F; m; head 2581; yes; yes; id- 75 448
2622   " Alma; f; 1905 28; Navajo; F; m; wife 2582; yes; yes; id- 75 449
2623   " David; m; 1925 8; Navajo; F; s; son 2583; yes; yes; id- 75 450
2624   " Jim; m; 1927 6; Navajo; F; s; son 2584; yes; yes; id- 75 451

Western Navajo Reservation
1933 Census Roll

Key: Number; Surname Given; Sex; Year Born and Age at Last Birthday; Tribe; Degree of Blood; Marital Status; Relationship to Head of Family & No. Last Census Roll; At Jurisdiction Where Enrolled (Yes/No); (If no – Where); Ward (Yes/No); Allotment Annuity and/or Identification Numbers

2625 Manygoats, Frederick; m; 1929 4; Navajo; F; s; son 2585; yes; yes; id- 75 681
2626 " Ramona; f; 1930 3; Navajo; F; s; dau 2586; yes; yes; id- 71 956

2627 Manymules, Ruby; f; 1908 25; Navajo; F; wd; head 2587; yes; yes; id- 75 249

2628 Manymules, Begay; m; 1907 26; Navajo; F; m; head 2588; yes; yes; id- 75 534
2629 " Edith; f; 1908 25; Navajo; F; m; wife 2589; yes; yes; id- 75 635
2630 " Norma; f; 1926 7; Navajo; F; s; dau 2590; yes; yes; id- 75 636
2631 " Joe; m; 1928 5; Navajo; F; s; son 2591; yes; yes; id- 75 637
2632 " Lillian; f; 1929 4; Navajo; F; s; dau 2592; yes; yes; id- 77 765

2633 Manymules, Ed; m; 1872 61; Navajo; F; m; head 2593; yes; yes; id- 75 394
2634 " Sarah; f; 1879 54; Navajo; F; m; wife 2594; yes; yes; id- 75 395
2635 " Jackson; m; 1909 24; Navajo; F; s; son 2595; yes; yes; id- 75 396
2636 " Cal; m; 1913 20; Navajo; F; s; son 2596; yes; yes; id- 75 397
2637 " Harry; m; 1916 17; Navajo; F; s; son 2597; yes; yes; id- 75 398
2638 " Leona; f; 1918 15; Navajo; F; s; dau 2598; yes; yes; id- 75 399
2639 " Lena; f; 1920 13; Navajo; F; s; dau 2599; yes; yes; id- 75400

2640 Manymules, Jane; f; 1884 49; Navajo; F; wd; head 2600; yes; yes; id- 75 337
2641 " Felix; m; 1909 24; Navajo; F; s; son 2601; yes; yes; id- 75 338

2642 Manymules, Jennie; f; unk; Navajo; F; wd; head 2602; yes; yes; id- 71 308

2643 Manymules, Marve; m; 1896 37; Navajo; F; m; head 2603; yes; yes; id- 73 610
2644 " Bess; f; 1907 26; Navajo; F; m; wife 2604; yes; yes; id- 73 611
2645 " John; m; 1914 19; Navajo; F; s; son 2605; yes; yes; id- 73 622
2646 " Sarah; f; 1922 11; Navajo; F; s; dau 2606; yes; yes; id- 73 613
2647 " Dan; m; 1924 9; Navajo; F; s; son 2607; yes; yes; id- 73 614
2648 " Frank; m; 1927 6; Navajo; F; s; son 2608; yes; yes; id- 73 615

2649 Manymules, Ned; m; 1896 37; Navajo; F; m; head 2609; yes; yes; id- 75 431
2650 " Julia; f; 1905 28; Navajo; F; m; wife 2610; yes; yes; id- 75 432
2651 " Melvin; m; 1924 9; Navajo; F; s; son 2611; yes; yes; id- 75 433
2652 " Tom; m; 1927 6; Navajo; F; s; son 2612; yes; yes; id- 75 434
2653 " Angela; f; 1929 4; Navajo; F; s; dau none; yes; yes; id- 75 760
2654 " Ambrose; m; 1931 2; Navajo; F; s; son none; yes; yes; id- 75 761

2655 Manymules, Nell; f; 1859 74; Navajo; F; wd; head 2613; yes; yes; id- 75 326
2656 " Bani Kasquilla; f; 1914 19; Navajo; F; s; dau 2614; yes; yes; id- 75 327

2657 Manywhiskers, Harry; m; 1868 65; Navajo; F; m; head 2615; yes; yes; id- 71 666
2658 " Mary; f; 1898 35; Navajo; F; m; wife 2616; yes; yes; id- 71 667
2659 " Simon; m; 1917 16; Navajo; F; s; son 2617; yes; yes; id- 71 668

Western Navajo Reservation
1933 Census Roll

Key: Number; Surname Given; Sex; Year Born and Age at Last Birthday; Tribe; Degree of Blood; Marital Status; Relationship to Head of Family & No. Last Census Roll; At Jurisdiction Where Enrolled (Yes/No); (If no – Where); Ward (Yes/No); Allotment Annuity and/or Identification Numbers

2660 Manywhiskers, Pearl; f; 1920 13; Navajo; F; s; dau 2618; yes; yes; id- 71 669
2661 " Nora; f; 1922 11; Navajo; F; s; dau 2619; yes; yes; id- 71 670
2662 " Max; m; 1924 9; Navajo; F; s; son 2620; yes; yes; id- 71 671
2663 " Roy; m; 1926 7; Navajo; F; s; son 2621; yes; yes; id- 71 672
2664 " Son; m; 1930 3; Navajo; F; s; son 2622; yes; yes; id- 71 845

2665 Marks, Leo; m; 1894 39; Navajo; F; m; head 2623; yes; yes; id- 81 667
2666 " Bess Mexican; f; 1914 19; Navajo; F; m; wife 2685; yes; yes; id- 75 278

2667 Marks, Susan Gamble; f; 1909 24; Navajo; F; sep; head 2624; yes; yes; id- 81 716
2668 " Mary; f; 1924 9; Navajo; F; s; dau 2625; yes; yes; id- 82 115
2669 " Annie; f; 1928 5; Navajo; F; s; dau 2626; yes; yes; id- 81 718

2670 Martin, Fred; m; 1890 43; Navajo; F; m; head 2627; yes; yes; id- 82 042
2671 " Nora; f; 1902 31; Navajo; F; m; wife 2628; yes; yes; id- 82 043
2672 " Clara; f; 1914 19; Navajo; F; s; dau 2629; yes; yes; id- 82 044
2673 " Alice; f; 1916 17; Navajo; F; s; dau 2630; yes; yes; id- 81 222
2674 " Nona; f; 1917 16; Navajo; F; s; dau 2631; yes; yes; id- 82 045
2675 " Desbah; f; 1918 15; Navajo; F; s; dau 2632; yes; yes; id- 82 046
2676 " Sue; f; 1919 14; Navajo; F; s; dau 2633; yes; yes; id- 82 115
2677 " William; m; 1922 11; Navajo; F; s; son 2634; yes; yes; id- 82 047
2678 " Sallie; f; 1924 9; Navajo; F; s; dau 2635; yes; yes; id- 82 048
2679 " Roy; m; 1926 7; Navajo; F; s; son 2636; yes; yes; id- 82 049
2680 " Elroy; m; 1929 4; Navajo; F; s; son 2637; yes; yes; id- 82 211
2681 " Nancy; f; 1930 2; Navajo; F; s; dau none; yes; yes; id- 75 749

2682 Martin, George; m; 1894 39; Navajo; F; m; head 2638; yes; yes; id- 71 528
2683 " Martha; f; 1893 40; Navajo; F; m; wife 2639; yes; yes; id- 81 848
2684 " Bessie; f; 1917 16; Navajo; F; s; dau 2640; yes; yes; id- 81 950
2685 " George, Jr; m; 1924 9; Navajo; F; s; son 2641; yes; yes; id- 81 951
2686 " Johnnie; m; 1927 6; Navajo; F; s; son 2642; yes; yes; id- 81 952
2687 " Frank; m; 1929 4; Navajo; F; s; son 2643; yes; yes; id- 71 529
2688 " Juanita; f; 1931 2; Navajo; F; s; dau 2646; yes; yes; id- 75 709
2689 Chissyyazzie, Laura; f; 1916 17; Navajo; F; s; step-dau 2645; yes; yes; id- 82 200

2690 Martin, Joe; m; unk; Navajo; F; wd; head 2647; yes; yes; id- 82 212
2691 " Ray; m; 1908 25; Navajo; F; s; son 2648; yes; yes; id- 81 726

2692 Martin, Lawrence; m; 1899 34; Navajo; F; m; head 2649; yes; yes; id- 71 479
2693 " Lucy; f; 1908 25; Navajo; F; m; wife 2650; yes; yes; id- 71 480

2694 Mater, Edna; f; 1858 75; Navajo; F; wd; head 2651; yes; yes; id- 71 553

Western Navajo Reservation
1933 Census Roll

Key: Number; Surname Given; Sex; Year Born and Age at Last Birthday; Tribe; Degree of Blood; Marital Status; Relationship to Head of Family & No. Last Census Roll; At Jurisdiction Where Enrolled (Yes/No); (If no – Where); Ward (Yes/No); Allotment Annuity and/or Identification Numbers

2695 Maye, Ned; m; 1894 39; Navajo; F; m; head 2652; yes; yes; id- 79 678
2696 " Alma; f; 1907 26; Navajo; F; m; wife 2653; yes; yes; id- 81 506
2697 Stewart, Ben; m; 1926 7; Navajo; F; s; step son 2654; yes; yes; id- 81 507

2698 Maze, John; m; 1903 30; Navajo; F; m; head 2655; yes; yes; id- 75 622
2699 " Dazie; f; 1909 24; Navajo; F; m; wife 2656; yes; yes; id- 75 623

2700 Maze, Oliver; m; 1911 22; Navajo; F; s; head 2657; yes; yes; id- 71 788

2701 Maze, Thomas; m; 1904 29; Navajo; F; m; head 2658; yes; yes; id- 75 653
2702 " Victoria; f; 1901 32; Navajo; F; m; wife 2659; yes; yes; id- 82 005
2703 " Rosa; f; 1925 8; Navajo; F; s; dau 2660; yes; yes; id- 82 006
2704 " Rena; f; 1928 5; Navajo; F; s; dau 2661; yes; yes; id- 82 007
2705 " Lula May; f; 1929 3½; Navajo; F; s; dau 2662; yes; yes; id- 83 703

2706 McCoughey, Ray; m; 1877 56; Navajo; F; m; head 2663; yes; yes; id- 77 518
2707 " Vera; f; 1891 42; Navajo; F; m; wife 2664; yes; yes; id- 77 519
2708 " Marie; f; 1913 20; Navajo; F; s; dau 2665; yes; yes; id- 77 527
2709 " Maurice; m; 1915 18; Navajo; F; s; son 2666; yes; yes; id- 77 520
2710 " Lillian; f; 1917 16; Navajo; F; s; dau 2667; yes; yes; id- 77 526
2711 " Eda; f; 1918 15; Navajo; F; s; dau 2668; yes; yes; id- 71 926
2712 " Michael; m; 1918 15; Navajo; F; s; son 2669; yes; yes; id- 77 522
2713 " Robert; m; 1924 9; Navajo; F; s; son 2670; yes; yes; id- 77 524
2714 " Jack; m; 1927 6; Navajo; F; s; son 2671; yes; yes; id- 77 525
2715 " June; f; 1929 4; Navajo; F; s; son 2672; yes; yes; id- 77 735
2716 " Helen; f; 1931 2; Navajo; F; s; dau 2675; yes; yes; id- 71 954
2717 " Mandley; m; 1915 18; Navajo; F; s; step-son 2673; yes; yes; id- 77 521
2718 " Norman; m; 1919 14; Navajo; F; s; step-son 2674; yes; yes; id- 77 523

2719 Mean, Jim; m; 1906 27; Navajo; F; s; head 2677; yes; yes; id- 77 577
2720 " Huskell; m; 1913 20; Navajo; F; s; bro 2678; yes; yes; id- 77 578

2721 Melvin, Wesley; m; 1907 26; Navajo; F; s; head 2679; yes; yes; id- 71 164

2722 Mesa, Kate; f; 1875 58; Navajo; F; wd; head 2680; yes; yes; id- 75 224
2723 " Jim; m; 1910 23; Navajo; F; s; son 2681; yes; yes; id- 75 225

2724 Meskibitson, Thelma; f; 1872 61; Navajo; F; wd; head 2682; yes; yes; id- 86 052

2725 Mexican, Black; m; 1893 40; Navajo; F; m; head 2683; yes; yes; id- 75 276
2726 " Bell; f; 1900 33; Navajo; F; m; wife 2684; yes; yes; id- 75 277
2727 " Elva; f; 1921 12; Navajo; F; s; dau 2686; yes; yes; id- 75 279
2728 " Roy; m; 1924 9; Navajo; F; s; son 2687; yes; yes; id- 75 280

Western Navajo Reservation
1933 Census Roll

Key: Number; Surname Given; Sex; Year Born and Age at Last Birthday; Tribe; Degree of Blood; Marital Status; Relationship to Head of Family & No. Last Census Roll; At Jurisdiction Where Enrolled (Yes/No); (If no – Where); Ward (Yes/No); Allotment Annuity and/or Identification Numbers

2729 Mexican, Blanche; f; 1928 5; Navajo; F; s; dau 2688; yes; yes; id- 75 282
2730   "   Della; f; 1930 3; Navajo; F; s; dau 2689; yes; yes; id- 75 675

2731 Mexican, Howard; m; 1903 30; Navajo; F; m; head 2690; yes; yes; id- 82 230
2732   "   Dora; f; 1903 30; Navajo; F; m; wife 2691; yes; yes; id- 82 231
2733   "   Key; m; 1925 8; Navajo; F; s; son 2692; yes; yes; id- 82 232
2734   "   Dean; m; 1927 6; Navajo; F; s; son 2693; yes; yes; id- 82 233

2735 Mexican, Joe; m; 1908 25; Navajo; F; wd; head 2694; yes; yes; id- 75 273

2736 Mexican, Lizzie; f; 1864 69; Navajo; F; wd; head 2695; yes; yes; id- 75 499
2737   "   Emmet; m; 1920 13; Navajo; F; s; step-son 2696; yes; yes; id- 75 500
2738   "   Stanton; m; 1922 11; Navajo; F; s; step-son 2697; yes; yes; id- 75 501

2739 Mexican, Slim; m; 1897 36; Navajo; F; m; head 2698; yes; yes; id- 71 356
2740   "   Alberta; f; 1912 21; Navajo; F; m; wife 2699; yes; yes; id- 71 357
2741   "   Goldie; f; 1919 14; Navajo; F; s; dau 2700; yes; yes; id- 71 360
2742   "   Frank; m; 1921 12; Navajo; F; s; son 2701; yes; yes; id- 71 361
2743   "   Edward; m; 1928 5; Navajo; F; s; son 2702; yes; yes; id- 71 363
2744   "   Mabel; f; 1930 3; Navajo; F; s; dau 2703; yes; yes; id- 71 856
2745   "   Elaine; f; 1932 1; Navajo; F; s; dau none; yes; yes; id- 71 994
2746 Virgil, Fay; f; 1916 17; Navajo; F; s; sis-in-law 2704; yes; yes; id- 71 364

2747 Miske, Lee; m; unk; Navajo; F; m; head 2705; yes; yes; id- 77 400
2748   "   Dora; f; 1902 31; Navajo; F; m; wife 2706; yes; yes; id- 77 401
2749   "   Blanche; f; 1927 6; Navajo; F; s; dau 2707; yes; yes; id- 77 402
2750   "   Wesley; m; unk; Navajo; F; s; son 2708; yes; yes; id- 77 403
2751   "   Edward; m; 1931 2; Navajo; F; s; son 2709; yes; yes; id- 77 762

2752 Molton, Bennie; m; 1909 24; Navajo; F; m; head 2710; yes; yes; id- 77 471
2753   "   Katherine; f; 1911 22; Navajo; F; m; wife 2711; yes; yes; id- 77 472
2754   "   Romonia; f; 1930 3; Navajo; F; s; dau 2712; yes; yes; id- 71 877
2755   "   Lolita; f; 1932 1; Navajo; F; s; dau none; yes; yes; id- 77 727

2756 Moore, Leslie; m; 1885 48; Navajo; F; m; head 2713; yes; yes; id- 81 508
2757   "   Hazel; f; 1900 33; Navajo; F; m; wife 2714; yes; yes; id- 81 509
2758   "   Irene; f; 1922 11; Navajo; F; s; dau 2715; yes; yes; id- 81 510
2759   "   Ruby; f; 1923 10; Navajo; F; s; dau 2716; yes; yes; id- 81 511
2760   "   Henry; m; 1925 8; Navajo; F; s; son 2717; yes; yes; id- 81 512
2761   "   Jimmie; m; 1929 4; Navajo; F; s; son 2718; yes; yes; id- 82 182

2762 Morez, Cyclone Bitsillie; m; 1883 50; Navajo; F; m; head 2720; yes; yes; id- 71 468
2763   "   Laura; f; 1898 35; Navajo; F; m; wife 2721; yes; yes; id- 71 469
2764   "   Alex; m; 1912 21; Navajo; F; s; son 2723; yes; yes; id- 71 471

Western Navajo Reservation
1933 Census Roll

Key: Number; Surname Given; Sex; Year Born and Age at Last Birthday; Tribe; Degree of Blood; Marital Status; Relationship to Head of Family & No. Last Census Roll; At Jurisdiction Where Enrolled (Yes/No); (If no – Where); Ward (Yes/No); Allotment Annuity and/or Identification Numbers

2765 Morez, Herman; m; 1914 19; Navajo; F; s; son 2724; yes; yes; id- 71 476
2766 " Fred; m; 1917 16; Navajo; F; s; son 2725; yes; yes; id- 71 472
2767 " Florance; f; 1921 12; Navajo; F; s; dau 2726; yes; yes; id- 71 473
2768 " Grace; f; 1923 10; Navajo; F; s; dau 2727; yes; yes; id- 71 474
2769 " Leona; f; 1906 27; Navajo; F; s; step-dau 2722; yes; yes; id- 71 470
2770 " Hortense; f; 1926 7; Navajo; F; s; gr-day 2728; yes; yes; id- 71 475

2771 Morris, Mildred; f; 1916 17; Navajo; F; s; alone 2821; yes; yes; id- 71 797

2772 Mott, Fred; m; 1906 27; Navajo; F; m; head 2729; yes; yes; id- 71 717
2773 " Betty; f; 1907 26; Navajo; F; m; wife 2730; yes; yes; id- 71 125
2774 " Kenneth; m; 1929 4; Navajo; F; s; son 2731; yes; yes; id- 71 815
2775 Yanlwood, Harley; m; 1923 10; Navajo; F; s; step-son 2732; yes; yes; id- 71 126
2776 " Ella; f; 1926 7; Navajo; F; s; step-dau 2733; yes; yes; id- 71 127

2777 Myer, Alfred; m; 1903 30; Navajo; F; m; head 2734; yes; yes; id- 79 446
2778 " Bessie; f; 1906 27; Navajo; F; m; wife 2735; yes; yes; id- 79447
2779 " Sam; m; 1922 11; Navajo; F; s; son 2736; yes; yes; id- 79 448

2780 Nalwood, Freida; f; 1878 55; Navajo; F; sep; head 2737; yes; yes; id- 71 121
2781 " Curtis; m; 1915 18; Navajo; F; s; son 2728; yes; yes; id- 71122
2782 " Emma; f; 1917 16; Navajo; F; s; dau 2739; yes; yes; id- 71 123

2783 Navajo, Dick; m; 1850 83; Navajo; F; m; head 2740; yes; yes; id- 85 923
2784 " Mable; f; 1897 36; Navajo; F; m; wife 2741; yes; yes; id- 85 033
2785 " Ed; m; 1916 17; Navajo; F; s; son 2742; yes; yes; id- 85 034
2786 " Tom; m; 1917 16; Navajo; F; s; son 2743; yes; yes; id- 85 841
2787 " Gene Harold; m; 1920 13; Navajo; F; s; son 2744; yes; yes; id- 85 844
2788 " Buck; m; 1925 8; Navajo; F; s; son 2745; yes; yes; id- 85 843
2789 " Woodie; m; 1929 4; Navajo; F; s; son 2746; yes; yes; id- 71 447

2790 Navajo, Jim; m; 1899 34; Navajo; F; m; head 2747; yes; yes; id- 77 319
2791 " Carrie; f; 1908 25; Navajo; F; m; wife 2748; yes; yes; id- 77 320
2792 " Donald; m; 1929 4; Navajo; F; s; son 2749; yes; yes; id- 77 784
2793 " Dorothy; f; 1930 3; Navajo; F; s; dau 2750; yes; yes; id- 77 783

2794 Nelson, Dora; f; 1883 50; Navajo-Piute; F; wd; head 2751; yes; yes; id- 85 974
2795 " Nan; f; 1908 24; Navajo-Piute; F; s; dau 2752; yes; yes; id- 86 053
2796 " Phoebe; f; 1920 13; Navajo-Piute; F; s; dau 2753; yes; yes; id- 85 976
2797 " Grace; f; 1926 7; Navajo-Piute; F; s; dau 2754; yes; yes; id- 85 978
2798 " Redshirt; m; 1921 12; Navajo-Piute; F; s; ad-son 2755; yes; yes; id- 85 977

2799 Nelson, Ernest; m; 1910 23; Navajo; F; m; head 2756; yes; yes; id- 79 815
2800 " Nora; f; 1910 23; Navajo; F; m; wife 2757; yes; yes; id- 85 975

Western Navajo Reservation
1933 Census Roll

Key: Number; Surname Given; Sex; Year Born and Age at Last Birthday; Tribe; Degree of Blood; Marital Status; Relationship to Head of Family & No. Last Census Roll; At Jurisdiction Where Enrolled (Yes/No); (If no – Where); Ward (Yes/No); Allotment Annuity and/or Identification Numbers

2801 Neskibegay, Fred; m; 1865 68; Navajo; F; m; head 2758; yes; yes; id- 85 893
2802 " Lucy; f; 1882 51; Navajo; F; m; wife 2759; yes; yes; id- 85 894
2803 " Sampson; m; 1907 26; Navajo; F; s; son 2760; yes; yes; id- 85 895
2804 " Ada; f; 1916 17; Navajo; F; s; dau 2761; yes; yes; id- 85 897
2805 " Dean; m; 1919 14; Navajo; F; s; son 2762; yes; yes; id- 85 896
2806 " Rose; f; 1920 13; Navajo; F; s; dau 2763; yes; yes; id- 85 898
2807 " Della; f; 1923 10; Navajo; F; s; dau 2764; yes; yes; id- 85 899
2808 " Fred, Jr; m; unk; Navajo; F; s; son 2765; yes; yes; id- 85 900

2809 Nestsosie, Jerry; m; 1883 50; Navajo; F; m; head 2766; yes; yes; id- 71 577
2810 " Winona; f; 1888 45; Navajo; F; m; wife 2767; yes; yes; id- 71 578
2811 " Amelia; f; 1918 15; Navajo; F; s; dau 2768; yes; yes; id- 71 580
2812 " Neal; m; 1920 13; Navajo; F; s; son 2769; yes; yes; id- 71 581
2813 " Sadie; f; 1924 9; Navajo; F; s; dau 2770; yes; yes; id- 71 582
2814 " David; m; 1926 7; Navajo; F; s; son 2771; yes; yes; id- 71 583
2815 " Mabel; f; 1930 3; Navajo; F; s; dau 2772; yes; yes; id- 71 882

2816 Neversleep, Do El; m; 1885 48; Navajo; F; m; head 2773; yes; yes; id- 71 908
2817 " Mary; f; 1889 44; Navajo; F; m; wife 2774; yes; yes; id- 71 909

2818 Newhall, Phoebe; f; 1904 29; Navajo; F; wd; head 2775; yes; yes; id- 71 843
2819 " Katherine; f; 1924 9; Navajo-Apache; f; s; dau 2776; yes; yes; id- 71 844

2820 Nez, Bessie; f; 1905 28; Navajo; F; wd; head 2777; yes; yes; id- 83 627
2821 " Kenneth; m; 1921 12; Navajo; F; s; son 2778; yes; yes; id- 83 628
2822 " Haskayba; m; 1923 10; Navajo; F; s; son 2779; yes; yes; id- 83 629
2823 " Bruce; m; 1925 8; Navajo; F; s; son 2780; yes; yes; id- 83 630
2824 " Nancy; f; 1927 6; Navajo; F; s; dau 2781; yes; yes; id- 83 631

2825 Nez, Boyd; m; 1902 31; Navajo; F; s; head 2782; yes; yes; id- 79 696

2826 Nez, Boyd; m; 1900 33; Navajo; F; m; head 2783; yes; yes; id- 79 771
2827 " Sarah; f; 1902 31; Navajo; F; m; wife 2784; yes; yes; id- 79 772
2828 " Loyd; m; 1923 10; Navajo; F; s; son 2785; yes; yes; id- 79 773
2829 " Edith; f; 1925 8; Navajo; F; s; dau 2786; yes; yes; id- 79 774
2830 " Myrtle; f; 1928 5; Navajo; F; s; dau 2787; yes; yes; id- 79 775

2831 Nez, Elvis; m; 1895 37; Navajo; F; m; head 2788; yes; yes; id- 71 202
2832 " May; f; 1901 32; Navajo; F; m; wife 2789; yes; yes; id- 71 203
2833 " Louise; f; 1922 11; Navajo; F; s; dau 2790; yes; yes; id- 71 204
2834 " Alex; m; 1924 9; Navajo; F; s; son 2791; yes; yes; id- 71 205
2835 " Rose; f; 1926 7; Navajo; F; s; dau 2792; yes; yes; id- 71 206
2836 " Emma; f; 1930 3; Navajo; F; s; dau 2793; yes; yes; id- 71 879

Western Navajo Reservation
1933 Census Roll

Key: Number; Surname Given; Sex; Year Born and Age at Last Birthday; Tribe; Degree of Blood; Marital Status; Relationship to Head of Family & No. Last Census Roll; At Jurisdiction Where Enrolled (Yes/No); (If no – Where); Ward (Yes/No); Allotment Annuity and/or Identification Numbers

2837 Nez, Hank; m; 1897 36; Navajo; F; m; head 2797; yes; yes; id- 79 784

2838 Nez, Ervin; m; 1906 27; Navajo; F; m; head 2798; yes; yes; id- 71 240
2839 " Alberta; f; 1910 23; Navajo; F; m; wife 2799; yes; yes; id- 71 241
2840 " Willie; m; 1926 7; Navajo; F; s; son 2800; yes; yes; id- 71 242
2841 " Weston; m; 1932 1; Navajo; F; s; son none; yes; yes; id- 71 968

2842 Nez, Kate; f; 1863 70; Navajo; F; wd; head 2802; yes; yes; id- 83 632

2843 Nez, Hazel; f; 1918 15; Navajo; F; s; head 2807; yes; yes; id- 81 698

2844 Nez, Lucky; m; 1869 64; Navajo; F; sep; head 2803; yes; yes; id- 71 492

2845 Nez, Sischilie; m; 1905 28; Navajo; F; m; head 2804; yes; Family registered Keans[sic] Canon[sic]; yes; id- 82 234

2846 Nez, Teddie; m; 1895 38; Navajo; F; m; head 2805; yes; yes; id- 81 681
2847 " Julia; f; 1900 33; Navajo; F; m; wife#1 2806; yes; yes; id- 81 682
2848 " Andrew; m; 1919 14; Navajo; F; s; son 2808; yes; yes; id- 81 683
2849 " Burton; m; 1923 10; Navajo; F; s; son 2809; yes; yes; id- 81 684
2850 " Genevieve; f; 1928 5; Navajo; F; s; dau 2810; yes; yes; id- 81 685
2851 " Doris; f; 1932 1; Navajo; F; s; dau none; yes; yes; id- 75 747
2852 " Kay; f; unk; Navajo; F; s; dau 2811; yes; yes; id- 81 420
2853 " Florence; f; 1906 27; f; m; wife#2 2812; yes; yes; id- 81 686
2854 " Tillman; m; 1923 11; f; s; son 2813; yes; yes; id- 82 236
2855 " Buster; m; 1924 9; Navajo; F; s; son 2814; yes; yes; id- 81 687
2856 " Herman; m; 1929 4; Navajo; F; s; son 2815; yes; yes; id- 81 688
2857 " Frances; unk; 1930 3; Navajo; F; s; unk 2816; yes; yes; id- 81 421

2858 Nezsosie, Hunter; m; 1913 20; Navajo; F; m; head 2817; yes; yes; id- 71 591
2859 " Bertha; f; 1911 22; Navajo; F; m; wife 2818; yes; yes; id- 71 362
2860 " John; m; 1931 2; Navajo; F; s; son 2819; yes; yes; id- 71 857
2861 " Ione; f; 1932 1; Navajo; F; s; dau [blank]; yes; yes; id- 75 737

2862 Neztsose, Redshirt; m; 1886 47; Navajo; F; m; head 2822; yes; yes; id- 85 802
2863 " Mable; f; 1889 44; Navajo; F; m; wife 2823; yes; yes; id- 85 803
2864 " Dill; f; 1916 17; Navajo; F; s; dau 2824; yes; yes; id- 85 804
2865 " Rex; m; 1918 15; Navajo; F; s; son 2825; yes; yes; id- 85 805
2866 " Willard; m; 1922 11; Navajo; F; s; son 2826; yes; yes; id- 85 806
2867 " Agnes; f; 1925 8; Navajo; F; s; dau 2827; yes; yes; id- 85 807
2868 " Dalis; m; 1928 5; Navajo; F; s; son 2828 yes; yes; id- 85 808

2869 Neztsosi, Curley; m; 1907 26; Navajo; F; m; head 2829; yes; yes; id- 85 814
2870 " Clara; f; 1910 23; Navajo; F; m; wife 2830; yes; yes; id- 85 815

Western Navajo Reservation
1933 Census Roll

Key: Number; Surname Given; Sex; Year Born and Age at Last Birthday; Tribe; Degree of Blood; Marital Status; Relationship to Head of Family & No. Last Census Roll; At Jurisdiction Where Enrolled (Yes/No); (If no – Where); Ward (Yes/No); Allotment Annuity and/or Identification Numbers

2871 Neztsosi, Estella; f; 1929 4; Navajo; F; s; dau 2831; yes; yes; id- 81 449

2872 Nimrod, Jack; m; 1905 28; Navajo; F; m; head 2832; yes; yes; id- 86 029
2873   "   Ella; f; 1910 23; Navajo; F; m; wife 2833; yes; yes; id- 86 043
2874   "   Oscar; m; 1929 4; Navajo; F; s; son 2834; yes; yes; id- 86 044

2875 Nix, Jennie; f; 1906 27; Navajo; F; wd; head 2835; yes; yes; id- 73 401
2876   "   Jack; m; 1927 6; Navajo; F; s; son 2836; yes; yes; id- 73 402

2877 Nockideneh, George; m; 1890 43; Navajo; F; m; head 2837; yes; yes; id- 77 528
2878   "   Jenny; f; 1898 35; Navajo; F; m; wife 2838; yes; yes; id- 77 529
2879   "   Mabel; f; 1924 9; Navajo; F; s; dau 2839; yes; yes; id- 77 533
2880   "   Earl; m; 1925 8; Navajo; F; s; son 2840; yes; yes; id- 77 531
2881   "   Jeff; m; 1927 6; Navajo; F; s; son 2841; yes; yes; id- 77 532
2882   "   Parker; m; 1931 2; Navajo; F; s; son 2842; yes; yes; id- 71 947
2883   "   Felix; m; 1913 20; Navajo; F; s; son 2843; yes; yes; id- 77 530

2884 Nockideneh, Old; m; 1880 53; Navajo; F; m; head 2844; yes; yes; id- 82 197
2885   "   Sarah; f; 1880 53; Navajo; F; m; wife 2845; yes; yes; id- 81 841
2886   "   Bennie; m; 1912 21; Navajo; F; s; son 2846; yes; yes; id- 83 675
2887   "   Jasper; m; 1913 20; Navajo; F; s; son 2837; yes; yes; id- 82 235
2888   "   Maude; f; 1925 8; Navajo; F; s; dau 2848; yes; yes; id- 81 843
2889   "   Nora; f; 1927 6; Navajo; F; s; dau 2849; yes; yes; id- 81 944
2890   "   Lillie; f; 1929 4; Navajo; F; s; dau 2850; yes; yes; id- 83 676
2891   "   Helen; f; 1908 25; Navajo; F; s; cou 2851; yes; yes; id- 81942

2892 Noeyes, Joe; m; 1861 72; Navajo; F; wd; head 2852; yes; yes; id- 75 283
2893 Begay, Mike; m; 1908 25; Navajo; F; s; son 2853; yes; yes; id- 75 285
2894 Noeyes, David; m; 1913 20; Navajo; F; s; son 2854; yes; yes; id- 75 286
2895   "   Fred; m; 1915 18; Navajo; F; s; son 2855; yes; yes; id- 75 287
2896   "   Etta; f; 1918 15; Navajo; F; s; dau 2856; yes; yes; id- 75 288
2897   "   Buck; m; 1919 14; Navajo; F; s; son 2857; yes; yes; id- 75 289
2898   "   Perry; m; 1924 9; Navajo; F; s; son 2858; yes; yes; id- 75 290
2899   "   Bob; m; 1926 7; Navajo; F; s; son 2859; yes; yes; id- 75 291

2900 Noeyes, Lester; m; 1904 29; Navajo; F; m; head 2860; yes; yes; id- 75 239
2901   "   Mary; f; 1911 22; Navajo; F; m; wife 2861; yes; yes; id- 75 240
2902   "   Joe; m; 1928 5; Navajo; F; s; son 2862; yes; yes; id- 75 241

2903 Nopah, Birt; m; 1890 43; Navajo; F; m; head 2863; yes; yes; id- 73 391
2904   "   Mattie; f; 1874 59; Navajo; F; m; wife#1 2864; yes; yes; id- 73 397
2905   "   Ben; m; 1918 15; Navajo; F; s; gr-son 2865; yes; yes; id- 73 398
2906   "   Ab; m; 1921 12; Navajo; F; s; gr-son 2866; yes; yes; id- 73 399
2907   "   Nelda; f; 1890 43; Navajo; F; m; wife#2 2867; yes; yes; id- 73 392

Western Navajo Reservation
1933 Census Roll
Key: Number; Surname Given; Sex; Year Born and Age at Last Birthday; Tribe; Degree of Blood; Marital Status; Relationship to Head of Family & No. Last Census Roll; At Jurisdiction Where Enrolled (Yes/No); (If no – Where); Ward (Yes/No); Allotment Annuity and/or Identification Numbers

2908 Nopah, Bettie; f; 1917 16; Navajo; F; s; dau 2868; yes; yes; id- 73 393
2909 " Nerva; f; 1918 15; Navajo; F; s; dau 2869; yes; yes; id- 73 394
2910 " Effie; f; 1921 12; Navajo; F; s; dau 2870; yes; yes; id- 73 395
2911 " Fan; f; 1928 5; Navajo; F; s; dau 2871; yes; yes; id- 73 396
2912 " Lloyd; m; 1932 1; Navajo; F; s; son none; yes; yes; id- N. E.

2913 Norris, Daniel; m; 1911 22; Navajo; F; m; head 3379; yes; yes; id- 71 526
2914 " Haskey Akanpah; f; 1913 20; Navajo; F; m; wife 1742; yes; yes; id- 81 155
2915 " Sallie Sarie; f; 1933 3 mo; Navajo; F; s; dau none; yes; yes; id- 75 788

2916 Noteeth, Joe; m; 1876 57; Navajo; F; m; head 2872; yes; yes; id- 71 336
2917 " Mary; f; 1893 40; Navajo; F; m; wife 2873; yes; yes; id- 71 337
2918 " Lena; f; 1916 17; Navajo; F; s; dau 2874; yes; yes; id- 71 339
2919 " Jessie; m; 1919 14; Navajo; F; s; son 2875; yes; yes; id- 71 340
2920 " Ruth; f; 1931 2; Navajo; F; s; son 2876; yes; yes; id- 71 967
2921 Conley, Con; m; 1916 17; Navajo; F; s; Step-son 2877; yes; yes; id- 71 338

2922 Old, John; m; 1867 66; Navajo; F; m; head 2878; yes; yes; id- 73 313
2923 " Jennie; f; 1897 36; Navajo; F; m; wife 2879; yes; yes; id- 73 310
2924 " John, Jr; m; 1916 17; Navajo; F; s; son 2880; yes; yes; id- 73 419
2925 " Askie; m; 1926 7; Navajo; F; s; son 2881; yes; yes; id- 73 311
2926 " Herbert; m; 1929 4; Navajo; F; s; son 2882; yes; yes; id- 73 743

2927 Onesalt, Mabel; f; unk; Navajo; F; wd; head 2883; yes; yes; id- 85 812
2928 Manygoats, Silvia; f; 1921 12; Navajo; F; s; niece 2884; yes; yes; id- 85 813

2929 Onesalt, Tony; m; 1895 38; Navajo; F; m; head 2885; yes; yes; id- 85 809
2930 " Kate; f; 1905 28; Navajo; F; m; wife 2886; yes; yes; id- 85 810
2931 " Edwin; m; 1924 9; Navajo; F; s; son 2887; yes; yes; id- 85 811

2932 Owens, Jerry; m; 1906 27; Navajo; F; m; head 2888; yes; yes; id- 79 627
2933 " Edith; f; 1908 25; Navajo; F; m; wife 2889; yes; yes; id- 79 628

2934 Owl, Blanche; f; 1900 33; Navajo-piute[sic]; f; wd; head 2890; yes; yes; id- 85 970
2935 " Ezra; m; 1924 9; Navajo-Piute; F; s; son 2891; yes; yes; id- 85 971
2936 " Gilbert; m; 1928 5; Navajo-Piute; F; s; son 2892; yes; yes; id- 85 972
2937 " Rueben; m; 1930 3; Navajo-Piute; F; s; son 2893; yes; yes; id- [blank]

2938 Owl, Rubin; m; 1837 96; Navajo-Piute; F; wd; head 2894; yes; yes; id- 85 957
2939 " Toby; m; 1906 27; Navajo-Piute; F; s; son 2895; yes; yes; id- 85 988
2940 " Hank; m; 1912 21; Navajo-Piute; F; s; son 2896; yes; yes; id- 85 852

2941 Parker, Dennis; m; 1912 21; Navajo; F; s; head 2897; yes; yes; id- 82 228

Western Navajo Reservation
1933 Census Roll
Key: Number; Surname Given; Sex; Year Born and Age at Last Birthday; Tribe; Degree of Blood; Marital Status; Relationship to Head of Family & No. Last Census Roll; At Jurisdiction Where Enrolled (Yes/No); (If no – Where); Ward (Yes/No); Allotment Annuity and/or Identification Numbers

2942 Pea, Topsy; f; 1897 36; Navajo; F; s; head 2898; yes; yes; id- 73 355
2943 " Bert; m; 1922 11; Navajo; F; s; son 2899; yes; yes; id- 73 336
2944 " Grace; f; 1929 4; Navajo; F; s; dau 2900; yes; yes; id- 73 752
2945 Abe, Joe; m; 1914 19; Navajo; F; s; bro 2901; yes; yes; id- 73 357

2946 Peaches, Henry; m; 1904 29; Navajo; F; m; head 2902; yes; yes; id- 73 327
2947 " Adelaide; f; 1906 27; Navajo; F; m; wife 2903; yes; yes; id- 73 328
2948 " Alfred; m; 1925 8; Navajo; F; s; son 2904; yes; yes; id- 73 329
2949 " Kane; m; 1928 5; Navajo; F; s; son 2905; yes; yes; id- 73 330
2950 " Keal; m; 1929 4; Navajo; F; s; son 2906; yes; yes; id- 73 852
2951 Besent, Rose; f; 1913 20; Navajo; F; s; sis 2907; yes; yes; id- 73 323

2952 Parrish, Frank; m; 1902 31; Navajo; F; m; head 2908; yes; yes; id- 73 721
2953 " Alice; f; 1903 30; Navajo; F; m; wife 2909; yes; yes; id- 73 570
2954 " Julia; f; 1924 9; Navajo; F; s; dau 2910; yes; yes; id- 73 571
2955 " Agnes; f; 1928 5; Navajo; F; s; dau 2911; yes; yes; id- 73 845
2956 " Ruth; f; 1930 3; Navajo; F; s; dau 2912; yes; yes; id- 73 846

2957 Parrish, Cecil; m; 1893 40; Navajo; F; m; head 2913; yes; yes; id- 73 531
2958 " Celva; f; 1913 20; Navajo; F; m; wife 2914; yes; yes; id- 73 648
2959 " Molly; f; 1917 16; Navajo; F; s; dau 2915; yes; yes; id- 73 690
2960 " Cecil; m; 1921 12; Navajo; F; s; son 2916; yes; yes; id- 73 691
2961 " Dollie; f; 1928 5; Navajo; F; s; dau 2917; yes; yes; id- 73 649
2962 " Teressa; f; 1930 3; Navajo; F; s; dau 2918; yes; yes; id- 73 838

2963 Perrish, Dell; m; 1892 41; Navajo; F; m; head 2919; yes; yes; id- 73 854
2964 " Aske Yazzie; m; 1930 3; Navajo; F; s; son 2920; yes; yes; id- 73 855

2965 Perrish, Fallas; m; 1880 53; Navajo; F; m; head 2921; yes; yes; id- 73 306
2966 " Bevery; f; 1905 28; Navajo; F; m; wife 2922; yes; yes; id- 73 307
2967 " Boyd; m; 1909 24; Navajo; F; s; son 2923; yes; yes; id- 73 524
2968 " James; m; 1913 20; Navajo; F; s; son 2924; yes; yes; id- 73 525
2969 " Agnes; f; 1917 16; Navajo; F; s; dau 2925; yes; yes; id- 73 629
2970 " Paul; m; 1921 12; Navajo; F; s; son 2926; yes; yes; id- 73 526
2971 " Delpha; f; 1923 10; Navajo; F; s; dau 2927; yes; yes; id- 73 640
2972 " Marvin; m; 1923 10; Navajo; F; s; son 2928; yes; yes; id- 73 647
2973 " Sextas; m; 1928 5; Navajo; F; s; son 2929; yes; yes; id- 73 308

2974 Perrish, John; m; 1893 49; Navajo; F; m; head 2900; yes; yes; id- 73 433
2975 " Jenette; f; 1903 30; Navajo; F; m; wife 2931; yes; yes; id- 73 434
2976 " Rodney; m; 1919 14; Navajo; F; s; son 2932; yes; yes; id- 73 435
2977 " Ruth; f; 1924 9; Navajo; F; s; dau 2933; yes; yes; id- 73 436

2978 Perrish, Mother; f; 1854 79; Navajo; F; wd; head 2934; yes; yes; id- 73 650

Western Navajo Reservation
1933 Census Roll

Key: Number; Surname Given; Sex; Year Born and Age at Last Birthday; Tribe; Degree of Blood; Marital Status; Relationship to Head of Family & No. Last Census Roll; At Jurisdiction Where Enrolled (Yes/No); (If no – Where); Ward (Yes/No); Allotment Annuity and/or Identification Numbers

2979 Pete, Navajo; m; 1884 49; Navajo; F; sep; head 2935; yes; yes; id- 77 697

2980 Phoenix, Lee; m; 1896 37; Navajo; F; wd; head 2936; yes; yes; id- 77 612
2981 "   Stella; f; 1921 12; Navajo; F; s; dau 2938; yes; yes; id- 77 614
2982 "   Marvin; m; 1923 10; Navajo; F; s; son 2939; yes; yes; id- 77 615
2983 "   Fred; m; 1927 6; Navajo; F; s; son 2940; yes; yes; id- 77 616
2984 "   Evelyn; f; 1929 4; Navajo; F; s; dau 2941; yes; yes; id- 77 737

2985 Pickford, Mary; f; 1909 24; Navajo; F; wd; head 2942; yes; yes; id- 77 539
2986 "   Carrie; f; 1928 5; Navajo; F; s; dau 2943; yes; yes; id- 77 540

2987 Policeman, John; m; 1903 30; Navajo; F; m; head 2944; yes; yes; id- 75 343
2988 "   Jean; f; 1872 61; Navajo; F; m; wife 2945; yes; yes; id- 75 344
2989 "   Bonnie Jean; f; 1917 16; Navajo; F; s; dau 2946; yes; yes; id- 75 345

2990 Pon, Lee; m; 1902 31; Navajo; F; m; head 2947; yes; yes; id- 82 188
2991 "   Donna; f; 1929 4; Navajo; F; s; dau 2948; yes; yes; id- 82 161

2992 Posey, Navajo; m; 1893 40; Navajo; F; m; head 2949; yes; yes; id- 71 212
2993 "   Louis; m; 1914 19; Navajo; F; s; son 2950; yes; yes; id- 71 214
2994 "   Matilda; f; 1923 10; Navajo; F; s; dau 2951; yes; yes; id- 71 215
2995 "   Aubrey; m; 1924 9; Navajo; F; s; son 2952; yes; yes; id- 71 216
2996 "   Edith; f; 1928 5; Navajo; F; s; dau 2953; yes; yes; id- 71 217

2997 Potts, June; f; 1905 28; Navajo; F; sep; head 2954; yes; yes; id- 77 583
2998 "   Leon; m; 1924 9; Navajo; F; s; son 2955; yes; yes; id- 77 584
2999 "   Freida; f; 1926 7; Navajo; F; s; dau 2956; yes; yes; id- 77 585

3000 Preacher, Peache; m; 1876 57; Navajo; F; m; head 2957; yes; yes; id- 79 551
3001 "   Lizzie; f; 1908 25; Navajo; F; m; wife 2958; yes; yes; id- 79 552
3002 "   Mildred; f; 1926 7; Navajo; F; s; dau 2959; yes; yes; id- 79 553
3003 "   Lewis; m; 1929 4; Navajo; F; s; son 2960; yes; yes; id- 79 834

3004 Preston, Mike; m; 1891 42; Navajo; F; m; head 2961; yes; yes; id- 71 150
3005 "   Elsie; f; 1908 25; Navajo; F; m; wife 2962; yes; yes; id- 71 151
3006 "   May; f; 1925 8; Navajo; F; s; dau 2963; yes; yes; id- 71 152
3007 "   Bell; f; 1928 5; Navajo; F; s; dau 2964; yes; yes; id- 71 798
3008 "   Arthur; m; 1930 2; Navajo; F; s; son 2965; yes; yes; id- 71 973
3009 "   Fay; f; 1921 12; Navajo; F; s; sis 2966; yes; yes; id- 71 153

3010 Preston, Scott; m; 1896 37; Navajo; 3/4; m; head 2967; yes; yes; id- 71 138
3011 "   Mattie; f; 1896 37; Navajo; F; m; wife 2968; yes; yes; id- 71 139
3012 "   Jimmie; m; 1922 11; Navajo; 7/8; s; son 2969; yes; yes; id- 71 142
3013 "   Evelyn; f; 1924 9; Navajo; 7/8; s; dau 2970; yes; yes; id- 71 143

Western Navajo Reservation
1933 Census Roll

Key: Number; Surname Given; Sex; Year Born and Age at Last Birthday; Tribe; Degree of Blood; Marital Status; Relationship to Head of Family & No. Last Census Roll; At Jurisdiction Where Enrolled (Yes/No); (If no – Where); Ward (Yes/No); Allotment Annuity and/or Identification Numbers

3014 Preston, Harriet; f; 1931 2; Navajo; 7/8; s; dau 2971; yes; yes; id- 71 873
3015 " Lourine; f; 1916 17; Navajo; F; s; half sis 2972; yes; yes; id- 71 144
3016 Teel, Bahe; m; 1915 18; Navajo; F; s; step son 2973; yes; yes; id- 71 140
3017 " Lona; f; 1918 15; Navajo; F; s; step dau 2974; yes; yes; id- 71 141

3018 Red, Charley; m; 1880 53; Navajo; F; m; head 2975; yes; yes; id- 73 181
3019 " Fay; f; 1897 36; Navajo; F; m; wife 2976; yes; yes; id- 73 566

3020 Red, Walter; m; 1898 35; Navajo; F; m; head 2977; yes; yes; id- 77 549
3021 " Bertha; f; 1900 33; Navajo; F; m; wife 2978; yes; yes; id- 77 550
3022 " Ed; m; 1921 12; Navajo; F; s; son 2979; yes; yes; id- 77 551
3023 " Elinor; f; 1923 10; Navajo; F; s; dau 2980; yes; yes; id- 77 552

3024 Red, Walton; m; unk; Navajo; F; m; head 2981; yes; yes; id- 77 689
3025 " Martha; f; 1910 23; Navajo; F; m; wife 2982; yes; yes; id- 77 690
3026 " Milton; m; 1927 6; Navajo; F; s; son 2983; yes; yes; id- 77 692
3027 Hollar, William; m; 1923 10; Navajo; F; s; adopt. son 2984; yes; yes; id- 77 691

3028 Redburrow, John; m; 1888 34; Navajo; F; m; head 2985; yes; Family at Oraibi; yes; id- 75 633
3029 " Mrs; f; 1882 51; Navajo; F; m; wife none; yes; yes; id- 71 992

3030 Redhair, Slim; m; 1904 29; Navajo; F; m; head 2986; yes; yes; id- 71 980

3031 Redshirt, Johnnie; m; 1895 38; Navajo; F; m; head 2987; yes; yes; id- 82 016
3032 " Alma; f; 1897 36; Navajo; F; m; wife#1 2988; yes; yes; id- 79 652
3033 " Robert; m; 1918 15; Navajo; F; s; son 2989; yes; yes; id- 79 653
3034 " May; f; 1920 13; Navajo; F; s; dau 2990; yes; yes; id- 79 654
3035 " Donald; m; 1922 11; Navajo; F; s; son 2991; yes; yes; id- 85 832
3036 " Louise; f; 1925 8; Navajo; F; s; dau 2992; yes; yes; id- 79 655
3037 " Helen; f; 1927 6; Navajo; F; s; dau 2993; yes; yes; id- 79 656
3030[sic] " Stella Long; f; 1905 28; Navajo; F; m; wife#2 2994; yes; yes; id- 82 097
3039 " Agnes; f; 1930 3; Navajo; F; s; dau 2995; yes; yes; id- 81 436

3040 Reese, Rose; f; 1862 71; Navajo; F; wd; head 2996; yes; yes; id- 85 733
3041 " Joe; m; 1923 10; Navajo; F; s; nephew 2997; yes; yes; id- 85 734

3042 Reed, Dan Long; m; 1904 29; Navajo; F; m; head 2998; yes; yes; id- 71 780
3043 " Edith; f; 1901 32; Navajo; F; m; wife#1 2999; yes; yes; id- 71 781
3044 " Willie; m; 1922 11; Navajo; F; s; son 3000; yes; yes; id- 71 352
3045 " Jenette; f; 1926 7; Navajo; F; s; dau 3001; yes; yes; id- 71 783
3046 " Floyd; m; 1929 4; Navajo; F; s; son 3002; yes; yes; id- 71 348
3047 " Dora; f; 1917 16; Navajo; F; s; step dau 3003; yes; yes; id- 71 782
3048 Hosteenez, Lutie; f; 1921 12; Navajo; F; s; step-dau 3004; yes; yes; id- 71 784

Western Navajo Reservation
1933 Census Roll

Key: Number; Surname Given; Sex; Year Born and Age at Last Birthday; Tribe; Degree of Blood; Marital Status; Relationship to Head of Family & No. Last Census Roll; At Jurisdiction Where Enrolled (Yes/No); (If no – Where); Ward (Yes/No); Allotment Annuity and/or Identification Numbers

3049 Reed, Lena Nez; f; 1908 25; Navajo; F; m; wife#2 3005; yes; yes; id- 71 354
3050 " Thomas N; m; 1924 9; Navajo; F; s; son 3006; yes; yes; id- 71 355
3051 " Edgar M; m; 1931 2; Navajo; F; s; son 3007; yes; yes; id- 75 723

3052 Reed, George; m; 1911 22; Navajo; F; m; head 3008; yes; yes; id- 73 900
3053 " Florence; f; 1906 27; Navajo; F; m; wife 3009; yes; yes; id- 73 561
3054 " Robert; m; 1931 1½; Navajo; F; s; son none; yes; yes; id- 73 862
3055 Edwards, May; f; 1928 5; Navajo; F; s; step-dau 3010; yes; yes; id- 73 562

3056 Reid, Dan; m; 1904 29; Navajo; F; s; head 3011; yes; yes; id- 77 547

3057 Reid, Frank; m; 1898 35; Navajo; F; m; head 3012; yes; yes; id- 81 522
3058 " Carrol; f; 1901 32; Navajo; F; m; wife 3013; yes; yes; id- 81 523
3059 " Fannie; f; 1921 12; Navajo; F; s; dau 3014; yes; yes; id- 81 524
3060 " Annie; f; 1925 8; Navajo; F; s; dau 3015; yes; yes; id- 81 525
3061 " Lola; f; 1927 6; Navajo; F; s; dau 3016; yes; yes; id- 81 526
3062 " Carrie; f; 1904 29; Navajo; F; m; wife#2 3017; yes; yes; id- 81 527
3063 " Florence; f; 1925 8; Navajo; F; s; dau 3018; yes; yes; id- 81 528
3064 " Nora; f; 1927 6; Navajo; F; s; dau 3019; yes; yes; id- 81 529
3065 " Laura; f; 1930 3; Navajo; F; s; dau 3020; yes; yes; id- 81 437
3066 " Sallie; f; 1907 26; Navajo; F; m; wife#3 3021; yes; yes; id- 81 530
3067 " Ina Happy; f; 1929 4; Navajo; F; s; dau 3022; yes; yes; id- 81 168
3068 " Joseph m; 1916 17; Navajo; F; s; bro-in-law 3023; yes; yes; id- 81 521

3069 Reid, Tracy; m 1882 51; Navajo; F; m; head 3024; yes; yes; id- 77 545
3070 " Rena; f; 1883 50; Navajo; F; m; wife 3025; yes; yes; id- 77 546

3071 Richards, Gladys; f; 1906 27; Navajo; F; m; head 3026; yes; Husband registered at Shiprock; yes; id- 73 850
3072 " Lawrence; m; 1927 6; Navajo; F; s; son 3027; yes; yes; id- 73 851
3073 " Key; m; 1928 5; Navajo; F; s; son 3028; yes; yes; id- 73 852
3074 " Lillian; f; 1930 3; Navajo; F; s; dau 3029; yes; yes; id- 73 853

3075 Richardson, Frank; m; 1869 64; Navajo; F; m; head 3030; yes; yes; id- 82 514
3076 " Anna; f; 1879 54; Navajo; F; m; wife#1 3031; yes; yes; id- 81 131
3077 " Molly; f; 1885 48; Navajo; F; m; wife#2 3032; yes; yes; id- 81 515
3078 " Joe; m; 1919 14; Navajo; F; s; son 3033; yes; yes; id- 81517
3079 " Albert; m; 1921 12; Navajo; F; s; son 3034; yes; yes; id- 81 516

3080 Robbins, Ed; m; 1870 63; Navajo; F; m; head 3035; yes; yes; id- 77 627
3081 " Ethel; f; 1876 57; Navajo; F; m; wife#1 3036; yes; yes; id- 77 628
3082 " Almen; m; 1914 19; Navajo; F; s; son 3037; yes; yes; id- 77 632
3083 " Amy; f; 1915 18; Navajo; F; s; dau 3038; yes; yes; id- 77 630
3084 " Mildred; f; 1918 15; Navajo; F; s; dau 3039; yes; yes; id- 77 631

Western Navajo Reservation
1933 Census Roll

Key: Number; Surname Given; Sex; Year Born and Age at Last Birthday; Tribe; Degree of Blood; Marital Status; Relationship to Head of Family & No. Last Census Roll; At Jurisdiction Where Enrolled (Yes/No); (If no – Where); Ward (Yes/No); Allotment Annuity and/or Identification Numbers

3085 Robbins, Helen; f; 1892 40; Navajo; F; m; wife#2 3040; yes; yes; id- 77 633
3086 " James; m; 1912 21; Navajo; F; s; son 3041; yes; yes; id- 77 634
3087 " Marie; f; 1918 15; Navajo; F; s; dau 3042; yes; yes; id- 77 639
3088 " Rena; f; 1918 15; Navajo; F; s; dau 3043; yes; yes; id- 77 637
3089 " William; m; 1920 13; Navajo; F; s; son 3044; yes; yes; id- 77 635
3090 " Lester; m; 1922 11; Navajo; F; s; son 3045; yes; yes; id- 77 636
3091 " May; f; 1925 8; Navajo; F; s; dau 3046; yes; yes; id- 77 638

3092 Robbins, Joe Lee; m; 1901 32; Navajo; F; m; head 3047; yes; yes; id- 77 629
3093 " Agnes Bigsinger; f; 1913 20; Navajo; F; m; wife 416; yes; yes; id- 77 565
3094 " Sherwood; m; 1931 1½; Navajo; F; s; son none; yes; yes; id- 77 700

3095 Rock, Arthur; m; 1903 30; Navajo; F; m; head 3048; yes; yes; id- 81 764
3096 " Maud; f; 1911 22; Navajo; F; m; wife 3049; yes; yes; id- 81 765

3097 Rock, Bill; m; 1903 30; Navajo; F; s; head 3050; yes; yes; id- 75 654

3098 Rock, James; m; 1882 51; Navajo; F; m; head 3051; yes; yes; id- 81 776
3099 " Carrie; f; unk; Navajo; F; m; wife 3052; yes; yes; id- 81 777
3100 " Peter; m; 1911 22; Navajo; F; s; son 3053; yes; yes; id- 81 778
3101 " Juana; f; 1913 20; Navajo; F; s; dau 3054; yes; yes; id- 81 781
3102 " Sarah; f; 1915 18; Navajo; F; s; dau 3055; yes; yes; id- 81 782
3103 " Harry; m; 1917 16; Navajo; F; s; dau 3056; yes; yes; id- 81 783
3104 " Jerome; m; 1906 27; Navajo; F; s; bro 3057; yes; yes; id- 81 780

3105 Rock, Larna; f; 1890 43; Navajo; F; wd; head 3058; yes; yes; id- 73 559
3106 " Joseph; m; 1914 19; Navajo; F; s; son 3059; yes; yes; id- 73 587
3107 " Aske; m; 1918 15; Navajo; F; s; son 3060; yes; yes; id- 73 586
3108 " Mable; f; 1915 18; Navajo; F; s; niece 3061; yes; yes; id- 73 588

3109 Rock, William; m; 1893 40; Navajo; F; m; head 3062; yes; yes; id- 73 608
3110 " Wanda; f; 1896 37; Navajo; F; m; wife 3063; yes; yes; id- 73 675
3111 " Bob; m; 1915 18; Navajo; F; s; son 3064; yes; yes; id- 73 589

3112 Rose, Lester; m; 1908 25; Navajo; F; m; head 3065; yes; yes; id- 71 674
3113 " Leona; f; 1914 19; Navajo; F; m; wife 3066; yes; yes; id- 71 675
3114 " Viola; f; 1930 3; Navajo; F; s; dau 3067; yes; yes; id- 71 867

3115 Ross, Agnes; f; 1886 47; Navajo; F; wd; head 3068; yes; yes; id- 86 013
3116 " Dallis; m; 1915 18; Navajo; F; s; son 3069; yes; yes; id- 86 016
3117 " Beth; f; 1922 11; Navajo; F; s; dau 3070; yes; yes; id- 86 015
3118 " Ferl; m; 1917 16; Navajo; F; s; ward 3071; yes; yes; id- 86 014

Western Navajo Reservation
1933 Census Roll
Key: Number; Surname Given; Sex; Year Born and Age at Last Birthday; Tribe; Degree of Blood; Marital Status; Relationship to Head of Family & No. Last Census Roll; At Jurisdiction Where Enrolled (Yes/No); (If no – Where); Ward (Yes/No); Allotment Annuity and/or Identification Numbers

3119 Runke, Walter; m; 1889 44; Navajo; F; wd; head 3072; yes; yes; id- 81 565
3120 Manhiemer[sic], Joe; m; 1919 14; Navajo; F; s; step son 3073; yes; yes; id- 81 564

3121 Russ, Viola; f; 1883 50; Navajo; F; wd; head 3074; yes; yes; id- 86 019
3122 " Ted; m; 1920 13; Navajo; F; s; son 3075; yes; yes; id- 86 006
3123 " La Rue; f; 1923 10; Navajo; F; s; dau 3076; yes; yes; id- 86 007

3124 Russel, Fred; m; 1902 31; Navajo; F; m; head 3077; yes; yes; id- 73 604
3125 " Frances; f; 1899 34; Navajo; F; m; wife 3078; yes; yes; id- 73 593
3126 " Harve; m; 1914 19; Navajo; F; s; son 3079; yes; yes; id- 73 594
3127 Bailey, Pat; m; 1915 18; Navajo; F; s; step son 3080; yes; yes; id- 73 727

3128 Saganitso, Asanni; f; 1899 34; Navajo; F; sep; head 3081; yes; yes; id- 71 592
3129 " Felix; m; 1922 11; Navajo; F; s; son 3082; yes; yes; id- 71 593

3130 Saganitso, Jake; m; 1883 50; Navajo; F; m; head 3083; yes; yes; id- 71 484
3131 " Laura; f; 1892 41; Navajo; F; m; wife 3084; yes; yes; id- 71 485
3132 " Victor; m; 1912 21; Navajo; F; s; son 3085; yes; yes; id- 71 486
3133 " Bruce; m; 1915 18; Navajo; F; s; son 3086; yes; yes; id- 71 487
3134 " Manuel; m; 1919 14; Navajo; F; s; son 3087; yes; yes; id- 71 488
3135 " Kate; f; 1923 10; Navajo; F; s; dau 3088; yes; yes; id- 71 489

3136 Sage, Harry; m; 1907 26; Navajo; F; m; head 3089; yes; yes; id- 82 112
3137 " Lucy; f; 1910 23; Navajo; F; m; wife 3090; yes; yes; id- 82 113
3138 " Lena; f; 1927 6; Navajo; F; s; dau 3091; yes; yes; id- 81 224
3139 " Katie; f; 1930 3; Navajo; F; s; dau 3092; yes; yes; id- 82 429

3140 Sageny, Harve; m; 1896 37; Navajo; F; m; head 3093; yes; yes; id- 73 582
3141 " Sally; f; 1898 35; Navajo; F; m; wife 3094; yes; yes; id- 73 581
3142 " Zettie; f; 1916 17; Navajo; F; s; dau 3095; yes; yes; id- 73 682
3143 " Alma; f; 1916 17; Navajo; F; s; dau 3096; yes; yes; id- 73 683
3144 " Edna; f; 1920 13; Navajo; F; s; dau 3097; yes; yes; id- 73 684
3145 " Eva; f; 1923 10; Navajo; F; s; dau 3098; yes; yes; id- 73 685
3146 " Delbert; m; 1927 6; Navajo; F; s; son 3099; yes; yes; id- 73 686
3147 " Dan; m; 1929 4; Navajo; F; s; son 3100; yes; yes; id- 73 800
3148 " Tiah; m; 1930 30; Navajo; F; s; son none; yes; yes; id- 73 860
3149 " Edna; f; 1922 11; Navajo; F; s; niece 3101; yes; yes; id- 73 688

3150 Sageny, Mother; f; 1854 79; Navajo; F; wd; head 3102; yes; yes; id- 73 687

3151 Sakiestewa, Alice Dugi; f; 1906 27; Navajo; F; m; wife 1354; yes; Married Hopi; yes; id- 73 677

3152 Salas, Johnson; m; 1908 25; Navajo; F; s; head 3103; yes; yes; id- 77 695

Western Navajo Reservation
1933 Census Roll

Key: Number; Surname Given; Sex; Year Born and Age at Last Birthday; Tribe; Degree of Blood; Marital Status; Relationship to Head of Family & No. Last Census Roll; At Jurisdiction Where Enrolled (Yes/No); (If no – Where); Ward (Yes/No); Allotment Annuity and/or Identification Numbers

3153 Saliego, Joe; m; 1881 52; Navajo; F; m; head 3104; yes; yes; id- 71 770
3154 " Doran; m; 1915 18; Navajo; F; s; son 3105; yes; yes; id- 71 776
3155 " Chissie; m; 1916 17; Navajo; F; s; son 3106; yes; yes; id- 71 979
3156 " Franklin; m; 1918 15; Navajo; F; s; son 3107; yes; yes; id- 71 777
3157 " Nez; f; 1901 32; Navajo; F; m; wife 3108; yes; yes; id- 71 771
3158 " Wesnez; m; 1922 11; Navajo; F; s; son 3109; yes; yes; id- 71 772
3159 " Kay; m; 1923 10; Navajo; f s; son 3110; yes; yes; id- 71 773
3160 " Chee; m; 1925 8; Navajo; F; s; son 3111; yes; yes; id- 71 774
3161 " Eskie; m; 1928 5; Navajo; F; s; son 3112; yes; yes; id- 71 775
3162 " Robert; m; 1930 2; Navajo; F; s; son 3113; yes; yes; id- 71 868

3163 Salt, Big; m; 1888 45; Navajo; F; wd; head 3114; yes; yes; id- 71 509

3164 Salt, Bob; m; 1898 35; Navajo; F; m; head 3115; yes; yes; id- 79 405
3165 " Mary; f; 1903 30; Navajo; F; m; head 3116; yes; yes; id- 79 406
3166 " Rodney; m; 1919 14; Navajo; F; s; son 3117; yes; yes; id- 79 429
3167 " Richard; m; 1922 11; Navajo; F; s; son 3118; yes; yes; id- 79 407
3168 " Verne; m; 1923 10; Navajo; F; s; son 3119; yes; yes; id- 79 408
3169 " Harry; m; 1926 7; Navajo; F; s; son 3120; yes; yes; id- 79 409
3170 " Bessie; f; 1927 6; Navajo; F; s; dau 3121; yes; yes; id- 79 410
3171 " Beulah; f; 1930 3; Navajo; F; s; dau 3122; yes; yes; id- 73 848

3172 Salt, Charley; m; 1906 27; Navajo; F; m; head 3123; yes; yes; id- 73 269
3173 " Zenba; f; 1913 20; Navajo; F; m; wife 3124; yes; yes; id- 73 222

3174 Salt, Dick; m; unk; Navajo; F; m; head 3125; yes; yes; id- 71 275
3175 " Becky; f; 1909 24; Navajo; F; m; wife 3126; yes; yes; id- 71 276

3176 Salt, Emily; f; 1880 53; Navajo; F; wd; head 3127; yes; yes; id- 85 982
3177 Endischee, Dorothy Salt; f; 1919 14; Navajo; F; s; gr dau 3128; yes; yes; id- 85 983

3178 Salt, George; m; 1906 27; Navajo; F; m; head 3129; yes; yes; id- 79 436
3179 " Zonspah; f; 1912 21; Navajo; F; m; wife 3130; yes; yes; id- 79 857

3180 Salt, Gloria; f; 1867 66; Navajo; F; wd; 3131; yes; yes; id- 79 615

3181 Salt, Grannie; f; unk; Navajo; F; wd; head 3133; yes; yes; id- 79 433

3182 Salt, Howard; m; 1867 66; Navajo; F; m; head 3134; yes; yes; id- 79 428
3183 " Fawn; f; 1874 59; Navajo; F; m; wife 3135; yes; yes; id- 79 425
3184 " Albert; m; 1910 23; Navajo; F; s; son 3136; yes; yes; id- 79 475
3185 " Luke; m; 1912 21; Navajo; F; s; son 3137; yes; yes; id- 79 476
3186 " May; f; 1914 19; Navajo; F; s; grd-dau 3138; yes; yes; id- 79 426
3187 " Becky; f; 1918 15; Navajo; F; s; gr dau 3139; yes; yes; id- 79 427

Western Navajo Reservation
1933 Census Roll

Key: Number; Surname Given; Sex; Year Born and Age at Last Birthday; Tribe; Degree of Blood; Marital Status; Relationship to Head of Family & No. Last Census Roll; At Jurisdiction Where Enrolled (Yes/No); (If no – Where); Ward (Yes/No); Allotment Annuity and/or Identification Numbers

3188 Salt, Jim; m; unk; Navajo; F; m; head 3140; yes; yes; id- 79 434
3189   "   Cecil; f; 1872 61; Navajo; F; m; wife 3141; yes; yes; id- 79 411
3190   "   John Blue; m; 1906 27; Navajo; F; s; son 3142; yes; yes; id- 79 413
3191   "   Arillia; f; 1912 21; Navajo; F; s; dau 3143; yes; yes; id- 79 412
3192   "   Curley; m; 1916 17; Navajo; F; s; son 3144; yes; yes; id- 79 414

3193 Salt, Jim; m; 1885 48; Navajo; F; m; head 3145; yes; yes; id- 79 625
3194   "   Grace; f; 1881 52; Navajo; F; m; wife 3146; yes; yes; id- 79 626
3195   "   Joe Sam; m; unk; Navajo; F; s; son 3147; yes; yes; id- 79 818
3196   "   Sam Loose; m; 1920 13; Navajo; F; s; son 3148; yes; yes; id- 79 642
3197   "   Johnson; m; 1922 11; Navajo; F; s; son 3149; yes; yes; id- 79 643

3198 Salt, Max; m; 1904 29; Navajo; F; s; head 3150; yes; yes; id- 79 639

3199 Salt, Slim; m; 1887 46; Navajo; F; m; head 3151; yes; yes; id- 73 437
3200   "   Net; f; 1903 30; Navajo; F; m; wife 3152; yes; yes; id- 73 438
3201   "   Marve; m; 1913 20; Navajo; F; s; son 3153; yes; yes; id- 73 439
3202   "   Bertha; f; 1921 12; Navajo; F; s; dau 3154; yes; yes; id- 73 440
3203   "   Eloie; f; 1926 7; Navajo; F; s; dau 3155; yes; yes; id- 73 564
3204   "   Dan; m; 1929 4; Navajo; F; s; son 3156; yes; yes; id- 73 779

3205 Salt, Susan; f; 1877 56; Navajo; F; wd; head 3157; yes; yes; id- 81 593
3206   "   Helen; f; 1916 17; Navajo; F; s; dau 3158; yes; yes; id- 81 594

3207 Sampson, Henry; m; 1882 51; Navajo; F; m; head 3159; yes; yes; id- 77 469
3208   "   Hazel; f; 1910 23; Navajo; F; m; wife 3160; yes; yes; id- 77 470
3209   "   Juanita; f; 1931 2; Navajo; F; s; dau none; yes; yes; id- 77 730

3210 Sampson, John; m; 1885 48; Navajo; F; m; head 3161; yes; yes; id- 81 181
3211   "   Thelma; f; 1888 45; Navajo; F; m; wife 3162; yes; yes; id- 81 865
3212   "   Myra; f; 1913 20; Navajo; F; s; dau 3163; yes; yes; id- 81 868
3213   "   Juan; m; 1915 18; Navajo; F; s; son 3164; yes; yes; id- 82 191
3214   "   Ruth; f; 1919 14; Navajo; F; s; dau 3165; yes; yes; id- 81 866
3215   "   Helen; f; 1925 8; Navajo; F; s; dau 3166; yes; yes; id- 81 867

3216 Sands, Ben; m; 1895 38; Navajo; F; m; head 3167; yes; yes; id- 82 050
3217   "   Helen; f; 1896 37; Navajo; F; m; wife 3168; yes; yes; id- 82 055
3218   "   Joe; m; 1913 20; Navajo; F; s; son 3169; yes; yes; id- 82 053
3219   "   Enoch Martin; m; 1916 17; Navajo; F; s; son 3170; yes; yes; id- 83 678
3220   "   Milo; m; 1918 15; Navajo; F; s; son 3171; yes; yes; id- 82 051
3221   "   Betty; f; 1923 10; Navajo; F; s; dau 3172; yes; yes; id- 82 052

3222 Sands, Dick; m; 1893 40; Navajo; F; m; head 3173; yes; yes; id- 82 125
3223   "   Alice; f; 1904 29; Navajo; F; m; wife 3174; yes; yes; id- 82 008

Western Navajo Reservation
1933 Census Roll

Key: Number; Surname Given; Sex; Year Born and Age at Last Birthday; Tribe; Degree of Blood; Marital Status; Relationship to Head of Family & No. Last Census Roll; At Jurisdiction Where Enrolled (Yes/No); (If no – Where); Ward (Yes/No); Allotment Annuity and/or Identification Numbers

3224 Sands, Jenny; f; unk; Navajo; F; wd; head 3175; yes; yes; id- 82 054

3225 Sands, Joseph; m; 1893 40; Navajo; F; m; head 3176; yes; yes; id- 81 876
3226 "   Lona; f; 1872 61; Navajo; F; m; wife 3177; yes; yes; id- 81 896
3227 "   Olive; f; 1920 13; Navajo; F; s; dau 3178; yes; yes; id- 81 927
3228 "   Amelia; f; 1924 9; Navajo; F; s; dau 3179; yes; yes; id- 81 898
3229 "   Sally; f; 1928 5; Navajo; F; s; dau 3180; yes; yes; id- 81 899
3230 "   Ruby; f; 1931 2; Navajo; F; s; dau 3181; yes; yes; id- 71 894

3231 Santa Fe, John; m; 1888 45; Navajo; F; m; head 3182; yes; yes; id- 71 023
3232 "   Zanlika; f; 1904 29; Navajo; F; m; wife 3183; yes; yes; id- 71 024
3233 "   Fritz Kay; m; 1926 7; Navajo; F; s; son 3184; yes; yes; id- 71 025

3234 Savage, Louis L; m; 1890 43; Navajo; F; m; head 3185; yes; yes; id- 73 338
3235 "   May; f; 1905 28; Navajo; F; m; wife 3186; yes; yes; id- 73 339
3236 "   Louis L, Jr; m; 1918 15; Navajo; F; s; son 3187; yes; yes; id- 73 457
3237 "   Harry Long; m; 1921 12; Navajo; F; s; son 3188; yes; yes; id- 73 340
3238 "   John Lee; m; 1906 27; Navajo; F; s; bro 3189; yes; yes; id- 73 456
3239 "   Selva; f; 1914 19; Navajo; F; s; sis 3190; yes; yes; id- 73 455
3240 "   Charley; m; 1926 7; Navajo; F; s; bro 3191; yes; yes; id- 73 341

3241 Savage, Tonie; m; 1905 28; Navajo; F; m; head 3192; yes; yes; id- 73 321
3242 "   Carrie; f; 1908 25; Navajo; F; m; wife 3193; yes; yes; id- 73 325
3243 "   Sol; m; 1924 9; Navajo; F; s; son 3194; yes; yes; id- 73 322
3244 "   Dess; f; 1927 6; Navajo; F; s; dau 3195; yes; yes; id- 73 326

3245 Sawyer, Bill; m; 1883 50; Navajo; F; m; head 3196; yes; yes; id- 77 515
3246 "   Martha; f; 1880 53; Navajo; F; m; wife 3197; yes; yes; id- 77 517

3247 Sayetsissie, John; m; 1845 88; Navajo; F; m; head 3198; yes; yes; id- 85 883
3248 "   Maurine; f; 1859 74; Navajo; F; m; wife 3199; yes; yes; id- 85 884
3249 "   Kezia; f; 1912 21; Navajo; F; s; dau 3200; yes; yes; id- 85 886
3250 "   Lenna; f; 1914 19; Navajo; F; s; dau 3201; yes; yes; id- 85 887

3251 Sayetsissie, Shanks; m; 1910 23; Navajo; F; m; head 3202; yes; yes; id- 85 885
3252 "   Gloria; f; 1910 23; Navajo; F; m; wife 3203; yes; yes; id- 79 521
3253 "   Eva; f; 1930 3; Navajo; F; s; dau 3204; yes; yes; id- 79 850
3254 "   Paul; m; 1932 1; Navajo; F; s; son none; yes; yes; id- 75 736

3255 Sayetsitsey, Ben; m; 1905 28; Navajo; F; m; head 3205; yes; yes; id- 73 713
3256 "   Beth; f; 1902 32; Navajo; F; m; wife 3206; yes; yes; id- 73 331
3257 "   Julia; f; 1925 8; Navajo; F; s; dau 3207; yes; yes; id- 73 332
3258 "   Bessie; f; 1929 4; Navajo; F; s; dau 3208; yes; yes; id- 73 762
3259 "   Key; m; 1930 3; Navajo; F; s; son 3209; yes; yes; id- 73 801

Western Navajo Reservation
1933 Census Roll

Key: Number; Surname Given; Sex; Year Born and Age at Last Birthday; Tribe; Degree of Blood; Marital Status; Relationship to Head of Family & No. Last Census Roll; At Jurisdiction Where Enrolled (Yes/No); (If no – Where); Ward (Yes/No); Allotment Annuity and/or Identification Numbers

3260　Sayetsitsey, Bertha; f; 1919 14; Navajo; F; s; step-dau 3210; yes; yes; id- 73 324

3261　Sayetsitsey, Bert; m; 1896 37; Navajo; F; m; head 3211; yes; yes; id- 73 211
3262　　"　　Barga; f; 1908 25; Navajo; F; m; wife 3212; yes; yes; id- 73 212
3263　　"　　Jean; f; 1926 7; Navajo; F; s; dau 3213; yes; yes; id- 73 217

3264　Scenelley, Dan; m; 1879 54; Navajo; F; m; head 3214; yes; yes; id- 73 632
3265　　"　　Daisy; f; 1899 34; Navajo; F; m; wife 3215; yes; yes; id- 73 696
3266　　"　　Jennie; f; 1917 16; Navajo; F; s; dau 3216; yes; yes; id- 73 700
3267　　"　　Alta; f; 1918 15; Navajo; F; s; dau 3217; yes; yes; id- 73 697
3268　　"　　John; m; 1921 12; Navajo; F; s; son 3218; yes; yes; id- 73 698
3269　　"　　Dale; m; 1923 10; Navajo; F; s; son 3219; yes; yes; id- 73 699

3270　Scenelly, Mother; f; 1867 66; Navajo; F; wd; head 3220; yes; yes; id- 73 453
3271　　"　　Rose; f; 1917 16; Navajo; F; s; gr-dau 3221; yes; yes; id- 73 454

3272　Scmalle, Lee; m; 1860 73; Navajo; F; wd; head 3222; yes; yes; id- 77 662
3273　　"　　Theodore; m; 1904 29; Navajo; F; s; son 3223; yes; yes; id- 77 665
3274　　"　　Bernard; m; 1912 21; Navajo; F; s; son 3224; yes; yes; id- 77 664
3275　　"　　Grant; m; 1919 14; Navajo; F; s; gr-son 3225; yes; yes; id- 77 666
3276　Natahe, Calvin; m; 1922 11; Navajo; F; s; gr-son 3226; yes; yes; id- 77 667
3277　Scmalle, Madge; f; 1924 9; Navajo; F; s; gr-dau 3227; yes; yes; id- 77 668

3278　Scmalle, Moody; m; 1893 40; Navajo; F; m; head 3228; yes; yes; id- 77 669
3279　　"　　Julia; f; 1902 31; Navajo; F; m; wife 3229; yes; yes; id- 77 670
3280　　"　　Hubert; m; 1920 13; Navajo; F; s; son 3230; yes; yes; id- 77 671
3281　　"　　Lena; f; 1922 11; Navajo; F; s; dau 3231; yes; yes; id- 77 672
3282　　"　　Atas[sic] Nez; f; 1929 4; Navajo; F; s; dau 3232; yes; yes; id- 77 688
3283　　"　　Roy; m; 1931 2; Navajo; F; s; son 3233; yes; yes; id- 77 764
3284　　"　　Sandra f; 1933 1 mon.; Navajo; F; s; dau none; yes; yes; id- 75 789

3285　Scott, Joe; m; 1893 40; Navajo; F; m; head 3234; yes; yes; id- 79 801
3286　　"　　Mary; f; 1900 33; Navajo; F; m; wife 3235; yes; yes; id- 79 802
3287　　"　　Leonard; m; 1912 21; Navajo; F; s; son 3236; yes; yes; id- 79 754
3288　　"　　Alberta; f; 1919 14; Navajo; F; s; dau 3227; yes; yes; id- 79 753
3289　　"　　Doc; m; 1921 12; Navajo; F; s; son 3238; yes; yes; id- 82 012
3290　　"　　May; f; 1923 10; Navajo; F; s; dau 3239; yes; yes; id- 79 755

3291　Scott, Vera; f; 1848 85; Navajo; F; wd; head 3240; yes; yes; id- 81 644

3292　Seaten, Alvin; m; 1908 25; Navajo; F; m; head 3241; yes; yes; id- 73 117
3293　　"　　Alice; f; 1913 20; Navajo; F; m; wife 3242; yes; yes; id- 73 770

Western Navajo Reservation
1933 Census Roll

Key: Number; Surname Given; Sex; Year Born and Age at Last Birthday; Tribe; Degree of Blood; Marital Status; Relationship to Head of Family & No. Last Census Roll; At Jurisdiction Where Enrolled (Yes/No); (If no – Where); Ward (Yes/No); Allotment Annuity and/or Identification Numbers

3294 Seaten, John; m; 1877 56; Navajo; F; m; head 3243; yes; yes; id- 73 623
3295 " Nettie; f; 1892 41; Navajo; F; m; wife#1 3244; yes; yes; id- 73 116
3296 " Alford Manygoats; m; 1918 15; Navajo; F; s; son 3245; yes; yes; id- 73 120
3297 " Ed; m; 1923 10; Navajo; F; s; son 3246; yes; yes; id- 73 119
3298 " Annie; f; 1926 7; Navajo; F; s; dau 3247; yes; yes; id- 73 121
3299 " Dan; m; 1929 4; Navajo; F; s; son 3248; yes; yes; id- 73 763
3300 " Etta; f; 1912 21; Navajo; F; m; wife#2 3249; yes; yes; id- 73 122
3301 " Teddy; m; 1926 7; Navajo; F; s; son 3250; yes; yes; id- 73 123

3302 Seecody, John; m; 1901 32; Navajo; F; m; head 3251; yes; yes; id- 83 637
3303 " June; f; 1898 35; Navajo; F; m; wife 3252; yes; yes; id- 83 638
3304 " Thomas; m; 1916 17; Navajo; F; s; son 3253; yes; yes; id- 83 640
3305 " Modesta; f; 1919 14; Navajo; F; s; dau 3254; yes; yes; id- 83 641
3306 " Mark; m; 1921 12; Navajo; F; s; son 3255; yes; yes; id- 83 642
3307 " Stella; f; 1923 10; Navajo; F; s; dau 3256; yes; yes; id- 83 643
3308 " Bell; f; 1927 6; Navajo; F; s; dau 3257; yes; yes; id- 83 644
3309 " Georgia; f; 1930 3; Navajo; F; s; dau 3258; yes; yes; id- 83 677
3310 " Lucy; f; 1913 20; Navajo; F; s; step dau 3259; yes; yes; id- 83 639

3311 Seecody, Frank; m; 1909 24; Navajo; F; s; head 3261; yes; yes; id- 83 648
3312 " Jack; m; 1911 22; Navajo; F; s; bro 3262; yes; yes; id- 83 650
3313 " Alvina; f; 1912 21; Navajo; F; s; sis 3263; yes; yes; id- 83 649
3314 " Harry; m; 1916 17; Navajo; F; s; bro 3264; yes; yes; id- 83 651
3315 " Blanche; f; 1925 8; Navajo; F; s; sis 3265; yes; yes; id- 83 652

3316 Seller, Gilbert; m; 1907 26; Navajo; F; m; head 3266; yes; yes; id- 71 375
3317 " Doris; f; 1909 24; Navajo; F; m; wife 3267; yes; yes; id- 71 376
3318 " Alice; f; 1926 7; Navajo; F; s; dau 3268; yes; yes; id- 71 377
3319 " Keith; m; 1927 6; Navajo; F; s; son 3269; yes; yes; id- 71 378
3320 " Frank; m; 1928 5; Navajo; F; s; son 3270; yes; yes; id- 71 379
3321 " Irene; f; 1933 2 mon.; Navajo; F; s; dau none; yes; yes; id- 75 787
3322 " Ramona; f; 1930 3; Navajo; F; s; dau 3271; yes; yes; id- 75 861

3323 Seschilie, Lester; m; 1893 40; Navajo; F; m; head 3272; yes; yes; id- 77 481
3324 " Avanel; f; 1902 31; Navajo; F; m; wife 3273; yes; yes; id- 77 482
3325 " King; m; 1918 15; Navajo; F; s; son 3274; yes; yes; id- 77 483
3326 " Ward; m; 1922 11; Navajo; F; s; son 3275; yes; yes; id- 77 696
3327 " Winfred; m; 1923 10; Navajo; F; s; son 3276; yes; yes; id- 77 484
3328 " Violet; f; 1928 5; Navajo; F; s; dau 3277; yes; yes; id- 77 753

3329 Shaperd, Esther White; f; 1914 19; Navajo; F; m; wife 3972; yes; Married man from Keams Canyon; yes; id- 73 136

3330 Sharkey, Joe; m; 1888 45; Navajo; F; s; head 3278; yes; yes; id- 75 638

Western Navajo Reservation
1933 Census Roll

Key: Number; Surname Given; Sex; Year Born and Age at Last Birthday; Tribe; Degree of Blood; Marital Status; Relationship to Head of Family & No. Last Census Roll; At Jurisdiction Where Enrolled (Yes/No); (If no – Where); Ward (Yes/No); Allotment Annuity and/or Identification Numbers

3331 Shazum, John; m; 1903 30; Navajo; F; s; head 3279; yes; yes; id- 71 683

3332 Sheep, White; m; 1874 59; Navajo; F; s; head 3280; yes; yes; id- 73 024

3333 Sheepskin, Nellie; f; 1839 94; Navajo; F; wd; head 3281; yes; yes; id- 74 583
3334   "   Slim; m; 1922 11; Navajo; F; s; grd-son 3282; yes; yes; id- 75 584

3335 Sheepskin, Phil; m; 1888 45; Navajo; F; f; head 3283; yes; yes; id- 75 585

3336 Shene, Pest; m; 1894 39; Navajo; F; m; head 3284; yes; yes; id- 73 349
3337   "   Jennie; f; 1903 30; Navajo; F; m; wife 3285; yes; yes; id- 73 350
3338   "   Daisy; f; 1922 11; Navajo; F; s; dau 3286; yes; yes; id- 73 351
3339   "   Glen P; m; 1930 3; Navajo; F; s; son 3287; yes; yes; id- 73 809

3340 Shepard, Con; m; 1907 26; Navajo; F; s; head 3288; yes; yes; id- 71 907

3341 Sheppard, Paul; m; 1852 81; Navajo; F; wd; head 3289; yes; yes; id- 77 543
3342   "   David; m; 1918 15; Navajo; F; s; grd-son 3290; yes; yes; id- 77 544

3343 Shing, Irene Tisi; f; 1909 34[sic]; Navajo; F; m; wife of Hopi 3291; yes; yes; id- 71 616
3344   "   Lorena Mary Russel; f; 1932 1; Navajo-Hopi; F; s; dau none; yes; yes; id- 71 997
3345   "   Lolita; f; 1929 3; Navajo-Hopi; F; s; dau none; yes; yes; id- [illegible]

3346 Shootinglady, Percy; m; 1903 30; Navajo; F; m; head 3293; yes; yes; id- 75 549
3347   "   Mary; f; 1906 27; Navajo; F; m; wife 3294; yes; yes; id- 75 750
3348   "   Kenneth; m; 1924 9; Navajo; F; s; son 3295; yes; yes; id- 75 751
3349   "   Norma; f; 1927 6; Navajo; F; s; dau 3296; yes; yes; id- 75 752

3350 Short, Mary; f; 1880 53; Navajo; F; wd; head 3297; yes; yes; id- 81 604
3351   "   Maud; f; 1918 15; Navajo; F; s; dau 3298; yes; yes; id- 81 634

3352 Shortfinger, Pat; m; 1878 55; Navajo; F; m; head 3299; yes; yes; id- 83 658
3353   "   Mary; f; 1883 50; Navajo; F; m; wife 3300; yes; yes; id- 83 659
3354   "   Clara Flatsmith; f; 1910 23; Navajo; F; s; dau 3301; yes; yes; id- 83 661
3355   "   Beulah Flatsmith; f; 1023 10; Navajo; F; s; dau 3303; yes; yes; id- 83 663

3356 Shortman, Tom; m; 1892 41; Navajo; F; m; head 3304; yes; yes; id- 75 562
3357   "   June; f; 1905 28; Navajo; F; m; wife 3305; yes; yes; id- 75 563
3358   "   Joe; m; 1919 14; Navajo; F; s; son 3306; yes; yes; id- 75 564
3359   "   Lottie; f; 1923 10; Navajo; F; s; dau 3307; yes; yes; id- 75 566
3360   "   Juanita; f; 1926 7; Navajo; F; s; dau 3308; yes; yes; id- 75 567
3361   "   Ben; m; 1928 5; Navajo; F; s; son 3309; yes; yes; id- 75 568

Western Navajo Reservation
1933 Census Roll

Key: Number; Surname Given; Sex; Year Born and Age at Last Birthday; Tribe; Degree of Blood; Marital Status; Relationship to Head of Family & No. Last Census Roll; At Jurisdiction Where Enrolled (Yes/No); (If no – Where); Ward (Yes/No); Allotment Annuity and/or Identification Numbers

3362 Shorty, Eli; m; 1889 44; Navajo; F; m; head 3310; yes; yes; id- 75 465
3363 " Mildred; f; 1902 31; Navajo; F; m; wife 3311; yes; yes; id- 75 466
3364 " Cora; f; 1921 12; Navajo; F; s; dau 3312; yes; yes; id- 75 467
3365 " Fay; f; 1926 7; Navajo; F; s; dau 3313; yes; yes; id- 75 468
3366 " Cleburn; m; 1929 4; Navajo; F; s; son 3314; yes; yes; id- 75 672

3367 Shunilla, Nita; f; 1912 21; Navajo; F; s; alone 3315; yes; yes; id- 83 679

3368 Simpson, Charles; m; 1894 39; Navajo; F; m; head 3316; yes; yes; id- 81 932
3369 " Hettie; f; 1898 25; Navajo; F; m; wife 3317; yes; yes; id- 81 933
3370 " Ray; m; 1915 18; Navajo; F; s; son 3318; yes; yes; id- 81 934
3371 " Fay; f; 1922 11; Navajo; F; s; dau 3319; yes; yes; id- 81 936
3372 " Grace; f; 1923 10; Navajo; F; s; dau 3320; yes; yes; id- 81 935
3373 " Agnes; f; 1925 8; Navajo; F; s; dau 3321; yes; yes; id- 81 937
3374 " Diana; f; 1930 3; Navajo; F; s; dau none; yes; yes; id- 83 691
3375 " Juanita; f; 1931 2; Navajo; F; s; dau 3322; yes; yes; id- 83 704
3376 " Herbert; m; 1932 1; Navajo; F; s; son none; yes; yes; id- 83 690
3377 " Pauline; f; 1905 28; Navajo; F; s; sis-in-law 3323; yes; yes; id- 81 939
3378 " Rita; f; 1922 11; Navajo; F; s; sis-in-law 3324; yes; yes; id- 81 940

3379 Singer, Fattie; m; 1872 61; Navajo; F; m; head 3325; yes; yes; id- 73 346
3380 " Faye; f; 1878 55; Navajo; F; m; wife 3326; yes; yes; id- 73 347
3381 " Gie; m; 1908 25; Navajo; F; s; son 3327; yes; yes; id- 73 348
3383 " Clifford; m; 1910 23; Navajo; F; s; son 3328; yes; yes; id- 73 349
3383 " Richard B; m; 1913 20; Navajo; F; s; son 3329; yes; yes; id- 73 406
3384 " Oskey; m; 1915 18; Navajo; F; s; son 3330; yes; yes; id- 73 405

3385 Singer, Frank; m; 1868 65; Navajo; F; m; head 3331; yes; yes; id- 81 672
3386 " Maud; f; 1873 60; Navajo; F; m; wife 3332; yes; yes; id- 82 126
3387 " Amos; m; 1909 24; Navajo; F; s; son 3333; yes; yes; id- 82 023
3388 " Bessie; f; 1911 22; Navajo; F; s; dau 3334; yes; yes; id- 81 673
3389 " Arthur; m; 1916 17; Navajo; F; s; son 3335; yes; yes; id- 81 680
3390 " Emma; f; 1925 8; Navajo; F; s; gr-dau 3336; yes; yes; id- 81 674

~~Singer, Ned; m; 1892 41; Navajo; F; m; head 3337; yes; yes; id- 73 384~~
~~" Hattie; f; 1905 28; Navajo; F; m; wife 3338; yes; yes; id- 73 385~~

3391 Singer, Fred; m; 1881 52; Navajo; F; m; head 3337; yes; yes; id- 73 386
3392 " Arminta; f; 1879 63; Navajo; F; m; wife 3338; yes; yes; id- 73 387
3393 " Clara Coalman; f; 1908 25; Navajo; F; s; dau 3339; yes; yes; id- 73 388
3394 " Wade; m; 1911 22; Navajo; F; s; son 3340; yes; yes; id- 73 389
3395 " Daniel; m; 1913 20; Navajo; F; s; son 3341; yes; yes; id- 73 390
3396 " Ace; m; 1912 10; Navajo; F; s; grandson 3342; yes; yes; id- 73 404

Western Navajo Reservation
1933 Census Roll

Key: Number; Surname Given; Sex; Year Born and Age at Last Birthday; Tribe; Degree of Blood; Marital Status; Relationship to Head of Family & No. Last Census Roll; At Jurisdiction Where Enrolled (Yes/No); (If no – Where); Ward (Yes/No); Allotment Annuity and/or Identification Numbers

3397 Singer, Ned; m; 1892 41; Navajo; F; m; head 3343; yes; yes; id- 73 384
3398 " Hattie; f; 1905 28; Navajo; F; m; wife 3344; yes; yes; id- 73 385

3399 Singer, Sam; m; 1888 45; Navajo; F; m; head 3345; yes; yes; id- 77 301
3400 " Fannie; f; 1896 37; Navajo; F; m; wife 3346; yes; yes; id- 77 302
3401 " Edwin; m; 1913 20; Navajo; F; s; son 3347; yes; yes; id- 77 307
3402 " Artie; f; 1919 14; Navajo; F; s; dau 3348; yes; yes; id- 77 304
3403 " Billie; m; 1922 11; Navajo; F; s; son 3349; yes; yes; id- 77 305
3404 " Mary; f; 1924 9; Navajo; F; s; dau 3350; yes; yes; id- 77 306
3405 " Frank; m; 1928 5; Navajo; F; s; son 3351; yes; yes; id- 77 732
3406 " Lawrence; m; 1931 2; Navajo; F; s; son 3352; yes; yes; id- 77 760
3407 " Harry; m; 1911 22; Navajo; F; s; step-son 3353; yes; yes; id- 77 303

3408 Singer, Samuel; m; 1895 48; Navajo; F; m; head 3354; yes; yes; id- 73 352
3409 " Helen; f; 1903 30; Navajo; F; m; wife 3355; yes; yes; id- 73 297
3410 " Clara; f; 1926 7; Navajo; F; s; dau 3356; yes; yes; id- 73 298
3411 " Calvin; m; 1928 5; Navajo; F; s; son 3357; yes; yes; id- 73 299

3412 Singer, Seth; m; 1885 48; Navajo; F; m; head 3358; yes; yes; id- 73 208
3413 " Delpha; f; 1902 31; Navajo; F; m; wife#1 3359; yes; yes; id- 73 209
3414 " Alice Old; f; 1929 4; Navajo; F; s; dau 3360; yes; yes; id- 73 750
3415 " Jennie; f; 1907 26; Navajo; F; m; wife#2 3361; yes; yes; id- 73 003
3416 " Dick; m; 1929 4; Navajo; F; s; son 3362; yes; yes; id- 73 831

3417 Singer, Talbert; m; 1903 30; Navajo; F; m; head 3363; yes; yes; id- 73 343
3418 " Edith; f; 1909 24; Navajo; F; m; wife 3364; yes; yes; id- 73 344
3419 " Sarah; f; 1927 6; Navajo; F; s; dau 3365; yes; yes; id- 73 345
3420 " Robert; m; 1930 3; Navajo; F; s; son 3366; yes; yes; id- 73831

3421 Singer, Thomas; m; 1903 30; Navajo; F; s; head 3367; yes; yes; id- 71 836

3422 Sinniginnie, Bonnie; f; 1875 58; Navajo; F; wd; head 3368; yes; yes; id- 79 856
3423 " Tall; m; 1909 24; Navajo; F; s; son 3369; yes; yes; id- 79 859
3424 " Ted; m; 1922 11; Navajo; F; s; son 3370; yes; yes; id- 79 860

3425 Sitnaguy, Gussie; f; 1853 80; Navajo; F; wd; head 3371; yes; yes; id- 71 664
3426 " Irene; f; 1920 13; Navajo; F; s; niece 3372; yes; yes; id- 71 665

3427 Skacy, John; m; 1892 41; Navajo; F; m; head 3373; yes; yes; id- 71 321
3428 " Louise; f; 1873 60; Navajo; F; m; wife#1 3374; yes; yes; id- 71 325
3429 " Grace; f; 1908 25; Navajo; F; m; wife#2 3375; yes; yes; id- 71 322
3430 " Nora; f; 1923 10; Navajo; F; s; dau 3376; yes; yes; id- 71 323
3431 " Alma; f; 1926 7; Navajo; F; s; dau 3377; yes; yes; id- 71 324
3432 " Jean; f; 1929 4; Navajo; F; s; dau 3378; yes; yes; id- 71 921

Western Navajo Reservation
1933 Census Roll

Key: Number; Surname Given; Sex; Year Born and Age at Last Birthday; Tribe; Degree of Blood; Marital Status; Relationship to Head of Family & No. Last Census Roll; At Jurisdiction Where Enrolled (Yes/No); (If no – Where); Ward (Yes/No); Allotment Annuity and/or Identification Numbers

3433 Skacy, Harriet; f; 1923 1; Navajo; F; s; dau 3379; yes; yes; id- 75 770
3434 Norris, Fred; m; 1903 30; Navajo; F; s; step son 3380; yes; yes; id- 71 327

3435 Skenandore, Irene Watchman; f; 1908 25; Navajo; F; m; wife none; yes; Married to Charles Skenandore, Onieda[sic]; yes; id- 75 796
3436   "   Charles, Jr; m; 1931 2; Navajo; F; s; son none; yes; yes; id- 75 797
3437   "   Hiram; m; 1933 2 mon.; Navajo; F; m; son none; yes; yes; id- 75 798

3438 Slatehorse, Buck; m; 1883 50; Navajo; F; wd; head 3382; yes; yes; id- 75 452
3439   "   George; m; 1921 12; Navajo; F; s; son 3384; yes; yes; id- 75 455
3440   "   Zona; f; 1925 8; Navajo; F; s; dau 3385; yes; yes; id- 75 456

3441 Slender, Francis; m; 1866 67; Navajo; F; wd; head 3386; yes; yes; id- 77 674
3442   "   Bill; m; 1907 26; Navajo; F; s; son 3387; yes; yes; id- 77 677
3443   "   Lucy; f; 1911 22; Navajo; F; s; dau 3388; yes; yes; id- 77 676

3444 Slick, Dick; m; 1904 29; Navajo; F; m; head 3389; yes; yes; id- 81 640
3445   "   Blanche; f; 1901 32; Navajo; F; m; wife 3390; yes; yes; id- 81 641
3446   "   Wilbur; m; 1923 10; Navajo; f s son 3391; yes; yes; id- 81 643
3447   "   John; m; 1926 7; Navajo; F; s; son 3392; yes; yes; id- 81 642

3448 Slim, Jim; m; 1904 29; Navajo; F; m; head 3393; yes; yes; id- 86 874
3449   "   Nora; f; 1907 26; Navajo; F; m; wife 3394; yes; yes; id- 86 875

3450 Slim, John; m; 1902 31; Navajo; F; m; head 3395; yes; yes; id- 71 604
3451   "   Mamie; f; 1896 37; Navajo; F; m; wife 3396; yes; yes; id- 71 605
3452   "   Helen; f; 1923 10; Navajo; F; m[sic]; dau 3397; yes; yes; id- 71 608
3453   "   Jenet[sic]; f; 1929 4; Navajo; F; s; dau 3398; yes; yes; id- 79 866
3454   "   Juana; f; 1915 18; Navajo; F; s; step dau 3399; yes; yes; id- 71 607

3455 Sloan, Sydney; m; 1903 30; Navajo; F; m; head 3400; yes; yes; id- 81 801
3456   "   Martha; f; 1900 33; Navajo; F; m; wife 3401; yes; yes; id- 81 802
3457   "   John; m; 1919 14; Navajo; F; s; son 3402; yes; yes; id- 82 158
3458   "   Charley; m; 1912 10; Navajo; F; s; son 3403; yes; yes; id- 82 159
3459   "   Mary; f; 1923 10; Navajo; F; s; dau 3404; yes; yes; id- 81 803
3460   "   Jesse; m; 1926 7; Navajo; F; s; son 3405; yes; yes; id- 82160
3461   "   Taylor; m; 1930 2; Navajo; F; s; son 3406; yes; yes; id- 83 705

3462 Slow, Robert; m; 1878 55; Navajo; F; m; head 3408; yes; yes; id- 77 397
3463   "   Ruby; f; 1858 75; Navajo; F; m; wife 3409; yes; yes; id- 77 398
3464   "   Myrtle; f; 1906 27; Navajo; F; s; dau 3410; yes; yes; id- 77 399
3465   "   Anna; f; 1929 4; Navajo; F; s; gr-dau 3411; yes; yes; id- 77 752

Western Navajo Reservation
1933 Census Roll

Key: Number; Surname Given; Sex; Year Born and Age at Last Birthday; Tribe; Degree of Blood; Marital Status; Relationship to Head of Family & No. Last Census Roll; At Jurisdiction Where Enrolled (Yes/No); (If no – Where); Ward (Yes/No); Allotment Annuity and/or Identification Numbers

3466 Small, Lucy; f; 1873 60; Navajo; F; wd; head 3412; yes; yes; id- 77 490
3467 " Mabel; f; 1920 13; Navajo; F; s; gr-dau 3413; yes; yes; id- 77 492
3468 " Carrie; f; 1924 9; Navajo; F; s; gr-dau 3414; yes; yes; id- 77 493
3469 " Greta; f; 1919 14; Navajo; F; s; adp-dau 3415; yes; yes; id- 77 491

3470 Smallcanyon, Begay; m; 1861 72; Navajo; F; m; head 3416; yes; yes; id- 85 816
3471 " Mary; f; 1888 45; Navajo; F; m; wife#1 3417; yes; yes; id- 85 817
3472 " Walter; m; 1909 24; Navajo; F; s; son 3418; yes; yes; id- 71 734
3473 " Wilder; m; 1916 17; Navajo; F; s; son 3419; yes; yes; id- 71 443
3474 " Warren; m; 1919 14; Navajo; F; s; son 3420; yes; yes; id- 71 444
3475 " Everetta; f; 1920 13; Navajo; F; s; dau 3421; yes; yes; id- 85 818
3476 " Verda; f; 1922 11; Navajo; F; s; dau 3422; yes; yes; id- 85 819
3477 " Cleone; f; 1923 10; Navajo; F; s; dau 3423; yes; yes; id- 85 820
3478 " Maud; f; 1925 8; Navajo; F; s; dau 3424; yes; yes; id- 85 821
3479 " Bert; m; 1927 6; Navajo; F; s; son 3425; yes; yes; id- 85 822
3480 " Alford; m; 1930 3; Navajo; F; s; son 3426; yes; yes; id- 83 686
3481 " Aggie; f; 1891 42; Navajo; F; m; wife#2 3427; yes; yes; id- 85 828
3482 " Verna; f; 1912 21; Navajo; F; s; dau 3428; yes; yes; id- 85 831
3483 " Delbert; m; 1920 13; Navajo; F; s; son 3429; yes; yes; id- 85 832
3484 " Jerry; m; 1924 9; Navajo; F; s; son 3430; yes; yes; id- 85 829
3485 " Lucy; f; 1926 7; Navajo; F; s; son 3431; yes; yes; id- 85 830
3486 " Boyd; m; 1929 3; Navajo; F; s; son 3432; yes; yes; id- 81 451

3487 Smith, Charley; m; 1904 29; Navajo; F; m; head 3433; yes; yes; id- 73 372
3488 " Tess; f; 1893 40; Navajo; F; m; wife 3434; yes; yes; id- 73 73 373

3489 Smith, Clyde; m; unk; Navajo; F; wd; head 3435; yes; yes; id- 77 314
3490 " Helen; f; 1918 15; Navajo; F; s; dau 3436; yes; yes; id- 77 315
3491 " Harry; m; 1919 14; Navajo; F; s; son 3437; yes; yes; id- 77 317
3492 " Barry; m; 1920 13; Navajo; F; s; son 3438; yes; yes; id- 77 318
3493 " Stella; f; 1925 8; Navajo; F; s; dau 3439; yes; yes; id- 77 316

3494 Smith, Daniel; m; 1898 35; Navajo; F; m; head 3340; yes; yes; id- 71 131
3495 " Emma; f; 1906 27; Navajo; F; m; wife 3441; yes; yes; id- 71 132
3496 " Joe; m; 1925 8; Navajo; F; s; son 3442; yes; yes; id- 71 133
3497 " Frank; m; 1927 6; Navajo; F; s; son 3443; yes; yes; id- 71 134
3498 " Bali; m; 1920 10; Navajo; F; s; son 3444; yes; yes; id- 71 113
3499 " Tatiba; f; 1935 8; Navajo; F; s; dau 3445; yes; yes; id- 71 114
3500 " Timothy; m; 1930 2; Navajo; F; s; son 3446; yes; yes; id- 71 963

3501 Smith, Dolph; m; 1899 34; Navajo; F; m; head 3447; yes; yes; id- 73 363
3502 " Clara; f; 1903 30; Navajo; F; m; wife 3448; yes; yes; id- 73 364
3503 " Cela; f; 1925 8; Navajo; F; s; dau 3449; yes; yes; id- 73 365
3504 " Dan; m; 1927 6; Navajo; F; s; son 3450; yes; yes; id- 73 366

Western Navajo Reservation
1933 Census Roll
Key: Number; Surname Given; Sex; Year Born and Age at Last Birthday; Tribe; Degree of Blood; Marital Status; Relationship to Head of Family & No. Last Census Roll; At Jurisdiction Where Enrolled (Yes/No); (If no – Where); Ward (Yes/No); Allotment Annuity and/or Identification Numbers

3505 Smith, Fred; m; 1911 22; Navajo; F; m; head 3466; yes; yes; id- 73 362
3506 " Louise Chief; f; 1915 18; Navajo; F; s; dau 3453; yes; yes; id- 73 418

3507 Smith, Fred L; m; 1889 44; Navajo; F; m; head 3451; yes; yes; id- 77 386
3508 " Rena; f; 1884 49; Navajo; F; m; wife 3452; yes; yes; id- 77 387
3509 " Nettie; f; 1927 6; Navajo; F; s; dau 3453; yes; yes; id- 77 388

3510 Smith, Gertrude; f; 1881 52; Navajo; F; wd; head 3454; yes; yes; id- 79 697
3511 " Mary; f; 1911 22; Navajo; F; s; dau 3455; yes; yes; id- 79 699
3512 " May; f; 1913 20; Navajo; F; s; dau 3456; yes; yes; id- 79 698
3513 " Frances Blacksmith; f; 1919 14; Navajo; F; s; dau 3457; yes; yes; id- 80 001
3514 " Hazel; f; 1010 14; Navajo; F; s; dau 3458; yes; yes; id- 79 700
3515 " Edith; f; 1924 9; Navajo; F; s; dau 3459; yes; yes; id- 79 701
3516 " Sam; m; 1927 6; Navajo; F; s; son 3460; yes; yes; id- 79 702

3517 Smith, Hal; m; 1882 42; Navajo; F; m; head 3461; yes; yes; id- 77 704
3518 " Alice; f; 1907 26; Navajo; F; m; wife 3462; yes; yes; id- 77 705

3519 Smith, Harry; m; 1901 32; Navajo; F; s; head 3463; yes; yes; id- 71 892

3520 Smith, Hattie; f; 1872 61; Navajo; F; wd; head 3464; yes; yes; id- 73 360
3521 " Slim; m; 1907 26; Navajo; F; s; son 3465; yes; yes; id- 73 361
3522 " Alford; m; 1914 19; Navajo; F; s; son 3467; yes; yes; id- 73 374
3523 Denalsoie, Belva; f; 1921 12; Navajo; F; s; gr-dau 3468; yes; yes; id- 73 370

3524 Smith, John; m; 1890 43; Navajo; F; m; head 3469; yes; yes; id- 75 348
3525 " Bessie; f; 1893 40; Navajo; F; m; wife 3470; yes; yes; id- 75 349
3526 " Joe; m; 1915 18; Navajo; F; s; son 3471; yes; yes; id- 75 350
3527 " Jack; m; 1920 13; Navajo; F; s; son 3472; yes; yes; id- 75 352
3528 " Gale; m; 1923 10; Navajo f; s; son 3473; yes; yes; id- 75 353
3529 " Calvin; m; 1926 7; Navajo; F; s; son 3474; yes; yes; id- 75 354
3530 " Fay; f; 1929 4; Navajo; F; s; dau 3475; yes; yes; id- 79 822
3531 " Juanita; f; 1931 2; Navajo; F; s; dau 3476; yes; yes; id- 71 955
3532 Littleman, Anna; f; 1918 15; Navajo; F; s; step-dau 3477; yes; yes; id- 75 351

3533 Smith, Joe E; m; 1912 21; Navajo; F; s; head 3478; yes; yes; id- 71 514

3534 Smith, Lula; f; 1912 21; Navajo; F; s; head 3479; yes; yes; id- 71 924

3535 Smith, Rex E; m; 1888 45; Navajo; F; m; head 3480; yes; yes; id- 75 665
3536 " Amy; f; 1912 21; Navajo; F; m; wife 3481; yes; yes; id- 75 667
3537 Yeneghe, Mary; f; 1923 10; Navajo; F; s; sis-in-law 3482; yes; yes; id-75 668

Western Navajo Reservation
1933 Census Roll

Key: Number; Surname Given; Sex; Year Born and Age at Last Birthday; Tribe; Degree of Blood; Marital Status; Relationship to Head of Family & No. Last Census Roll; At Jurisdiction Where Enrolled (Yes/No); (If no – Where); Ward (Yes/No); Allotment Annuity and/or Identification Numbers

3538 Smith, Sally; f; 1913 20; Navajo; F; s; head 3483; yes; yes; id- 77 389
3539 "   Anna Mary; f; 1929 4; Navajo; F; s; dau 3484; yes; yes; id- 77 757
3540 "   Richard; m; 1930 3; Navajo; F; s; son 3485; yes; yes; id- 77 758

3541 Smith, Willie; m; 1911 22; Navajo; F; s; head 3486; yes; yes; id- 75 372

3542 Smoker, Jim; m; 1901 32; Navajo; F; s; head 3487; yes; yes; id- 81 910

3543 Snag, Duglas[sic]; m; 1876 57; Navajo; F; m; head 3488; yes; yes; id- 73 606
3544 "   Dora; f; 1878 55; Navajo; F; m; wife 3489; yes; yes; id- 73 607
3545 Seaton, Nora; f; 1919 14; Navajo; F; s; ward 3490; yes; yes; id- 73 595

3546 Sosie, Nellie Fisher; f; 1921[sic] 21; Navajo; F; m; wife 1478; yes; Married
                          Attsiddie Benallie Sosie (Keams Canyon); yes; id- 73 188
3547 "   Bah; f; 1931 2; Navajo; F; s; dau none; yes; yes; id- 73 869

3548 Sombrero, Julius; m; 1887 46; Navajo; F; m; head 3491; yes; yes; id- 85 858
3549 "   Elsie; f; 1890 43; Navajo; F; m; wife 3492; yes; yes; id- 85 859
3550 "   Albert; m; 1914 19; Navajo; F; s; son 3493; yes; yes; id- 85 860
3551 "   Leslie; m; 1916 17; Navajo; F; s; son 3494; yes; yes; id- 85 861
3552 "   Nellie; f; 1921 12; Navajo; F; s; dau 3495; yes; yes; id- 85 862
3553 "   Flora; f; 1923 10; Navajo; F; s; dau 3496; yes; yes; id- 85 863
3554 "   Delbert; m; 1925 8; Navajo; F; s; son 3497; yes; yes; id- 85 864

3555 Sonny, Jack; m; 1913 20; Navajo; F; s; head 3498; yes; yes; id- 71 455

3556 Sonny, James; m; 1913 20; Navajo; F; s; alone 3499; yes; yes; id- 82 184

3557 Sosie, Adam; m; 1898 35; Navajo; F; m; head 3500; yes; yes; id- 71 584
3558 "   Laura; f; 1909 24; Navajo; F; m; wife 3501; yes; yes; id- 71 594
3559 "   Adaline; f; 1923 10; Navajo; F; s; dau 3502; yes; yes; id- 71 586
3560 "   Alvin; m; 1925 8; Navajo; F; s; son 3503; yes; yes; id- 71 587
3561 "   Elmer; m; 1926 7; Navajo; F; s; son 3504; yes; yes; id- 71 588
3562 "   Hiram; m; 1927 6; Navajo; F; s; son 3505; yes; yes; id- 71 595
3563 "   Elwood; m; 1929 4; Navajo; F; s; son 3506; yes; yes; id- 71 874

3564 Speck, Bill; m; 1877 56; Navajo; F; m; head 3507; yes; yes; id- 73 583
3565 "   Betsie; f; 1893 40; Navajo; F; m; wife 3508; yes; yes; id- 73 641
3566 "   Earl; m; 1917 16; Navajo; F; s; son 3509; yes; yes; id- 73 642
3567 "   Eunice; f; 1920 13; Navajo; F; s; dau 3510; yes; yes; id- 73 643
3668 "   Sarah; f; 1925 8; Navajo; F; s; dau 3512; yes; yes; id- 73 644
3569 "   Allen; m; 1928 5; Navajo; F; s; son 3513; yes; yes; id- 73 805
3570 "   Daisy; f; 1930 3; Navajo; F; s; dau 3514; yes; yes; id- 73 847

Western Navajo Reservation
1933 Census Roll

Key: Number; Surname Given; Sex; Year Born and Age at Last Birthday; Tribe; Degree of Blood; Marital Status; Relationship to Head of Family & No. Last Census Roll; At Jurisdiction Where Enrolled (Yes/No); (If no – Where); Ward (Yes/No); Allotment Annuity and/or Identification Numbers

3571 Spence, Sam; m; 1900 33; Navajo; F; m; head 3515; yes; yes; id- 77 579
3572 " Marie; f; 1910 23; Navajo; F; m; wife 3516; yes; yes; id- 77 580
3573 " Barbara; f; 1927 6; Navajo; F; s; dau 3517; yes; yes; id- 77 581
3574 " Mary; f; 1929 4; Navajo; F; s; dau 3518; yes; yes; id- 77 744

3575 Spencer, Joe; m; 1907 26; Navajo; F; s; head 3519; yes; yes; id- 77 619

3576 Spencer, John; m; 1908 25; Navajo; F; s; head 3520; yes; yes; id- 82 156

3577 Spoon, Rex; m; 1886; 47; Navajo; F; s; head 3521; yes; yes; id- 81 889

3578 Standish, Miles; m; 1846 87; Navajo; F; m; head 3522; yes; yes; id- 77 654
3579 " Vera; f; 1845 88; Navajo; F; m; wife 3523; yes; yes; id- 77 655
3580 " Loran; m; 1923 10; Navajo; F; s; grd-son 3524; yes; yes; id- 77 656

3581 Stanley, Jack; m; 1898 35; Navajo; F; m; head 3525; yes; yes; id- 73 267
3582 " Ellen; f; 1897 36; Navajo; F; m; wife 3526; yes; yes; id- 73 268
3583 " Jellie; m; 1919 14; Navajo; F; s; son 3527; yes; yes; id- 73 478
3584 " Harry; m; 1924 9; Navajo; F; s; son 3529; yes; yes; id- 73 480
3585 " Kay; m; 1926 7; Navajo; F; s; son 3530; yes; yes; id- 73 481
3586 " Beulah; f; 1929 4; Navajo; F; s; dau 3531; yes; yes; id- 73 812

3587 Stanley, John; m; 1900 33; Navajo; F; m; head 3532; yes; yes; id- 73 261
3588 " Polly; f; 1901 32; Navajo; F; m; wife 3533; yes; yes; id- 73 030
3589 " Jones; m; 1929 4; Navajo; F; s; son 3534; yes; yes; id- 73 744
3590 Holiday, Ford; m; 1923 10; Navajo; F; s; step-son 3535; yes; yes; id- 73 021
3591 " Cleo; f; 1925 8; Navajo; F; s; step-dau 3536; yes; yes; id- 73 022

3592 Stanley, Johnnie; m; 1906 27; Navajo; F; m; head 3537; yes; yes; id- 73 243
3593 " Aida; f; 1909 24; Navajo; F; m; wife 3538; yes; yes; id- 73 244
3594 " Zella; f; 1926 7; Navajo; F; s; dau 3539; yes; yes; id- 73 245
3595 " Fay; f; 1928 5; Navajo; F; s; dau 3540; yes; yes; id- 73 246
3596 " Dorothy; f; 1930 3; Navajo; F; s; dau 3541; yes; yes; id- 73 813

3597 Stevens, Elsin; m; 1907 26; Navajo; F; s; head 3542; yes; yes; id- 81 838

3598 Stevens, George; m; 1883 50; Navajo; F; m; head 3543; yes; yes; id- 81 784
3599 " Lola; f; 1888 45; Navajo; F; m; wife#1 3544; yes; yes; id- 81 834
3600 " Frank; m; 1922 11; Navajo; F; s; son 3545; yes; yes; id- 81 835
3601 " Evelyn; f; 1924 9; Navajo; F; s; dau 3546; yes; yes; id- 81 836
3602 " Rex; m; 1927 6; Navajo; F; s; son 3547; yes; yes; id- 81 837
3603 " Starley; m; 1929 4; Navajo; F; s; son 3548; yes; yes; id- 83 674
3604 " Maud; f; 1895 38; Navajo; F; m; wife#2 3549; yes; yes; id- 81 785
3605 " Jerome; m; 1910 23; Navajo; F; s; son 3550; yes; yes; id- 81 788

Western Navajo Reservation
1933 Census Roll

Key: Number; Surname Given; Sex; Year Born and Age at Last Birthday; Tribe; Degree of Blood; Marital Status; Relationship to Head of Family & No. Last Census Roll; At Jurisdiction Where Enrolled (Yes/No); (If no – Where); Ward (Yes/No); Allotment Annuity and/or Identification Numbers

3606 Stevens, Henry; m; 1922 11; Navajo; F; s; son 3551; yes; yes; id- 81 876
3607 " Patsy; f; 1929 4; Navajo; F; s; dau 3552; yes; yes; id- 83 673
3608 " Lyle; m; 1930 2; Navajo; F; s; son 3553; yes; yes; id- 71 951
3609 " Sue; f; 1932 1; Navajo; F; s; dau none; yes; yes; id- 75 743

3610 Stevens, Min; f; 1845 88; Navajo; F; wd; head 3554; yes; yes; id- 85 888
3611 " Eva; f; 1923 10; Navajo; F; s; gr-dau 3555; yes; yes; id- 85 891

3612 Stiles, Delia; f; 1900 33; Navajo; F; sep; head 3556; yes; yes; id- 71 007
3613 " Crystal; m; 1922 11; Navajo; F; s; son 3557; yes; yes; id- 71 008
3614 " Winner; m; 1926 7; Navajo; F; s; son 3558; yes; yes; id- 71 009
3615 " Paul; m; 1930 3; Navajo; F; s; son 3559; yes; yes; id- 71 886

3616 Stone, Raymond; m; 1885 48; Navajo; F; m; head 3560; yes; yes; id- 79 437
3617 " Babe; f; 1897 36; Navajo; F; m; wife 3561; yes; yes; id- 79 438
3618 " Green; m; 1915 18; Navajo; F; s; soon 3562; yes; yes; id- 79 555
3619 " Irene; f; 1918 15; Navajo; F; s; dau 3563; yes; yes; id- 79 556
3620 " Peggy; f; 1921 12; Navajo; F; s; dau 3564; yes; yes; id- 79 557
3621 " Floyd; m; 1926 7; Navajo; F; s; son 3566; yes; yes; id- 79 439
3622 " Paul; m; 1929 4; Navajo; F; s; son 3567; yes; yes; id- 79 851

3623 Strong, John; m; 1894 39; Navajo; F; m; head 3568; yes; yes; id- 82 207
3624 " Edna; f; 1906 27; Navajo; F; m; wife 3569; yes; yes; id- 82 001
3625 " May; f; 1927 6; Navajo; F; s; dau 3570; yes; yes; id- 82 004
3626 " Bettie; f; 1923 10; Navajo; F; s; step dau 3571; yes; yes; id- 82 003
3627 " Rose; f; 1914 19; Navajo; F; s; sis-in-law 3572; yes; yes; id- 82 002

3628 Sullivan, Berg; m; 1887 46; Navajo; F; m; head 3573; yes; yes; id- 73 218
3629 " Seva; f; 1893 40; Navajo; F; m; wife 3574; yes; yes; id- 73 219

3630 Sullivan, John; m; 1875 58; Navajo; F; m; head 3575; yes; yes; id- 77 573
3631 " Bertha; f; 1894 39; Navajo; F; m; wife 3576; yes; yes; id- 77 574

3632 Tacheen, Dan; m; 1880 53; Navajo; F; m; head 3577; yes; yes; id- 81 815
3633 " Lutie; f; 1878 55; Navajo; F; m; wife#1 3578; yes; yes; id- 81 821
3634 " Kenneth; m; 1903 29; Navajo; F; s; son 3579; yes; yes; id- 81 826
3635 " Edwin; m; 1913 20; Navajo; F; s; son 3580; yes; yes; id- 81 823
3636 " Abel; m; 1914 19; Navajo; F; s; son 3581; yes; yes; id- 81 824
3637 " Frank; m; 1920 13; Navajo; F; s; son 3582; yes; yes; id- 81 825
3638 " Thelma; f; 1895 38; Navajo; F; m; wife#2 3583; yes; yes; id- 81 816
3639 " Susan; f; 1913 20; Navajo; F; s; dau 3584; yes; yes; id- 81 817
3640 " Forest; m; 1920 13; Navajo; F; s; son 3585; yes; yes; id- 81 818
3641 " Ada; f; 1925 8; Navajo; F; s; dau 3586; yes; yes; id- 81 819
3642 " May; f; 1928 5; Navajo; F; s; dau 3587; yes; yes; id- 81 820

Western Navajo Reservation
1933 Census Roll

Key: Number; Surname Given; Sex; Year Born and Age at Last Birthday; Tribe; Degree of Blood; Marital Status; Relationship to Head of Family & No. Last Census Roll; At Jurisdiction Where Enrolled (Yes/No); (If no – Where); Ward (Yes/No); Allotment Annuity and/or Identification Numbers

3643 Tacheen, Emaline; f; 1932 1; Navajo; F; s; dau none; yes; yes; id- 75 771

3644 Tacheen, William. m; 1909 24; Navajo; F; m; head 3588; yes; yes; id- 81 823
3645 " Janet Hoschian; f; 1915 18; Navajo; F; m; wife 3589; yes; yes; id- 71 560

3646 Tacheene, Jack; m; unk; Navajo; F; m; head 3590; yes; yes; id- 82 208
3647 " Leona; f; 1887 46; Navajo; F; m; wife 3591; yes; yes; id- 81 599
3648 " Jack, Jr; m; 1907 26; Navajo; F; s; son 3592; yes; yes; id- 82 119
3649 " Ray Sherman; m; 1912 21; Navajo; F; s; son 3593; yes; yes; id- 81 600
3650 " Eugene; m; 1914 19; Navajo; F; s; son 3594; yes; yes; id- 81 601
3651 " Arlie; f; 1010 14; Navajo; F; s; dau 3595; yes; yes; id- 81 602
3652 " Amelia; f; 1927 6; Navajo; F; s; dau 3596; yes; yes; id- 81 603
3653 " Kee; m; 1929 4; Navajo; F; s; son 3597; yes; yes; id- 82 117
3654 " Homer; m; 1930 3; Navajo; F; s; son 3598; yes; yes; id- 83 682

3655 Tachenney, Clyde; m; 1876 57; Navajo; F; m; head 3599; yes; yes; id- 83 668
3656 " Lyle Blanket; f; 1888 45; Navajo; F; m; wife 649; yes; yes; id- 71 804

3657 Tachenney, John; m; 1609 24; Navajo; F; s; head 3600; yes; yes; id- 81 416

3658 Tachinnie, Van; m; 1908 25; Navajo; F; m; head; 3601; yes; yes; id- 71 684
3659 " Ada; f; 1910 23; Navajo; F; m; wife 3602; yes; yes; id- 81 897

3660 Tachony, Austin; m; 1909 24; Navajo; F; s; head 3603; yes; yes; id- 71 618

3661 Tachony, Felix; m; 1900 33; Navajo; F; s; head 3604; yes; yes; id- 71 893

3662 Tachony, Slim; m; 1904 29; Navajo; F; m; head 3605; yes; yes; id- 71 568
3663 " Adelle; f; 1907 26; Navajo; F; m; wife 3606; yes; yes; id- 71 569
3664 " Joan; f; 1926 7; Navajo; F; s; dau 3607; yes; yes; id- 71 570
3665 " Asher; m; 1928 5; Navajo; F; s; son 3608; yes; yes; id- 71 571

3666 Taddytin, Clyde; m; 1907 26; Navajo; F; s; head 3609; yes; yes; id- 85 777

3667 Tahnezzahni, John; m; 1899 34; Navajo; F; m; head 3610; yes; yes; id- 71 614
3668 " Carrie; f; 1901 32; Navajo; F; m; wife 3611; yes; yes; id- 71 010
3669 " Francis; m; 1923 10; Navajo; F; s; son 3612; yes; yes; id- 71 015
3670 " Juanita; f; 1925 8; Navajo; F; s; dau 3613; yes; yes; id- 71 016
3671 " Leona; f; 1927 6; Navajo; F; s; dau 3614; yes; yes; id- 71 017
3672 " Rose; f; 1929 4; Navajo; F; s; dau 3615; yes; yes; id- 71 918
3673 " Edward; m; 1931 2; Navajo; F; s; son 3616; yes; yes; id- 75 724
3674 Johnson, Hiram; m; unk; Navajo; F; s; step-son 3617; yes; yes; id- 71 011
3575 " Slim; m; 1912 21; Navajo; F; s; step-son 3618; yes; yes; id- 71 012
3676 " Mary; f; 1915 18; Navajo; F; s; step-dau 3619; yes; yes; id- 71 013

Western Navajo Reservation
1933 Census Roll

Key: Number; Surname Given; Sex; Year Born and Age at Last Birthday; Tribe; Degree of Blood; Marital Status; Relationship to Head of Family & No. Last Census Roll; At Jurisdiction Where Enrolled (Yes/No); (If no – Where); Ward (Yes/No); Allotment Annuity and/or Identification Numbers

3677 Johnson, Gray; m; 1921 12; Navajo; F; s; step-son 3620; yes; yes; id- 71 014

3678 Tait, Effie; f; 1856 77; Navajo; F; wd; head 3621; yes; yes; id- 85 711

3679 Talbot, Leo; m; 1887 46; Navajo; F; m; head 3622; yes; yes; id- 81 833
3680 " Grace; f; 1893 40; Navajo; F; m; wife 3623; yes; yes; id- 81 827
3681 " Ferris; m; 1912 21; Navajo; F; s; son 3624; yes; yes; id- 81 857
3682 " William; m; 1914 19; Navajo; F; s; son 3625; yes; yes; id- 81 828
3683 " Ford; m; 1914 19; Navajo; F; s; son 3626; yes; yes; id- 81 829
3684 " Juliet; f; 1919 14; Navajo; F; s; dau 3627; yes; yes; id- 81 830
3685 " Pat; m; 1924 9; Navajo; F; s; son 3628; yes; yes; id- 81 831
3686 " Elsie; f; 1926 7; Navajo; F; s; dau 3629; yes; yes; id- 81 832
3687 " Rachel, f; 1929 4; Navajo; F; s; dau none; yes; yes; id- 75 792
3688 " Eva; f; 1931 2; Navajo; F; s; dau 3630; yes; yes; id- 71 965
3689 " Irma; f; 1933 1 mon.; Navajo; F; s; dau none; yes; yes; id- 75 791

3690 Talker, Bob; m; unk; Navajo; F; m; head 3631; yes; yes; id- 79 511
3691 " Janet; f; 1897 36; Navajo; F; m; wife 3632; yes; yes; id- 79 477
3692 " Tom; m; 1913 20; Navajo; F; s; don 3683; yes; yes; id- 79 505
3693 " Mabel; f; 1914 19; Navajo; F; s; dau 3684; yes; yes; id- 79 478
3694 " Lilly; f; 1921 12; Navajo; F; s; dau 3585; yes; yes; id- 79 481
3695 " Bert; m; 1924 9; Navajo; F; s; son 3686; yes; yes; id- 79 480
3696 " Roy; m; 1929 4; Navajo; F; s; son 3687; yes; yes; id- 79 821

3697 Talker, Harriet; f; 1896 37; Navajo; F; wd; head 3638; yes; yes; id- 75 254
3698 " Patsy; f; 1923 10; Navajo; F; s; dau 3639; yes; yes; id- 75 255
3699 " Kitty; f; 1926 7; Navajo; F; s; dau 3640; yes; yes; id- 75 256

3700 Talker, Silas; m; 1873 60; Navajo; F; m; head 3641; yes; yes; id- 77 423
3701 " Mercy; f; 1913 20; Navajo; F; m; wife 3642; yes; yes; id- 71 178
3702 " Stacy; m; 1930 3; Navajo; F; s; son 3643; yes; yes; id- 71 870

3703 Tall, Harry; m; 1869 64; Navajo; F; s; head 3645; yes; yes; id- 81 762

3704 Tall, Robert; m; 1860 73; Navajo; F; wd; head 3646; yes; yes; id- 81 761

3705 Tall, Roy; m; 1900 33; Navajo; F; m; head 3647; yes; yes; id- 82 025
3706 " June; f; 1908 25; Navajo; F; m; wife 3648; yes; yes; id- 82 026
3707 " Richard; m; 1923 10; Navajo; F; s; son 3649; yes; yes; id- 82 027
3708 " William; m; 1926 7; Navajo; F; s; son 3650; yes; yes; id- 82 028
3709 " Homer; m; 1928 5; Navajo; F; s; son 3651; yes; yes; id- 82 029
3710 " Lois; f; 1931 2; Navajo; F; s; dau none; yes; yes; id- 75 752

3711 Tall, Ruby; f; 1856 77; Navajo; F; wd; head 3652; yes; yes; id- 82 033

Western Navajo Reservation
1933 Census Roll

Key: Number; Surname Given; Sex; Year Born and Age at Last Birthday; Tribe; Degree of Blood; Marital Status; Relationship to Head of Family & No. Last Census Roll; At Jurisdiction Where Enrolled (Yes/No); (If no – Where); Ward (Yes/No); Allotment Annuity and/or Identification Numbers

3712 Tallman, Chester; m; 1875 58; Navajo; F; m; head 3653; yes; yes; id- 71 425
3713 " Bertha; f; 1882 51; Navajo; F; m; wife 3654; yes; yes; id- 71 426
3714 " Herbert; m; 1908 25; Navajo; F; s; son 3655; yes; yes; id- 71 427
3715 " Ancil; m; 1912 21; Navajo; F; s; son 3656; yes; yes; id- 71 428
3716 " Raymond; m; 1918 15; Navajo; F; s; son 3658; yes; yes; id- 71 429
3717 " Blanche; f; 1920 13; Navajo; F; s; dau 3659; yes; yes; id- 71 430
3718 " Anna; f; 1923 10; Navajo; F; s; dau 3660; yes; yes; id- 71 432
3719 " Dewey; m; 1925 8; Navajo; F; s; son 3661; yes; yes; id- 71 433

3720 Tallman; Paul; m; 1873 60; Navajo; F; m; head 3662; yes; yes; id- 82 098
3721 " Susie; f; 1868 65; Navajo; F; m; wife#1 3663; yes; yes; id- 82 106
3722 " Cathryn; f; 1904 30; Navajo; F; m; wife#2 3664; yes; yes; id- 82 099
3723 " Ben; m; 1912 21; Navajo; F; s; son 3665; yes; yes; id- 82 086
3724 " Lola; f; 1918 15; Navajo; F; s; dau 3666; yes; yes; id- 82 103
3725 " Alvin; m; 1918 15; Navajo; F; s; son 3667; yes; yes; id- 82 090
3726 " Arlo; m; 1919 14; Navajo; F; s; son 3668; yes; yes; id- 82 104
3727 " Jessie; m; 1920 13; Navajo; F; s; son 3669; yes; yes; id- 82 105
3728 " Elsie; f; 1920 13; Navajo; F; s; dau 3670; yes; yes; id- 82 100
3729 " Minnie; f; 1922 11; Navajo; F; s; dau 3671; yes; yes; id- 82 101
3730 " May; f; 1928 5; Navajo; F; s; dau 3672; yes; yes; id- 82 102
3731 " Alvin Grass; m; 1915 18; Navajo; F; s; son 3673; yes; yes; id- 82 166

3732 Tallman; Nancy; f; 1838 95; Navajo; F; wd; head 3674; yes; yes; id- 82 107

3733 Tallwoman, Mother; f; 1863 70; Navajo; F; wd; head 3675; yes; yes; id- 75 307

3734 Tallwoman, Pearl; f; 1887 46; Navajo; F; wd; head 3676; yes; yes; id- 75 302
3735 " Elwood; m; 1910 23; Navajo; F; s; 3677; yes; yes; id- 75 303
3736 " Merle; f; 1912 21; Navajo; F; s; dau 3678; yes; yes; id- 75 304
3737 " Wanda Runningwater; f; 1917 16; Navajo; F; s; dau 3679; yes; yes; id- 75 305
3738 " Kee; m; 1922 11; Navajo; F; s; son 3680; yes; yes; id- 75 306

3739 Talmage, John; m; 1912 21; Navajo; F; m; head 3681; yes; yes; id- 71 223
3740 " Norma; f; 1903 29; Navajo; F; m; wife 3682; yes; yes; id- 71 224
3741 " Nan; f; 1929 4; Navajo; F; s; dau 3683; yes; yes; id- 71 825
3742 " Felix; m; 1923 9; Navajo; F; s; adpt-son 3684; yes; yes; id- 71 225

4743[sic]Tapanyazzie, Bama; f; unk; Navajo; F; wd; head 3685; yes; yes; id- 71 194

3744 Tate, Dick; m; 1896 37; Navajo; F; m; head 3686; yes; yes; id- 82 084
3745 " Marie; f; 1881 52; Navajo; F; m; wife#1 3687; yes; yes; id- 82 139
3746 " Lula; f; 1920 13; Navajo; F; s; dau 3689; yes; yes; id- 82 141
3747 " Elsie; f; 1928 5; Navajo; F; s; dau 3690; yes; yes; id- 82 142
3748 " Louise; f; 1908 25; Navajo; F; m; wife#2 3691; yes; yes; id- 82 143

Western Navajo Reservation
1933 Census Roll

Key: Number; Surname Given; Sex; Year Born and Age at Last Birthday; Tribe; Degree of Blood; Marital Status; Relationship to Head of Family & No. Last Census Roll; At Jurisdiction Where Enrolled (Yes/No); (If no – Where); Ward (Yes/No); Allotment Annuity and/or Identification Numbers

3749 Tate, Susie; f; 1925 8; Navajo; F; s; dau 3692; yes; yes; id- 82 501
3750   " Joe; m; 1927 6; Navajo; F; s; son 3693; yes; yes; id- 82 213
3751   " Nora; f; 1929 4; Navajo; F; s; dau 3694; yes; yes; id- 82 171
3752   " Edgar; m; 1931 2; Navajo; F; s; son 3695; yes; yes; id- 71 850

N.E. Taylor, Frank; m; unk; Navajo; F; m; head [blank]; Enrolled at Leupp
3753   " Isabel Begaysonbegay; f; 1911 22; Navajo; F; m; wife 1536; yes; yes; id- 82 134
3754   " Lloyd David; m; 1932 5 mon.; Navajo; F; s; son none; yes; yes; id- 83 692

3755 Teal, Nonie; f; 1858 75; Navajo; F; wd; head 3696; yes; yes; id- 71 145

3756 Teamster, Jim; m; 1883 50; Navajo; F; m; head 3697; yes; yes; id- 75 580

3757 Teamster, Leon; m; 1903 30; Navajo; F; m; head 3698; yes; yes; id- 75 569
3758   " Roslyn; f; 1903 30; Navajo; F; m; wife 3699; yes; yes; id- 75 570
3759   " Don; m; 1920 13; Navajo; F; s; son 3700; yes; yes; id- 75 571
3760   " Frona; f; 1922 11; Navajo; F; s; dau 3701; yes; yes; id- 75 572
3761   " Mary Lee; f; 1925 8; Navajo; F; s; dau 3702; yes; yes; id- 75 573
3762   " Viola; f; 1927 6; Navajo; F; s; dau 3703; yes; yes; id- 75 574
3763   " Yale; m; 1929 3; Navajo; F; s; son 3704; yes; yes; id- 79 841

3764 Tee, Willie; m; 1895 38; Navajo; F; m; head 3705; yes; yes; id- 71 704
3765   " Daisy; f; 1905 28; Navajo; F; m; wife 3706; yes; yes; id- 71 705
3766   " Grace; f; 1928 5; Navajo; F; s; dau 3707; yes; yes; id- 71 706
3767   " Jessie; f; 1931 2; Navajo; F; s; dau 3708; yes; yes; id- 77 768
3768   " Wilma; f; 1932 1; Navajo; F; s; dau none; yes; yes; id- 75 742

3769 Texas, Hosteen; m; 1865 68; Navajo; F; m; head 3709; yes; yes; id- 73 901
3770   " Hattie; f; 1882 51; Navajo; F; m; wife 3710; yes; yes; id- 73 834
3771   " Irene; f; 1915 18; Navajo; F; s; dau 3711; yes; yes; id- 73 835

3772 Thin, Arlia; f; 1853 80; Navajo; F; wd; head 3712; yes; yes; id- 79 485

3773 Thin, Giggles; f; 1913 20; Navajo; F; wd; alone 3714; yes; yes; id- 79 487

3774 Thin, Jack; m; 1878 55; Navajo; F; m; head 3715; yes; yes; id- 79 605
3775   " Elizabeth; f; 1885 48; Navajo; F; m; wife 3716; yes; yes; id- 79 482
3776   " Dan; m; 1911 22; Navajo; F; s; 3717; yes; yes; id- 79 554
3777   " Albert; m; 1923 10; Navajo; F; s; son 3718; yes; yes; id- 79 483
3778   " Ned; m; 1926 7; Navajo; F; s; son 3719; yes; yes; id- 79 484
3779   " Henry; m; 1931 2; Navajo; F; s; son 3720; yes; yes; id- 77 759

3780 Thin, May; f; 1909 24; Navajo; F; wd; head 3721; yes; yes; id- 79 486

Western Navajo Reservation
1933 Census Roll

Key: Number; Surname Given; Sex; Year Born and Age at Last Birthday; Tribe; Degree of Blood; Marital Status; Relationship to Head of Family & No. Last Census Roll; At Jurisdiction Where Enrolled (Yes/No); (If no – Where); Ward (Yes/No); Allotment Annuity and/or Identification Numbers

3781 Thomas, Wesley; m; 1904 29; Navajo; F; s; head 3722; yes; yes; id- 71 411

3782 Tisi, Boyd; m; 1906 27; Navajo; F; m; head 3723; yes; yes; id- 71 654
3783 " Jane; f; 1909 24; Navajo; F; m; wife 3724; yes; yes; id- 71 655
3784 " Ida; f; 1927 6; Navajo; F; s; dau 3725; yes; yes; id- 71 656
3785 " Billie; m; 1930 3; Navajo; F; s; son 3726; yes; yes; id- 71 946

3786 Tisi, Paul; m; 1906 27; Navajo; F; m; head 3727; yes; yes; id- 71 682
3787 " Helen; f; 1909 24; Navajo; F; m; wife 3728; yes; yes; id- 71 795
3788 " Albert; m; 1930 3; Navajo; F; s; son 3729; yes; yes; id- 71 862

3789 Todechen, Ned; m; 1894 39; Navajo; F; m; head 3730; yes; yes; id- 73 671
3790 " Nedrea; f; 1909 35; Navajo; F; m; wife#1 3731; yes; yes; id- 73 672
3791 " Frank; m; 1915 18; Navajo; F; s; son 3732; yes; yes; id- 73 679
3792 " Boneta; f; 1920 13; Navajo; F; s; dau 3733; yes; yes; id- 73 661
3793 " Peter; m; 1920 13; Navajo; F; s; son 3734; yes; yes; id- 73 680
3794 " Bertha; f; 1926 7; Navajo; F; s; dau 3735; yes; yes; id- 73 673
3795 " Beatrice; f; 1902 31; Navajo; F; m; wife#2 3736; yes; yes; id- 73 674
3796 " Violet; f; 1921 12; Navajo; F; s; dau 3737; yes; yes; id- 73 675
3797 " Cecil; m; 1923 10; Navajo; F; s; son 3738; yes; yes; id- 73 676
3798 " Karl; m; 1926 7; Navajo; F; s; son 3739; yes; yes; id- 73 677
3799 " Alice; f; 1929 3½; Navajo; F; s; dau 3740; yes; yes; id- 73 829

3800 Todechen, Mother; f; 1848 85; Navajo; F; wd; head 3741; yes; yes; id- 73 678

3801 Tohannie, Bernard; m; 1865 68; Navajo; F; m; head 3742; yes; yes; id- 71 267
3802 " Florence; f; unk; Navajo; F; m; wife 3743; yes; yes; id- 71 268

3803 Tohannie, James; m; 1908 25; Navajo; F; s; head 3744; yes; yes; id- 71 483

3804 Tohannie, Thomas; m; 1887 46; Navajo; F; m; head 3745; yes; yes; id- 71 270
3805 " Grace; f; 1905 28; Navajo; F; m; wife 3746; yes; yes; id- 71 271
3806 " Bert; m; 1922 11; Navajo; F; s; son 3747; yes; yes; id- 71 272
3807 " Rena; f; 1926 7; Navajo; F; s; dau 3748; yes; yes; id- 71 273
3808 " Lola; f; 1929 4; Navajo; F; s; dau 3749; yes; yes; id- 77 766
3809 " Leroy; m; 1930 3; Navajo; F; s; son 3750; yes; yes; id- 71 975
3810 " Mildred; f; 1930 3; Navajo; F; s; dau 3751; yes; yes; id- 71 950

3811 Tohdcheenie, Hosteen; m; 1882 51; Navajo; F; m; head 3752; yes; Family at Leupp Reservation; yes; id- 71 881

3812 Tomasyo, Leslie; m; 1885 38; Navajo; F; m; head 3753; yes; yes; id- 85 767
3813 " Myrtle; f; 1907 26; Navajo; F; m; wife 3754; yes; yes; id- 85 768
3814 " Ferl; m; 1925 8; Navajo; F; s; son 3755; yes; yes; id- 85 769

Western Navajo Reservation
1933 Census Roll

Key: Number; Surname Given; Sex; Year Born and Age at Last Birthday; Tribe; Degree of Blood; Marital Status; Relationship to Head of Family & No. Last Census Roll; At Jurisdiction Where Enrolled (Yes/No); (If no – Where); Ward (Yes/No); Allotment Annuity and/or Identification Numbers

3815 Tomasyo, Ilene; f; 1927 6; Navajo; F; s; dau 3756; yes; yes; id- 85 770
3816 " Ford; m; 1930 3; Navajo; F; s; son 3757; yes; yes; id- 81 443

3817 Tonny, Chee; m; unk; Navajo; F; wd; head 3758; yes; yes; id- 71 044
3818 " Ruby; f; 925 8; Navajo; F; s; dau 3759; yes; yes; id- 71 048
3819 " Dinah; f; 1915 18; Navajo; F; s; step-dau 3760; yes; yes; id-71 045
3820 " Grace; f; 1918 15; Navajo; F; s; step dau 3761; yes; yes; id- 71 046
2821 " Isabell; f; 1921 12; Navajo; F; s; step dau 3762; yes; yes; id- 71 047

3822 Tonny, Pah Sanni; f; 1848 85; Navajo; F; wd; head 3763; yes; yes; id- 71 049

3823 Tracy, Phillip; m; 1902 31; Navajo; F; m; head 3764; yes; yes; id- 77 694
3824 " Dezbah; f; 1908 25; Navajo; F; m; wife 3765; yes; yes; id- 77 562
3825 " Francis; m; 1929 4; Navajo; F; s; son 3766; yes; yes; id- 77 563

3826 Tracy, Tom; m; 1904 29; Navajo; F; m; head 3767; yes; yes; id- 81 542
3827 " Lucy; f; 1908 25; Navajo; F; m; wife 3768; yes; yes; id- 81 541

3828 Trowbridge, Allie; f; 1850 83; Navajo; F; wd; head 3769; yes; yes; id- 71 766

3829 Tsecody, Charley; m; 1905 28; Navajo; F; s; head 3770; yes; yes; id- 71 173

3830 Tsecody, Peter; m; 1907 26; Navajo; F; s; head 3771; yes; yes; id- 71 676

3831 Tsiniger, Sonnie; m; 1891 42; Navajo; F; m; head 3772; yes; yes; id- 85 744
3832 " Lou; f; 1908 25; Navajo; F; m; wife 3773; yes; yes; id- 85 745
3833 " Tessie; f; 1927 6; Navajo; F; s; dau 3774; yes; yes; id- 85 748
3834 " Freddie; m; 1929 4; Navajo; F; s; son 3775; yes; yes; id- 81 435
3835 " Frank; m; 1918 15; Navajo; F; s; step-son 3776; yes; yes; id- 85 746
3836 " Verl; m; 1920 13; Navajo; F; s; step-son 3777; yes; yes; id- 85 747

3837 Tsinigin, Tony; m; 1875 58; Navajo; F; m; head 3778; yes; yes; id- 81 739
3838 " Emma; f; 1878 55; Navajo; F; m; wife#2 3779; yes; yes; id- 81 737
3839 " Mary; f; 1884 49; Navajo; F; m; wife#2 3780; yes; yes; id- 81 727
3840 " Maxine; f; 1921 12; Navajo; F; s; dau 3782; yes; yes; id- 81 731
3841 " Frank; m; 1925 8; Navajo; F; s; son 3783; yes; yes; id- 81 730

3842 Tsiniginie, Alvin; m; 1889 44; Navajo; F; m; head 3784; yes; yes; id- 81 789
3843 " Leola; f; 1890 43; Navajo; F; m; wife 3785; yes; yes; id- 71 770
3844 " Steven; m; 1909 24; Navajo; F; s; son 3786; yes; yes; id- 81 903
3845 " Byron; m; 1913 20; Navajo; F; s; son 3787; yes; yes; id- 81 771
3846 " Claw; m; 1915 18; Navajo; F; s; son 3788; yes; yes; id- 81 772
3847 " Mabel; f; 1918 15; Navajo; F; s; dau 3789; yes; yes; id- 81 773
3848 " Sallie; f; 1921 12; Navajo; F; s; son 3790; yes; yes; id- 81 774

Western Navajo Reservation
1933 Census Roll

Key: Number; Surname Given; Sex; Year Born and Age at Last Birthday; Tribe; Degree of Blood; Marital Status; Relationship to Head of Family & No. Last Census Roll; At Jurisdiction Where Enrolled (Yes/No); (If no – Where); Ward (Yes/No); Allotment Annuity and/or Identification Numbers

3849 Tsiniginie, Peter; m; 1922 11; Navajo; F; s; son 3791; yes; yes; id- 81 775

3850 Tsiniginie, Lloyd; m; 1902 31; Navajo; F; m; head 3792; yes; yes; id- 85 796
3851 " Elva; f; 1910 23; Navajo; F; m; wife 3793; yes; yes; id- 85 797
3852 " Edgar; m; 1925 8; Navajo; F; s; son 3794; yes; yes; id- 85 798
3853 " Rubon; m; 1927 6; Navajo; F; s; son 3795; yes; yes; id- 85 799
3854 " Paul; m; 1928 5; Navajo; F; s; son 3796; yes; yes; id- 81 438

3855 Tsinni, Harry Kale; m; 1908 25; Navajo; F; s; head 3797; yes; yes; id- 81 743

3856 Tsinni, Henry; Henry; m; 1902 31; Navajo'; f; s; head 3798; yes; yes; id- 71 129

3857 Tsinni, Maurine; f; 1911 22; Navajo; F; wd; head 3800; yes; yes; id- 71 136
3858 " Desba; f; 1929 3½; Navajo; F; s; dau 3801; yes; yes; id- 71 817
3859 " Edith; f; 1931 2; Navajo; F; s; dau 3802; yes; yes; id- 71 958

3860 Tsinni, Ray; m; 1893 40; Navajo; F; m; head 3803; yes; yes; id- 71 366
3861 " Frances; f; 1913 20; Navajo; F; m; wife 3804; yes; yes; id- 71 086
3862 " Mary; f; 1901 2; Navajo; F; s; dau 3805; yes; yes; id- 77 779

3863 Tsinni, Red; m; 1905 28; Navajo; F; m; head 3806; yes; yes; id- 71 111
3864 " May; f; 1906 27; Navajo; F; m; wife 3807; yes; yes; id- 71 112
3865 " Rose; f; 1928 5; Navajo; F; s; dau 3808; yes; yes; id- 71 115
3866 " Frank; m; 1930 3; Navajo; F; s; son 3809; yes; yes; id- 71 858

3867 Tsinnie, Albert; m; 1892 41; Navajo; F; m; head 3810; yes; yes; id- 75 491
3868 " Ethel; f; 1899 34; Navajo; F; m; wife 3811; yes; yes; id- 79 492

3869 Tsinnie, Bert; m; 1890 43; Navajo; F; m; head 3812; yes; yes; id- 75 493
3870 " Polly Anna; f; 1888 45; Navajo; F; m; wife 3813; yes; yes; id- 75 494
3871 " Abbie; f; 1908 25; Navajo; F; s; dau 3814; yes; yes; id- 75 495
3872 " Belinda Daw[sic]; f; 1915 18; Navajo; F; s; dau 3815; yes; yes; id- 75 497
3873 " Gordon Denepahe; m; 1916 17; Navajo; F; s; son 3816; yes; yes; id- 75 702
3874 " Dora; f; 1917 16; Navajo; F; s; dau 3817; yes; yes; id- 75 498

3875 Tsinnie, Ernest; m; 1893 40; Navajo; F; m; head 3818; yes; yes; id- 71 692
3876 " Helen; f; 1883 50; Navajo; F; m; wife 3819; yes; yes; id- 71 693
3877 " James; m; 1912 21; Navajo; F; s; son 3820; yes; yes; id- 71 716
3878 " Clark; m; 1918 15; Navajo; F; s; son 3821; yes; yes; id- 71 694
3879 " Alice; f; 1924 9; Navajo; F; s; dau 3822; yes; yes; id- 71 695

3880 Tsinnie, Knox; m; 1911 22; Navajo; F; m; head 3823; yes; yes; id- 71 940
3881 " Annie; f; 1905 28; Navajo; F; m; wife 3824; yes; yes; id- 71 329
3882 " Francis; m; 1930 3; Navajo; F; s; son 3825; yes; yes; id- 71 842

Western Navajo Reservation
1933 Census Roll

Key: Number; Surname Given; Sex; Year Born and Age at Last Birthday; Tribe; Degree of Blood; Marital Status; Relationship to Head of Family & No. Last Census Roll; At Jurisdiction Where Enrolled (Yes/No); (If no – Where); Ward (Yes/No); Allotment Annuity and/or Identification Numbers

3883　Akee, Lee; m; 1920 13; Navajo; F; s; step son 3826; yes; yes; id- 71 330
3884　"　　Dan; m; 1922 11; Navajo; F; s; step son 3827; yes; yes; id- 71 331
3885　"　　Kate; f; 1924 9; Navajo; F; s; step dau 3828; yes; yes; id- 71 332
3886　Tsinnie, Maybelle; f; 1932 1; Navajo; F; s; dau none; yes; yes; id- 71 995

3887　Tsinnie, Luke; m; 1895 38; Navajo; F; m; head 3829; yes; yes; id- 71 062
3888　"　　Evelyn; f; unk; Navajo; F; m; wife 3830; yes; yes; id- 71 063
3889　"　　Alma; f; 1928 5; Navajo; F; s; dau 3831; yes; yes; id- 71 064

3890　Tso, Jack; m; 1888 45; Navajo; F; m; head 3832; yes; yes; id- 71 421
3891　"　　Alberta; f; 1894 39; Navajo; F; m; wife#1 3833; yes; yes; id- 71 422
3892　"　　Oscar; m; 1928 5; Navajo; F; s; son 3834; yes; yes; id- 77 719
3893　"　　Lena; f; 1909 24; Navajo; F; m; wife#2 3835; yes; yes; id- 71 423
3894　"　　Cora; f; 1924 9; Navajo; F; s; dau 3836; yes; yes; id- 71 424
3895　"　　Maurice Black; m; 1929 4; f; s; son 3837; yes; yes; id- 71 916
3896　"　　Clara; f; 1912 21; Navajo; F; s; step dau 3838; yes; yes; id- 71 617

3897　Tso, Jack; m; 1872 61; Navajo; F; m; head 3839; yes; yes; id- 75 643
3898　"　　Henrietta; f; 1863 70; Navajo; F; m; wife#1 3849; yes; yes; id- 82 117
3899　"　　Julia; f; 1902 31; Navajo; F; s; dau 3841; yes; yes; id- 82 109
3900　"　　Oliver; m; 1910 23; Navajo; F; s; son 3842; yes; yes; id- 82 162
3901　"　　Florence; f; 1913 20; Navajo; F; s; dau 3843; yes; yes; id- 82 108
3902　"　　Sophia; f; 1914 19; Navajo; F; s; dau 3844; yes; yes; id- 82 116
3903　"　　Lucy; f; 1884 49; Navajo; F; m; wife#2 3845; yes; yes; id- 75 644

3904　Tso, Paul; m; 1903 30; Navajo; F; s; head 3846; yes; yes; id- 71 549

3905　Tsosi, Bert; m; 1901 32; Navajo; F; m; head 3847; yes; yes; id- 82 120
3906　"　　Igase; f; 1906 27; Navajo; F; m; wife 3848; yes; yes; id- 81 663
3907　"　　Mary May; f; 1927 6; Navajo; F; s; dau 3849; yes; yes; id- 81 664
3908　"　　Bert, Jr; m; 1928 5; Navajo; F; s; son 3850; yes; yes; id- 81 665
3909　"　　Lena; f; 1929 4; Navajo; F; s; dau 3851; yes; yes; id- 79 848
3910　"　　Vella; f; 1931 2; Navajo; F; s; dau 3852; yes; yes; id- 75 719

3911　Tucha, John; m; unk; Navajo; F; wd; head 3853; yes; yes; id- 71 500
3912　"　　Clarence; m; 1911 22; Navajo; F; s; son 3855; yes; yes; id- 71 502
3913　"　　John, Jr; m; 1916 17; Navajo; F; s; son 3857; yes; yes; id- 71 505
3914　"　　Stella; f; 1918 15; Navajo; F; s; dau 3858; yes; yes; id- 71 506
3915　"　　Della; f; 1922 11; Navajo; F; s; dau 3859; yes; yes; id- 71 507
3916　"　　Betty Mae; f; 1926 7; Navajo; F; s; dau 3860; yes; yes; id- 71 508

3917　Tunney, Gene; m; 1883 50; Navajo; F; m; head 3861; yes; yes; id- 77 339
3918　"　　June; f; 1866 67; Navajo; F; m; wife#1 3862; yes; yes; id- 77 340
3919　"　　Bill; m; 1909 21; Navajo; F; s; son 3863; yes; yes; id- 77 346

Western Navajo Reservation
1933 Census Roll

Key: Number; Surname Given; Sex; Year Born and Age at Last Birthday; Tribe; Degree of Blood; Marital Status; Relationship to Head of Family & No. Last Census Roll; At Jurisdiction Where Enrolled (Yes/No); (If no – Where); Ward (Yes/No); Allotment Annuity and/or Identification Numbers

3920 Tunney, George; m; 1910 23; Navajo; F; s; son 3864; yes; yes; id- 77 350
3921 " Lucille; f; 1912 21; Navajo; F; s; dau 3865; yes; yes; id- 77 342
3922 " Thurston; m; 1913 20; Navajo; F; s; son 3866; yes; yes; id- 77 344
3923 " Mary; f; 1892 41; Navajo; F; m; wife#2 3867; yes; yes; id- 77 341
3924 " Ray; m; 1914 19; Navajo; F; s; son 3868; yes; yes; id- 77 347
3925 " Joe; m; 1916 17; Navajo; F; s; son 3869; yes; yes; id- 77 345
3926 " Julia; f; 1919 14; Navajo; F; s; dau 3870; yes; yes; id- 77 343
3927 " Harold; m; 1921 12; Navajo; F; s; son 3871; yes; yes; id- 77 348
3928 " Lester; m; 1923 10; Navajo; F; s; son 3872; yes; yes; id- 77 349
3929 " Dan; m; 1928 5; Navajo; F; s; son 3873; yes; yes; id- 77 751
3930 " David; m; 1931 2; Navajo; F; s; son 3874; yes; yes; id- 77 786
3931 " Jack; m; unk; Navajo; F; s; none 3875; yes; yes; id- 77 351

3932 Twain, Mark; m; 1888 45; Navajo; F; sep; head 3876; yes; yes; id- 71 335

3933 Vaughn, John; m; 1895 38; Navajo; F; s; head 3877; yes; yes; id- 71 218

3934 Wah, John; m; unk; Navajo; F; m; head 3878; yes; yes; id- 71 6590
3935 " Dezba; f; 1908 25; Navajo; F; m; wife 3879; yes; yes; id- 71 660
3936 " Cora; f; 1924 9; Navajo; F; s; dau 3880; yes; yes; id- 71 662
3937 " Edna; f; 1928 5; Navajo; F; s; dau 3881; yes; yes; id- 71 663
3938 " Catherine; f; 1930 3; Navajo; F; s; dau 3882; yes; yes; id- 71 320

3939 Walker, Augusta; f; 1883 50; Navajo; F; sep; head 3883; yes; yes; id- 71 707
3940 " Stella; f; 1930 3; Navajo; F; s; dau 3884; yes; yes; id- 71 942
3941 Smith, Jack; m; 1904 29; Navajo; F; s; step son 3885; yes; yes; id- 71 708
3942 Davis, Rose; f; 1911 22; Navajo; F; s; step dau 3886; yes; yes; id- 71 710
3943 " Fern; f; 1917 16; Navajo; F; s; step dau 3887; yes; yes; id- 71 711

3944 Walker, Harry; m; 1908 25; Navajo; F; s head 3888; yes; yes; id- 71 785

3945 Walker, Jeanette; f; 1908 25; Navajo; F; sep; head 3889; yes; yes; id- 77 617
3946 " Loren; m; 1928 5; Navajo; F; s; son 3890; yes; yes; id- 77 618

3947 Walker, John; m; 1883 50; Navajo; F; m; head 3891; yes; yes; id- 83 633
3948 " Alice; f; 1879 54; Navajo; F; m; wife 3892; yes; yes; id- 83 634
3949 " Sally; f; 1914 19; Navajo; F; s; dau 3893; yes; yes; id- 83 365
3950 " Harry; m; 1921 12; Navajo; F; s; dau 3894; yes; yes; id- 83 366

3951 Walker, Zeke; m; 1878 55; Navajo; F; sep; head 3895; yes; yes; id- 71 576

3952 Walters, Dick; m; 1905 28; Navajo; F; m; head 3896; yes; yes; id- 81 766
3953 " Florence; f; 1908 25; Navajo; F; m; wife 3897; yes; yes; id- 81 767
3954 " Winifred; f; 1928 3; Navajo; F; s; dau 3898; yes; yes; id- 81 768

Western Navajo Reservation
1933 Census Roll

Key: Number; Surname Given; Sex; Year Born and Age at Last Birthday; Tribe; Degree of Blood; Marital Status; Relationship to Head of Family & No. Last Census Roll; At Jurisdiction Where Enrolled (Yes/No); (If no – Where); Ward (Yes/No); Allotment Annuity and/or Identification Numbers

3955 Walters, Zona; f; 1928 5; Navajo; F; s; dau 3899; yes; yes; id- 81 769
3956 " Harriett; f; 1930 3; Navajo; F; s; dau 3900; yes; yes; id- 75 728

3957 Warner, Boyd; m; 1897 36; Navajo; F; m; head 3901; yes; yes; id- 81 675
3958 " Ruth; f; 1903 30; Navajo; F; m; wife 3902; yes; yes; id- 81 676
3959 " Edna; f; 1925 8; Navajo; F; s; dau 3903; yes; yes; id- 81 677
3960 " Billie; m; 1926 7; Navajo; F; s; son 3904; yes; yes; id- 81 678
3961 " Frank; m; 1928 5; Navajo; F; s; son 3905; yes; yes; id- 81 679
3962 " Flora; f; 1932 1; Navajo; F; s; dau none; yes; yes; id- 75 745

3963 Warren, Eddie; m; unk; Navajo; F; m; head 3906; yes; yes; id- 82 198
3964 " Elsie; f; 1906 26; Navajo; F; m; wife 3907; yes; yes; id- 81 928
3965 " Elson; m; 1923 10; Navajo; F; s; son 3908; yes; yes; id- 81 929
3966 " Wilbur; m; 1925 8; Navajo; F; s; son 3909; yes; yes; id- 81 930
3967 " Joe; m; 1927 6; Navajo; F; s; son 3910; yes; yes; id- 81 931

3968 Wash, Billie; m; unk; Navajo; F; m; head 3911; yes; yes; id- 73 723
3969 " Bama; f; 1910 23; Navajo; F; m; wife 3912; yes; yes; id- 73 077
3970 " Mattie; f; 1926 7; Navajo; F; s; dau 3913; yes; yes; id- 73 078
3971 " Key; m; 1929 4; Navajo; F; s; son 3914; yes; yes; id- 73 747

3972 Watson, G.; m; 1893 40; Navajo; F; m; head 3915; yes; yes; id- 85 878
3973 " Clara; f; 1904 29; Navajo; F; m; wife 3916; yes; yes; id- 85 879
3974 " Gene; m; 1926 7; Navajo; F; s; son 3917; yes; yes; id- 85 880

3975 Watson, Jim; m; 1887 46; Navajo; F; m; head 3918; yes; yes; id- 85 936
3976 " Hannah; f; 1896 37; Navajo; F; m; wife 3919; yes; yes; id- 85 937

3977 Watson, Rube; m; 1914 19; Navajo; F; m; head 3920; yes; yes; id- 85 938
3978 " Elsie Littlefoot; f; 1912 21; Navajo; F; m; wife 3921; yes; yes; id- 81 660
3979 " Eddie; m; 1931 2; Navajo; F; s; son none; yes; yes; id- 75 751

3980 Watson, Lee Brown; m; 1908 25; Navajo; F; wd; head 3922; yes; yes; id- 82 242

3981 Weaver, Ben; m; 1874 59; Navajo; F; wd; head 3923; yes; yes; id- 82 209

3982 Weaver, George; m; 1875 58; Navajo; f s head 3923; yes; yes; id- 79 531

3983 Weaver, Joe; m; 1882 51; Navajo; F; m; head 3925; yes; yes; id- 77 308
3984 " Ruth; f; 1862 71; Navajo; F; m; wife 3926; yes; yes; id- 77 309
3985 " Jean; f; 1919 14; Navajo; F; s; dau 3927; yes; yes; id- 77 311
3986 " Rose; f; 1922 11; Navajo; F; s; dau 3928; yes; yes; id- 77 312

Western Navajo Reservation
1933 Census Roll

Key: Number; Surname Given; Sex; Year Born and Age at Last Birthday; Tribe; Degree of Blood; Marital Status; Relationship to Head of Family & No. Last Census Roll; At Jurisdiction Where Enrolled (Yes/No); (If no – Where); Ward (Yes/No); Allotment Annuity and/or Identification Numbers

3987 Webb, Sam; m; 1903 30; Navajo; F; m; head 3929; yes; yes; id- 82 151
3988 " Susie; f; 1906 27; Navajo; F; m; wife 3930; yes; yes; id- 81 555
3989 " Lillie; f; 1924 9; Navajo; F; s; dau 3931; yes; yes; id- 81 617
3990 " Freida; f; 1928 5; Navajo; F; s; dau 3932; yes; yes; id- 82 175

3991 Webster, Arlie; f; 1867 66; Navajo; F; wd; head 3934; yes; yes; id- 81 877

3992 Webster, Ruth; f; 1890 43; Navajo; F; wd; wife head 3936; yes; yes; id- 81 893
3993 " Helen; f; 1906 27; Navajo; F; s; dau 3937; yes; yes; id- 81 874
3994 " Lottie; f; 1916 17; Navajo; F; s; dau 3938; yes; yes; id- 81 883
3995 " Abe; m; 1919 14; Navajo; F; s; son 3939; yes; yes; id- 81 884
3996 " Daniel; m; 1921 12; Navajo; F; s; son 3940; yes; yes; id- 81 885
3997 " Mina; f; 1918 15; Navajo; F; s; gr-dau 3941; yes; yes; id- 81 882
3998 " Grace; f; 1927 6; Navajo; F; s; gr-dau 3942; yes; yes; id- 81 875
3999 " Polly; f; 1914 19; Navajo; F; s; cousin 3943; yes; yes; id- 81 878

4000 Welch, Jim; m; 1904 29; Navajo; F; m; head 3944; yes; yes; id- 79 695
4001 " Susie; f; 1909 24; Navajo; F; m; wife 3945; yes; yes; id- 81 622
4002 " Herbert; m; 1025 7; Navajo; F; s; son 3946; yes; yes; id- 81 623
4003 " Desbah; f; 1928 5; Navajo; F; s; dau 3947; yes; yes; id- 81 418
4004 " Robert; m; 1930 3; Navajo; F; s; son 3948; yes; yes; id- 81 419

4005 West, Ben; m; 1890 43; Navajo; F; m; head 3949; yes; yes; id- 81 810
4006 " Nora; f; 1902 31; Navajo; F; m; wife 3950; yes; yes; id- 81 811
4007 " Rena; f; 1922 11; Navajo; F; s; dau 3951; yes; yes; id- 81 812
4008 " Emma; f; 1924 9; Navajo; F; s; dau 3952; yes; yes; id- 81 813
4009 " Blanche; f; 1927 6; Navajo; F; s; dau 3953; yes; yes; id- 81 814
4010 " Raymond; m; 1932 1; Navajo; F; s; son none; yes; yes; id- 75 772

4011 West, Key; m; 1900 33; Navajo; F; wd; head 3954; yes; yes; id- 73 725

4012 Wheeler, Kain; m; unk; Navajo; F; m; head 3955; yes; yes; id- 82 195
4013 " Helen; f; 1910 23; Navajo; F; m; wife 3956; yes; yes; id- 81 880
4014 " Rita; f; 1919 14; Navajo; F; s; dau 3957; yes; yes; id- 81 881
4015 " Roland; m; 1932 1; Navajo; F; s; son none; yes; yes; id- 75 739

4016 When, Charlie; m; 1873 60; Navajo; F; wd; head 3958; yes; yes; id- 71 987

4017 Whiskers, Harry; m; 1846 87; Navajo; F; unk; head 3959; yes; yes; id- 73 309

4018 Whiskers, Sid; m; 1883 50; Navajo; F; m; head 3960; yes; yes; id- 85 987
4019 " Mercy; f; 1893 40; Piute; F; m; wife 3961; yes; yes; id- 85 992
4020 " Rubon; m; 1917 16; Navajo-Piute; F; s; son 3962; yes; yes; id- 85 993
4021 " Mabel; f; 1919 14; Navajo-Piute; F; s; dau 3963; yes; yes; id- 85 994

Western Navajo Reservation
1933 Census Roll

Key: Number; Surname Given; Sex; Year Born and Age at Last Birthday; Tribe; Degree of Blood; Marital Status; Relationship to Head of Family & No. Last Census Roll; At Jurisdiction Where Enrolled (Yes/No); (If no – Where); Ward (Yes/No); Allotment Annuity and/or Identification Numbers

4022 Whiskers, Ephram; m; 1921 12; Navajo-Piute; F; s; son 3964; yes; yes; id- 85 995
4023 " Harry; m; 1924 9; Navajo-Piute; F; s; son 3965; yes; yes; id- 85 996
4024 " Willard; m; 1926 7; Navajo-Piute; F; s; son 3966; yes; yes; id- 85 887

4025 White; Albert; m; 1911 22; Navajo; F; m; head none; yes; wife at Keams Canyon; yes; id- 77 199

4026 White, Bill; m; 1907 26; Navajo; F; m; head 3967; yes; yes; id- 79 556
4027 " Bertha; f; 1910 23; Navajo; F; m; wife 3968; yes; yes; id- 79 543

4028 White, Cecil; m; 1843 90; Navajo; F; m; head 3969; yes; yes; id- 73 137
4029 " Bessie; f; 1880 53; Navajo; F; m; wife 3970; yes; yes; id- 73 135
4030 " Cecil; m; 1913 20; Navajo; F; s; son 3971; yes; yes; id- 73 172

4031 White, Charlie; m; 1901 32; Navajo; F; m; head 3973; yes; yes; id- 81 668
4032 " Jennie; f; 1903 30; Navajo; F; m; wife 3974; yes; yes; id- 81 669
4033 " Florence; f; 1917 16; Navajo; F; s; dau 3975; yes; yes; id- 81 670
4034 " Rose; f; 1919 14; Navajo; F; s; dau 3976; yes; yes; id- 81 671

4035 White, Edgar; m; 1902 31; Navajo; F; m; head 3977; yes; yes; id- 73 634
4036 " David; m; 1927 6; Navajo; F; s; son 3978; yes; yes; id- 73 652
4037 " Adam; m; 1928 5; Navajo; F; s; son 3979; yes; yes; id- 73 833

4038 White, Harvey; m; 1873 60; Navajo; F; m; head 3980; yes; yes; id- 73 715
4039 " Helen; f; 1873 60; Navajo; F; m; wife#1 3981; yes; yes; id- 73 716
4040 " Pat; m; 1912 21; Navajo; F; s; grd-son 3982; yes; yes; id- 73 718
4041 " Nelda; f; 1920 13; Navajo; F; s; grd-dau 3983; yes; yes; id- 73 717
4042 " Hatty; f; 1906 27; Navajo; F; m; wife#2 3984; yes; yes; id- 73 703
4043 " George; m; 1926 7; Navajo; F; s; son 3985; yes; yes; id- 73 704
4044 " Grace; f; 1928 5; Navajo; F; s; dau 3986; yes; yes; id- 73 705

4045 White, Jim; m; 1900 33; Navajo; F; m; head 3987; yes; yes; id- 73 706
4046 " Jennie; f; 1913 20; Navajo; F; m; wife 3988; yes; yes; id- 73 689
4047 " Shownie; m; 1931 2; Navajo; F; s; son none; yes; yes; id- 73 861

4048 White, General Miles; m; 1908 25; Navajo; F; s; head 3990; yes; yes; id- 73 662
4049 " May; f; 1920 13; Navajo; F; s; niece 3991; yes; yes; id- 73 660

4050 White, Mother; f; 1840 93; Navajo; F; wd; head 3992; yes; yes; id- 73 590

4051 White, Nez; m; 1892 41; Navajo; F; m; head 3993; yes; yes; id- 73 407
4052 " Anna; f; 1903 30; Navajo; F; m; wife 3994; yes; yes; id- 73 408

Western Navajo Reservation
1933 Census Roll

Key: Number; Surname Given; Sex; Year Born and Age at Last Birthday; Tribe; Degree of Blood; Marital Status; Relationship to Head of Family & No. Last Census Roll; At Jurisdiction Where Enrolled (Yes/No); (If no – Where); Ward (Yes/No); Allotment Annuity and/or Identification Numbers

4053 White, Robert; m; 1899 34; Navajo; F; m; head 3995; yes; yes; id- 81 580
4054 " Lorena; f; 1906 27; Navajo; F; m; wife 3996; yes; yes; id- 81 581
4055 " Minnie; f; 1926 7; Navajo; F; s; dau 3997; yes; yes; id- 81 582
4056 " Nathan; m; 1929 4; Navajo; F; s; son 3998; yes; yes; id- 81 463

N.E. White   (Registered at Keams Canyon)
4057 White, Sofe; f; 1910 23; Navajo; F; m; wife 3999; yes; yes; id- 73 185

4058 White, Stella; f; 1878 55; Navajo; F; wd; head 4000; yes; yes; id- 81 583

4059 White, Willie; m; 1894 39; Navajo; F; m; head 4001; yes; yes; id- 73 458
4060 " Melba; f; 1896 37; Navajo; F; m; wife 4002; yes; yes; id- 73 459
4061 " Lena Gresham; f; 1916 17; Navajo; F; s; dau 4004; yes; yes; id- 73 461
4062 " Sissie; f; 1920 13; Navajo; F; s; dau 4005; yes; yes; id- 73 462
4063 " Violet; f; 1925 8; Navajo; F; s; dau 4006; yes; yes; id- 73 463
4064 " Kietse; m; 1929 4; Navajo; F; s; son 4007; yes; yes; id- 73 758

4065 Whitehair, Deaf; m; 1900 33; Navajo; F; s; head 4008; yes; yes; id- 71 533

4066 Whitehair, Dalton; m; 1912 21; Navajo; F; s; head none; yes; yes; id- 75 802

4067 Whitehair, Ed; m; unk; Navajo; F; m; head 4009; yes; yes; id- 71 727
4068 " Bertha; f; 1900 33; Navajo; F; m; wife 4010; yes; yes; id- 71 728
4069 " Bahe; m; 1913 20; Navajo; F; s; step son 4011; yes; yes; id- 71 729
4070 " Chee; m; 1916 17; Navajo; F; s; step son 4012; yes; yes; id- 71 730
4071 " Bert; m; 1918 15; Navajo; F; s; step son 4013; yes; yes; id- 71 731
4072 " Lucy; f; 1919 14; Navajo; F; s; step dau 4014; yes; yes; id- 71 732
4073 Greyhair, Amy; f; 1919 14; Navajo; F; s; sis-in-law 4015; yes; yes; id- 71 927

4074 Whitehair, Frank; m; 1900 33; Navajo; F; m; head 4016; yes; yes; id- 75 639
4075 " Nellie; f; 1910 23; Navajo; F; m; wife 4017; yes; yes; id- 75 640
4076 " Tolley; m; 1927 6; Navajo; F; s; son 4018; yes; yes; id- 75 641
4077 Little, Ping; f; 1919 14; Navajo; F; s; sis-in-law 4019; yes; yes; id- 75 428
4078 " Sam; m; 1920 13; Navajo; F; s; bro-in-law 4020; yes; yes; id- 75 426
4079 " Clara; f; 1921 12; Navajo; F; s; sis-in-law 4021; yes; yes; id- 75 429
4080 " Kee; m; 1925 8; Navajo; F; s; bro-in-law 4022; yes; yes; id- 75 430

4081 Whitehair, Herschel; m; 1906 27; Navajo; F; wd; head none; yes; yes; id- 75 801

4082 Whitehair, James; m; 1897 36; Navajo; F; m; head 4023; yes; yes; id- 71 277
4083 " Laura; f; 1898 35; Navajo; F; m; wife 4024; yes; yes; id- 71 278
4084 " Billie; m; 1927 6; Navajo; F; s; son 4025; yes; yes; id- 71 281
4085 " Nonie; f; 1918 15; Navajo; F; s; step dau 4026; yes; yes; id- 71 279
4086 " Gus; m; 1925 8; Navajo; F; s; step son 4027; yes; yes; id- 71 280

Western Navajo Reservation
1933 Census Roll

Key: Number; Surname Given; Sex; Year Born and Age at Last Birthday; Tribe; Degree of Blood; Marital Status; Relationship to Head of Family & No. Last Census Roll; At Jurisdiction Where Enrolled (Yes/No); (If no – Where); Ward (Yes/No); Allotment Annuity and/or Identification Numbers

4087 Whitehair, Gold; m; 1014 19; Navajo; F; s; neph 4028; yes; yes; id- 71 937

4088 Whitehair, Bertha; f; 1858 75; Navajo; F; wd; head 4030; yes; yes; id- 71 724
4089 " Oliver; m; 1916 17; Navajo; F; s; grd son 4031; yes; yes; id- 71 725
4090 " Elva; f; 1919 14; Navajo; F; s; gr dau 4032; yes; yes; id- 71 726

4091 Whitehair, Sam; m; 1880 53; Navajo; F; m; head 4033; yes; yes; id- 71 522
4092 " Lettie; f; 1888 45; Navajo; F; m; wife 4034; yes; yes; id- 71 523
4093 " Desmond; m; 1907 26; Navajo; F; s; son 4035; yes; yes; id- 71 524
4094 " Roland; m; 1913 20; Navajo; F; s; son 4036; yes; yes; id- 71 525
4095 " Laura; f; 1917 16; Navajo; F; s; dau 4037; yes; id- 71 526

4096 Whitehat, Buck; m; 1906 27; Navajo; F; m; head 4038; yes; yes; id- 85 823
4097 " Bessie; f; 1908 25; Navajo; F; m; wife 4039; yes; yes; id- 85 823
4098 " Velma; f; 1923 10; Navajo; F; s; dau 4040; yes; yes; id- 85 824
4099 " Adell; f; 1925 8; Navajo; F; s; dau 4041; yes; yes; id- 85 826
4100 " Leon; m; 1927 6; Navajo; F; s; son 4042; yes; yes; id- 82 827
4101 " Frank; m; 1929 4; Navajo; F; s; son 4043; yes; yes; id- 81 450

4102 Whitehorse, Buster; m; 1907 26; Navajo; F; m; head 4044; yes; yes; id- 73 733
4103 " Betty; f; 1911 22; Navajo; F; m; wife 4045; yes; yes; id- 79 734
4104 " Virgil; m; 1930 3; Navajo; F; s; son 4046; yes; yes; id- 81 459

4105 Whitehorse, James; m; 1915 18; Navajo; F; s; alone 4047; yes; yes; id- 75 496

[NOTE: 4006 – 4019, below, are numbered incorrectly, should be numbered 4106 – 4119]

4006 Whitehorse, Son; m; unk; Navajo; F; m; head 4049; yes; yes; id- 86 046
4007 " Foots; f; unk; Navajo; F; m; wife 4050; yes; yes; id- 86 047
4008 " Top; f; 1921 12; Navajo; F; s; gr dau 4051; yes; yes; id- 86 048

4009 Whitehouse, Sid; m; 1864 69; Navajo; F; m; head 4052; yes; yes; id- 75 650
4010 " Maude; f; 1870 63; Navajo; F; m; wife 4053; yes; yes; id- 75 651
4011 " Bela; m; 1902 31; Navajo; F; s; son 4054; yes; yes; id- 75 581
4012 " Betty; f; 1922 11; Navajo; F; s; step dau 4055; yes; yes; id- 75 652

4013 Whiterock, Archie; m; 1902 31; Navajo; F; m; head 4056; yes; yes; id- 75 226
4014 " Mary; f; 1913 20; Navajo; F; m; wife 4057; yes; yes; id- 75 227

4015 Whiterock, Bill; m; 1889 44; Navajo; F; m; head 4058; yes; yes; id- 75 228
4016 " Serrah; f; 1879 54; Navajo; F; m; wife#1 4059; yes; yes; id- 75 229
4017 " Floyd; m; 1916 17; Navajo; F; s; son 4060; yes; yes; id- 75 230
4018 " Grant; m; 1918 15; Navajo; F; s; son 4061; yes; yes; id- 75 231
4019 " Sallie; f; 1921 12; Navajo; F; s; dau 4062; yes; yes; id- 75 232

Western Navajo Reservation
1933 Census Roll

Key: Number; Surname Given; Sex; Year Born and Age at Last Birthday; Tribe; Degree of Blood; Marital Status; Relationship to Head of Family & No. Last Census Roll; At Jurisdiction Where Enrolled (Yes/No); (If no – Where); Ward (Yes/No); Allotment Annuity and/or Identification Numbers

4120 Whiterock, Bell; f; 1923 10; Navajo; F; s; dau 4063; yes; yes; id- 75 233
4121 "   Cora; f; unk; Navajo; F; m; wife#2 4064; yes; yes; id- 75 234

4122 Whiterock, Little; m; 1881 52; Navajo; F; m; head 4065; yes; yes; id- 71 297
4123 "   Bertha; f; 1893 49; Navajo; F; m; wife 4066; yes; yes; id- 71 298
4124 "   Robert; m; 1921 12; Navajo; F; s; son 4067; yes; yes; id- 71 303
4125 "   Lester; m; 1923 9; Navajo; F; s; son 4068; yes; yes; id- 71 304
4126 "   Frank; m; 1926 7; Navajo; F; s; son 4069; yes; yes; id- 71 305
4127 "   Ben; m; 1928 5; Navajo; F; s; son 4070; yes; yes; id- 71 306
4128 "   Joe; m; 1930 3; Navajo; F; s; son 4071; yes; yes; id- 75 673
4129 Dinalpahe, Dan; m; 1918 15; Navajo; F; s; step son 4072; yes; yes; id- 71 302
4130 "   Luther; m; 1909 24; Navajo; F; s; step son 4073; yes; yes; id- 71 299
4131 Ahsohtse, Margaret; f; 1913 20; Navajo; F; s; step dau 4074; yes; yes; id- 71 300
4132 Dinalpahe, Joe; m; 1915 18; Navajo; F; s; step son 4075; yes; yes; id- 71 301

4133 Whiterock; Rip; m; 1903 30; Navajo; F; m; head 4076; yes; yes; id- 75 502
4134 "   Alice; f; 1902 31; Navajo; F; m; wife 4077; yes; yes; id- 75 536
4135 Badfoot, Mona; f; 1917 16; Navajo; F; s; step dau 4078; yes; yes; id- 75 539
4136 "   Ray; m; 1923 10; Navajo; F; s; step son 4079; yes; yes; id- 75 537
4137 "   Lena; f; 1925 8; Navajo; F; s; step dau 4080; yes; yes; id- 75 538

4138 Whitesinger, Dock; m; 1889 44; Navajo; F; m; head 4081; yes; yes; id- 75 514
4139 "   Barbara; f; 1901 32; Navajo; F; m; wife 4082; yes; yes; id- 75 515
4140 "   Nora; f; 1917 16; Navajo; F; s; dau 4083; yes; yes; id- 75 516
4141 "   Glen Dodd; m; 1921 12; Navajo; F; s; son 4084; yes; yes; id- 75 517
4142 "   Bonnie; f; 1923 10; Navajo; F; s; dau 4085; yes; yes; id- 75 518
4143 "   Rose; f; 1929 4; Navajo; F; s; dau 4086; yes; yes; id- 75 674
4144 "   Neal; m; 1931 2; Navajo; F; s; son 4087; yes; yes; id- 71 869

4145 Whitney, Ashindeal; m; 1896 37; Navajo; F; m; head 4088; yes; yes; id- 71 050
4146 "   Tatiba; f; 1899 34; Navajo; F; m; wife 4089; yes; yes; id- 71 051
4147 "   Ruby; f; 1919 14; Navajo; F; s; dau 4090; yes; yes; id- 71 052
4148 "   William; m; 1923 10; Navajo; F; s; son 4091; yes; yes; id- 71 053
4149 "   Jesse; m; 1925 8; Navajo; F; s; son 4092; yes; yes; id- 71 054
4150 "   Alice; f; 1928 5; Navajo; F; s; dau 4093; yes; yes; id- 77 774

4151 Widehat, Hugh; m; 1897 36; Navajo; F; m; head 4094; yes; yes; id- 85 865
4152 "   Irene; f; 1906 27; Navajo; F; m; wife 4095; yes; yes; id- 85 866
4153 "   Adrian; m; 1920 13; Navajo; F; s; son 4096; yes; yes; id- 85 869
4154 "   Tone; m; 1922 11; Navajo; F; s; son 4097; yes; yes; id- 85 870
4155 "   Luvera; f; 1923 10; Navajo; F; s; son[sic] 4098; yes; yes; id- 85 867
4156 "   Roland; m; 1928 5; Navajo; F; s; son 4099; yes; yes; id- 85 868
4157 "   Elwood; m; 1929 4; Navajo; F; s; son 4100; yes; yes; id- 72 241

Western Navajo Reservation
1933 Census Roll

Key: Number; Surname Given; Sex; Year Born and Age at Last Birthday; Tribe; Degree of Blood; Marital Status; Relationship to Head of Family & No. Last Census Roll; At Jurisdiction Where Enrolled (Yes/No); (If no – Where); Ward (Yes/No); Allotment Annuity and/or Identification Numbers

4158 Williams, Alma; f; 1896 37; Navajo; F; wd; head 4101; yes; yes; id- 75 531
4159 " Lester; m; 1922 11; Navajo; F; s; son 4102; yes; yes; id- 75 532

4160 Williams, Ben; m; 1865 70; Navajo; F; wd; head 4103; yes; yes; id- 85 724

4161 Williams, Charley; m; 1893 40; Navajo; F; m; head 4104; yes; yes; id- 71 101
4162 " Helen; f; 1899 34; Navajo; F; m; wife 4105; yes; yes; id- 71 102
4163 Edgewater, Grace; f; 1925 8; Navajo; F; s; dau 4107; yes; yes; id- 71 104

4164 Williams, Fat; m; unk; Navajo; F; m; head 4108; yes; yes; id- 79 578
4165 " Leona; f; 1887 46; Navajo; F; m; wife#1 4109; yes; yes; id- 75 617
4166 " Jane; f; 1913 20; Navajo; F; s; dau 4110; yes; yes; id- 75 618
4167 " John Cowherder; m; 1920 13; Navajo; F; s; son 4111; yes; yes; id- 75 619
4168 " Leora; f; 1924 9; Navajo f; s; dau 4112; yes; yes; id- 75 620
4169 " Gertrude; f; 1896 37; Navajo; F; m; wife#2 4114; yes; yes; id- 79 575
4170 " Fred; m; 1910 23; Navajo; F; s; son 4115; yes; yes; id- 79 581
4171 " Katharine; f; 1916 17; Navajo; F; s; dau 4116; yes; yes; id- 79 580
4172 " Ben; m; 1918 15; Navajo; F; s; son 4117; yes; yes; id- 79 576
4173 " Kate; f; 1921 12; Navajo; F; s; dau 4118; yes; yes; id- 79 579
4174 " May; f; 1926 7; Navajo; F; s; dau 4119; yes; yes; id- 79 577

4175 Williams, Happy; m; 1899 34; Navajo; F; m; head 4120; yes; yes; id- 85 715
4176 " Hannah; f; 1906 27; Navajo; F; m; wife 4121; yes; yes; id- 85 716
4177 " Frank; m; 1929 4; Navajo; F; s; son 4122; yes; yes; id- 79 843

4178 Williams, Howard; m; 1906 27; Navajo; F; s; head 4123; yes; yes; id- 81 902

4179 Williams, Kerry; m; 1908 25; Navajo; F; m; head 4124; yes; yes; id- 71 234
4180 " Laura; f; 1912 21; Navajo; F; m; wife 4125; yes; yes; id- 71 110
4181 " Luke; m; 1932 1; Navajo; F; s; son 4126; yes; yes; id- 71 969

4182 Williams, Jerry; m; 1911 22; Navajo; F; s; head 4126; yes; yes; id- 71 653

4183 Williams, Jesse; m; 1906 27; Navajo; F; m; head 4127; yes; yes; id- 71 239
4184 " May; f; 1903 30; Navajo; F; m; wife 4128; yes; yes; id- 71 539
4185 " Lester; m; 1929 4; Navajo; F; s; son 4129; yes; yes; id- 71 938
4186 " John; m; 1931 2; Navajo; F; s; son none; yes; yes; id- 75 778
4187 " Rosalie; f; 1932 1; Navajo; F; s; dau none; yes; yes; id- 75 779

4188 Williams, Joe; m; 1909 24; Navajo; F; s; head 760; yes; yes; id- 71 798

4189 Williams, Joe; m; 1878 55; Navajo; F; m; head 4130; yes; yes; id- 75 526
4190 " Lona; f; 1873 60; Navajo; F; m; wife 4131; yes; yes; id- 75 527
4191 " Juan; m; 1906 27; Navajo; F; s; son 4132; yes; yes; id- 75 528

Western Navajo Reservation
1933 Census Roll

Key: Number; Surname Given; Sex; Year Born and Age at Last Birthday; Tribe; Degree of Blood; Marital Status; Relationship to Head of Family & No. Last Census Roll; At Jurisdiction Where Enrolled (Yes/No); (If no – Where); Ward (Yes/No); Allotment Annuity and/or Identification Numbers

4192 Williams, Astroy; m; 1914 19; Navajo; F; s; son 4133; yes; yes; id- 75 529
4193 " Willie; m; 1923 10; Navajo; F; s; son 4134; yes; yes; id- 75 530

4194 Willie, Jesse; m; 1910 23; Navajo; F; s; head 4135; yes; yes; id- 79 829

4195 Willis, Willie; m; 1904 29; Navajo; F; s; head 4136; yes; yes; id- 79 085

4196 Willitson, Lester; m; 1891 42; Navajo; F; m; head 4137; yes; yes; id- 85 986
4197 " Suzie; f; 1873 60; Navajo; F; m; wife 4138; yes; yes; id- 85 949
4198 " Ned; m; 1916 17; Navajo; F; s; son 4139; yes; yes; id- 85 952
4199 " Dan; m; 1917 16; Navajo; F; s; son 4140; yes; yes; id- 85 951
4200 " George; m; 1919 14; Navajo; F; s; son 4141; yes; yes; id- 85 953
4201 " Nellie; f; 1922 11; Navajo; F; s; dau 4142; yes; yes; id- 85 954
4202 " Bessie; f; 1924 9; Navajo; F; s; dau 4143; yes; yes; id- 85 955

4203 Wilson, Abe; m; 1898 35; Navajo; F; m; head 4144; yes; yes; id- 77 586
4204 " Jean; f; 1896 37; Navajo; F; m; wife 4145; yes; yes; id- 77 587
4205 " Leland; m; 1922 11; Navajo; F; s; son 4146; yes; yes; id- 77 592
4206 " Forest; m; 1923 10; Navajo; F; s; son 4147; yes; yes; id- 77 588
4207 " Maxine; f; 1924 9; Navajo; F; s; dau 4148; yes; yes; id- 77 589
4208 " Merle; f; 1926 7; Navajo; F; s; dau 4149; yes; yes; id- 77 590
4209 " Sophia; f; 1927 6; Navajo; F; s; dau 4150; yes; yes; id- 77 591
4210 " Dorothy; f; 1929 4; Navajo; F; s; dau 4151; yes; yes; id- 77 601
4211 " Betty Joe; f; 1930 3; Navajo; F; s; dau 4152; yes; yes; id- 71 948

4212 Wilson, Fred; m; 1904 29; Navajo; F; m; head 4153; yes; yes; id- 81 890
4213 " Lora; f; 1900 33; Navajo; F; m; wife 4154; yes; yes; id- 81 892
4214 " Howard; m; 1925 8; Navajo; F; s; son 4155; yes; yes; id- 81 891
4215 " Bob; m; 1927 6; Navajo; F; s; son 4156; yes; yes; id- 81 887

4216 Wilson, Stacy; m; 1909 24; Navajo; F; s; head 4157; yes; yes; id- 77 693

4217 Woods, Bert; m; 1909 24; Navajo; F; s; head 4158; yes; yes; id- 71 613

4218 Woods, Elmer; m; 1907 26; Navajo; F; m; head 4159; yes; yes; id- 79 604
4219 " Gloria; f; 1908 25; Navajo; F; m; wife 4160; yes; yes; id- 79 588
4220 " Tad; m; 1929 4; Navajo; F; s; son 4161; yes; yes; id- 73 760

4221 Wurley, Jesse; m; unk; Navajo; F; m; head 4162; yes; yes; id- 82 199
4222 " Ethel; f; 1906 27; Navajo; F; m; wife 4163; yes; yes; id- 81 565
4223 " Frank; m; 1924 9; Navajo; F; s; son 4164; yes; yes; id- 81 966
4224 " Carl; m; 1927 6; Navajo; F; s; 4165; yes; yes; id- 81 967
4225 " Katie; f; 1926 7; Navajo; F; s; dau 4166; yes; yes; id- 81 958

Western Navajo Reservation
1933 Census Roll

Key: Number; Surname Given; Sex; Year Born and Age at Last Birthday; Tribe; Degree of Blood; Marital Status; Relationship to Head of Family & No. Last Census Roll; At Jurisdiction Where Enrolled (Yes/No); (If no – Where); Ward (Yes/No); Allotment Annuity and/or Identification Numbers

4226 Yazzie, Ben; m; 1912 21; Navajo; F; s; head 4167; yes; yes; id- 75 703

4227 Yazzie, Bill; m; 1905 28; Navajo; F; m; head 4168; yes; yes; id- 71 389
4228 " Laura; f; 1913 20; Navajo; F; m; wife 4169; yes; yes; id- 71 390
4229 " Glen; m; 1929 4; Navajo; F; s; son 4170; yes; yes; id- 71 919
4230 " John; m; 1931 2; Navajo; F; s; son 4171; yes; yes; id- 71 900
4231 " Mary; f; 1932 1; Navajo; F; s; dau none; yes; yes; id- 75 762

4232 Yazzie, Carol; f; 1917 16; Navajo; F; s; alone 4172; yes; yes; id- 71 175

4233 Yazzie, Chissey; m; 1903 30; Navajo; F; m; head 4173; yes; yes; id- 83 606
4234 " James; m; 1929 4; Navajo; F; s; son 4174; yes; yes; id- 71 818

4235 Yazzie, Claw; m; 1904 29; Navajo; F; m; head 4175; yes; yes; id- 71 906

4236 Yazzie, Ed; m; 1899 34; Navajo; F; m; head 4176; yes; yes; id- 75 257
4237 " Marjorie; f; 1920 13; Navajo; F; s; dau 4177; yes; yes; id- 75 259
4238 " Dave; m; 1922 11; Navajo; F; s; son 4178; yes; yes; id- 75 260
4239 " Dude; m; 1928 5; Navajo; F; s; son 4179; yes; yes; id- 75 261
4240 " Dorothy; f; 1926 7; Navajo; F; s; dau 4180; yes; yes; id- 75 262
4241 " Eleanor; f; 1929 4; Navajo; F; s; dau 4181; yes; yes; id- 82 236
4242 " Bell; f; 1903 30; Navajo; F; s; wife 4182; yes; yes; id- 75 263
4243 " Roy; m; 1922 11; Navajo; F; s; 4183; yes; yes; id- 75 264
4244 " Nick; m; 1924 9; Navajo; F; s; son 4184; yes; yes; id- 75 265
4245 " Anna; f; 1930 3 March 20; Navajo; F; s; dau 4185; yes; yes; id- 82 237

4246 Yazzie, Edgar; m; 1901 32; Navajo; F; s; head 4186; yes; yes; id- 75 415

4247 Yazzie, Erwin; m; 1899 34; Navajo; F; m; head 4187; yes; yes; id- 75 832
4248 " Ason; f; 1893 40; Navajo; F; m; wife 4188; yes; yes; id- 71 833

4249 Yazzie, Etta; f; 1903 30; Navajo; F; wd; head 4190; yes; yes; id- 71 556
4250 " Ada; f; 1920 13; Navajo; F; s; dau 4191; yes; yes; id- 71 557
4251 " Florence; f; 1929 3 May 7; Navajo; F; s; dau 4192; yes; yes; id- 71 875

4252 Yazzie, Annie Nezsosie; f; 1915 18; Navajo; F; wd; head 2738; yes; (wife #2 of Homer Yazzie-deceased) yes; id- 71 596
4253 " Ella; f; 1929 4; Navajo; F; s; dau none; yes; yes; id- 75 740

4254 " Kate; f; 1911 22; Navajo; F; wd; head 4193; yes; yes; id- 83 665

4255 Yazzie, Maxwell; m; 1895 38; Navajo; F; s; head 4194; yes; yes; id- 77 622

4256 Yazzie, Ned; m; 1908 25; Navajo; F; s; head 4195; yes; yes; id- 82 138

Western Navajo Reservation
1933 Census Roll

Key: Number; Surname Given; Sex; Year Born and Age at Last Birthday; Tribe; Degree of Blood; Marital Status; Relationship to Head of Family & No. Last Census Roll; At Jurisdiction Where Enrolled (Yes/No); (If no – Where); Ward (Yes/No); Allotment Annuity and/or Identification Numbers

4257 Yazzie, Ned; m; 1880 53; Navajo; F; m; head 4196; yes; yes; id- 71 166
4258 "   Susie; f; 1899 34; Navajo; F; m; wife 4197; yes; yes; id- 71 167
4259 "   Helen; f; 1909 24; Navajo; F; s; dau 4198; yes; yes; id- 71 168
4260 "   Elsie; f; 1922 11; Navajo; F; s; dau 4199; yes; yes; id- 71 169
4261 "   Vivie; f; 1923 10; Navajo; F; s; dau 4200; yes; yes; id- 71 170
4262 "   Harry; m; 1928 5; Navajo; F; s; son 4201; yes; yes; id- 71 172
4263 "   Keith; m; 1930 3; Navajo; F; s; son 4202; yes; yes; id- 71 943
4264 "   Chester; m; 1930 3; Navajo; F; s; son 4203; yes; yes; id- 77 776

4265 Yazzie, Owen; m; 1909 24; Navajo; F; m; head 4204; yes; yes; id- 71 986
4266 "   Etta; f; 1909 24; Navajo; F; m; wife 4205; yes; yes; id- no tag

4267 Yazzie, Phoebe; f; 1916 17; Navajo; F; s; head 4215; yes; yes; id- 77 439
4268 "   Mary Irene; f; 1933 1/12 March 25; f; s; dau none; yes; yes; id- 75 793

4269 Yazzie, Roy; m; 1901 32; Navajo; F; m; head 4206; yes; yes; id- 77 485
4270 "   Mamie; f; 1905 27; Navajo; F; m; wife 4207; yes; yes; id- 77 486
4271 "   Lula; f; 1925 8; Navajo; F; s; dau 4208; yes; yes; id- 77 487
4272 "   Leroy; m; 1927 6; Navajo; F; s; son 4209; yes; yes; id- 77 488
4273 "   Jones; m; 1929 4; Navajo; F; s; son 4210; yes; yes; id- 77 761
4274 "   William; m; 1931 2; Navajo; F; s; son 4211; yes; yes; id- 75 264

4275 Yazzie, Shoie; m; 1885 48; Navajo; F; m; head 4212; yes; yes; id- 77 437
4276 "   Polly; f; 1898 35; Navajo; F; m; wife 4213; yes; yes; id- 77 438
4277 "   Marie; f; 1914 19; Navajo; F; s; dau 4214; yes; yes; id- 77 442
4278 "   Nina; f; 1918 15; Navajo; F; s; dau 4216; yes; yes; id- 77 441
4279 "   Dorothy; f; 1922 11; Navajo; F; s; dau 4217; yes; yes; id- 77 440
4280 "   Laura; f; 1925 8; Navajo; F; s; dau 4218; yes; yes; id- 77 443

4281 Yazzie, Ted; m; 1900 33; Navajo; F; sep; head 4219; yes; yes; id- 73 621

4282 Yazzie, Thomas; m; 1863 70; Navajo; F; wd; head 4220; yes; yes; id- 71 457
4283 "   Joe Chissie; m; 1915 18; Navajo; F; s; son 4221; yes; yes; id- 71 458

4284 Yazzie, Tim; m; 1901 32; Navajo; F; m; head 4222; yes; yes; id- 71 685
4285 "   Mary; f; 1902 31; Navajo; F; m; wife 4223; yes; yes; id- 71 686
4286 "   George; m; 1927 6; Navajo; F; s; son 4224; yes; yes; id- 71 687
4287 "   Bertha; f; 1928 5; Navajo; F; s; dau 4225; yes; yes; id- 71 786
4288 "   Maybell; f; 1931 1; Sept 18; Navajo; F; s; dau 4226; yes; yes; id- 77 792

4289 Yazzie, Wilson; m; 1918 15; Navajo; F; s; head 4113; yes; yes; id- 71 849

4290 Yellow, Ted; m; 1887 46; Navajo; F; m; head 4227; yes; yes; id- 73 079
4291 "   Betsy; f; 1897 36; Navajo; F; m; wife 4228; yes; yes; id- 73 076

Western Navajo Reservation
1933 Census Roll

Key: Number; Surname Given; Sex; Year Born and Age at Last Birthday; Tribe; Degree of Blood; Marital Status; Relationship to Head of Family & No. Last Census Roll; At Jurisdiction Where Enrolled (Yes/No); (If no – Where); Ward (Yes/No); Allotment Annuity and/or Identification Numbers

4292   "   Bob; m; 1925 8; Navajo; F; s; son 4229; yes; yes; id- 73 073
4293   "   Adelaide; f; 1930 3; Navajo; F; s; dau 4230; yes; yes; id- 73 849
4294   Holliday, Betsy; f; 1921 12; Navajo; F; s; Grand dau 4231; yes; yes; id- 73 074
4295   "   Billie; m; 1923 10; Navajo; F; s; Step son 4232; yes; yes; id- 73 075

4296   Yellowhair, Dave; m; 1866 67; Navajo; F; m; head 4233; yes; yes; id- 75 391
4297   "   Ora; f; 1908 25; Navajo; F; m; wife 4234; yes; yes; id- 75 392
4298   "   Dan; m; 1916 17; Navajo; F; s; son 4235; yes; yes; id- 75 393

4299   Yellowhair, Webster; m; 1903 30; Navajo; F; m; head 4236; yes; yes; id- 71 752
4300   "   Tillie; f; 1905 28; Navajo; F; m; wife 4237; yes; yes; id- 71 753
4301   "   Dave; m; 1919 14; Navajo; F; s; son 4238; yes; yes; id- 71 754
4302   "   Seymour; m; 1926 7; Navajo; F; s; son 4239; yes; yes; id- 71 755
4303   Webster, Mary Corinne; f; 1915 18; Navajo; F; s; sis-in-law 4240; yes; yes; id- 71 756

4304   Yellowhiskers, Billie; m; 1910 23; Navajo; F; s; head 4241; yes; yes; id- 73 523

4305   Yellowhorse, Joe; m; unk; Navajo; F; m; head 4242; yes; yes; id- 77 594
4306   "   May; f; 1903 30; Navajo; F; m; wife 4243; yes; yes; id- 77 595
4307   "   Geraldine; f; 1923 10; Navajo; F; s; dau 4244; yes; yes; id- 77 597
4308   "   Hubert; m; 1926 7; Navajo; F; s; son 4245; yes; yes; id- 77 596
4309   "   Joy[sic]; m; 1929 4; Navajo; F; s; son 4246; yes; yes; id- 77 560

4310   Yellowman, Henry; m; 1891 42; Navajo; F; wd; head 4247; yes; yes; id- 83 614
4311   "   William; f; 1909 24; Navajo; F; s; son 4248; yes; yes; id- 83 617
4312   "   Scott; m; 1914 19; Navajo; F; s; son 4249; yes; yes; id- 83 618
4313   "   Burke; m; 1916 17; Navajo; F; s; son 4250; yes; yes; id- 83 619
4314   "   George; m; 1921 12; Navajo; F; s; son 4251; yes; yes; id- 83 620
4315   "   Violet; f; 1924 9; Navajo; F; s; dau 4252; yes; yes; id- 83 621

4316   Yellowmexican; Ed; m; 1891 42; Navajo; F; wd; head 4253; yes; yes; id- 77 698
4317   "   Alice; f; 1922 11; Navajo; F; s; dau 4254; yes; yes; id- 77 699
4318   "   Dorothy; f; 1924 9; Navajo; F; s; dau 4255; yes; yes; id- 77 700

4319   Yezzie, Ben; m; 1891 42; Navajo; F; m; head 4256; yes; yes; id- 73 735
4320   "   Azona; f; 1892 41; Navajo; F; m; wife 4257; yes; yes; id- 73 736
4321   "   Murphey; m; 1913 20; Navajo; F; s; son 4258; yes; yes; id- 73 782
4322   "   Ada; f; 1920 13; Navajo; F; s; dau 4259; yes; yes; id- 73 737
4323   "   Helen; f; 1929 4; Navajo; F; s; dau 4260; yes; yes; id- 71 888
4324   "   Homer; m; 7-14-31 2; Navajo; F; s; son 4261; yes; yes; id- 71 889
4325   "   Ned; m; 1922 11; Navajo; F; s; son 4262; yes; yes; id- 73 738
4326   "   Eddie; m; 1926 7; Navajo; F; s; son 4263; yes; yes; id- 73 739
4327   "   Ellen; f; 1928 5; Navajo; F; s; dau 4264; yes; yes; id- 73 740

Western Navajo Reservation
1933 Census Roll

Key: Number; Surname Given; Sex; Year Born and Age at Last Birthday; Tribe; Degree of Blood; Marital Status; Relationship to Head of Family & No. Last Census Roll; At Jurisdiction Where Enrolled (Yes/No); (If no – Where); Ward (Yes/No); Allotment Annuity and/or Identification Numbers

4328 Yezzie, Buster; m; 1899 34; Navajo; F; s; head 4265; yes; yes; id- 73 741

4329 Yezzie, Guy; m; 1908 25; Navajo; F; s; head 4266; yes; yes; id- 71 905

4330 Yezzie, Hite; m; 1866 67; Navajo; F; m; head 4267; yes; yes; id- 73 730
4331   "   Beth; f; 1904 29; Navajo; F; m; wife 4268; yes; yes; id- 73 482
4332   "   Alnih; f; 1913 20; Navajo; F; s; dau 4269; yes; yes; id- 73 483
4333   "   Tollia; m; 1925 8; Navajo; F; s; son 4270; yes; yes; id- 73 484
4334   "   Abe; m; 1928 5; Navajo; F; s; son 4271; yes; yes; id- 73 485
4335   "   Cline; m; 1920 13; Navajo; F; s; son 4272; yes; yes; id- 73 486

4336 Yezzie, Mat; m; 1901 32; Navajo; F; m; head 4273; yes; yes; id- 73 602
4337   "   Belle; f; 1909 24; Navajo; F; m; wife 4274; yes; yes; id- 73 765
4338   "   Bessie; f; 1928 5; Navajo; F; s; dau 4275; yes; yes; id- 73 766
4339 Clitso, Seth; m; 1918 15; Navajo; F; s; bro-in-law 4376; yes; yes; id- 73 764

4340 Young, Charley; m; 1883 50; Navajo; F; m; head 4277; yes; yes; id- 82 091
4341   "   Mary; f; 1903 30; Navajo; F; m; wife 4278; yes; yes; id- 82 092
4342   "   Anna; f; 1920 13; Navajo; F; s; dau 4279; yes; yes; id- 82 093
4343   "   Pearl; f; 1924 9; Navajo; F; s; dau 4280; yes; yes; id- 82 094
4344   "   Daisy; f; 1927 6; Navajo; F; s; dau 4281; yes; yes; id- 82 095
4345   "   Mary; f; 1928 5; Navajo; F; s; dau 4282; yes; yes; id- 81 460

4346 Young, William; m; 1838 95; Navajo; F; wd; head 4283; yes; yes; id- 81 567

4347 Zahany, Tanez; m; 1878 55; Navajo; F; m; head 4284; yes; yes; id- 71 761
4348   "   Kate; f; 1898 35; Navajo; F; m; wife 4285; yes; yes; id- 71 762
4349   "   Ben; m; 1919 14; Navajo; F; s; son 4286; yes; yes; id- 71 763
4350   "   Bessie; f; 1923 10; Navajo; F; s; dau 4287; yes; yes; id- 71 674[sic]
4351   "   Grace; f; 1926 7; Navajo; F; s; dau 4288; yes; yes; id- 71 775
4352   "   Betty; f; 1-27-30 3; Navajo; F; s; dau 4289; yes; yes; id- 71 767
4353   "   Mary; f; 1924 9; Navajo; F; s; grand dau 4290; yes; yes; id- 71 760

4354 Zahne, Toney; m; 1871 52; Navajo; F; m; head 4291; yes; yes; id- 75 401
4355   "   Mattie; f; 1893 40; Navajo; F; m; wife 4292; yes; yes; id- 75 402
4356   "   Hubert; m; 1913 20; Navajo; F; s; son 4293; yes; yes; id- 75 403
4357   "   Martin; m; 1915 18; Navajo; F; s; son 4294; yes; yes; id- 75 496
4358   "   Alma; f; 1919 14; Navajo; F; s; dau 4295; yes; yes; id- 75 406
4359   "   Kata; f; 1921 12; Navajo; F; s; dau 4296; yes; yes; id- 75 407
4360   "   Katie; f; 1923 10; Navajo; F; s; dau 4297; yes; yes; id- 75 408
4361   "   Quince; m; 1926 7; Navajo; F; s; son 4298; yes; yes; id- 75 409
4362   "   Bell; f; 3-1930 3; Navajo; F; s; dau 4299; yes; yes; id- 75 683
4363   "   Mary; f; 12-1931 1; Navajo; F; s; dau none; yes; yes; id- 75 684
4364   "   Julia; f; 1910 23; Navajo; F; s; step-dau 4300; yes; yes; id- 75 404

Western Navajo Reservation
1933 Census Roll

Key: Number; Surname Given; Sex; Year Born and Age at Last Birthday; Tribe; Degree of Blood; Marital Status; Relationship to Head of Family & No. Last Census Roll; At Jurisdiction Where Enrolled (Yes/No); (If no – Where); Ward (Yes/No); Allotment Annuity and/or Identification Numbers

4365 " Freddie; m; 1916 17; Navajo; F; s; step-son 4301; yes; yes; id- 75 405

4366 Zilthe, Bob; m; unk; Navajo; F; m; head 4302; yes; yes; id- 79 727
4367 " Ruby; f; 1907 26; Navajo; F; m; wife 4303; yes; yes; id- 79 728
4368 " Paul; m; 2/1928 5; Navajo; F; s; son 4304; yes; yes; id- 79 729
4369 " Frances; f; 3-1-29 4; Navajo; F; s; dau 4305; yes; yes; id- 79 863

HOPI

4370 Accowsie, Elmer; m; 1890 43; Hopi-Navajo; F; m; head 4306; yes; yes
4371 " Sadie; f; 1894 39; Hopi; F; m; wife 4307; yes; yes
4372 " Antone Elmer; m; 1913 20; Hopi-Navajo; F; s; son 4308; yes; yes
4373 " Bessie; f; 1916 17; Hopi-Navajo; F; s; dau 4309; yes; yes
4374 " Alfred; m; 1917 16; Hopi-Navajo; F; s; son 4310; yes; yes
4375 " Ernest; m; 1921 12; Hopi-Navajo; F; s; son 4311; yes; yes
4376 " Oren; m; 1923 10; Hopi-Navajo; F; s; son 4312; yes; yes

4377 Albert, Steven H; m; 1906 27; Hopi; F; m; head 4314; yes; yes
4378 " Selma; f; 1907 26; Hopi; F; m; wife 4315; yes; yes
4379 " Mary May; f; 1927 6; Hopi; F; s; dau 4316; yes; yes
4380 " Verona; m; 1929 4; Hopi; F; s; dau 4317; yes; yes
4381 " Grace Rosella; f; 11-27-31 2; Hopi; F; s; dau 4318; yes; yes

4382 Bilagody, Esther Quachers; f; 1907 26; Hopi; F; m; wife of Navajo 4319; yes; yes

4383 Boneyah, James; m; 1904 29; Hopi; F; m; head 4320; yes; yes
4384 " Gladys; f; 1909 24; Hopi; F; m; wife 4321; yes; yes
4385 " Myra; f; 1929 4; Hopi; F; s; dau 4322; yes; yes
4386 " James; m; 1931 2; Hopi; F; s; son 4323; yes; yes
4387 " Randolph; m; 1932 1; Hopi; F; s; son 4324; yes; yes
4388 Burton, Gail K; m; 1909 24; Hopi; F; m; head 4325; yes; yes

4389 Dallas, Henry; m; 1889 44; Hopi; F; m; head 4329; yes; yes
4390 " Addie; f; 1893 40; Hopi; F; m; wife 4330; yes; yes
4391 " Johnie; m; 1910 23; Hopi; F; s; son 4331; yes; yes
4392 " Ward; m; 1921 12; Hopi; F; s; son 4333; yes; yes
4393 " Calvin; m; 1923 10; Hopi; F; s; 4334; yes; yes
4394 " Arthur; m; 1926 7; Hopi; F; s; son 4335; yes; yes
4395 " Mary; f; 1928 5; Hopi; F; s; dau 4336; yes; yes
4396 " Ruth; f; 1931 2; Hopi; F; s; dau 4337; yes; yes

4397 Dallas, Logan; m; 1903 30; Hopi; F; s; head 4338; yes; yes

4398 Dallas, Robert; m; 1894 39; Hopi; F; m; head 4339; yes; yes

Western Navajo Reservation
1933 Census Roll

Key: Number; Surname Given; Sex; Year Born and Age at Last Birthday; Tribe; Degree of Blood; Marital Status; Relationship to Head of Family & No. Last Census Roll; At Jurisdiction Where Enrolled (Yes/No); (If no – Where); Ward (Yes/No); Allotment Annuity and/or Identification Numbers

4399 Dallas, Stella; f; 1890 43; Hopi; F; m; wife 4340; yes; yes
4400 " Robert, Jr; m; 1924 9; Hopi; F; s; son 4341; yes; yes
4401 " Patrick; m; 1026 7; Hopi; F; s; son 4342; yes; yes
4402 " Leonard; m; 1929 4; Hopi; F; s; son 4343; yes; yes
4403 " Alice; f; 1931 2; Hopi; F; s; dau 4344; yes; yes
4404 " Irvin; m; 1916 17; Hopi; F; s; step son 4347; yes; yes
4405 Nasewmtewa, Paul; m; 1920 13; Hopi; F; s; step son 4348; yes; yes

4406 Dallas, Stephen; m; 1899 34; Hopi; F; m; head 4349; yes; yes
4407 " Lottie; f; 1902 31; Hopi; F; m; wife 4350; yes; yes
4408 " Levi; m; 1919 14; Hopi; F; s; son 4351; yes; yes
4409 " Stephen, Jr; m; 1920 13; Hopi; F; s; son 4352; yes; yes
4410 " Lottie; f; 1922 11; Hopi; F; s; dau 4353; yes; yes
4411 " Lucy; f; 1923 10; Hopi; F; s; dau 4354; yes; yes
4412 " Joseph; m; 1928 5; Hopi; F; s; son 4356; yes; yes
4413 " Millard; m; 1931 2; Hopi; F; s; son 4357; yes; yes
4414 " Ever; m; 1932 1; Hopi; F; s; son none; yes; yes

4415 Dallas, Unk; m; 1862 71; Hopi; F; m; head 4358; yes; yes
4416 " Unk; f; 1864 69; Hopi; F; m; wife 4359; yes; yes

4417 Dalton, William H; m; 1897 36; Hopi; F; m; head 4360; yes; yes
4418 " Hilda; f; 1901 32; Hopi; F; m; wife 4361; yes; yes
4419 " Dorothy Anne; f; 1923 10; Hopi; F; s; dau 4362; yes; yes
4420 " Nora Jane; f; 1926 7; Hopi; F; s; dau 4363; yes; yes
4421 " Louise Helen; f; 1929 4; Hopi; F; s; dau 4364; yes; yes
4422 " Anna Mae; f; 1931 2; Hopi; F; s; dau 4365; yes; yes

N.E. Edwin, George; m; [blank]; Zuni; f; m; head
4423 " Meta Naseen; f; 1901 32; Hopi; F; m; wife 4512; No; Phoenix, Maracopi[sic], Ariz; yes

4424 Gaseoma, None; m; 1885 48; Hopi; F; m; head 4366; yes; yes
4425 " Rebecca; f; 1891 42; Hopi; F; m; wife 4367; yes; yes
4426 " Mary; f; 1911 22; Hopi; F; s; dau 4369; yes; yes
4427 " John; m; 1917 16; Hopi; F; s; son 4370; yes; yes
4428 " Vivian; m; 1919 14; Hopi; F; s; 4371; yes; yes
4429 " Nancy; f; 1921 12; Hopi; F; s; dau 4372; yes; yes
4430 " Russel; m; 1923 10; Hopi; F; s; son; 4373; yes; yes
4431 " Bessie Elsie; f; 1925 8; Hopi; F; s; dau 4374; yes; yes
4432 " Paloma; m; 1928 5; Hopi; F; s; son 4375; yes; yes

4433 Gaseoma, Ida; f; 1908 25; Hopi; F; s; head 4368; yes; yes

N.E. Gash, Mark; m; [blank] ; Hopi; F; m; head; Hotevilla

Western Navajo Reservation
1933 Census Roll

Key: Number; Surname Given; Sex; Year Born and Age at Last Birthday; Tribe; Degree of Blood; Marital Status; Relationship to Head of Family & No. Last Census Roll; At Jurisdiction Where Enrolled (Yes/No); (If no – Where); Ward (Yes/No); Allotment Annuity and/or Identification Numbers

4434 "   Katherine Tuyongeva; f; 1916 17; Hopi; F; m; wife; yes; yes

4435 Gilbert, Bryant; m; 1896 37; Hopi; F; m; head 4376; yes; yes
4436 "   Lillie; f; 1900 33; Hopi; F; m; wife 4377; yes; yes

4437 Gelhongneva; Sunk; m; 18161 72; Hopi; F; wd; head 4378; yes; yes

4438 Holmes, Ernest; m; 1905 28; Hopi; F; m; head 4379; yes; yes
4439 "   Amelia; f; 1903 30; Hopi; F; m; wife 4380; yes; yes
4440 "   Douglas; m; 1925 8; Hopi; F; s; son 4381; yes; yes
4441 "   Marvin; m; 1927 6; Hopi; F; s; son 4382; yes; yes
4442 "   Gordon m; 1929 4; Hopi; F; s; son 4383; yes; yes
4443 "   Joy; f; 1933 3/12; Hopi; F; s; dau none; yes; yes

4444 Holmes, Tom; m; 1867 66; Hopi; F; m; head 4384; yes; yes
4445 "   Tawongensie; f; 1875 58; Hopi; F; m; wife 4385; yes; yes
4446 "   Lena; f; 1915 18; Hopi; F; s; dau 4387; yes; yes

4447 Holmes, Willard; m; 1912 21; Hopi; F; m; head 4386; yes; yes
4448 "   Gertrude Miriam; f; 1917 16; Hopi; F; m; wife 4332; yes; yes

4449 Honahni, Lenny; m; 1880 53; Hopi; F; wd; head 4388; yes; yes
4450 "   Clifford; m; 1916 17; Hopi; F; s; son 4390; yes; yes
4451 "   Asa; m; 1911 22; Hopi; F; s; step son 4391; yes; yes

4452 Honahni, Roger; m; 1894 39; Hopi; F; m; head 4392; yes; yes
4453 "   Reta; f; 1898 35; Hopi; F; m; wife 4394; yes; yes
4454 "   Linda; f; 1914 19; Hopi; F; s; dau 4394; yes; yes
4455 "   Stanley; m; 1916 17; Hopi; F; s; son 4395; yes; yes
4456 "   Shirley; f; 1922 11; Hopi; F; s; dau 4396; yes; yes
4457 Newah, Betty; f; 1915 18; Hopi; F; s; step dau 4397; yes; yes
4458 "   Jane; f; 1920 13; Hopi; F; s; step dau 4398; yes; yes

4459 Honahni, Roland; m; 1901 32; Hopi; F; m; head 4399; yes; yes
4460 "   Katie; f; 1901 32; Hopi; F; m; wife 4400; yes; yes
4461 "   Eva; f; 1919 14; Hopi; F; s; dau 4401; yes; yes
4462 "   Cora; f; 1921 12; Hopi; F; s; dau 4402; yes; yes
4463 "   Alton; m; 1923 10; Hopi; F; s; son 4403; yes; yes
4464 "   Romson; m; 1927 6; Hopi; F; s; son 4404; yes; yes
4456 "   Catherine; f; 1928 5; Hopi; F; s; dau 4405; yes; yes
4466 "   Vida; f; 1932 1; Hopi; F; s; dau none; yes; yes

4467 Honeystewa, Edward; m; 1889 44; Hopi; F; m; head 4406; yes; yes
4468 "   Clara Duvestewa; f; 1895 38; Hopi; F; m; wife 4407; yes; yes

Western Navajo Reservation
1933 Census Roll

Key: Number; Surname Given; Sex; Year Born and Age at Last Birthday; Tribe; Degree of Blood; Marital Status; Relationship to Head of Family & No. Last Census Roll; At Jurisdiction Where Enrolled (Yes/No); (If no – Where); Ward (Yes/No); Allotment Annuity and/or Identification Numbers

4469 Honeystewa, Tina Elizabeth; f; 1912 21; Hopi; F; s; dau 4408; yes; yes
4470   "   Alice; f; 1917 16; Hopi; F; s; dau 4409; yes; yes
4471   "   Ned; m; 1919 14; Hopi; F; s; son 4410; yes; yes
4472   "   Wayland Franklin; m; 1924 9; Hopi; F; s; son 4411; yes; yes
4473   "   Edward Glen; m; 1928 5; Hopi; F; s; son 4412; yes; yes
4474   "   Luther; m; 1930 3; Hopi; F; s; son 4413; yes; yes

4475 Hongeva, Poli; m; 1878 55; Hopi; F; m; head 4414; yes; yes
4476   "   Nora; f; 1890 43; Hopi; F; m; wife 4415; yes; yes
4477   "   Dorothy; f; 1915 18; Hopi; F; s; dau 4416; yes; yes
4478   "   Ezra; m; 1916 17; Hopi; F; s; son 4417; yes; yes
4479   "   Laura; f; 1918 15; Hopi; F; s; dau 4418; yes; yes

4480 Honkuku, Ray; m; 1905 28; Hopi; F; m; head 4419; yes; yes
4481   "   Effie Numkeena; f; 1891 42; Hopi; F; m; wife 4420; yes; yes

4482 Hooma, Franklin; m; 1895 38; Hopi; F; s; head 4421; yes; yes

4483 Hoosava, Jackson; m; 1891 42; Hopi; F; m; head 4422; yes; yes
4484   "   Essie; f; 1902 31; Hopi; F; m; wife 4423; yes; yes
4485   "   Charlette[sic]; f; 1926 7; Hopi; F; s; dau 4424; yes; yes
4486   "   Isabelle; f; 1930 3; Hopi; F; s; dau 4425; yes; yes

4487 Humetewa, Alex; m; 1899 34; Hopi; F; m; head 4426; yes; yes
4488   "   Mattie; f; 1889 44; Hopi; F; m; wife 4427; yes; yes
4489   "   Mary; f; 1916 17; Hopi; F; s; adpt dau 4428; yes; yes

4490 Humetewa, Eric; m; 1909 24; Hopi; F; m; head 4429; yes; yes
4491   "   Bessie; f; unk; Hopi; F; m; wife 4430; yes; yes

4492 Humetewa, Henry; m; 1903 30; Hopi; F; wd; head 4431; yes; yes

4493 Humetewa, James; m; 1905 28; Hopi; F; m; head 4433; yes; yes
4494   "   Grace; f; 1904 29; Hopi; F; m; wife 4434; yes; yes
4495   "   James, Jr; m; 1926 7; Hopi; F; s; son 4435; yes; yes
4496   "   Benedict; m; 1928 5; Hopi; F; s; son 4436; yes; yes
4497   "   Harley; m; 1932 1; Hopi; F; s; son none; yes; yes

4498 Humetewa, William; m; 1875 58; Hopi; F; wd; head 4438; yes; yes

4499 Humphrey, Thomas H; m; 1902 31; Hopi; F; m; head 4439; yes; yes
N.E.   "   Marry Etta   [no other information given]

4500 Jashipnim, Unk; m; 1879 63; Hopi; F; wd; 4440; yes; yes

Western Navajo Reservation
1933 Census Roll

Key: Number; Surname Given; Sex; Year Born and Age at Last Birthday; Tribe; Degree of Blood; Marital Status; Relationship to Head of Family & No. Last Census Roll; At Jurisdiction Where Enrolled (Yes/No); (If no – Where); Ward (Yes/No); Allotment Annuity and/or Identification Numbers

4501 Jenkins, Grant; m; 1903 30; Hopi; F; m; head 4441; no; Phoenix, Maracopi Ariz; yes

4502 Jenkins, Harold; m; 1896 37; Hopi; F; m; head 4442; yes; yes
4503 " Mabel; f; 1895 38; Hopi; F; m; wife 4443; yes; yes
4504 " Elmer; m; 1915 18; Hopi; F; s; son 4444; yes; yes
4505 " Joe; m; 1915 18; Hopi; F; s; son 4445; yes; yes
4506 " Louise; f; 1922 11; Hopi; F; s; dau 4446; yes; yes

4507 Jenkins, John; m; 1870 63; Hopi; F; wd; head 4447; yes; yes

4508 Jenkins, Mamie; f; 1908 25; Hopi; F; s; head 4448; no; Phoenix, Maracopi Ariz; yes

4509 Jenkins, Mary; f; 1907 26; Hopi; F; s; head 4449; yes; yes

4510 Jenkins, Thomas; m; 1910 23; Hopi; F; s; head 4450; yes; yes

4511 Johnson, Clay; m; 1901 32; Hopi; F; m; head 4451; yes; yes
4512 " Effie; f; 1911 22; Hopi; F; m; wife 4452; yes; yes
4513 " Reta; f; 1928 5; Hopi; F; s; dau 4453; yes; yes
4514 " Geneva Lou; f; 1932 1; Hopi; F; s; dau 4455; yes; yes

4515 Johnson, Keith; m; 1916 17; Hopi; F; s; alone 4456; yes; yes

4516 Kaye, Clarence; m; 1907 26; Hopi; F; m; head 4605; yes; yes
4517 " Frances Dale; f; 1909 24; Hopi; F; m; wife 4541; yes; yes
4518 " Diana Jane; f; 1932 1; Hopi; F; s; dau none; yes; yes

4519 Kaye, Edwin; m; 1885 48; Hopi; F; m; head 4457; yes; yes
4520 " Jones; m; 1909 24; Hopi; F; s; head 4458; yes; yes
4521 " Maggie; f; 1893 40; Hopi; F; m; wife 4460; yes; yes
4522 " Nela; f; 1915 18; Hopi; F; s; dau 4461; yes; yes
4523 " Marie; f; 1922 11; Hopi; F; s; dau 4462; yes; yes
4524 " Wilson; m; 1924 9; Hopi; F; s; son 4463; yes; yes
4525 " Edwin, Jr; m; 1926 7; Hopi; F; s; son 4464; yes; yes
4526 " Rachel; f; 1930 3; Hopi; F; s; dau 4465; yes; yes

4527 Kaye, Forest; m; 1899 34; Hopi; F; m; head 4466; yes; yes
4528 " Donita; f; 1904 29; Hopi; F; m; wife 4467; yes; yes
4529 " Adolph; m; 1931 2; Hopi; F; s; adpt son none; yes; yes
4530 " Eugene; m; 1933 4/12; Hopi; F; s; son none; yes; yes

4531 Kaye, Bessie; f; 1905 28; Hopi; F; wd; head 4469; yes; yes
4532 " Jasper; m; 1920 13; Hopi; F; s; son 4470; yes; yes
4533 " Desmond; m; 1921 12; Hopi; F; s; son 4471; yes; yes

Western Navajo Reservation
1933 Census Roll

Key: Number; Surname Given; Sex; Year Born and Age at Last Birthday; Tribe; Degree of Blood; Marital Status; Relationship to Head of Family & No. Last Census Roll; At Jurisdiction Where Enrolled (Yes/No); (If no – Where); Ward (Yes/No); Allotment Annuity and/or Identification Numbers

4534 Kaye, Harvey; m; 1923 10; Hopi; F; s; son 4472; yes; yes

4535 Kayongyumptewa, Big Burton; m; 1875 58; Hopi; F; m; head 4476; yes; yes
4536 " Hattie; f; 1890 43; Hopi; F; m; wife 4477; yes; yes
4537 " Florence; f; 1924 9; Hopi; F; s; dau 4478; yes; yes
4538 Burton, Nellie; f; 1907 26; Hopi; F; m; former wife 4479; yes; yes
4539 " Donald; m; 1916 17; Hopi; F; s; step son 4481; yes; yes
4540 " Horace; m; 1918 15; Hopi; F; s; step son 4482; yes; yes
4531[sic] " Clara; f; 1921 12; Hopi; F; s; st dau 4483; yes; yes
4542 " Beulah; f; 1911 22; Hopi; F; s; head 4480; yes; yes
4543 " Ellene; f; 1933 3/12; Hopi; F; s; dau none; yes; yes

4544 Kayope, Harry; m; 1888 45; Hopi; F; m; head 4484; yes; yes
4545 " Josephine; f; 1893 40; Hopi; F; m; wife 4485; yes; yes
4546 " Bonnie Jane; f; 1917 16; Hopi; F; s; dau 4486; yes; yes
4547 " Bertha; f; 1921 12; Hopi; F; s; dau 4487; yes; yes
4548 " Lucille Rose; f; 1925 8; Hopi; F; s; dau 4488; yes; yes
4549 " Harry, Jr; m; 1929 4; Hopi; F; s; son 4489; yes; yes
4550 " Albert Norton; m; 1913 20; Hopi; F; s; step son 4490; yes; yes

4551 Kuwanvuyowma, Unk; m; 1884 49; Hopi; F; wd; head 4491; yes; yes
4552 " Unk; f; 1913 20; Hopi; F; s; dau 4492; yes; yes

4553 Lewis, Walter; m; 1894 39; Hopi; F; m; head 4493; yes; yes
4554 " Jessie; f; 1901 32; Hopi; F; m; wife 4494; yes; yes
4555 Sakiestewa, Rosie; f; 1923 10; Hopi; F; s; step dau 4496; yes; yes

4556 Loma, Logan; m; 1901 32; Hopi; F; m; head 4497; yes; yes
4557 " Freida; f; 1905 28; Hopi; F; m; wife 4498; yes; yes

4558 Lomaguaptewa, Unk; m; 1885 48; Hopi; F; wd; head 4499; yes; yes

4559 Lomahoeyoma, John; m; 1885 48; Hopi; F; m; head 4500; yes; yes
4560 " Unk; f; 1880 53; Hopi; F; m; wife 4501; yes; yes

4561 Lomatewanim, Howard; m; unk; Hopi; F; m; head 4502; yes; yes
4562 " Hazel; f; unk; Hopi; F; m; wife 4503; yes; yes
4563 " Franklin; m; 1925 8; Hopi; F; s; son 4504; yes; yes
4564 " Herbert; m; 1928 5; Hopi; F; s; son 4505; yes; yes
4565 " Eugene; m; 1931 2; Hopi; F; s; son none; yes; yes

4566 Lomateywa, Unk; m; 1870 63; Hopi; F; m; head 4506; yes; yes
4567 " Unk; f; 1873 60; Hopi; F; m; wife 4507; yes; yes
4568 " Cyrus; m; 1911 22; Hopi; F; s; son 4508; yes; yes

Western Navajo Reservation
1933 Census Roll
Key: Number; Surname Given; Sex; Year Born and Age at Last Birthday; Tribe; Degree of Blood; Marital Status; Relationship to Head of Family & No. Last Census Roll; At Jurisdiction Where Enrolled (Yes/No); (If no – Where); Ward (Yes/No); Allotment Annuity and/or Identification Numbers

Died Jan. 31, 1934
4569 Lomayesva, Big George; m; 1872 61; Hopi; F; m; head 4509; yes; yes
4570   "   Unk; f; 1868 65; Hopi; F; m; wife 4510; yes; yes

4571 Masahongvi, Unk; m; 1850 83; Hopi; F; wd; head 4511; yes; yes

4572 Naseenimptewa, John; m; 1861 72; Hopi; F; m; head 4513; yes; yes
4573   "   Unk; f; 1879 63; Hopi; F; m; wife 4514; yes; yes

4574 Naseetenewa, Unk; m; 1876 57; Hopi; F; wd; head 4515; yes; yes
4575   "   Ray; m; 1919 14; Hopi; F; s; son 4516; yes; yes
4576   "   Juanita; f; 1921 12; Hopi; F; s; dau 4571; yes; yes

4577 Nasewmtewa, Daisy; f; 1911 22; Hopi; F; s; head 4346; yes; yes
4578   "   Roy Howard; m; 1932 5/12; Hopi; F; s; son none; yes; yes

4579 Naseyoma, Guy; m; 1899 34; Hopi; F; m; head 4518; yes; yes
4580   "   Lula Pongyonetewa; f; 1911 22; Hopi; F; m; wife 4519; yes; yes
4581   "   Raymond; m; 1932 1; Hopi; F; s; son 4520; yes; yes

4582 Naseyoma, Ira; m; 1909 24; Hopi; F; s; head 4521; yes; yes

4583 Naseyoma, Unk; m; 1870 63; Hopi; F; m; head 4522; yes; yes
4584   "   Unk; f; 1872 61; Hopi; F; m; wife 4523; yes; yes

4585 Nehoitewa, Roland; m; 1891 42; Hopi; F; m; head 4524; no; Hopi Indian Agency; yes
4586   "   Lillian Russell; f; 1892 41; Hopi; F; m; wife 4525; no; Hopi Indian Agency; yes
4587   "   Fielding; m; 1912 21; Hopi; F; s; son 4526; no; Hopi Indian Agency; yes
4588   "   Joan Blossom; f; 1914 19; Hopi; F; s; dau 4527; no; Hopi Indian Agency; yes
4589   "   Ramona; f; 1916 17; Hopi; F; s; dau 4528; no; Hopi Indian Agency; yes
4590   "   Owen; m; 1920 13; Hopi; F; s; son 4529; no; Hopi Indian Agency; yes
4591   "   Dickie; f; 1923 10; Hopi; F; s; dau 4530; no; Hopi Indian Agency; yes
4592   "   Byron; m; 1924 9; Hopi; F; s; son 4531; no; Hopi Indian Agency; yes
4593   "   Regina; f; 1928 5; Hopi; F; s; dau 4532; no; Hopi Indian Agency; yes

4594 Nevayestewa, George; m; 1885 48; Hopi; F; wd; head 4533; yes; yes
4595   "   Alan; m; 1915 18; Hopi; F; s; son 4534; yes; yes

4596 Nuhtayma, Frank; m; 1887 46; Hopi; F; m; head 4535; yes; yes
4597   "   Unk; f; 1888 45; Hopi; F; m; wife 4536; yes; yes
Died Feb. 20 1934
4598   "   Pearl; f; 1916 17; Hopi; F; s; dau 4537; yes; yes
4599   "   Agnes; f; 1919 14; Hopi; F; s; dau 4538; yes; yes
4600   "   Andrew; m; 1922 11; Hopi; F; s; son 4539; yes; yes
4601   "   Rosa; f; 1928 5; Hopi; F; s; dau 4540; yes; yes

Western Navajo Reservation
1933 Census Roll

Key: Number; Surname Given; Sex; Year Born and Age at Last Birthday; Tribe; Degree of Blood; Marital Status; Relationship to Head of Family & No. Last Census Roll; At Jurisdiction Where Enrolled (Yes/No); (If no – Where); Ward (Yes/No); Allotment Annuity and/or Identification Numbers

4602 Nuhtayma, Nora; f; 1911 22; Hopi; F; s; step dau 4542; yes; yes

4603 Numkena, Earl; m; 1888 45; Hopi; F; m; head 4543; yes; yes
4604 " Jennie; f; 1911 22; Hopi; F; s; dau 4544; yes; yes
4605 " Phyllis; f; 1913 20; Hopi; F; s; dau 4545; yes; yes
4606 " Anthony; m; 1916 17; Hopi; F; s; son 4546; yes; yes

4607 Numkena, Lewis; m; 1895 38; Hopi; F; m; head 4547; yes; yes
4608 " Hattie; f; 1899 34; Hopi; F; m; wife 4548; yes; yes
4609 " Lewis, Jr; 1927 6; Hopi; F; s; son 4549; yes; yes
4610 " Herbert; m; 1929 4; Hopi; F; s; son 4550; yes; yes
4611 " Amos; m; 3-7-1932 1; Hopi; F; s; son 4551; yes; yes

4612 Numkena, Sam; m; 1881 52; Hopi; F; m; head 4552; yes; yes
4613 " Lilly; f; 1884 49; Hopi; F; m; wife 4553; yes; yes
4614 " Amy; f; 1910 23; Hopi; F; s; dau 4555; yes; yes
4615 " Richard; m; 1911 22; Hopi; F; s; son 4556; yes; yes
4616 " Willie; m; 1917 16; Hopi; F; s; son 4557; yes; yes
4617 " George Gilham; m; 1919 14; Hopi; F; s; son 4558; yes; yes
4618 " Fredrick Samuel; m; 1922 11; Hopi; F; s; 4559; yes; yes
4619 " Lawrence; m; 1925 8; Hopi; F; s; son 4560; yes; yes
4620 " Sherwood; m; 1927 6; Hopi; F; s; son 4561; yes; yes

4621 Parinyama, Freida; f; 1912 21; Hopi; F; s; head 4564; yes; yes
4622 " Mary Jane; f; 11-1932 1; Hopi; F; s; dau none; yes; yes

4623 Pavinyama, Unk; m; 1886 47; Hopi; F; m; head 4562; yes; yes
4624 " Jessie; f; 1894 39; Hopi; F; m; wife 4563; yes; yes
4625 " Enos; m; 1914 19; Hopi; F; s; son 4565; yes; yes
4626 " Nancy; f; 1918 15; Hopi; F; s; dau 4566; yes; yes
4627 " Lester; f; 1922 11; Hopi; F; s; son 4567; yes; yes
4628 " Kenneth; m; 1925 8; Hopi; F; s; son 4568; yes; yes
4629 " Marian; f; 1027 6; Hopi; F; s; dau 4569; yes; yes

4630 Payestewa, Leonard; m; 1909 24; Hopi; F; m; head 4570; yes; yes
4631 " Evelyn Hongeva; f; 1908 25; Hopi; F; m; wife 4571; yes; yes
4632 " Laura Mae; f; 1928 5; Hopi; F; s; dau 4572; yes; yes
4633 " Elsie Pearl; f; 1930 3; Hopi; F; s; dau 4573; yes; yes
4634 " Clarence; m; 3-1932 1; Hopi; F; s; son none; yes; yes

4634 Phillips, Waldo; m; 1908 25; Hopi; F; m; head 4574; yes; yes
4636 " Flora Kaye; f; 1907 26; Hopi; F; m; wife 4575; yes; yes
4637 " Julia; f; 1928 5; Hopi; F; s; dau 4576; yes; yes
4638 " Florence; f; 1-14-1931 2; Hopi; F; s; dau 4577; yes; yes

Western Navajo Reservation
1933 Census Roll
Key: Number; Surname Given; Sex; Year Born and Age at Last Birthday; Tribe; Degree of Blood; Marital Status; Relationship to Head of Family & No. Last Census Roll; At Jurisdiction Where Enrolled (Yes/No); (If no – Where); Ward (Yes/No); Allotment Annuity and/or Identification Numbers

4639 Phillips, Laurence; m; 3-9-1933 2/12; Hopi; F; s; dau[sic]; none; yes; yes

4640 Polaquiyo, Wesley; m; 1895 38; Hopi; F; m; head 4578; yes; yes

4641 Polenimsee, Hattie; f; 1894 39; Hopi; F; wd; head 4579; yes; yes

4642 Polingyeamptewa, Phillip; m; 1895 38; Hopi; F; s; head 4580; yes; yes

4643 Polingyeamptewa, Phillip; m; 1873 60; Hopi; F; m; head 4581; yes; yes
4644 " Winnie; f; 1878 55; Hopi; F; m; wife 4582; yes; yes
4645 " Amos; m; 1913 20; Hopi; F; s; son 4583; yes; yes
4646 " Chester; m; 1918 15; Hopi; F; s; son 4584; yes; yes
4647 " Loren; m; 1921 12; Hopi; F; s; son 4585; yes; yes
4648 " Mariana; f; 1925 8; Hopi; F; s; dau 4586; yes; yes
4649 " Augustine; m; 1928 5; Hopi; F; s; dau[sic] 4587; yes; yes
4650 " Barbara; f; 7-1932 1; Hopi; F; s; dau none; yes; yes

4651 Pongyonetewa, Unk; m; 1875 58; Hopi; F; m; head 4588; yes; yes
4652 " Unk; f; 1877 56; Hopi; F; m; wife 4589; yes; yes
4653 Swumptewa, Annabelle; f; 1925 8; Hopi; F; s; grand-dau 4591; yes; yes

4654 Quache, Gilbert; m; 1890 43; Hopi; F; m; head 4592; yes; yes
4655 " Mattie; f; 1893 40; Hopi; F; m; wife 4593; yes; yes
4656 " Fritz Gilbert; m; 1913 20; Hopi; F; s; son 4594; yes; yes
4657 " Ruth; f; 1915 18; Hopi; F; s; dau 4595; yes; yes
4658 " Edith; f; 1922 11; Hopi; F; s; dau 4596; yes; yes
4659 " Willard Gilbert; m; 1924 9; Hopi; F; s; son 4597; yes; yes
4660 " Lloyd; m; 1929 4; Hopi; F; s; son 4598; yes; yes
4661 " Gilbert; m; 1930 3; Hopi; F; s; son 4599; yes; yes

4662 Quachera, Mark; m; 1884 34; Hopi; F; wd; head 4600; yes; yes

4663 Quayheptewa, Roger; m; 1882 51; Hopi; F; wd; head 4601; yes; yes
4664 " Ray; m; 1911 22; Hopi; F; s; son 4602; yes; yes

4665 Quomanyansie, Unk; m; 1854 79; Hopi; F; wd; head 4603; yes; yes

4666 Quopequapnim, Unk; m; 1849 84; Hopi; F; wd; head 4604; yes; yes

4667 Sakiestewa, Victor; m; 1895 38; Hopi; F; m; head 4606; yes; yes
4668 " Ramona; f; 1897 36; Hopi; F; m; wife 4607; yes; yes
4669 " Victor; m; 1920 13; Hopi; F; s; son 4608; yes; yes
4670 " August; m; 1921 12; Hopi; F; s; son 4609; yes; yes
4671 " Rosalee; f; 1922 11; Hopi; F; s; dau 4610; yes; yes

Western Navajo Reservation
1933 Census Roll

Key: Number; Surname Given; Sex; Year Born and Age at Last Birthday; Tribe; Degree of Blood; Marital Status; Relationship to Head of Family & No. Last Census Roll; At Jurisdiction Where Enrolled (Yes/No); (If no – Where); Ward (Yes/No); Allotment Annuity and/or Identification Numbers

4672 Sakiestewa, Lorraine Frances; f; 1923 10; Hopi; F; s; dau 4611; yes; yes
4673 "   Warren; m; 1927 6; Hopi; F; s; son 4612; yes; yes
4674 "   Rochne Morrison; m; 1928 5; Hopi; F; s; son 4613; yes; yes
4675 "   Mary; f; 1929 4; Hopi; F; s; dau 4614; yes; yes
4676 "   Ethel Boyd; f; 3-14-1931 2; Hopi; F; s; dau 4615; yes; yes

4677 Segavaema, Hopi Jack; m; 1870 63; Hopi; F; m; head 4616; yes; yes
4678 "   Unk; f; 1863 70; Hopi; F; m; wife 4617; yes; yes

4679 Seleptewa, Jim; m; 1862 71; Hopi; F; wd; head 4618; yes; yes
4680 "   Elsie; f; 1914 19; Hopi; F; s; dau 4619; yes; yes
4681 "   Harry; m; 1915 18; Hopi; F; s; son 4620; yes; yes
4682 "   Sarah; f; 1919 14; Hopi; F; s; dau 4621; yes; yes

4683 Selestewa, Unk; m; 1878 55; Hopi; F; m; head 4622; yes; yes
4684 "   Unk; f; 1985[sic] 48; Hopi; F; m; wife 4623; yes; yes
4685 "   Ivan; m; 1914 19; Hopi; F; s; son 4624; yes; yes
4686 "   Enos; m; 1916 17; Hopi; F; s; son 4625; yes; yes
4687 "   Cecil; m; 1918 15; Hopi; F; s; son 4626; yes; yes
4688 "   Ethel; f; 1920 13; Hopi; F; s; dau 4627; yes; yes
4689 "   Helen; f; 1923 10; Hopi; F; s; dau 4628; yes; yes

4690 Selestewa, Eli; m; 1908 25; Hopi; F; m; head 4554; yes; yes
4691 "   Ruth; m; 1908 25; Hopi; F; m; wife 4407; yes; yes
4692 "   Albert; m; 4-1932 1; Hopi; F; s; dau none; yes; yes

4693 Seumptewa, Frank; m; 1875 58; Hopi; F; wd; head 4630; yes; yes
4694 "   Jackson; m; 1912 21; Hopi; F; s; ad-son 4631; yes; yes

4695 Seweynotewa, Unk; f; 1875 58; Hopi; F; wd; head 4632; yes; yes

4696 Sewingyawna, Glen; m; 1909 24; Hopi; F; m; head 4633; yes; yes
4697 "   Pavinyama Emma; f; 1907 26; Hopi; F; m; wife 4634; yes; yes
4698 "   Everett; m; 10-6-1931 1; Hopi; F; s; son 4635; yes; yes

4699 Shing, Samuel; m; 1909 24; Hopi; F; m; head 4637; yes; yes

4700 Sikahongyoma, Unk; m; 1865 68; Hopi; F; wd; head 4638; yes; yes

4701 Sikawanyansie, Unk; f; 1942 91; Hopi; F; wd; head 4639; yes; yes

4702 Siwiyestewa, Unk; m; 1872 61; Hopi; F; wd; head 4640; yes; yes
4703 "   Jesse; m; 1912 21; Hopi; F; s; son 4641; yes; yes

Western Navajo Reservation
1933 Census Roll

Key: Number; Surname Given; Sex; Year Born and Age at Last Birthday; Tribe; Degree of Blood; Marital Status; Relationship to Head of Family & No. Last Census Roll; At Jurisdiction Where Enrolled (Yes/No); (If no – Where); Ward (Yes/No); Allotment Annuity and/or Identification Numbers

4704 Talagmenawah, Charles; m; 1866 67; Hopi; F; wd; head 4642; yes; yes
4705 " Fern; f; 1911 22; Hopi; F; s; dau 4643; yes; yes

4706 Talagmenawah, Louise; f; 1909 24; Hopi; F; s; head 4644; yes; yes

4707 Talehyea, Milo; m; 1904 29; Hopi; F; m; head 4645; yes; yes
4708 " Rose; f; 1904 29; Hopi; F; m; wife 4646; yes; yes
4709 " Ethel; f; 1925 8; Hopi; F; s; dau 4647; yes; yes
4710 " Stacey; m; 9-1931 2; Hopi; F; s; son none; yes; yes

4711 Taleshoma, John; m; 1905 28; Hopi; F; m; head 4648; yes; yes
4712 " Lois; f; 1906 27; Hopi; F; m; wife 4649; yes; yes
4713 " Laura Catherine; f; 1928 5; Hopi; F; s; dau 4650; yes; yes

4714 Taliwepe, Charley; m; 1885 48; Hopi; F; wd; head 4652; yes; yes
4715 " Samuel; m; 1909 24; Hopi; F; s; son 4653; yes; yes

4716 Tenochenewa, Josheh[sic]; m; 1909 24; Hopi; F; m; head 4654; yes; yes
4717 " Edna; f; 1908 25; Hopi; F; m; wife 4655; yes; yes
4718 " Alice; f; 1928 5; Hopi; F; s; son 4656; yes; yes
4719 " Josephine; f; 1930 3; Hopi; F; s; dau 4657; yes; yes

4720 Tenochoenewa, Roy; m; 1899 34; Hopi; F; m; head 4658; yes; yes
4721 " Amelia; f; 1905 28; Hopi; F; m; wife 4659; yes; yes
4722 " Amelia; f; 1920 13; Hopi; F; s; dau 4660; yes; yes
4723 " Roy; m; 1923 10; Hopi; F; s; son 4661; yes; yes

4724 Tenochoenewa, Unk; m; 1853 80; Hopi; F; wd; head 4662; yes; yes

4725 Tenochyestewa, Unk; m; 1840 93; Hopi; F; m; head 4663; yes; yes
4726 " Unk; f; 1845 88; Hopi; F; m; wife 4664; yes; yes

4727 Tewa, William; m; 1899 34; Hopi; F; m; head 4665; yes; yes
4728 " Helga; f; 1909 24; Hopi; F; m; wife 4666; yes; yes
4729 " Lorenzo; m; 1925 8; Hopi; F; s; son 4667; yes; yes
4730 " Rose Marie; f; 1926 7; Hopi; F; s; dau 4668; yes; yes

4731 Tewa, Hazel Gaseana; f; 1908 25; Hopi; F; wd; wife 4670; yes; yes
4732 " Richard; m; 1927 6; Hopi; F; s; son 4671; yes; yes
4733 " Comrade; m; 1929 4; Hopi; F; s; son 4672; yes; yes
4734 " Wallace; m; 1931 2; Hopi; F; s; son none; yes; yes

4735 Tewangoitewa, Somi; m; 1875 58; Hopi; F; m; head 4673; yes; yes
4736 " Anna; f; 1880 53; Hopi; F; m; wife 4674; yes; yes

Western Navajo Reservation
1933 Census Roll

Key: Number; Surname Given; Sex; Year Born and Age at Last Birthday; Tribe; Degree of Blood; Marital Status; Relationship to Head of Family & No. Last Census Roll; At Jurisdiction Where Enrolled (Yes/No); (If no – Where); Ward (Yes/No); Allotment Annuity and/or Identification Numbers

4737 Tewangoitewa, Bennie; m; 1915 18; Hopi; F; s; son 4675; yes; yes
4738 " Melvin; m; 1921 12; Hopi; F; s; son 4676; yes; yes
4739 " Delphia; f; 1924 9; Hopi; F; s; dau 4677; yes; yes

4740 Tewanyemptewa, Frank; m; 1873 60; Hopi; F; m; head 4678; yes; yes
4741 " Unk; f; 1875 58; Hopi; F; m; wife 4679; yes; yes

4742 Tewabtenotewa, Loky; m; 1905 28; Hopi; F; m; head 4680; yes; yes
4743 " Ella Dallas; f; 1906 27; Hopi; F; m; wife 4681; yes; yes
4744 " Wallace Richard; m; 1928 5; Hopi; F; s; son 4682; yes; yes
4745 " Betty Jane; f; 1929 4; Hopi; F; s; dau 4683; yes; yes
4746 " Colleen; f; 1-29-1933 3/12; Hopi; F; s; dau none; yes; yes

4747 Tsawatawa, Harold; m; 1896 37; Hopi; F; m; head 4684; yes; yes
4748 " Irene; f; 1898 35; Hopi; F; m; wife 4685; yes; yes
4749 " Rena; f; 1920 13; Hopi; F; s; dau 4686; yes; yes
4750 " Thelma Mae; f; 1923 10; Hopi; F; s; 4687; yes; yes
4751 " Pansy; f; 1925 8; Hopi; F; s; 4688; yes; yes
4752 " Lorena Grace; f; 1928 5; Hopi; F; s; dau 4689; yes; yes
4753 " Roelof Fredric; m; 9-30-30 2; Hopi; F; s; son; yes; yes
4754 " Florence Helen; f; 10-32 ½; Hopi; F; s; dau none; yes; yes

4755 Tuchawena, Jackson Leihungva; m; 1890 43; Hopi; F; m; head 4691; yes; yes
4756 " Nannie; f; 1905 28; Hopi; F; m; wife 4692; yes; yes
4757 " Verna; f; 1918 15; Hopi; F; s; dau 4693; yes; yes
4758 " Ralph; m; 1919 14; Hopi; F; s; son 4694; yes; yes
4759 " Judith; f; 1924 9; Hopi; F; s; dau 4695; yes; yes
4760 " Leroy; m; 1927 6; Hopi; F; s; son 4696; yes; yes
4761 " Virginia; f; 1931 Jan. 7 2; Hopi; f ; s; dau 4697; yes; yes
4762 " Amy; f; 1932 1; Hopi; F; s; dau none; yes; yes

4763 Tuveyestewa, Unk; m; 1870 63; Hopi; F; wd; head 4698; yes; yes

4764 Tuyongeva, Dan; m; 1880 53; Hopi; F; m; head 4699; yes; yes
4765 " Katie; f; 1882 51; Hopi; F; m; wife 4700; yes; yes
4766 " Grace; f; 1905 28; Hopi; F; s; day[sic] 4701; yes; yes
4767 " Vera; f; 1910 23; Hopi; F; s; dau 4702; yes; yes
4768 " Belle; f; 1912 21; Hopi; F; s; dau 4703; yes; yes
4769 " Floyd; f[sic]; 1918 15; Hopi; F; s; son 4705; yes; yes
4770 " Susie; f; 1921 12; Hopi; F; s; dau 4706; yes; yes
4771 " Mollie; f; 1923 10; Hopi; F; s; dau 4707; yes; yes

4772 Tuyongeva, Heber Dan; m; 1907 26; Hopi; F; s; head 4708; yes; yes

Western Navajo Reservation
1933 Census Roll
Key: Number; Surname Given; Sex; Year Born and Age at Last Birthday; Tribe; Degree of Blood; Marital Status; Relationship to Head of Family & No. Last Census Roll; At Jurisdiction Where Enrolled (Yes/No); (If no – Where); Ward (Yes/No); Allotment Annuity and/or Identification Numbers

4773 Tymosi, Teddie S; m; 1896 37; Hopi; F; m; head 4709; yes; yes
4774 " Gertrude; f; 1900 33; Hopi; F; m; wife 4710; yes; yes
4775 " Lloyed[sic]; m; 1924 9; Hopi; F; s; son 4711; yes; yes
4776 " Elvin; m; 1927 6; Hopi; F; s; son 4712; yes; yes
4777 " Herman; m; 1930 2; Hopi; F; s; son 4713; yes; yes
4778 Siweyestewa, Lyda; f; 1920 13; Hopi; F; s; st-dau 4714; yes; yes
4779 Tyomos[sic], Unk; m; [blank]; Hopi; F; s; son 4715; yes; yes

PAIUTE

4780 Allen, Elizabeth; f; 1906 27; Piute; F; sep; head 4716; yes; yes
4781 " Charles; m; 1924 9; Piute; F; s; son 4717; yes; yes

4782 Begay, Adolph; m; 1855 78; Piute; F; m; head 4718; yes; yes
4783 " Josephine; f; 1868 65; Piute; F; m; wife 4719; yes; yes

4784 Brooks, Harry; m; 1908 24; Piute; F; s; head 4720; yes; yes

4785 Buckeye, Lehi; m; 1846 87; Piute; F; wd; head 4721; yes; yes

4786 Case, Zini; f; 1888 45; Piute; F; wd; head 4722; yes; yes
4787 " Jay L; m; 1918 15; Piute; F; s; grd-son 4723; yes; yes

4788 Francis, Joe; m; 1868 65; Piute; F; wd; head 4724; yes; yes
4789 " Daisy; f; 1905 28; Piute; F; s; dau 4725; yes; yes
4790 " Harry; m; 1909 24; Piute; F; s; son 4726; yes; yes
4791 " Bertha; f; 1911 22; Piute; F; s; dau 4727; yes; yes

4792 Hammond, Joe; m; unk; Piute; F; m; head 4728; yes; yes
4793 " Motzillie; f; unk; Piute; F; m; wife 4729; yes; yes
4794 " Hubert; m; unk; Piute; F; s; son 4730; yes; yes
4795 " Yoznie; f; 1930 3; Piute; F; s; dau 4731; yes; yes

4796 Keneup, Sidney; m; 1903 30; Piute; F; m; head 4732; yes; yes
4797 " Leta; f; 1907 26; Piute; F; m; wife 4733; yes; yes
4798 " John; m; 1927 6; Piute; F; s; son 4734; yes; yes

4799 Leanhi, Alfred; m; 1898 35; Piute; F; m; head 4735; yes; yes
4800 " Kimi; f; 1909 24; Piute; F; m; wife 4736; yes; yes
4801 " Annie; f; 1922 11; Piute; F; s; dau 4737; yes; yes
4802 " Louis, m; 1928 5; Piute; F; s; son 4738; yes; yes
4803 " Elmer; m; 1931 2; Piute; F; s; son 4739; yes; yes

Western Navajo Reservation
1933 Census Roll

Key: Number; Surname Given; Sex; Year Born and Age at Last Birthday; Tribe; Degree of Blood; Marital Status; Relationship to Head of Family & No. Last Census Roll; At Jurisdiction Where Enrolled (Yes/No); (If no – Where); Ward (Yes/No); Allotment Annuity and/or Identification Numbers

4804 Lehi, Curtin; m; 1904 19; Piute; 1/2; m; head 4740; yes; yes
4805 " Rose; f; 1909 24; Piute; 1/2; m; wife 4741; yes; yes
4806 " Jolph; m; 1929 4; Piute; 1/2; s; son 4742; yes; yes

4807 Lehi, Willie; m; 1911 22; Piute; F; sep; head 2293; yes; yes

4808 Norman, Joe; m; 1912 21; Piute; F; m; head 4743; yes; yes
4809 " Alice; f; 1910 23; Piute; F; m; wife 4744; yes; yes

4810 Sanni, Gus; m; 1888 45; Piute; F; s; head 4745; yes; yes

4811 Weba, Sam; m; 1903 30; Piute; F; s; head 4797; yes; yes

Western Navajo Reservation
1933 Census Roll

Key: Number; Surname Given; Sex; Year Born and Age at Last Birthday; Tribe; Degree of Blood; Marital Status; Relationship to Head of Family; At Jurisdiction Where Enrolled (Yes/No); (If no – Where); Ward (Yes/No); Allotment Annuity and/or Identification Numbers

ADDITIONS – OMITTED FROM PREVIOUS ROLLS

261 Begay, John; m; 1909 24; Navajo; F; m; head; yes; yes; 75804
288 Begay, Wallace; m; 1911 22; Navajo; F; s; head; yes; yes; 71991
336 Berden, Joseph; m; 1924 29; Navajo; F; m; head; yes; yes; 77722
530 Bizardi, Amos; m; 1913 20; Navajo; F; s; alone; yes; yes; 77576
872 Chee, Ned; m; 1913 20; Navajo; F; s; son; yes; yes; 75685
1204 Davis, Eli; m; 1910 23; Navajo; F; m; head; yes; yes; 77727
1287 Dick, Frank; m; 1880 53; Navajo; F; m; head; yes; yes; 75686
3309 Le Clere, Mabel Johnson; f; unk; Navajo; F; m; wife; yes; yes; [blank]
2330 Lefthand, Bernell; m; 1897 36; Navajo; F; m; head; yes; yes; 77716
2530 Mann, Ramon; m; 1913 20; Navajo; F; s; son; yes; yes; 71990
3029 Redburrow, Mrs; f; 1882 51; Navajo; F; m; wife; yes; yes; 71992
3435 Skenandore, Irene; f; 1908 25; Navajo; F; m; wife; yes; yes; 75796
4025 White, Albert; m; 1911 22; Navajo; F; m; head; yes; yes; 77199
4066 Whitehair, Dalton; m; 1912 21; Navajo; F; s; head; yes; yes; 75802
4081 Whitehair, Herschel; m; 1906 28; Navajo; F; wd; head; yes; yes; 75801
2489 Yanatza, Phoebe; f; 1916 17; Navajo; F; s; dau; yes; yes; 77725

TRANSFERRED FROM HOPI ROLL

776 Burton, Geraldine; f; 1927 5; Navajo-Hopi; F; s; dau yes; yes; 75052
777 Burton, Thomas; m; 1930 3; Navajo-Hopi; F; s; son; yes; yes; 75053

ADDITIONS – PIUTE ROLL – TRANSFERRED FROM NAVAJO

Leihi, Henry; m; 1911 22; Piute; F; sep; head; yes; yes

DEDUCTIONS FROM NAVAJO ROLL – DUPLICATE ENROLLMENTS

1932 Census
Roll No.
2204 Kesquella, John; m; 1839 94; Navajo; F; wd; head; yes; yes; 71846
3933 Webb, Sarah; f; 1928 4; Navajo; F; s; dau; yes; yes; 82214
769 Williams, Jerry; m; 1908 25; Navajo; F; s; head; yes; yes; 71234

TRANSFERRED NAVAJO TO PIUTE ROLL

1932 Census
Roll No.
2293 Lehihi, Henry; m; 1911 22; Piute; F; sep; head; yes; yes; 71838

Western Navajo Reservation
1933 Census Roll

Key: Number; Surname Given; Sex; Year Born and Age at Last Birthday; Tribe; Degree of Blood; Marital Status; Relationship to Head of Family; At Jurisdiction Where Enrolled (Yes/No); (If no – Where); Ward (Yes/No); Allotment Annuity and/or Identification Numbers

DEDUCTIONS FROM HOPI ROLL – TRANSFERRED TO NAVAJO ROLL

1932 Census
Roll No.
4327 Burton, Geraldine; f; 1927 6; Navajo-Hopi; F; s; dau; yes; yes
4328 Burton, Thomas; m; 1930 3; Navajo-Hopi; F; s; son; yes; yes

DUPLICATE ENROLLMENT

1932 Census
Roll No.
4326 Burton, Agnes; f; 1908 25; Navajo; F; m; wife; yes; yes
4495 Lewis, Violet; f; 1924 9; Navajo-Hopi; F; s; dau; yes; yes

BIRTHS - NAVAJO

Western Navajo Reservation
Navajo Birth Rolls 1925 – 1933
Key: Census Roll Number; Surname, Given; Date of Birth (Year-Month-Day); Live Births (yes/no); Sex; Tribe; Ward (yes/no); Degree of Blood (Father- Mother- Child); At Jurisdiction Where Enrolled (Yes/No); (If no – Where)

Births Occurring between the Dates of **year 1925** to Parents Enrolled at Jurisdiction

1936 Jewlerman, Ada; 1925-5-30; yes; f; Navaho; yes; F- F- F; yes

Births Occurring between the Dates of **year 1926** to Parents Enrolled at Jurisdiction

886 Clark, Bertha; 1926-2-6; yes; f; Navaho; yes; F- F- F; yes

Births Occurring between the Dates of **year 1927** to Parents Enrolled at Jurisdiction

3027 Richards, Laurence; 1927-6- -; yes; m; Navaho; yes; F- F- F; yes

Births Occurring between the Dates of **Jan. 1, 1928 – June 30, 1928** to Parents Enrolled at Jurisdiction

none Bayth, Elizabeth; 1928-6-9; yes; f; Navho[sic]; yes; F- F- F; yes
331 Bidoni, Allen; 1928-5-5; yes; m; Navaho; yes; F- F- F; yes
367 Bigman, Ace; 1928-1 -; yes; m; Navaho; yes; F- F- F; yes
    Billah, Harry; 1928-1-7; yes; m; Navaho; yes; F- F- F; yes
612 Blake, George; 1928- - -; yes; m; Navaho; yes; F- F- F; yes
688 Bradley, Roslie Lillian; 1928- - -; yes; f; Navaho; yes; F- F- F; yes
728 Butler, Aimee; 1928- - -; yes; f; Navaho; yes; F- F- F; yes
822 Chee, Ada; 1928-4 -; yes; f; Navaho; yes; F- F- F; yes
826 Chee, Morris; 1928-4-3; yes; m; Navaho; yes; F- F- F; yes
819 Chee, Oscar; 1928-5-9; yes; m; Navaho; yes; F- F- F; yes
842 Chief, Polly; 1928-5-1; yes; f; Navaho; yes; F- F- F; yes
883 Clark, Jep; 1928- - -; yes; m; Navaho; yes; F- F- F; yes
- Dez Shhe, ?; 1928-5-28; yes; m; Navaho; yes; F- F- F; yes
- Edwards, Mary; 1928-2- -; yes; f; Navaho; yes; F- F- F; yes
1388 Farley, Ethel; 1928-3-31; yes; f; Navaho; yes; F- F- F; yes
1424 Fat, Harold; 1928-3-10; yes; m; Navaho; yes; F- F- F; yes
1445 Franklin, Ben; 1928- - 30; yes; m; Navaho; yes; F- F- F; yes
1462 Fuller, Bob; 1928-3-31; yes; m; Navaho; yes; F- F- F; yes
1671 Haskon, Betty; 1928- - -; yes; f; Navaho; yes; F- F- F; yes
- Hashnee, Ka[sic]; 1928-5-3; yes; m; Navaho; yes; F- F- F; yes
1708 Heilig, Rena; 1928- - -; yes; f; Navaho; yes; F- F- F; yes
1719 Hicks, Pauline Grace; 1928-5-21; yes; f; Navaho; yes; F- F- F; yes
- Hicks, Male; 1928-6-8; yes; m; Navaho; yes; F- F- F; yes
- Holiday, Ray; 1928-6-23; yes; m; Navaho; yes; F- F- F; yes
1848 Hosteen, Agnes; 1928-6-12; yes; f; Navaho; yes; F- F- F; yes
1954 John, Elmer; 1928- - -; yes; m; Navaho; yes; F- F- F; yes
2039 Jordon, Eva; 1928- - -; yes; f; Navaho; yes; F- F- F; yes
2434 Manygoats; Skeet; 1928- - -; yes; m; Navaho; yes; F- F- F; yes
2911 Parrish Agnes; 1928- - -; yes; f; Navaho; yes; F- F- F; yes
- Tsinnie, Antony; 1928-6-19; yes; m; Navaho; yes; F- F- F; yes
3789 White, Adam; 1928-3-31; yes; m; Navaho; yes; F- F- F; yes

Western Navajo Reservation
Navajo Birth Rolls 1925 – 1933

Key: Census Roll Number; Surname, Given; Date of Birth (Year-Month-Day); Live Births (yes/no); Sex; Tribe; Ward (yes/no); Degree of Blood (Father- Mother- Child); At Jurisdiction Where Enrolled (Yes/No); (If no – Where)

3928 Williams, Frank; 1928-5-2; yes; m; Navaho; yes; F- F- F; yes
4058 Yezzie, Ellen; 1928-6-1; yes; f; Navaho; yes; F- F- F; yes

Births Occurring between the Dates of **July 1, 1928 – June 30, 1929** to Parents Enrolled at Jurisdiction

   8 Acothley, Frances; 1929- - -; yes; f; Navajo; yes; F- F- F; yes
  32 Adakaih, Frank; 1929- - -; yes; m; Navajo; yes; F- F- F; yes
  45 Adson, Mark Woodie; 1929-3-2; yes; m; Navajo; yes; F- F- F; yes
     Adothcie, Julia Begay; 1928-7-29; yes; f; Navajo; yes; F- F- F; yes
     Alsee, Roy; 1928-8-9; yes; m; Navajo; yes; F- F- F; yes
116 Atene, Adolph; 1929-5-31; yes; m; Navajo; yes; F- F- F; yes
  89 Atene, Ben; 1929-3-1; yes; m; Navajo; yes; F- F- F; yes
130 Austin, Mattie; 1929-5-28; yes; f; Navajo; yes; F- F- F; yes
189 Barlow, Hashayazzie; 1929- - -; yes; m; Navajo; yes; F- F- F; yes
199 Bartlett, Fay; 1928-8-1; yes; f; Navajo; yes; F- F- F; yes
204 Beach, Preston; 1929-6-16; yes; m; Navajo; yes; F- F- F; yes
246 Begay, Frank; 1928-10-7; yes; m; Navajo; yes; F- F- F; yes
     Begay, Walter; 1929-4-16; yes; m; Navajo; yes; F- F- F; yes
305 Betah, Glen Tso; 1929-1-17; yes; m; Navajo; yes; F- F- F; yes
463 Bissey, Barbara Asontsie; 1929-3-15; yes; f; Navajo; yes; F- F- F; yes
517 Black, Ada; 1929- - -; yes; f; Navajo; yes; F- F- F; yes
531 Black, Ann; 1929-1-15; yes; f; Navajo; yes; F- F- F; yes
619 Blake, Alford; 1929-6-1; yes; m; Navajo; yes; F- F- F; yes
538 Boone, Albert; 1929-5-3; yes; m; Navajo; yes; F- F- F; yes
661 Boone, Hugo; 1929-4-6; yes; m; Navajo; yes; F- F- F; yes
674 Boyd, Albert; 1929-4-7; yes; m; Navajo; yes; F- F- F; yes
678 Bradley, Frances Juanita; 1928-7-27; yes; f; Navajo; yes; F- F- F; yes
700 Brown, Ella; 1929-2-17; yes; f; Navajo; yes; F- F- F; yes
713 Burns, Eva; 1929-3-9; yes; f; Navajo; yes; F- F- F; yes
743 Butler, Howard; 1929- - -; yes; m; Navajo; yes; F- F- F; yes
739 Butler, Jack; 1928- 12-30; yes; m; Navajo; yes; F- F- F; yes
751 Calamity, Alice; 1929-6-2; yes; f; Navajo; yes; F- F- F; yes
774 Canyon, Barbara; 1928-8-7; yes; f; Navajo; yes; F- F- F; yes
760 Calamity, Dot; 1929-5-17; yes; f; Navajo; yes; F- F- F; yes
782 Carr, Floyd; 1929- - -; yes; f; Navajo; yes; F- F- F; yes
905 Chizzieyazzie, Taylor; 1929-3-6; yes; m; Navajo; yes; F- F- F; yes
878 Church, Susuie; 1928- 7-16; yes; f; Navajo; yes; F- F- F; yes
877 Clark, Addie; 1929-4-30; yes; f; Navajo; yes; F- F- F; yes
948 Clitso, Atad Ata; 1929-4-1; yes; f; Navajo; yes; F- F- F; yes
1002 Cly, Billy Clabegay; 1929-6-29; yes; m; Navajo; yes; F- F- F; yes
986 Cly, David; 1020-3-9; yes; m; Navajo; yes; F- F- F; yes
992 Cly, John; 1928-9-9; yes; m; Navajo; yes; F- F- F; yes
1021 Cody, Belle; 1929-5-1; yes; f; Navajo; yes; F- F- F; yes
1026 Cody, Trop; 1929-6-7; yes; m; Navajo; yes; F- F- F; yes
1043 Colie, Merlin Deschenie; 1929-4-19; yes; m; Navajo; yes; F- F- F; yes

Western Navajo Reservation
Navajo Birth Rolls 1925 – 1933

Key: Census Roll Number; Surname, Given; Date of Birth (Year-Month-Day); Live Births (yes/no); Sex; Tribe; Ward (yes/no); Degree of Blood (Father- Mother- Child); At Jurisdiction Where Enrolled (Yes/No); (If no – Where)

1107 Curley, Keith; 1929-5-12; yes; m; Navajo; yes; F- F- F; yes
1138 Daniels, Dorothy; 1929-3-1; yes; f; Navajo; yes; F- F- F; yes
1160 Dayzie, Rena; 1929-3-10; yes; f; Navajo; yes; F- F- F; yes
1272 Dodson, Lester; 1929- - -; yes; m; Navajo; yes; F- F- F; yes
1288 Dohi, Keith; 1929- - -; yes; m; Navajo; yes; F- F- F; yes
1293 Donald, Frank; 1929-2-2; yes; m; Navajo; yes; F- F- F; yes
     Dick, Claire; 1929-1-10; yes; f; Navajo; yes; F- F- F; yes
1323 Edwards, Billie; 1929-2-22; yes; m; Navajo; yes; F- F- F; yes
1442 Franklin, Paul; 1929- - -; yes; m; Navajo; yes; F- F- F; yes
1427 Fowler, Edward Kee; 1929-2-29; yes; m; Navajo; yes; F- F- F; yes
1463 Gamble, Paul Begay; 1929-2-29; yes; m; Navajo; yes; F- F- F; yes
1483 Gardner, David; 1929-3-31; yes; m; Navajo; yes; F- F- F; yes
1495 George, Fannie; 1929-2-1; yes; f; Navajo; yes; F- F- F; yes
1515 Goatson, Evelyn; 1929-2-17; yes; f; Navajo; yes; F- F- F; yes
1533 Goodman, Caroline; 1929- - -; yes; f; Navajo; yes; F- F- F; yes
1573 Grange, Lettie; 1929-2-6; yes; f; Navajo; yes; F- F- F; yes
1580 Grayhat, Grace; 1929-3-8; yes; f; Navajo; yes; F- F- F; yes
1610 Grey, Joe; 1929- - -; yes; m; Navajo; yes; F- F- F; yes
1625 Grisham, Doris; 1929-2-18; yes; f; Navajo; yes; F- F- F; yes
     Hardy, Mervin; 1929- - -; yes; m; Navajo; yes; F- F- F; yes
1666 Haskay, Addalissa; 1929-1-2; yes; f; Navajo; yes; F- F- F; yes
     Happy, Judd; 1928-7-13; yes; m; Navajo; yes; F- F- F; yes
1709 Heilig, Lee; 1929-6-19; yes; m; Navajo; yes; F- F- F; yes
1726 Hicks, Paul; 1929-1-18; yes; m; Navajo; yes; F- F- F; yes
1753 Holiday, Ada; 1929-2-29; yes; f; Navajo; yes; F- F- F; yes
1766 Holiday, Ben; 1929-4-26; yes; m; Navajo; yes; F- F- F; yes
1747 Holiday, Inez; 1929-3-28; yes; f; Navajo; yes; F- F- F; yes
1733 Holiday, Keith; 1929-2-1; yes; m; Navajo; yes; F- F- F; yes
1745 Holiday, Nellie; 1929-3-3; yes; f; Navajo; yes; F- F- F; yes
1788 Homer, Charles; 1929-2-28; yes; m; Navajo; yes; F- F- F; yes
     Horseherder, Jerry; 1929- - -; yes; m; Navajo; yes; F- F- F; yes
1805 Hoschian, Florence; 1929-1-1; yes; f; Navajo; yes; F- F- F; yes
1895 Hudson, Charlotte; 1929-1-14; yes; f; Navajo; yes; F- F- F; yes
1850 Hudgins, John Johnson; 1929-1- -; yes; m; Navajo; yes; F- F- F; yes
1880 Huskon, Mable; 1929-2-27; yes; f; Navajo; yes; F- F- F; yes
2006 Jolly, Roth Aske; 1929-2- -; yes; m; Navajo; yes; F- F- F; yes
1964 John, Freda; 1928-11-18; yes; f; Navajo; yes; F- F- F; yes
     John, Harry; 1928-10-9; yes; m; Navajo; yes; F- F- F; yes
1971 John, Helen; 1929-5-7; yes; f; Navajo; yes; F- F- F; yes
2002 Johnson, Ethel; 1929- - -; yes; f; Navajo; yes; F- F- F; yes
1978 Johnson, Fred; 1929-5-17; yes; m; Navajo; yes; F- F- F; yes
2118 Jones, Carl; 1928-Fall; yes; m; Navajo; yes; F- F- F; yes
2021 Jones, Hal; 1928-12-1; yes; m; Navajo; yes; F- F- F; yes
2037 Jordan, Alice; 1929-2-19; yes; f; Navajo; yes; F- F- F; yes
2057 June, Lester Begay; 1929-1-8; yes; m; Navajo; yes; F- F- F; yes

Western Navajo Reservation
Navajo Birth Rolls 1925 – 1933

Key: Census Roll Number; Surname, Given; Date of Birth (Year-Month-Day); Live Births (yes/no); Sex; Tribe; Ward (yes/no); Degree of Blood (Father- Mother- Child); At Jurisdiction Where Enrolled (Yes/No); (If no – Where)

2065 Kaibitony, Julia; 1929-4-4; yes; f; Navajo; yes; F- F- F; yes
2108 Kisannie, Robert; 1928-10- -; yes; m; Navajo; yes; F- F- F; yes
2167 Laugher, Keith; 1929-5-4; yes; m; Navajo; yes; F- F- F; yes
2182 Lee, Zona; 1929-1-20; yes; f; Navajo; yes; F- F- F; yes
2190 Lefthand, Grace; 1929-4-20; yes; f; Navajo; yes; F- F- F; yes
2195 Lefthand, Susie; 1929-6-12; yes; f; Navajo; yes; F- F- F; yes
2225 Little, May; 1929-5-1; yes; f; Navajo; yes; F- F- F; yes
      Long, Fannie; 1928-7-13; yes; f; Navajo; yes; F- F- F; yes
2347 Longsalt, Sam; 1928-10-15; yes; m; Navajo; yes; F- F- F; yes
2331 Luna, Bonnie; 1929-3-1; yes; f; Navajo; yes; F- F- F; yes
2349 Madman, Rex; 1929-4-1; yes; m; Navajo; yes; F- F- F; yes
2358 Madson, Aske; 1929-3-1; yes; m; Navajo; yes; F- F- F; yes
2375 Maloney, Jimmie; 1929-1-20; yes; m; Navajo; yes; F- F- F; yes
2384 Mann, Tommie; 1919-4-1; yes; m; Navajo; yes; F- F- F; yes
      Mannn, Clarence; 1928-7-29; yes; m; Navajo; yes; F- F- F; yes
2403 Manson, John; 1928-9-19; yes; m; Navajo; yes; F- F- F; yes
2449 Manygoats, Jennie; 1928-7-17; yes; f; Navajo; yes; F- F- F; yes
2460 Manygoats, Shirley; 1929- - -; yes; f; Navajo; yes; F- F- F; yes
      Manymules, Angela; 1929-2- -; yes; f; Navajo; yes; F- F- F; yes
2527 Martin, Frank; 1929-3-8; yes; m; Navajo; yes; F- F- F; yes
2551 McCoughey, June; 1929- - -; yes; f; Navajo; yes; F- F- F; yes
2474 Mexican, Edward Slim; 1928-8-4; yes; m; Navajo; yes; F- F- F; yes
2616 Mott, Kenneth; 1929-4-30; yes; m; Navajo; yes; F- F- F; yes
      Nez, Elvin; 1928-8-6; yes; m; Navajo; yes; F- F- F; yes
2734 Nez, Frances; 1929-1-15; yes; f; Navajo; yes; F- F- F; yes
2708 Nockideneh, Lillie; 1929-3-15; yes; f; Navaho; yes; F- F- F; yes
2740 Old, Herbert; 1929- - -; yes; m; Navaho; yes; F- F- F; yes
2758 Pea, Grace; 1929-4-29; yes; f; Navaho; yes; F- F- F; yes
2768 Perkins, Dan; 1929-3-20; yes; m; Navaho; yes; F- F- F; yes
2798 Phoenix, Evelyn; 1929-3- -; yes; f; Navaho; yes; F- F- F; yes
2805 Pon, Donna; 1929-3- -; yes; f; Navaho; yes; F- F- F; yes
2818 Preacher, Lewis; 1929-3-30; yes; m; Navaho; yes; F- F- F; yes
2856 Reed, Floyd Long; 1929-2-16; yes; m; Navaho; yes; F- F- F; yes
2874 Ried[sic], Ina Happy; 1929-3-18; yes; f; Navaho; yes; F- F- F; yes
2946 Sageny, Dan; 1929-3-10; yes; m; Navaho; yes; F- F- F; yes
3002 Salt, Dan; 1929-5-22; yes; m; Navaho; yes; F- F- F; yes
2969 Salt, Fred; 1919-3-30; yes; m; Navaho; yes; F- F- F; yes
3055 Sayetsitsey, Bessie; 1928-11-13; yes; f; Navaho; yes; F- F- F; yes
2907 Sayetsitsey, Joe; 1928-8-9; yes; m; Navaho; yes; F- F- F; yes
3137 Schmalle, Atlas Nez; 1929-5-19; yes; m; Navaho; yes; F- F- F; yes
3099 Seaton, Dan Manygoats; 1929-6-2; yes; m; Navaho; yes; F- F- F; yes
3126 Seschilie, Violet; 1928-9-9; yes; f; Navaho; yes; F- F- F; yes
      Shing, Marjorie; 1929- - -; yes; f; Navajo-Hopi; yes; f- f- ½; yes
3163 Shorty, Cleburn; 1929- - -; yes; m; Navajo; yes; F- F- F; yes
3207 Singer, Seth Alice Old; 1929-2-1; yes; f; Navajo; yes; F- F- F; yes

Western Navajo Reservation
Navajo Birth Rolls 1925 – 1933
Key: Census Roll Number; Surname, Given; Date of Birth (Year-Month-Day); Live Births (yes/no); Sex; Tribe; Ward (yes/no); Degree of Blood (Father- Mother- Child); At Jurisdiction Where Enrolled (Yes/No); (If no – Where)

3209 Singer, Dick; 1929-3-3; yes; m; Navajo; yes; F- F- F; yes
3199 Singer, Frank; 1929-11-22; yes; m; Navajo; yes; F- F- F; yes
3213 Singer, Robert; 1929-5-7; yes; m; Navajo; yes; F- F- F; yes
3225 Skacy, Jean; 1929-6-10; yes; m; Navajo; yes; F- F- F; yes
3241 Slim, Janet; 1929-5-1; yes; f; Navajo; yes; F- F- F; yes
3314 Smith, Fae; 1929-1-2; yes; f; Navajo; yes; F- F- F; yes
1410 Sombrero, Clyde Fish; 1929-1-8; m; Navajo; yes; F- F- F; yes
3506 Sosie, Elwood; 1929-5-7; yes; m; Navajo; yes; F- F- F; yes
3343 Speck, Ellen; 1928-9-9; yes; f; Navajo; yes; F- F- F; yes
3360 Stanley, Beulah; 1929-6-10; yes; f; Navajo; yes; F- F- F; yes
3449 Stevens, Patsy; 1929-6-7; yes; f; Navajo; yes; F- F- F; yes
3378 Stevens, Starley; 1929-4-10; yes; m; Navajo; yes; F- F- F; yes
3394 Stone, Paul; 1929-6-5; yes; Navajo; yes; F- F- F; yes
3423 Tacheene, Kee Etso; 1929-1-19; yes; Navajo; yes; F- F- F; yes
     Talbot, Rachel; 1929- - -; yes; f; Navajo; yes; F- F- F; yes
3459 Talker, Roy; 1929-5-1; yes; m; Navajo; yes; F- F- F; yes
3524 Tate, Joe; 1928-11-23; yes; m; Navajo; yes; F- F- F; yes
3525 Tate, Nora; 1929-1-18; yes; f; Navajo; yes; F- F- F; yes
3565 Todachen, Alice; 1929-1- - -; yes; f; Navajo; yes; F- F- F; yes
3588 Tracy, Francis; 1929-2-10; yes; m; Navajo; yes; F- F- F; yes
3680 Tsinigine, Paul; 1928-7-11; yes; m; Navajo; yes; F- F- F; yes
3657 Tisinger, Freddie; 1929-4-13; yes; m; Navajo; yes; F- F- F; yes
3655 Tso, Maurice Black; 1929- - -; yes; m; Navajo; yes; F- F- F; yes
3652 Tso, Oscar; 1928-9-6; yes; m; Navajo; yes; F- F- F; yes
3669 Tsosi, Lena; 1929-5-31; yes; f; Navajo; yes; F- F- F; yes
3690 Tunney, Dan; 1928-7-30; yes; m; Navajo; yes; F- F- F; yes
3729 Wash, Key; 1929- - -; yes; m; Navajo; yes; F- F- F; yes
3826 Welch, Despah; 1928-12-12; yes; f; Navajo; yes; F- F- F; yes
3797 White, Grace; 1928-8-6; yes; f; Navajo; yes; F- F- F; yes
3817 White, Kietso; 1929-1-20; yes; m; Navajo; yes; F- F- F; yes
4093 Whitney, Alice; 1928-8-12; yes; f; Navajo; yes; F- F- F; yes
3905 Widehat, Elwood; 1929-5-5; yes; m; Navajo; yes; F- F- F; yes
3920 Widehat, Frank; 1929-5-5; yes; m; Navajo; yes; F- F- F; yes
3933 Williams, Lester; 1929- - -; yes; m; Navajo; yes; F- F- F; yes
3955 Wilson, Dorothy; 1929-3-24; yes; f; Navajo; yes; F- F- F; yes
3964 Woods, Tad; 1929-1-10; yes; m; Navajo; yes; F- F- F; yes
     Yazzie, Bertha; 1928-10-1; yes; f; Navajo; yes; F- F- F; yes
3983 Yazzie, Eleanor; 1929-4-21; yes; f; Navajo; yes; F- F- F; yes
4192 Yazzie, Florence; 1929-5-7; yes; f; Navajo; yes; F- F- F; yes
3974 Yazzie, Glenn; 1929-5-22; yes; m; Navajo; yes; F- F- F; yes
4039 Yellowhorse, Joy; 1929-3- -; yes; f; Navajo; yes; F- F- F; yes
4068 Yezzie, Bessie; 1928-11-17; yes; f; Navajo; yes; F- F- F; yes
4908 Young, Mary; 1928-12-17; yes; f; Navajo; yes; F- F- F; yes
4095 Zilthe, Frances; 1929-3-1; yes; f; Navajo; yes; F- F- F; yes

Western Navajo Reservation
Navajo Birth Rolls 1925 – 1933

Key: Census Roll Number; Surname, Given; Date of Birth (Year-Month-Day); Live Births (yes/no); Sex; Tribe; Ward (yes/no); Degree of Blood (Father- Mother- Child); At Jurisdiction Where Enrolled (Yes/No); (If no – Where)

Births Occurring between the Dates of **July 1, 1929 – June 30, 1930** to Parents Enrolled at Jurisdiction

- 70 Allen, Mark; 1930-4-13; yes; m; Navajo; yes; F- F- F; yes
- 109 Atene, Dave; 1929-12- -; yes; m; Navajo; yes; F- F- F; yes
- 86 Atene, Oscar Yazzi[sic]; 1929-7-10; m; Navajo; yes; F- F- F; yes
- 131 Attaiki, Betty; 1930-Spring; yes; f; Navajo; yes; F- F- F; yes
- 196 Barlow, Dessie; 1930-4-4; yes; f; Navajo; yes; F- F- F; yes
-   Barlow, Merna; 1930- - -; yes; f; Navajo; yes; F- F- F; yes
- 190 Barlow Woodie; 1929-12-12; yes; m; Navajo; yes; F- F- F; yes
- 226 Begay, Larry; 1929-8-30; yes; m; Navajo; yes; F- F- F; yes
-   Begay, Maude; 1929-8-13; yes; f; Navajo; yes; F- F- F; yes
- 241 Begay, Nellie; 1930-3-1; yes; f; Navajo; yes; F- F- F; yes
-   Begay, Norma; 1929-12-10; yes; f; Navajo; yes; F- F- F; yes
- 278 Begody, Shine; 1930-3-26; yes; m; Navajo; yes; F- F- F; yes
- 290 Begody, Bessie; 1930-6-14; yes; f; Navajo; yes; F- F- F; yes
- 266 Begay, Pruit; 1930-3-31; yes; m; Navajo; yes; F- F- F; yes
- 338 Bidoni, Ethel; 1930-1-17; yes; f; Navajo; yes; F- F- F; yes
- 337 Bidoni, Etta; 1930-1-2; yes; f; Navajo; yes; F- F- F; yes
- 332 Bidonie, Neil; 1930-1-3; yes; m; Navajo; yes; F- F- F; yes
- 375 Bigman, Hoskey; 1930-5-5; yes; m; Navajo; yes; F- F- F; yes
-   Bilagody, Sophia; 1930-4-22; yes; f; Navajo; yes; F- F- F; yes
- 418 Billie, Gertrude; 1930-5-13; yes; f; Navajo; yes; F- F- F; yes
- 490 Binally, Agnes; 1929-9-7; yes; f; Navajo; yes; F- F- F; yes
- 485 Binally, George; 1929-8-1; yes; m; Navajo; yes; F- F- F; yes
- 471 Bitsene, Laura; 1929-9-19; yes; f; Navajo; yes; F- F- F; yes
- ~~471 Bitsene, Hall; 1929-9-19; yes; f; Navajo; yes; F- F- F; yes~~
- 477 Bitter, Lola; 1919-19-19; yes; f; Navajo; yes; F- F- F; yes
-   Black, Unnamed; 1929-10-1; yes; m; Navajo; yes; F- F- F; yes
- 612 Black, Billy; 1930-4- -; yes; m; Navajo; yes; F- F- F; yes
- 566 Black, Douglas; 1930-3-2; yes; m; Navajo; yes; F- F- F; yes
- 502 Black, Henry; 1929-12-20; yes; m; Navajo; yes; F- F- F; yes
- 510 Black, Sue; 1929-8-28; yes; f; Navajo; yes; F- F- F; yes
- 640 Blake, Shine; 1930-6-3; yes; m; Navajo; yes; F- F- F; yes
- 706 Bracker, Margaret; 1930-3-20; yes; f; Navajo; yes; F- F- F; yes
- Brad Bradley, Elizabeth Irene; 1930-5-19; yes; f; Navajo; yes; F- F- F; yes
- 712 Burns, John; 1930-2-14; yes; m; Navajo; yes; F- F- F; yes
- 719 Burns, Susie; 1930-3-15; yes; f; Navajo; yes; F- F- F; yes
- 753 Calamity, Harold; 1930-1-20; yes; m; Navajo; yes; F- F- F; yes
-   Canyon, Gloria; 1930-3-1; yes; f; Navajo; yes; F- F- F; yes
- 793 Carter, Kenneth; 1930-1-19; yes; m; Navajo; yes; F- F- F; yes
-   Chambage, Mary; 1930- - -; yes; f; Navajo; yes; F- F- F; yes
- 850 Chee, Delbert; 1930-4-14; yes; m; Navajo; yes; F- F- F; yes
- 831 Chewingtobacco, Bob; 1929-12-28; yes; m; Navajo; yes; F- F- F; yes
-   Chief; Sadie; 1930-5-5; yes; f; Navajo; yes; F- F- F; yes
- 884 Clark, Sam; 1929-8-12; yes; m; Navajo; yes; F- F- F; yes

Western Navajo Reservation
Navajo Birth Rolls 1925 – 1933
Key: Census Roll Number; Surname, Given; Date of Birth (Year-Month-Day); Live Births (yes/no); Sex; Tribe; Ward (yes/no); Degree of Blood (Father- Mother- Child); At Jurisdiction Where Enrolled (Yes/No); (If no – Where)

976 Cly, Fay; 1929-11-30; yes; f; Navajo; yes; F- F- F; yes
1001 Cly, Billy Begay; 1930-6-29; yes; m; Navajo; yes; F- F- F; yes
1065 Cox, Dan; 1930-1-5; yes; m; Navajo; yes; F- F- F; yes
1112 Curley, Joe; 1930-2-9; yes; m; Navajo; yes; F- F- F; yes
1151 Daw, Paul; 1930-4-17; yes; m; Navajo; yes; F- F- F; yes
1202 Deaver, Ethel; 1929-7-19; yes; f; Navajo; yes; F- F- F; yes
1178 Dejolie, Leonard; 1929-12-18; yes; m; Navajo; yes; F- F- F; yes
1186 Delmar, Dick; 1930-3-15; yes; m; Navajo; yes; F- F- F; yes
1266 Doctor, Alford; 1929-9-11; yes; m; Navajo; yes; F- F- F; yes
1272 Dodson, John Lewis; 1930-1-10; yes; m; Navajo; yes; F- F- F; yes
1353 Endische, Dan; 1929-12-21; yes; m; Navajo; yes; F- F- F; yes
1405 Farley, Dorothy; 1930-4-24; yes; f; Navajo; yes; F- F- F; yes
1420 Fat, Woodie; 1929-12-8; yes; m; Navajo; yes; F- F- F; yes
     Fish, Cecil; 1920-3-28; yes; m; Navajo; yes; F- F- F; yes
1454 Fowler, Daisy; 1930-3-9; yes; f; Navajo; yes; F- F- F; yes
1486 Fulton, David; 1930-4-17; yes; m; Navajo; yes; F- F- F; yes
1496 Gamble, Kay; 1930-2-17; yes; m; Navajo; yes; F- F- F; yes
1479 Gamble, Nettie; 1930-3-31; yes; f; Navajo; yes; F- F- F; yes
1488 George, Belle; 1929-11-30; yes; f; Navajo; yes; F- F- F; yes
1523 Gishie, Arthur; 1930-3-2; yes; m; Navajo; yes; F- F- F; yes
1532 Gishie, George; 1929-9-29; yes; m; Navajo; yes; F- F- F; yes
1573 Grange, Phyllis; 1930-2-25; yes; f; Navajo; yes; F- F- F; yes
     Gray, Frank J; 1929-9-4; yes; m; Navajo; yes; F- F- F; yes
1631 Grey, Betty; 1930-4-1; yes; f; Navajo; yes; F- F- F; yes
     Hadley, Dorothy; 1929-11-10; yes; f; Navajo; yes; F- F- F; yes
1674 Harris, Lawrence; 1929-9-16; yes; m; Navajo; yes; F- F- F; yes
1695 Haskay, Blanche; 1930-2-7; yes; f; Navajo; yes; F- F- F; yes
1768 Hat, Walter; 1930-5-2; yes; m; Navajo; yes; F- F- F; yes
1697 Haycock, Bertha; 1930-3-1; yes; f; Navajo; yes; F- F- F; yes
1693 Haycock, Dave; 1930-2-10; yes; m; Navajo; yes; F- F- F; yes
     Hicks, Inez; 1903-3-15; yes; f; Navajo; yes; F- F- F; yes
1733 Holiday, Marvin Keith; 1930-3-29; m; Navajo; yes; F- F- F; yes
1877 Horse, Betty Joe; 1929-7-10; yes; f; Navajo; yes; F- F- F; yes
1848 Hudgine, Henry; 1930-3-30; yes; m; Navajo; yes; F- F- F; yes
1902 Iron, Keats; 1930-12-2; yes; m; Navajo; yes; F- F- F; yes
2005 Isaacs, Josephine; 1929-12-20; yes; f; Navajo; yes; F- F- F; yes
2028 Jensen, Milo; 1929-9-9; yes; m; Navajo; yes; F- F- F; yes
1943 Jim, Fay; 1930-2-1; yes; f; Navajo; yes; F- F- F; yes
1989 Joe, Esther; 1929-8-6; yes; f; Navajo; yes; F- F- F; yes
1965 John, Ada; 1930-1- -; yes; f; Navajo; yes; F- F- F; yes
1792 John, Ruth; 1930-4-1; yes; f; Navajo; yes; F- F- F; yes
2077 Johnson, Frank; 1920-5-10; yes; m; Navajo; yes; F- F- F; yes
2080 Josly, Edna; 1929-12-26; yes; f; Navajo; yes; F- F- F; yes
2106 Kaibetony, Douglas; 1930-2-22; yes; m; Navajo; yes; F- F- F; yes
2086 Kemper, Della; 1929-7-12; yes; f; Navajo; yes; F- F- F; yes

Western Navajo Reservation
Navajo Birth Rolls 1925 – 1933
Key: Census Roll Number; Surname, Given; Date of Birth (Year-Month-Day); Live Births (yes/no); Sex; Tribe; Ward (yes/no); Degree of Blood (Father- Mother- Child); At Jurisdiction Where Enrolled (Yes/No); (If no – Where)

2105 King, Etta; 1929-12-16; yes; f; Navajo; yes; F- F- F; yes
2170 Lake, Sallie; 1929-7- -; yes; f; Navajo; yes; F- F- F; yes
     Laugher, Zona; 1929-10-2; yes; f; Navajo; yes; F- F- F; yes
2348 Longsalt, Anna; 1929-8-12; yes; f; Navajo; yes; F- F- F; yes
~~2348 Longsalt, Robert; 1929-8-12; yes; m; Navajo; yes; F- F- F; yes~~   error
2423 Longwiskers[sic], Lillian; 1929-7-10; yes; f; Navajo; yes; F- F- F; yes
2355 Low, Bertie; 1930-4-30; yes; f; Navajo; yes; F- F- F; yes
2397 Manson, Abe; 1930-3-6; yes; m; Navajo; yes; F- F- F; yes
2577 Manygoats, Virginia; 1929-8-8; yes; f; Navajo; yes; F- F- F; yes
2592 Manymules, Lillian; 1020-8-1; yes; f; Navajo; yes; F- F- F; yes
2624 Mexican, Mable; 1930-4-18; yes; f; Navajo; yes; F- F- F; yes
2712 Molton, Romona; 1939-7-1; yes; f; Navajo; yes; F- F- F; yes
2603 More, Jimmie; 1919-9-4; yes; m; Navajo; yes; F- F- F; yes
2749 Navajo, Donald; 1929-9-12; yes; m; Navajo; yes; F- F- F; yes
2665 Navaho, Woodie; 1929-9-17; yes; m; Navajo; yes; F- F- F; yes
2688 Nelson, Beulah; 1929-8-3; yes; f; Navajo; yes; F- F- F; yes
2772 Nestsosie, Mable; 1930-6-8; yes; f; Navajo; yes; F- F- F; yes
2729 Nez, Kay; 1930-2-18; yes; m; Navajo; yes; F- F- F; yes
2674 Nez, Ruth; 1930-2-28; yes; f; Navajo; yes; F- F- F; yes
2746 Neztose, Flo; 1930-2-27; yes; f; Navajo; yes; F- F- F; yes
2750 Neztsosie, Stella; 1930-5-16; yes; f; Navajo; yes; F- F- F; yes
2693 Nimrod, Oscar; 1929-11-29; yes; m; Navajo; yes; F- F- F; yes
2812 Owl, Ruben; 1930- - -; yes; m; Navajo; yes; F- F- F; yes
2912 Parrish, Ruth; 1930-4- -; yes; f; Navajo; yes; F- F- F; yes
     Posy, Frederick Walter; 1930-6-20; m; Navajo; yes; F- F- F; yes
2910 Redshirt, Agnes; 1929-12-1; f; Navajo; yes; F- F- F; yes
2934 Reid, Laura; 1930-3-7; yes; f; Navajo; yes; F- F- F; yes
3028 Richards, Key; 1929-9-25; yes; m; Navajo; yes; F- F- F; yes
3029 Richards, Lillian; 1930-4- -; yes; f; Navajo; yes; F- F- F; yes
2977 Rose, Viola; 1930-4-24; yes; f; Navajo; yes; F- F- F; yes
3003 Sage, Katie; 1930-1-22; yes; f; Navajo; yes; F- F- F; yes
     Sageny, Tiah; 1930-5- -; yes; m; Navajo; yes; F- F- F; yes
     Sayetsitsey, Dave; 1930-3-7; yes; m; Navajo; yes; F- F- F; yes
3051 Sayetsissie, Eva; 1930-1-20; yes; f; Navajo; yes; F- F- F; yes
3056 Sayetsetsey, Key; 1930-3-13; yes; Navajo; yes; F- F- F; yes
3162 Seecody, Georgia; 1930-2-26; yes; f; Navajo; yes; F- F- F; yes
3175 Sellers, Ramona; 1930-4-25; yes; f; Navajo; yes; F- F- F; yes
3136 Sheen, Glen P; 1930-2-9; yes; m; Navajo; yes; F- F- F; yes
     Shing, William Roy; 1930-4-30; yes; m; Navajo-Hopi; yes; f- f- ½; yes
3292 Shingtewa, Lolita; 1930-4-29; yes; f; Navajo-Hopi; yes; f- f- ½; yes
3226 Simpson, Juanita; 1930-3-24; yes; f; Navajo; yes; F- F- F; yes
3254 Slow, Anna; 1929-12-18; yes; f; Navajo; yes; F- F- F; yes
3335 Smallcanyon, Boyd; 1929-12-14; yes; m; Navajo; yes; F- F- F; yes
3336 Smallcanyon, Harry; 1930-1-13; yes; m; Navajo; yes; F- F- F; yes
3484 Smith, Anna Mary; 1929-7-10; yes; f; Navajo; yes; F- F- F; yes

Western Navajo Reservation
Navajo Birth Rolls 1925 – 1933
Key: Census Roll Number; Surname, Given; Date of Birth (Year-Month-Day); Live Births (yes/no); Sex; Tribe; Ward (yes/no); Degree of Blood (Father- Mother- Child); At Jurisdiction Where Enrolled (Yes/No); (If no – Where)

3446 Smith, Timothy; 1930-4-22; yes; m; Navajo; yes; F- F- F; yes
3476 Smith, Juanita; 1930-3-10; yes; f; Navajo; yes; F- F- F; yes
3347 Spence, Mary Chee; 1929-9-15; yes; f; Navajo; yes; F- F- F; yes
3370 Stanley, Dorothy; 1929-9-12; yes; f; Navajo; yes; F- F- F; yes
3559 Stiles, Paul; 1930-6-10; yes; m; Navajo; yes; F- F- F; yes
3643 Talker, Stacy; 1930-5-11; yes; m; Navajo; yes; F- F- F; yes
3514 Talmadge, Nan; 1929-12-28; yes; f; Navajo; yes; F- F- F; yes
3534 Teamster, Yale; 1919-11-20; yes; m; Navajo; yes; F- F- F; yes
3538 Tee, James; 1929-12-20; yes; m; Navajo; yes; F- F- F; yes
3539 Tee, Zan Chee; 1929-12-29; yes; f; Navajo; yes; F- F- F; yes
3726 Tisi, Billie; 1930-1- -; yes; m; Navajo; yes; F- F- F; yes
   Tisi, Jerry Richard; 1930-5-21; yes; m; Navajo; yes; F- F- F; yes
3639 Tomasyo, Ford; 1930-2-9; yes; m; Navajo; yes; F- F- F; yes
3623 Tsinnie, Dezbah; 1929-7-24; yes; f; Navajo; yes; F- F- F; yes
3791 Tsinni, Frank; 1930-4-20; yes; m; Navajo; yes; F- F- F; yes
3707 Tsinni, Frances; 1930-3- -; yes; f; Navajo; yes; F- F- F; yes
3698 Wah, Catherine; 1930-3-26; yes; f; Navajo; yes; F- F- F; yes
3700 Walker, Stella; 1930-4-12; yes; f; Navajo; yes; F- F- F; yes
3825 Welch, Robert; 1930-5-4; yes; m; Navajo; yes; F- F- F; yes
3875 White, Nathan; 1929-10-23; yes; f[sic]; Navajo; yes; F- F- F; yes
3923 Whitehorse, Virgil; 1930-1-14; yes; m; Navajo; yes; F- F- F; yes
3878 Whiterock, Joe; 1930-2-19; yes; m; Navajo; yes; F- F- F; yes
3965 Woods, Belle; 1930-3-22; yes; f; Navajo; yes; F- F- F; yes
3987 Yazzie, Anna; 1930-3-20; yes; f; Navajo; yes; F- F- F; yes
   Yazzie, Ella Chizzie; 1929-8- -; yes; f; Navajo; yes; F- F- F; yes
4001 Yazzie, Keith; 1930-4-16; yes; m; Navajo; yes; F- F- F; yes
4210 Yazzie, Jones; 1929-7-7; yes; m; Navajo; yes; F- F- F; yes
4260 Yezzie, Helen; 1929-8-4; yes; f; Navajo; yes; F- F- F; yes
4154 Zahany, Betty; 1930-1-27; yes; f; Navajo; yes; F- F- F; yes

Births Occurring between the Dates of July 1, 1930 – June 30, 1931 to Parents Enrolled at Jurisdiction

11 Acothley, Pauline; 1931-2-9; yes; Navajo; yes; F- F- F; yes
112 Atene, Fred; 1930-9-20; yes; m; Navajo; yes; F- F- F; yes
193 Barlow, Zella; 1931-3-8; yes; f; Navajo; yes; F- F- F; yes
211 Beard, Rosemary; 1930-7-12; yes; f; Navajo; yes; F- F- F; yes
   Begay, Betty Jean; 1930-8-21; yes; f; Navajo; yes; F- F- F; yes
246 Begay, Florence; 1931-4-14; yes; f; Navajo; yes; F- F- F; yes
233 Begay, Fred; 1931-3-12; yes; m; Navajo; yes; F- F- F; yes
   Begay, William; 1931-5-30; yes; m; Navajo; yes; F- F- F; yes
291 Begody, Gussie; 1930-8-14; yes; f; Navajo; yes; F- F- F; yes
321 Bennett, Julius; 1931-4-3; yes; f[sic]; Navajo; yes; F- F- F; yes
359 Big, Carrol; 1930-8-14; yes; m; Navajo; yes; F- F- F; yes
465 Binally, Frances; 1930-12-5; yes; f; Navajo; yes; F- F- F; yes
   Binally, John Henry; 1931-3- -; yes; m; Navajo; yes; F- F- F; yes

Western Navajo Reservation
Navajo Birth Rolls 1925 – 1933

Key: Census Roll Number; Surname, Given; Date of Birth (Year-Month-Day); Live Births (yes/no); Sex; Tribe; Ward (yes/no); Degree of Blood (Father- Mother- Child); At Jurisdiction Where Enrolled (Yes/No); (If no – Where)

630 Blacksmith, Robert; 1930-8-11; yes; m; Navajo; yes; F- F- F; yes
675 Boone, Miner; 1931[sic]- 8-21; yes; m; Navajo; yes; F- F- F; yes
709 Bradley, Frank, Jr; 1931-6-27; yes; m; Navajo; yes; F- F- F; yes
721 Brainer, Betty Joe; 1931-Spring; yes; f; Navajo; yes; F- F- F; yes
768 Butler, Helen; 1930-8-17; yes; f; Navajo; yes; F- F- F; yes
   Burton, Thomas; 1930-7-2; yes; m; Navajo-Hopi; yes; F- F- F ½; yes
855 Chee, Hazel; 1930-7-16; yes; f; Navajo; yes; F- F- F; yes
878 Chief, Albert; 1931-2-3; yes; m; Navajo; yes; F- F- F; yes
889 Chief, Glena; 1931-3-19; yes; f; Navajo; yes; F- F- F; yes
902 Chief, Nellie; 1931-6-10; yes; f; Navajo; yes; F- F- F; yes
1049 Coleman, Irene; 1930-9-21; yes; f; Navajo; yes; F- F- F; yes
   Colie, Hester; 1930-Winter; yes; m[sic]; Navajo; yes; F- F- F; yes
   Colie, Helen; 1930-Winter; yes; f; Navajo; yes; F- F- F; yes
   Collins, Dorothy; 1930-9-9; yes; f; Navajo; yes; F- F- F; yes
1095 Colorado, William; 1930-7-30; yes; m; Navajo; yes; F- F- F; yes
1096 Colorado, Frank; 1930-7-19; yes; m; Navajo; yes; F- F- F; yes
1170 Daniels, Ruby; 1930-8-2; yes; f; Navajo; yes; F- F- F; yes
1198 Daizie, George; 1930-9-3; yes; m; Navajo; yes; F- F- F; yes
1251 Denetdeal, Stacy; 1930-9-20; yes; m; Navajo; yes; F- F- F; yes
1242 Dinetso, Helen; 1931-2-20; yes; f; Navajo; yes; F- F- F; yes
   Doctor, Fess; 1931-1-1; yes; m; Navajo; yes; F- F- F; yes
1278 Dodson, Betty; 1931-4-2; yes; f; Navajo; yes; F- F- F; yes
1327 Dohi, Marion; 1930-9-18; yes; f; Navajo; yes; F- F- F; yes
1332 Donald, Miner; 1930-9-9; yes; m; Navajo; yes; F- F- F; yes
1361 Dugi, Virgil; 1930- 7-2; yes; m; Navajo; yes; F- F- F; yes
1327 Dugi, Esther; 1931-1-11; yes; f; Navajo; yes; F- F- F; yes
1370 Dugi, Chester; 1931-4-6; yes; m; Navajo; yes; F- F- F; yes
1333 Edd, William; 1931-1-24; yes; m; Navajo; yes; F- F- F; yes
1407 Esplin, Bobby; 1931-1-23; yes; m; Navajo; yes; F- F- F; yes
1395 Etsosie, Richard; 1931-3-10; yes; m; Navajo; yes; F- F- F; yes
   George, Winsor; 1931-6-10; yes; m; Navajo; yes; F- F- F; yes
1665 Grey Mountain, Agnes; 1931-3-3; yes; f; Navajo; yes; F- F- F; yes
1739 Haskey, Roscoe; 1930-9-4; yes; m; Navajo; yes; F- F- F; yes
1873 Homer, Clara; 1930-10-7; yes; f; Navajo; yes; F- F- F; yes
1891 Hoschian; ~~Carrol~~ George; 1930-11-23; yes; m; Navajo; yes; F- F- F; yes
1904 Hosteen, Lee; 1930-8-21; yes; m; Navajo; yes; F- F- F; yes
1916 Hosteenez, Sophie; 1930-9-10; yes; f; Navajo; yes; F- F- F; yes
2022 Jean, Elsie; 1931-6-31; yes; f; Navajo; yes; F- F- F; yes
2084 Johnson, Harley; 1930-9-23; yes; m; Navajo; yes; F- F- F; yes
2066 Jones, Majell; 1930-8-8; yes; f; Navajo; yes; F- F- F; yes
   June, Darnell; 1931-Summer; yes; m; Navajo; yes; F- F- F; yes
2201 Kerley, Lucile; 1930-9-11; yes; f; Navajo; yes; F- F- F; yes
2269 Lane, Albert; 1931-6-4; yes; m; Navajo; yes; F- F- F; yes
2292 Lee, Josephine; 1930-9-30; yes; f; Navajo; yes; F- F- F; yes
2347 Little, Edward; 1931-4-2; yes; m; Navajo; yes; F- F- F; yes

Western Navajo Reservation
Navajo Birth Rolls 1925 – 1933

Key: Census Roll Number; Surname, Given; Date of Birth (Year-Month-Day); Live Births (yes/no); Sex; Tribe; Ward (yes/no); Degree of Blood (Father- Mother- Child); At Jurisdiction Where Enrolled (Yes/No); (If no – Where)

2354 Little, Harry Lee; 1931-4-6; yes; m; Navajo; yes; F- F- F; yes
2348 Little, Irene; 1931-3-11; yes; f; Navajo; yes; F- F- F; yes
2424 Longwhiskers, Curtis; 1931-3-13; m; Navajo; yes; F- F- F; yes
2442 Luna, Dorothy; 1930-10-13; yes; m; Navajo; yes; F- F- F; yes
     Maloney, Mary Lee; 1931-4-8; yes; f; Navajo; yes; F- F- F; yes
2513 Manson, Charley; 1930-11-25; yes; m; Navajo; yes; F- F- F; yes
2507 Manson, Grace; 1930-8-21; yes; f; Navajo; yes; F- F- F; yes
2534 Manychildren, Alice; 1930-7-7; yes; f; Navajo; yes; F- F- F; yes
2578 Manygoats, Frederick; 1931-2-10; yes; m; Navajo; yes; F- F- F; yes
2586 Manygoats, Ramona; 1930-9-14; yes; f; Navajo; yes; F- F- F; yes
2561 Manygoats, Woodrow; 1930-8-4; yes; m; Navajo; yes; F- F- F; yes
     Manymules, Ambrose; 1931-3- -; yes; m; Navajo; yes; F- F- F; yes
2646 Martin, Juanita; 1931-2-12; yes; f; Navajo; yes; F- F- F; yes
     Martin, Nancy; 1930-Fall; yes; f; Navajo; yes; F- F- F; yes
2583 Maze, Lulu May; 1930-11-10; yes; f; Navajo; yes; F- F- F; yes
2675 McCoughey, Helene; 1931-5-20; yes; f; Navajo; yes; F- F- F; yes
2709 Miske, Edward; 1930-7-30; yes; m; Navajo; yes; F- F- F; yes
2719 More, Annette; 1931-6-17; yes; f; Navajo; yes; F- F- F; yes
2750 Navajo, Dorothy; 1930-9-10; yes; f; Navajo; yes; F- F- F; yes
2793 Nez, Emma; 1930-8-1; yes; f; Navajo; yes; F- F- F; yes
2737 Nezsosie, John; 1931-2-11; yes; m; Navajo; yes; F- F- F; yes
2838 Perrish, Teressa; 1930-2-30; yes; f; Navajo; yes; F- F- F; yes
2920 Perrish, Aske Yezzie; 1930-9-25; yes; m; Navajo; yes; F- F- F; yes
2965 Preston, Arthur; 1930-8-15; yes; m; Navajo; yes; F- F- F; yes
2971 Preston, Harriet; 1931-2-8; yes; f; Navajo; yes; F- F- F; yes
3007 Reed, Edgar; 1931-2-4; yes; m; Navajo; yes; F- F- F; yes
     Reed, Edward; 1931-11-14; yes; m; Navajo; yes; F- F- F; yes
3113 Saliego, Robert; 1930-8-10; yes; m; Navajo; yes; F- F- F; yes
3181 Sands, Ruby; 1931-6-4; yes; f; Navajo; yes; F- F- F; yes
3233 Schmalle, Roy; 1931-5-1; yes; m; Navajo; yes; F- F- F; yes
     Simpson, ~~Charles~~ Diana; 1930-7-13; yes; ~~m~~ f; Navajo; yes; F- F- F; yes
3352 Singer, Lawrence; 1931-1- -; yes; m; Navajo; yes; F- F- F; yes
     Singer, Elizabeth; 1930-11-27; yes; f; Navajo; yes; F- F- F; yes
     Skacy, Harriet; 1931- - -; yes; f; Navajo; yes; F- F- F; yes
3406 Sloan, Taylor; 1931-3-10; yes; m; Navajo; yes; F- F- F; yes
3426 Smallcanyon, Alford; 1930-8-16; yes; m; Navajo; yes; F- F- F; yes
3485 Smith, Richard; 1930-7-10; yes; m; Navajo; yes; F- F- F; yes
3514 Speck, Daisy; 1930-9- -; yes; f; Navajo; yes; F- F- F; yes
3553 Stevens, Lyle; 1930-7-31; yes; m; Navajo; yes; F- F- F; yes
3598 Tacheene, Homer; 1930-9-8; yes; m; Navajo; yes; F- F- F; yes
3630 Talbot, Eva; 1931-6-6; yes; f; Navajo; yes; F- F- F; yes
3583 Tate, Edgar; 1931-3-4; yes; m; Navajo; yes; F- F- F; yes
     Tee, Died unnamed; 1930-12-28; yes; m; Navajo; yes; F- F- F; yes
3720 Thin, Henry; 1931-4-15; yes; m; Navajo; yes; F- F- F; yes
3614 Tisi, Albert; 1930-12-18; yes; m; Navajo; yes; F- F- F; yes

Western Navajo Reservation
Navajo Birth Rolls 1925 – 1933
Key: Census Roll Number; Surname, Given; Date of Birth (Year-Month-Day); Live Births (yes/no); Sex; Tribe; Ward (yes/no); Degree of Blood (Father- Mother- Child); At Jurisdiction Where Enrolled (Yes/No); (If no – Where)

3750 Tohonnie, Leroy; 1930-8-6; yes; m; Navajo; yes; F- F- F; yes
3749 Tohonnie, Lola; 1930-8-1; yes; f; Navajo; yes; F- F- F; yes
3802 Tsinni, Edithe[sic]; 1931-6-4; yes; f; Navajo; yes; F- F- F; yes
3900 Walters, Harriet; 1930-9-13; yes; f; Navajo; yes; F- F- F; yes
4087 Whitesinger, Neal; 1931-4-12; yes; f[sic]; Navajo; yes; F- F- F; yes
3934 Williams, Edna Mae; 1930-9-11; yes; f; Navajo; yes; F- F- F; yes
4152 Wilson, Betty Joe; 1930-8-18; yes; f; Navajo; yes; F- F- F; yes
4203 Yazzie, Chester; 1930-8-4; yes; m; Navajo; yes; F- F- F; yes
4171 Yazzie, John; 1930-9-18; yes; m; Navajo; yes; F- F- F; yes
4211 Yazzie, William; 1931-3-2; yes; m; Navajo; yes; F- F- F; yes
4230 Yellow, Adelaide; 1930-9- -; yes; f; Navajo; yes; F- F- F; yes

Births Occurring between the Dates of July 1, 1931 – June 30, 1932 to Parents Enrolled at Jurisdiction

54 Akee, Dora; 1931-8-10; yes; f; Navajo; yes; F- F- F; yes
194 Barlow, Frank; 1932-2- -; yes; m; Navajo; yes; F- F- F; yes
248 Begay, Gilbert; 1931-11-24; yes; m; Navajo; yes; F- F- F; yes
307 Bekay, Dollie; 1931-10-13; yes; f; Navajo; yes; F- F- F; yes
411 Bigman, Lawrence; 1931-Spring; yes; m; Navajo; yes; F- F- F; yes
Bigsinger, Fred; 1931-10-15; yes; m; Navajo; yes; F- F- F; yes
Bilagody, John; 1931-8- -; yes; m; Navajo; yes; F- F- F; yes
439 Bilagody, Mary Elizabeth; 1931-8-10; yes; f; Navajo; yes; F- F- F; yes
529 Bitter, Dena; 1932-6- -; yes; f; Navajo; yes; F- F- F; yes
635 Blackhair, Cecelia; 1932-4- -; yes; f; Navajo; yes; F- F- F; yes
771 Burns, Walter; 1932-2- -; yes; m; Navajo; yes; F- F- F; yes
778 Burton, La Verne; 1932-6- -; yes; f; Navajo-Hopi; yes; f- f- ½; yes
788 Buttler, Dorothy; 1932-2- -; yes; f; Navajo; yes; F- F- F; yes
851 Carter, Erma; 1932-3- -; yes; f; Navajo; yes; F- F- F; yes
928 Chief, Robert; 1931-7-3; yes; m; Navajo; yes; F- F- F; yes
936 Chizzieyazzie, Chester; 1932-1- -; yes; m; Navajo; yes; F- F- F; yes
876 Chizzieyazzie, Edith; 1921-9-6; yes; f; Navajo; yes; F- F- F; yes
1032 Cly, Ella; 1931-11-15; yes; f; Navajo; yes; F- F- F; yes
1053 Cly, Beatrice; 1931-11-18; yes; f; Navajo; yes; F- F- F; yes
1203 Daniels, Carrie; 1931-10-16; yes; f; Navajo; yes; F- F- F; yes
1206 Davis, Mary Louise; 1932-6-15; yes; f; Navajo; yes; F- F- F; yes
1311 Dodson, ~~Lester~~ Harold; 1931-11- -; yes; m; Navajo; yes; F- F- F; yes
1433 Etsity, Pansey; 1931-7-19; yes; f; Navajo; yes; F- F- F; yes
Fulton, Madaline; 1931-12-28; yes; m[sic]; Navajo; yes; F- F- F; yes
1600 Gishie, Sam; 1932-2- -; yes; m; Navajo; yes; F- F- F; yes
1589 Gishie, Urban; 1932-3- -; yes; m; Navajo; yes; F- F- F; yes
1609 Goatson, Aliene; 1932-4- -; yes; f; Navajo; yes; F- F- F; yes
1594 Gold, Herbert; 1932-9-2; yes; m; Navajo; yes; F- F- F; yes
1644 Graham, Jasper Nez; 1932-5- -; yes; m; Navajo; yes; F- F- F; yes
1972 Huskon, Betty Joe; 1931-7-6; yes; f; Navajo; yes; F- F- F; yes
2078 Johnson, Juanita; 1931-9- -; yes; f; Navajo; yes; F- F- F; yes

Western Navajo Reservation
Navajo Birth Rolls 1925 – 1933

Key: Census Roll Number; Surname, Given; Date of Birth (Year-Month-Day); Live Births (yes/no); Sex; Tribe; Ward (yes/no); Degree of Blood (Father- Mother- Child); At Jurisdiction Where Enrolled (Yes/No); (If no – Where)

2142 Jones, James; 1932-2- -; yes; m; Navajo; yes; F- F- F; yes
2210 Kelly, Roscoe; 1931-Fall; yes; m; Navajo; yes; F- F- F; yes
2253 Knight, Horace; 1931- 9- -; yes; m; Navajo; yes; F- F- F; yes
2347 Lewis, May; 1932-5- -; yes; f; Navajo; yes; F- F- F; yes
2402 Littleman, Oscar; 1932-1- -; yes; m; Navajo; yes; F- F- F; yes
2399 Littlesinger, Lillie; 1931-Fall; yes; f; Navajo; yes; F- F- F; yes
2494 Madman, Robert; 1932- 6- -; yes; m; Navajo; yes; F- F- F; yes
2565 Manychildren, Alice; 1932-5- -; yes; f; Navajo; yes; F- F- F; yes
2615 Manygoat[sic]; Willard; 1932-5-1; yes; m; Navajo; yes; F- F- F; yes
2745 Mexican, Elaine; 1932-4- -; yes; f; Navajo; yes; F- F- F; yes
2851 Nez, Doris; 1932-3- -; yes; f; Navajo; yes; F- F- F; yes
2841 Nez, Weston; 1932-6-3; yes; m; Navajo; yes; F- F- F; yes
2[?][?]1 Nezsosie, Ione; 1932-4- -; yes; f; Navajo; yes; F- F- F; yes
2842 Nockidenneh, Parker; 1931-8-17; yes; m; Navajo; yes; F- F- F; yes
2876 Noteeth, Ruth; 1931-7-10; yes; f; Navajo; yes; F- F- F; yes
3054 Reed, Robert; 1931-12-10; yes; m; Navajo; yes; F- F- F; yes
3094 Robbin, Sherwood; 1931-12 - ; yes; m; Navajo; yes; F- F- F; yes
3209 Sampson, Juanita; 1931-7- -; yes; f; Navajo; yes; F- F- F; yes
3254 Sayetsissie, Paul; 1932-1- -; yes; m; Navajo; yes; F- F- F; yes
3344 Shingtewa, Lorena Mary Russell; 1932-6-29; yes; f; Navajo-Hopi; yes; f- f- ½; yes
3376 Simpson, Herbert; 1932-1- -; yes; m; Navajo; yes; F- F- F; yes
3436 Skenandor, Charles; 1931-11-8; yes; m; Navajo-Oneida; yes; f- f- ½; yes
     Sloan, Jimmie; 1931-12- -; yes; m; Navajo; yes; F- F- F; yes
3547 Socie, Bah; 1931-11-5; yes; f; Navajo; yes; F- F- F; yes
3609 Stevens, Sue; 1932-2- -; yes; f; Navajo; yes; F- F- F; yes
3643 Tacheen, Emaline; 1932-1- -; yes; f; Navajo; yes; F- F- F; yes
3616 Tahnezzahoni, Edward; 1931-9-17; yes; m; Navajo; yes; F- F- F; yes
3710 Tall, Lois; 1931-8- -; yes; f; Navajo; yes; F- F- F; yes
3708 Tee, Jessie; 1931-7-20; yes; f; Navajo; yes; F- F- F; yes
3768 Tee, Wilma; 1932-1- -; yes; f; Navajo; yes; F- F- F; yes
     Tohannie, Huspeth[sic] Dutton; 1932-5-3; yes; m; Navajo; yes; F- F- F; yes
3751 Tohanney, Mildred; 1931-8-14; yes; f; Navajo; yes; F- F- F; yes
3805 Tsinnie, Mary Jane; 1931-8-15; yes; f; Navajo; yes; F- F- F; yes
3886 Tsinnie, Maybelle; 1932-6-29; yes; f; Navajo; yes; F- F- F; yes
3852 Tsosie, Vella; 1931-7-20; yes; f; Navajo; yes; F- F- F; yes
3874 Tunney, David; 1931-9-2; yes; m; Navajo; yes; F- F- F; yes
3962 Warner, Flora; 1932-3- -; yes; f; Navajo; yes; F- F- F; yes
3979 Watson, Eddie; 1931-10- -; yes; m; Navajo; yes; F- F- F; yes
4015 Wheeler, Roland; 1932-Spring; yes; m; Navajo; yes; F- F- F; yes
4047 White, Shownie; 1931-12-28; yes; f; Navajo; yes; F- F- F; yes
4186 Williams, John; 1931-7-10; yes; m; Navajo; yes; F- F- F; yes
4126 Williams, Luke; 1932-5- -; yes; m; Navajo; yes; F- F- F; yes
4226 Yazzie, Maybelle; 1931-9-2; yes; f; Navajo; yes; F- F- F; yes
4261 Yazzie, Homer; 1931-7-14; yes; m; Navajo; yes; F- F- F; yes
4363 Zahney Tahney, Mary; 1931-12- -; yes; f; Navajo; yes; F- F- F; yes

Western Navajo Reservation
Navajo Birth Rolls 1925 – 1933

Key: Census Roll Number; Surname, Given; Date of Birth (Year-Month-Day); Live Births (yes/no); Sex; Tribe; Ward (yes/no); Degree of Blood (Father- Mother- Child); At Jurisdiction Where Enrolled (Yes/No); (If no – Where)

4010 West, Raymond; 1932-1- -; yes; m; Navajo; yes; F- F- F; yes

Births Occurring between the Dates of **July 1, 1932 – Mar 30, 1933** to Parents Enrolled at Jurisdiction

252 Begay, Ernest; 1932-12-26; yes; m; Navajo; yes; F- F- F; yes
259 Begay, Elinor; 1932-7- -; yes; f; Navajo; yes; F- F- F; yes
268 Begay, Margaret Frances; 1933-3-19; yes; f; Navajo; yes; F- F- F; yes
427 Bigsinger, Donald; 1932-9-14; yes; m; Navajo; yes; F- F- F; yes
507 Binally, Kenneth; 1932-7- -; yes; m; Navajo; yes; F- F- F; yes
1165 Crank; Delbert; 1932-8-15; yes; m; Navajo; yes; F- F- F; yes
1584 Delmar, George; 1933-2- -; yes; m; Navajo; yes; F- F- F; yes
1731 Hadley, Eula; 1932-9-7; yes; f; Navajo; yes; F- F- F; yes
2098 John, Cecilia Lorraine; 1932-12-30; yes; f; Navajo; yes; F- F- F; yes
2096 John, Franklin F; 1932-Fall; yes; m; Navajo; yes; F- F- F; yes
None John, Sally La Vee; 1932-12-30; yes; f; Navajo; yes; F- F- F; yes
2149 Jones, Regina; 1932-8- -; yes; f; Navajo; yes; F- F- F; yes
2203 Kay, Marelyn; 1932-10- -; yes; f; Navajo; yes; F- F- F; yes
2320 Lee, Gladys; 1932-11- -; yes; f; Navajo; yes; F- F- F; yes
2457 Longwhiskers, George Garner; 1932-12- -; yes; m; Navajo; yes; F- F- F; yes
2542 Manson, Guy Eskiel; 1932-8- -; yes; m; Navajo; yes; F- F- F; yes
2609 Manygoats, Bessie; 1932-7- -; yes; f; Navajo; yes; F- F- F; yes
2755 Molton, Lorita; 1932-7- -; yes; f; Navajo; yes; F- F- F; yes
2915 Norris, Sallie Marie; 1933-2-24; yes; f; Navajo; yes; F- F- F; yes
3284 Schmalle, Sandre[sic]; 1933-3-1; yes; f; Navajo; yes; F- F- F; yes
3321 Sellers, Irene; 1933-1-19; yes; f; Navajo; yes; F- F- F; yes
3437 Skenandor, Hiram; 1933-3-19; yes; m; Navajo; yes; F- F- F; yes
3689 Talbot, Irma; 1933-3-4; yes; f; Navajo; yes; F- F- F; yes
3754 Taylor, Lloyd David; 1932-12-12; yes; m; Navajo; yes; F- F- F; yes
4187 Williams, Rosalie; 1933-12-13; yes; f; Navajo; yes; F- F- F; yes
4231 Yazzie, Mary; 1932-9-22; yes; f; Navajo; yes; F- F- F; yes
4268 Yazzie, Mary Irene; 1933-3-25; yes; f; Navajo; yes; F- F- F; yes

BIRTHS - HOPI

Western Navajo Reservation
Hopi Birth Rolls 1925 – 1933

Key: Census Roll Number; Surname, Given; Date of Birth (Year-Month-Day); Live Births (yes/no); Sex; Tribe; Ward (yes/no); Degree of Blood (Father- Mother- Child); At Jurisdiction Where Enrolled (Yes/No); (If no – Where)

Births Occurring between the Dates of **Jan. 1 – June 30, 1927** to Parents Enrolled at Jurisdiction

None Dallas, Emil Talasiyoma; 1927-2-23; yes; m; Hopi; yes; F- F- F; yes
"   Holmes, Mervin; 1927-6-29; yes; m; Hopi; yes; F- F- F; yes
"   Honahni, Ranson; 1927-3-20; yes; m; Hopi; yes; F- F- F; yes
"   Honeyestewa, Willard; 1927-4-26; yes; m; Hopi; yes; F- F- F; yes
"   Numkenu, Sherwood; 1927-6-26; yes; m; Hopi; yes; F- F- F; yes
"   Phillips, Robert; 1927-5-14; yes; m; Hopi; yes; F- F- F; yes
      Quache, Clarence; 1927-5-25; yes; m; Hopi; yes; F- F- F; yes
      Sakiestewa, Warner Rochne; 1927-1-19; yes; m; Hopi; yes; F- F- F; yes
"   Tewahonyeoma, Richard; 1927-6-6; yes; m; Hopi; yes; F- F- F; yes
"   Timosa, Elvin; 1927-12-4; yes; m; Hopi; yes; F- F- F; yes
      Tsawatewa, Rachel; 1927-5-27; yes; f; Hopi; yes; F- F- F; yes

Births Occurring between the Dates of **July 1, 1927 – June 30, 1928** to Parents Enrolled at Jurisdiction

4197 Dallas, Mary Elizabeth; 1928-4-1; yes; f; Hopi; yes; F- F- F; yes
4221 Dalton, Louise; 1928- - -; yes; f; Hopi; yes; F- F- F; yes
 228 Honimtewa (Numkeena), Lewis, Jr; 1928- -; yes; m; Hopi; yes; F- F- F; yes
  89 Honahoni, Catherine; 1928- - -; yes; f; Hopi; yes; F- F- F; yes
 116 Humetewa, Benedict; 1928-5-23; yes; m; Hopi; yes; F- F- F; yes
none Jenkins, Russell; 1928-3-12; yes; m; Hopi; yes; F- F- F; yes
 135 Johnson, Rita; 1928-5-30; yes; f; Hopi; yes; F- F- F; yes
none Kayongyumptewa, Josephine; 1928-6-9; yes; f; Hopi; yes; F- F- F; yes
 264 Pongyoniyana, Augustine; 1928-4-23; yes; m; Hopi; yes; F- F- F; yes
none Tallas (Dallas), Alice; 1928-5-27; yes; f; Hopi; yes; F- F- F; yes
 358 Tewa, Richard; 1928-3-4; yes; m; Hopi; yes; F- F- F; yes

Births Occurring between the Dates of **July 1, 1928 – June 30, 1929** to Parents Enrolled at Jurisdiction

None Honeyestewa, Cornelius; 1928-11-16; yes; m; Hopi; yes; F- F- F; yes
"   Jackson, Leroy; 1928-11-30; yes; m; Hopi; yes; F- F- F; yes
"   Morrison, Boyd, Sakiestewa; 1928-10-17; yes; m; Hopi; yes; F- F- F; yes
"   Nehaitewa, Regina; 1928-9-7; yes; f; Hopi; yes; F- F- F; yes
"   Nuhtayma, Rose; 1928-12-13; yes; f; Hopi; yes; F- F- F; yes
"   Ponyaverma, Anthony; 1928-12-18; yes; m; Hopi; yes; F- F- F; yes
"   Phillips, Julia; 1928-7-1; yes; f; Hopi; yes; F- F- F; yes
"   Quache, Gilbert, Jr; 1919-11-3; yes; m; Hopi; yes; F- F- F; yes
      Talasyoma, Leonard; 1929-4-17; yes; m; Hopi; yes; -- -- -; yes
"   Tsamawatena, Lorena Grace; 1929-1-12; yes; f; Hopi; yes; F- F- F; yes

Births Occurring between the Dates of **July 1, 1929 – March 31, 1930** to Parents Enrolled at Jurisdiction

 12 Vermont, Albert; 1930-1-20; yes; m; Hopi; yes; F- F- F; yes
251 Fredericks, Elsie Pearl; 1930-1-10; yes; f; Hopi; yes; F- F- F; yes

Western Navajo Reservation
Hopi Birth Rolls 1925 – 1933
Key: Census Roll Number; Surname, Given; Date of Birth (Year-Month-Day); Live Births (yes/no); Sex; Tribe; Ward (yes/no); Degree of Blood (Father- Mother- Child); At Jurisdiction Where Enrolled (Yes/No); (If no – Where)

  67 Holmes, Gordon; 1929-8-6; yes; m; Hopi; yes; F- F- F; yes
136 Johnson, Joseph; 1930-3-13; yes; m; Hopi; yes; F- F- F; yes
155 Kaye, Louella; 1929-9-28; yes; f; Hopi; yes; F- F- F; yes
169 Keyope, Harry, Jr; 1929-Oct-2; yes; m; Hopi; yes; F- F- F; yes
      Numkena, Herbert; 1929-9-23; yes; m; Hopi; yes; F- F- F; yes
      Phillips, Frederick; 1930-1-30; yes; m; Hopi; yes; F- F- F; yes
      Bonyah, Myra Honevansi; 1929-8-21; yes; f; Hopi; yes; F- F- F; yes
292 Sackiestewa, Mary Elizabeth; 1930-10-22; yes; f; Hopi; yes; F- F- F; yes
348 Tewahonyeoma, Comrade, Loma; 1929-7-4; yes; f; Hopi; yes; F- F- F; yes
359 Tewanemptewa, Betty Jane; 1929-11-26; yes; f; Hopi; yes; F- F- F; yes

Births Occurring between the Dates of Apr. 1, 1930 – March 31, 1931 to Parents Enrolled at Jurisdiction

      Dallas, Alice Ruth; 1931-3-30; yes; f; Hopi; yes; F- F- F; yes
      Dallas, Milford; 1930-10-12; yes; m; Hopi; yes; F- F- F; yes
      Holmes, Unnamed; 1930-10-15; yes; m; Hopi; yes; F- F- F; yes
      Honahni, Unnamed; 1930-11-15; yes; f; Hopi; yes; F- F- F; yes
4269 Honeyestewa, Luther; 1930-12-5; yes; m; Hopi; yes; F- F- F; yes
4281 Hoosava, Isabel; 1930-7-15; yes; f; Hopi; yes; F- F- F; yes
4289 Humetewaa[sic]; Clarence; 1931-3-31; yes; m; Hopi; yes; F- F- F; yes
4294 Humemtewa, Margaret; 1930-4-27; yes; f; Hopi; yes; F- F- F; yes
146 Kaye, Rachel; 1930-4-2; yes; f; Hopi; yes; F- F- F; yes
      Nevayestewa, Wm Roy; 1930-7-20; yes; m; Hopi; yes; F- F- F; yes
      Phillips, Florence; 1931-1-14; yes; f; Hopi; yes; F- F- F; yes
      Ponyah, James; 1931-1-8; yes; m; Hopi; yes; F- F- F; yes
      Quache, Unnamed; 1930-12-15; yes; m; Hopi; yes; F- F- F; yes
4468 Sackiestewa, Ethel Boyd; 1931-1-14; yes; f; Hopi; yes; F- F- F; yes
4499 Talehyea, Norman; 1920-7-8; yes; m; Hopi; yes; F- F- F; yes
327 Tallos, Lindy; 1920-3-30; yes; m; Hopi; yes; F- F- F; yes
      Tewa, Wallace; 1931-[blank]-8; yes; m; Hopi; yes; F- F- F; yes
      Tsawatewa, Rolef Fredericks; 1930-9-30; yes; m; Hopi; yes; F- F- F; yes
      Tuchawena, Virginia; 1931-1-7; yes; f; Hopi; yes; F- F- F; yes
      Tymosi, Herman; 1930-8-1; yes; m; Hopi; yes; F- F- F; yes

Births Occurring between the Dates of April 1, 1931 – Mar. 31, 1932 to Parents Enrolled at Jurisdiction

4318 Albert, Rosella Grace; 1931-11-27; yes; f; Hopi; yes; F- F- F; yes
4345 Dallas, Bernard; 1931-11-31; yes; m; Hopi; yes; F- F- F; yes
4365 Dalton, Anna Mae; 1931-7-12; yes; f; Hopi; yes; F- F- F; yes
      Holmes, Joy; 1932-2-23; yes; f; Hopi; yes; F- F- F; yes
4455 Johnson, Geneva Lou; 1932-1-22; yes; f; Hopi; yes; F- F- F; yes
4475 Kaye, Theodore; 1921-7-8; yes; f; Hopi; yes; F- F- F; yes
      Lonatewan im[sic], Eugene; 1921-9-[blank]; yes; m; Hopi; yes; F- F- F; yes
4520 Gaseoma, Raymond; 1932-2-4; yes; m; Hopi; yes; F- F- F; yes
4551 Numkena, Amos; 1932-3-7; yes; m; Hopi; yes; F- F- F; yes

Western Navajo Reservation
Hopi Birth Rolls 1925 – 1933

Key: Census Roll Number; Surname, Given; Date of Birth (Year-Month-Day); Live Births (yes/no); Sex; Tribe; Ward (yes/no); Degree of Blood (Father- Mother- Child); At Jurisdiction Where Enrolled (Yes/No); (If no – Where)

      Payestewa, ~~Leonard~~ Clarence; 1932-3-13; yes; m; Hopi; yes; F- F- F; yes
4324 Ponyah, Randolph; 1932-3-unk; yes; m; Hopi; yes; F- F- F; yes
4635 Sewinguawna, Everett; 1931-5-12; yes; m; Hopi; yes; F- F- F; yes
      Talehyea, Stacey; 1931-9-17; yes; m; Hopi; yes; F- F- F; yes
      Tenochenwa, Warren; 1932-3-unk; yes; m; Hopi; yes; F- F- F; yes

<u>Births Occurring between the Dates of **April 1, 1932 – Mar. 31, 1933** to Parents Enrolled at Jurisdiction</u>

4543 Burton, Alice; 1933-3-18; yes; f; Hopi; yes; F- F- F; yes
      Dallas, Evan; 1932-5-31; yes; m; Hopi; yes; F- F- F; yes
      Gaseoma, Unnamed; 1933-2-[blank]; yes; f; Hopi; yes; F- F- F; yes
      Holmes, Unnamed; 1932-5-[blank]; yes; m; Hopi; yes; F- F- F; yes
4466 Honahoni, Vida; 1932-5-23; yes; f; Hopi; yes; F- F- F; yes
      Honeyestewa, Unnamed; 1932-8-[blank]; yes; f; Hopi; yes; F- F- F; yes
      Hoosava, Maryetta; 1932-7-[blank]; yes; f; Hopi; yes; F- F- F; yes
4497 Humetewa, Harley; 1932-7-4; yes; m; Hopi; yes; F- F- F; yes
      ~~Johnson, Calem; 1932-10-19; yes; m; Hopi; yes; F- F- F; yes~~   error
4518 Kaye, Dianah Jane; 1932-11-[blank]; yes; f; Hopi; yes; F- F- F; yes
4530 Kay, Eugene; 1933-1-22; yes; m; Hopi; yes; F- F- F; yes
4578 Naseumtewa, Roy Howard; 1932-12-15; yes; m; Hopi; yes; ?- f- ?; yes
4622 Pavinyama, Mary Jane; 1932-11-[blank]; yes; f; Hopi; yes; F- F- F; yes
4639 Phillips, Laurence; 1933-8-3; yes; m; Hopi; yes; F- F- F; yes
4650 Polingyamptewa, Barbara; 1932-7-15; yes; f; Hopi; yes; F- F- F; yes
4692 Numkeena, Albert; 1932-4-25; yes; m; Hopi; yes; F- F- F; yes
4746 Tewanyemptewa, Colleen; 1933-1-29; yes; f; Hopi; yes; F- F- F; yes
4754 Tsawatewa, Florence Helen; 1932-10-[blank]; yes; f; Hopi; yes; F- F- F; yes
4762 Tuchawena, Amy; 1932-12-[blank]; yes; f; Hopi; yes; F- F- F; yes

BIRTHS - PAIUTE

Western Navajo Reservation
Paiute Birth Rolls 1925 – 1933

Key: Census Roll Number; Surname, Given; Date of Birth (Year-Month-Day); Live Births (yes/no); Sex; Tribe; Ward (yes/no); Degree of Blood (Father- Mother- Child); At Jurisdiction Where Enrolled (Yes/No); (If no – Where)

Births Occurring between the Dates of **Apr. 1, 1930 – Mar. 31, 1931** to Parents Enrolled at Jurisdiction

4593 Lehi, Jolph; 1930-Unk-Unk; yes; m; Puite[sic]; yes; F- F- F; yes

Births Occurring between the Dates of **Apr. 1, 1931 – Mar. 31, 1932** to Parents Enrolled at Jurisdiction

4738 Leanhi, Elmer; 1929-2-3; yes; m; Piute; yes; F- F- F; yes

DEATHS - NAVAJO

Exclusive of Stillbirths

Western Navajo Reservation
Navajo Death Rolls 1926-1933

Key: Year and Number Last Census Roll ; Surname, Given; Date of Birth (Year-Month-Day); Age at Death; Sex; Tribe; Ward (Yes/No); Degree of Blood; Cause of Death; At Jurisdiction Where Enrolled (Yes/No); (If no – Where)

Deaths Occurring between the Dates of **April 1, 1926 – March 31, 1927** of Indians Enrolled at Jurisdiction

Boone, Earl; 1928-2-16; 15; m; Navaho; yes; F; Pulmonary Tbc; yes
Tesona, Alma; 1927-2-20; 7; f; Navaho; yes; F; Pulmonary Tbc; yes

Deaths Occurring between the Dates of **April 1, 1927 – March 31, 1928** of Indians Enrolled at Jurisdiction

1927 none Ashene, Dale; 1928-1-20; 6; m; Navaho; yes; F; Pulmonary Tbc; yes
1927 none Haskan, Lena; 1928-1-17; 8; f; Navaho; yes; F; Pulmonary Tbc; yes
1927 none Little man, Alta; 1927-12-20;12; f; Navaho; yes; F; Pulmonary Tbc; yes
1927 none Mexican, Mrs Yellow; 1938-3-25; ?; f; Navaho; yes; F; Unknown; yes
1927 none Sharkey, Alice; 1927-11-28; 6; f; Navaho; yes; F; Pulmonary Tbc; yes
1927 none Shorty, Edward; 1927-12-15; 7; m; Navaho; yes; F; Nephritis Actue[sic]; yes
1927 none Sousa, June; 1927-12-1; 13; f; Navaho; yes; F; Pulmonary Tbc; yes
1927 none Stanley, Irene; 1927-22-29; 14; f; Navaho; yes; F; Pulmonary Tbc; yes
1927 none Tonaso (Tonosa), Nita; 1928-1-25; 7; f; Navaho; yes; F; Bronchial Pneumonia; yes
1927 none Young, Cecelia; 1927-10-12; 13; f; Navaho; yes; F; Tubercular Meningitis; yes

Deaths Occurring between the Dates of **April 1, 1928 – March 31, 1929** of Indians Enrolled at Jurisdiction

1928 77352 Adams, Thomas; 1928-10-[blank]; unk; m; Navajo; yes; F; Unknown; yes
1928 71227 Asanta, Ba; 1928-8-9; 89; f; Navajo; yes; F; Unknown; yes
1928 71328 Akee, Lee; 1928-8-4; 23; m; Navajo; yes; F; Unknown; yes
1928 71333 Akee, Roy; 1929-2-[blank]; ½; m; Navajo; yes; F; Unknown; yes
1928 82021 Ba[?]low, Sam; 1929-4-[blank]; 17; m; Navajo; yes; F; Unknown; yes
1928 none Balloon, (infant); 1929-4-[blank]; [blank]; [blank]; Navajo; yes; F; Unknown; yes
1928 79572 Barlow, Paddy; 1929-1-21; 1; m; Navajo; yes; F; Unknown; yes
1928 83622 Begay, Dan; 1929-1-[blank]; 25; m; Navajo; Probable Tuberculosis; yes
1928 85704 Begay, Julia; 1928-8-10- 12 da; f; Navajo; yes; F; Unknown; yes
1928 none Bigfinger, Glen-e-pah; 1929-2-1; 6 mo; f; Navajo; yes; F; Unknown; yes
1928 79503 Billah, Harry; 1928-9-7; 8 mo; m; Navajo; yes; F; Unknown; yes
1928 79443 Boyd, Jack; 1928-8-29; 14 da; m; Navajo; yes; F; Unknown; yes
1928 73305 Bradley, Frances J; 1918-12-3; 4 mo; f; Navajo; yes; F; Unknown; yes
1928 73104 Crank; Trip; 1929-1-21; 5 mo; m; Navajo; yes; F; Unknown; yes
1928 81587 Dejolie, Tommie; 1929-3-27; 40; m; Navajo; yes; F; Tuberculosis; yes
1928 71401 Denehdel, Opal; 1928-11-6; 15; f; Navajo; yes; F; Pulmonary Tbc of laynx[sic]; yes
1928 71200 Denehtsosee, Alex; 1929-2-15; 14; m; Navajo; yes; F; Unknown; yes
1928 none Emeryson, Henry; 1928-7-17; 1; m; Navajo; yes; F; Contusion of brain
due to fall yes
1928 71067 Fulton, Yaniba; 1929-1-3; 1; f; Navajo; yes; F; Enteritis; Probably acute
indigestion; yes
1928 73197 Gashe, Bitsillie; 1929-3-1; 4; m; Navajo; yes; F; Entero[sic] colitis; yes
1928 none Geneva, Lulo; 1928-3-11; 13; f; Navajo; yes; F; Pulmonary Tbc; yes
1928 71478 Haskon, Stella; 1928-Winter; 19; f; Navajo; yes; F; Unknown; yes
1928 73302 Hicks, Mary; 1929-1-19; 8 mo; f; Navajo; yes; F; Unknown; yes

Western Navajo Reservation
Navajo Death Rolls 1926-1933

Key: Year and Number Last Census Roll ; Surname, Given; Date of Birth (Year-Month-Day); Age at Death; Sex; Tribe; Ward (Yes/No); Degree of Blood; Cause of Death; At Jurisdiction Where Enrolled (Yes/No); (If no – Where)

1928 73448 Hooligan, Arnold; 1929-1-28; 7 mo; m; Navajo; yes; F; Unknown; yes
1928 85908 Hosteen, Susie; 1929-2-14; 12; f; Navajo; yes; F; Unknown; yes
1928 73447 Hulligan, Arda; 1929-3-27; 18; f; Navajo; yes; F; Unknown; yes
1928 77499 Jones, Susan; 1928-12-12; 25; f; Navajo; yes; F; Died about 12 da after
                                                                                              giving birth; yes
1928 75627 Gamble, Juanapi; 1928-12- -; 18; f; Navajo; yes; F; Unknown; yes
1928 79582 Judge, Rachel; 1928-9-8; 61; f; Navajo; yes; F; Unknown; yes
1928 75425 Little, Mrs Hosteen; 1928-10-26; 30; f; Navajo; yes; F; Cardiac
                                                                                              Va∗lvular[sic] disease; yes
1928 71436 Manson, E Paul; 1928-1-27; 1; m; Navajo; yes; F; Unknown; yes
1928 75281 Mexican, Jackie; 1928-12-15; 2¾?; m; Navajo; yes; F; Unknown; yes
1928 71910 Never Sleep, Sam; 1928-[blank]-[blank]; 17; m; Navajo; yes; F; Unknown; yes
1928 73731 Nez (Yzonie Nez), Bessie; 1929-3-25; 22; f; Navajo; yes; F; Unknown; yes
1928 71490 Nezsosie, Ida; 1929-3-22; 21; f; Navajo; yes; F; Unknown; yes
1928 73400 Nix, Jedd; 1929-1-21; 26; m; Navajo; yes; F; Unknown; yes
1928 none Sampson, White Curley; 1928-5-25; 4; f; Navajo; yes; F; Inanition chronic
                                                          entetitis[sic] Otitis Media Bilateral; yes
1928 73213 Sayetsitsey, [Blank]; 1928-9-8; 30 da; m; Navajo; yes; F; Unknown; yes
1928 75582 Sheepskin, Young; 1929-1-2-96; m; Navajo; yes; F; Unknown; yes
1928 73359 Smith, Hyrum; 1928-11-11; 55; m; Navajo; yes; F; Unknown; yes
1928 71504 Tochanny, Tucha; 1929-1-21; 14; m; Navajo; yes; F; Unknown; yes
1928 none Todcheene, wife; 1928-6-18; 37; f; Navajo; yes; F; Puerperal Septicemia
                                                                    following child birth; yes
1928 73210 Tsa, Ah Ling; 1929-3-19; 3; f; Navajo; yes; F; Probably Entero[sic] colitis; yes
1928 none Tsedgishue, Joe; 1929-3-13; 50; m; Navajo; yes; F; Tuberculosis; yes
1928 none Tsinnie, Louis; 1928-6-7; 33; m; Navajo; yes; F; Accidental drowning; yes
1928 none Tsinnie, Nazin; 1928-6-20; 35; f; Navajo; yes; F; Rupture of uterts[sic] during
                                                                        child birth; yes
1928 85881 Watson, Ralph; 1929-3-24; 1; m; Navajo; yes; F; Pneumonia; yes
1928 73725 West, Key; 1929-2-[blank]; [blank]; m; Navajo; yes; F; Unknown; yes
1928 none White, Rock; 1928-4-25; 11; f; Navajo; yes; F; Nephritis Actue[sic]; yes
1928 71786 Yazzie, Bertha; 1928-10-1; 2 mo; f; Navajo; yes; F; Unknown; yes
1928 71391 Yazzie, Peter; 1928-9-18; 3 mo; m; Navajo; yes; F; Unknown; yes
1928 75266 Yazzie, Tom; 1929-3-30; 2; m; Navajo; yes; F; Accidental burn
1928 72732 Yezzie, Henry; 1929-3-25; 8; m; Navajo; yes; F; Unknown; yes

Deaths Occurring between the Dates of April 1, 1929 – March 31, 1930 of Indians Enrolled at Jurisdiction

1929 75439 Bennally Claw, Owen; 1929-9-1; 1; m; Navajo; yes; F; Injuries due to fall
                                                                            from bluff; yes
" 71387 Billagody, Jott; 1930-2-20; 4; m; Navajo; yes; F; Unknown; yes
" 71244 Binally, Gertrude; 1929-8-18; 45; f; Navajo; yes; F; Cerebral Embolism; yes
" none Black; Unnamed; 1929-10-2; 1 da; m; Navajo; yes; F; Unknown; yes
" 75510 Blacksmith, Paul; 1930-1-11; 15; m; Navajo; yes; F; Pulmonary
                                                                                Tuberculosis; yes

Western Navajo Reservation
Navajo Death Rolls 1926-1933

Key: Year and Number Last Census Roll ; Surname, Given; Date of Birth (Year-Month-Day); Age at Death; Sex; Tribe; Ward (Yes/No); Degree of Blood; Cause of Death; At Jurisdiction Where Enrolled (Yes/No); (If no – Where)

1929 71805 Blanket, Kee; 1929-8-[blank]; 9; m; Navajo; yes; F; Unknown; yes
" 77652 Brainer, David; 1929-unk-[blank]; 23; m; Navajo; yes; F; Unknown; yes
" 79529 Burnes, Gordon; 1929-9-8; 9; m; Navajo; yes; F; Unknown; yes
" [blank] Burton, G Wilfred; 1929-9-6; 9 mo; m; Hopi & Navajo; yes; ½; Actue[sic] lymphatic lukemia[sic]; yes
" 77495 Bush, Florence; 1929-10-15; 43; f; Navajo; yes; F; Unknown; yes
" 71643 Case, Casey; 1929-unk-unk; 11; m; Piute; yes; F; Malta Fever; yes
" 73369 Chief, Bessie; 1929-10-1; 3; f; Navajo; yes; F; Unknown; yes
" 71612 Clark, Frank; 1929-12-unk; 2; m; Navajo; yes; F; Intestinal influenza; yes
" unk Deal, Ta; 1929-9-7; 1; f; Navajo; yes; F; Lub. pneumonia; yes
" none Delalsoie, Emma; 1930-2-4; 5; f; Navajo; yes; F; Unknown; yes
" 75413 Etsity, Roscoe; 1929-9-14; 4; m; Navajo; yes; F; Tubercular Meningitis; yes
" 79780 Freeman, Pearl; 1930-3-10; 1; f; Navajo; yes; F; Unknown; yes
" 81736 Gamble, Bessie; 1920-1-4; 67; f; Navajo; yes; F; Unknown; yes
" 85922 Gambol, Cora; 1929-10-1; 1; f; Navajo; yes; F; Unknown; yes
" 71440 Hadley, Doris; 1929-12-22; 23; f; Navajo; yes; F; Salpingitis Rt; yes
" 71941 Hadley, Dorothy; 1929-11-12; 2 da; f; Navajo; yes; F; Prematurity; yes
" 81755 Harris, Lillian; 1930-1-5; 21; f; Navajo; yes; F; Unknown; yes
" 73585 Holiday, Paul; 1929-12-28; 16; m; Navajo; yes; F; Undetermined; yes
" 81958 Homer, Kent; 1929-12-3-17; m; Navajo; yes; F; Unknown; yes
" 75308 Horse herder, Klee; 1929-12-28; 28; m; Navajo; yes; F; Influenza; yes
" 86729 Jewelryman, Awaythee V; 1929-9-[blank]; 4; f; Navajo; yes; F; Unknown; yes
" 71696 Johnson, Joseph; 1930-1-10; 73; m; Navajo; yes; F; Unknown; yes
" 79462 Laugher, Alice; 1929-9-1; 2; f; Navajo; yes; F; Unknown; yes
" 79781 Luther, James; 1929-Fall; ?; m; Navajo; yes; F; Unknown; yes
" 71915 Preston, Modesta; 1930-1-2; 9 mo; f; Navajo; yes; F; Unknown; yes
" 71939 Nez, Alvin; 1930-1-12; 3; m; Navajo; yes; F; Unknown; yes
" 71589 Nezzosis, Ben; 1929-11-[blank]; 70; m; Navajo; yes; F; Unknown; yes
" 73846 Salt, Fred; 1930-1-8; 1; m; Navajo; yes; F; Pneumonia; yes
" 83646 Secody, Mary; 1929-12-12; 46; f; Navajo; yes; F; Pneumonia; yes
" 77673 Semalle, Marie; 1929-10-9; 1; f; Navajo; yes; F; Tb Meningitis; yes
" 75565 Shortman, Jimmy; 1930-2-19; 7; m; Navajo; yes; F; Pneumonia Lobar; yes
" 81787 Stevens, Gertrude; 1929-12-11; 3; f; Navajo; yes; F; Bronichial[sic] Pneumonia; yes
" 71226 Talmadge, Wesley; 1929-10-31; 1; m; Navajo; yes; F; Unknown; yes
" 71274 Tohannie, Celia; 1929-10-17; 1; f; Navajo; yes; F; Unknown; yes
" 73802 Woods, Bell; 1930-3-30; 1; f; Navajo; yes; F; Unknown; yes
1929 83615 Yellowman, Mary; 1930-2-[blank]; 37; f; Navajo; yes; F; Unknonw[sic]; yes
[This line blank on microfilm]
1929 73667 Atene, Martha; 1929-6-[blank]; 40; f; Navajo; yes; F; Unknown; yes
" 71464 Begay, Lowe; 1929-6-13; 10; m; Navajo; yes; F; TB Pulm of bone Vertibra[sic]; yes
" 75656 Billai, Zona; 1929-4-25; 30; f; Navajo; yes; F; Tb Pulm, bone; yes
" 79685 Boone, Tateka; 1929-6-24; 70; f; Navajo; yes; F; Hyportrophy[sic] Cerrhosis[sic] of liver; yes
" 79560 Brown, Jessie; 1929-6-1; 20; f; Navajo; yes; F; Unknown; yes
" 81741 Farrell, Lois; 1919-4-[blank]; 23; f; Navajo; yes; F; Unknown; yes

Western Navajo Reservation
Navajo Death Rolls 1926-1933
Key: Year and Number Last Census Roll ; Surname, Given; Date of Birth (Year-Month-Day); Age at Death; Sex; Tribe; Ward (Yes/No); Degree of Blood; Cause of Death; At Jurisdiction Where Enrolled (Yes/No); (If no – Where)

1929 none Hicks, (baby); 1929-6-8; 1 da; m; Navajo; yes; F; Cord about neck twice and lying in pool of blood; yes
" 85051 Johny, Ben; 1929-4-22; 21; m; Navajo; yes; F; Tuberculosis of lungs; yes
" 81633 Mann, Clarence; 1929-6-19; 10 mo; m; Navajo; yes; F; Unknonw[sic]; yes
" 86056 Shing, Marjorie; 1929-6-4; 8 da; f; ½ Hopi ½ Navajo; yes; ½; Asphysea[sic]; yes
" 75453 Slatehorse, Nellie; 1929-5-24; 31; f; Navajo; yes; F; Tubercular Osteomyalitis[sic] (left thigh); yes
" 83664 Tisiyazzie, Haska; 1929-4-12; 29; m; Navajo; yes; F; hemorrhage from nose not due to trauma; yes
" 81732 Tsinigine, Dora; 1929-4-[blank]; 1; f; Navajo; yes; F; Unknown; yes
" 71314 Tsinnie, Virginia; 1929-4-[blank]; 2½; f; Navajo; yes; F; Unknown; yes

Deaths Occurring between the Dates of **April 1, 1930 – March 31, 1931** of Indians Enrolled at Jurisdiction

1930 79435 Andrews, Bill; 1930-6-6; 25; m; Navajo; yes; F; Uremie[sic] Poisoning; yes
" 71186 Bancroft, Ana; 1930-10-17; 9; f; Navajo; yes; F; Unknown; yes
" 79592 Barlow, Lela; 1931-2-15; 36; f; Navajo; yes; F; Endocarditis Vegetative with decompensation; yes
" 83671 Begay, Dan; 1930-5-25; 9; m; Navajo; yes; F; Myo Carditis; yes
" 85793 Begay, Keith; 1930-6-6; 8; m; Navajo; yes; F; Meningitis, Tubercular; yes
" 71413 Bighat, Asanti; 1930-10-29; 80; f; Navajo; yes; F; Senility; yes
" 71412 Bighat, Charley; 1930-11-15; 85; m; Navajo; yes; F; Chronic Otitis Media, Meningitis; yes
" 71750 Bitahny, Louise; 1930-11-23; 61; f; Navajo; yes; F; Senitily[sic]; yes
" 79688 Boone, Bill; 1930-4-6; 7; m; Navajo; yes; F; Accidental Traumatic injury to abdomen; yes
" 73798 Burns, Eva; 1931-1-14; 23 mo; f; Navajo; yes; F; Accidental burned to death in Hogan; yes
" 73514 Burns, Salow; 1931-1-15; 3; m; Navajo; yes; F; Accidental burned to death in Hogan; yes
" none Bradley, E. Irene; 1930-6-29; 2 mo; f; Navajo; yes; F; Cerabral Spinal Meningitis; yes
" none Canyon, Gloria; 1930-5-15; 1½ mo; f; Navajo; yes; F; Accidental traumatic injury caused by a falling log from hogan; yes
" 71369 Canyon, Modesta; 1930-9-6; 31; f; Navajo; yes; F; Unknown; yes
" none Chief, Sadie; 1930-5-28; 22 da; f; Navajo; yes; F; Born under developed Undetermined; yes
" 83605 Chiseyazzie, Charley; 1930-5-10; 3; m; Navajo; yes; F; Unknown; yes
" 85934 Cox, Sadie; 1930-5-30; 33; f; Navajo; yes; F; Pulmonary TBc
" 79647 Delaney, Nora; 1930-4-10; Unk; f; Navajo; yes; F; Unknown; yes
" 71409 Denehdeal, Agnes; 1930-4-15; f; Navajo; yes; F; Pneumonia; yes
" 81504 Dodson, Mable; 1920-7-27; 2; f; Navajo; yes; F; Tubercular meningitis; yes
" 79563 Donald, Ned; 1930-9-7; 3; m; Navajo; yes; F; Unknown; yes
" 71482 Dugishihi, Doughlas[sic]; 1930-12-10; 42; m; Navajo; yes; F; Lobar Pneumonia; yes

Western Navajo Reservation
Navajo Death Rolls 1926-1933

Key: Year and Number Last Census Roll ; Surname, Given; Date of Birth (Year-Month-Day); Age at Death; Sex; Tribe; Ward (Yes/No); Degree of Blood; Cause of Death; At Jurisdiction Where Enrolled (Yes/No); (If no – Where)

1930 75414 Etsity, Oscar; 1930-Spring; 6; m; Navajo; yes; F; Unknown; yes
" 79479 Fat, Tim; 1931-3-15; 9; m; Navajo; yes; F; Tbc of Meninges; yes
" 81414 Fish, Cecil; 1930-6-23; 2 mo; m; Navajo; yes; F; Unknown; yes
" Unk Gene, Etta; 1930-7-14; 13; f; Navajo; yes; F; Pulmonary T.B
" 81723 Gishie, Lorena; 1930-6-2; 8; f; Navajo; yes; F; Myo Carditis; yes
" 81760 Iron, Bob; 1930-10-27; 3; m; Navajo; yes; F; Unknown; yes
" 81563 Jones, Freddie; 1930-12-24; 8; m; Navajo; yes; F; Tuberculosis Pulmonary; yes
" 73184 Kietennie, Jed; 1930-6-13; 86; m; Navajo; yes; F; Unknown; yes
" 82086 Lewis, Lottie; 1930-8-15; 30; f; Navajo; yes; F; Tuberculosos[sic]; yes
" 75355 Little, Bruce; 1930-10-?; 25; m; Navajo; yes; F; Unknown; yes
" 81710 Little, Catherine; 1930-6-6; 29; f; Navajo; yes; F; Unknown; yes
" 86002 Longsalt, Sharlot; 1930-5-20; 26; f; Navajo; yes; F; Puerperal sepsis 10 days post parten[sic]; yes
" 75267 Madman, Albert; 1930-6-9; 97; m; Navajo; yes; F; Cirrhosis of Liver Hypertrophic; yes
" 73098 Madson, Ada Miles; 1931-3-4; 15; f; Navajo; yes; F; Tuberculosis of Meninges; yes
" 75546 Manygoats, Jane; 1930-5-?; 88; f; Navajo; yes; F; Unknown; yes
" 71673 Many Whiskers, Jane; 1931-1-30; 66; f; Navajo; yes; F; Unknown; yes
" 81513 More, Danny; 1930-12-5; 3; m; Navajo; yes; F; Sarcoma left eye; yes
" 71124 Nalwood, Ella; 1930-9-6; 11; f; Navajo; yes; F; Unknown; yes
" 81444 Nelson, Beulah; 1930-12-?; 1½; f; Navajo; yes; F; Unknown; yes
" 71590 Nezsosie, Alberta; 1931-3-18; 60; f; Navajo; yes; F; Abdonimal[sic] Carcinomatosis; yes
" 77313 Owens, Mary; 1930-12-?; 79; f; Navajo; yes; F; Unknown; yes
" 71213 Posey, Freida; 1930-6-28; 22; f; Navajo; yes; F; Pneumonia, Tuberculosis; yes
" 71812 Posey, Fredrick Walter; 1930-8-10; 2 mo; m; Navajo; yes; F; Broncho Pneumonia; yes
" none Ried[sic], Edward; 1931-1-1; 1½; m; Navajo; yes; F; Broncho Pneumonia; yes
" 82174 RUnke[sic], Sophia M; 1930-4-5; 41; f; Navajo; yes; F; Unknown; yes
" 71026 Santa Fe, Martha; 1930-4-5; 2; f; Navajo; yes; F; Laryngitis Diphtheria; yes
" 77561 Sawyer, Ruth; 1931-1-23; 43; f; Navajo; yes; F; Unknown; yes
" 73811 Sayetsitsey, Dave; 1931-2-14; 1; m; Navajo; yes; F; Congestion of lungs probabel[sic] pneumonia; yes
" 77663 Semalle, Lilly; 1930-5-15; 64; f; Navajo; yes; F; Pneumonia; yes
" 73118 Seaton, Thomas; 1930-12-14; 10; m; Navajo; yes; F; Pneumonia; yes
" 81605 Short, Lucille; 1930-6-1; 24; f; Navajo; yes; F; Hypertrophic Hepatic Cirrhosis; yes
" 81938 Simpson, Frances; 1930-Spring; 2; f; Navajo; yes; F; Unknown; yes
" none Singer, Elizabeth; 1930-12-30; 1 mo; f; Navajo; yes; F; Unknown; yes
" 77426 Skinner, Haskey; 1931-Winter; 107?; m; Navajo; yes; F; Unknown; yes
" 77675 Slender, Millie; 1930-4-7; 55; f; Navajo; yes; F; Pneumonia; yes
" 71911 Slim, John; 1931-1-23; 27; m; Navajo; yes; F; Pulmonary Tuberculosis; yes
" 81839 Stevens, Alice; 1930-7-9; 11; f; Navajo; yes; F; Pneumonia; yes
" 79479 Talker, Della; 1931-2-13; 12; f; Navajo; yes; F; Pulmonary T B

Western Navajo Reservation
Navajo Death Rolls 1926-1933

Key: Year and Number Last Census Roll ; Surname, Given; Date of Birth (Year-Month-Day); Age at Death; Sex; Tribe; Ward (Yes/No); Degree of Blood; Cause of Death; At Jurisdiction Where Enrolled (Yes/No); (If no – Where)

1930 75250 Talker, Sam; 1930-4-?; 30; m; Navajo; yes; F; Unknown; yes
" none Unnamed; 1931-1-6; 10 da; m; Navajo; yes; F; Unknown; yes
" 71819 Tee, Zan Chee; 1930-12-4; 11 mo; f; Navajo; yes; F; Unknown; yes
" 85771 Tomasyo, Parley; 1930-12-19; 2; m; Navajo; yes; F; Unknown; yes
" 77310 Weaver, Betty; 1920-4-8; 28; f; Navajo; yes; F; Unknown; yes
" 73651 White, Edna; 1930-6-12; 18; f; Navajo; yes; F; Pulmonary Tbc; yes
" 71537 White Hair, Lena; 1930-4-26; 10; f; Navajo; yes; F; Pulmonary Tbc; yes
" 71174 Yazzie, Sam; 1931-3-[blank]; 84; m; Navajo; yes; F; Unknown; yes
" 71171 Yazzie, Virgil; 1930-12-[blank]; 4; m; Navajo; yes; F; Unknown; yes

Deaths Occurring between the Dates of **April 1, 1931 – March 31, 1932** of Indians Enrolled at Jurisdiction

1932 75676 Begay, Nellie; 1932-2-9; 1; f; Navajo; yes; F; Unknown; yes
1932 None Baysinger, Fred; 1931-12-2; 48 da; m; Navajo; yes; F; Pneumonia Lobular; yes
1932 75556 Bigthumb, Guy; 1932-3-24; 24; m; Navajo; yes; F; Unknown; yes
1932 71381 Bilagody, Mike; 1931-6-6; 62; m; Navajo; yes; F; Unknown; yes
1932 71839 Collins, Dorothy; 1931-9- -; 2; f; Navajo; yes; F; Unknown; yes
1932 75217 Daw, Garfield; 1931-6-9; 16; m; Navajo; yes; F; Unknown; yes
1932 77777 Dick, Claire; 1931-11-9; 2; m; Navajo; yes; F; Unknown; yes
1932 71146 Dickens, Dick; 1931-4-9; 82; m; Navajo; yes; F; Unknown; yes
1932 71859 Dinetso, Helen; 1932-2-27; 1; f; Navajo; yes; F; Pneumonia Lobar; yes
1932 75385 Etsity, Walter; 1932-3-14; 43; m; Navajo; yes; F; Unknown; yes
1932 79470 Fat, Tom; 1931-4-21; 9; m; Navajo; yes; F; Unknown; yes
1932 - Freeman, - -; 1931-4-24; 1; m; Pneumonia; yes
1932 75729 George, Windsor; 1931-9- -; 5 mo; m; Navajo; yes; F; Unknown; yes
1932 77333 Holt, Charlie; 1931-8-1; unk; m; Navajo; yes; F; TB (lungs); yes
1932 73466 Johnson, Jonas; 1931-5-29; m; Navajo; yes; F; Accidental Drowning; yes
1932 - Knight, Harris; 1931-7-26; 2; m; Navajo; yes; F; Unknown; yes
1932 73636 Lincoln, Abe; 1931-11- -; 51; m; Navajo; yes; F; Unknown; yes
1932 73336 Long, Tessie; 1931-4-10; 22; f; Navajo; yes; F; Infection (childbirth); yes
1932 71095 Maloney, Mach; 1932-3-1; 19; m; Navajo; yes; F; Unknown; yes
1932 75347 Manymules, Aaron; 1931-6-12; 21; m; Navajo; yes; F; Unknown; yes
1932 71358 Mexican, Jessie; 1931-4-18; 19; m; Navajo; yes; F; TBc?; yes
" 71359 Mexican, Katheryn; 1931-10-7; 16; f; Navajo; yes; F; Pulmonary, chronic Tuberculosis; yes
" 85990 Nelson, Carrie; 1931-5-15; 11; f; Navajo; yes; F; Tuberculosis Pulmonary; yes
" 81466 Neztose, Flo; 1932-3-11; 2; f; Navajo; yes; F; Unknown; yes
" 75284 Noeye, Josie; 1932-2-1; 47; f; Navajo; yes; F; Unknown; yes
" 85877 Perkins, Lillie; 1931-[blank]-19; 21; f; Navajo; yes; F; Unknown; yes
" 85876 Perking, Oran; 1931-6-3; 23; m; Navajo; yes; F; Unknown; yes
" 71663 Sitnaguy, Albert; 1932-2-10; 89; m; Navajo; yes; F; Unknown; yes
" 81442 Small Canyon, Harry; 1931-8-27; 1; m; Navajo; yes; F; Unknown; yes
" 71585 Sosie, Bell; 1931-9-1; 26; f; Navajo; yes; F; Active T. B.; yes
" 77424 Talker, Lena; 1931-12- -; 61; f; Navajo; yes; F; Unknown; yes

Western Navajo Reservation
Navajo Death Rolls 1926-1933

Key: Year and Number Last Census Roll ; Surname, Given; Date of Birth (Year-Month-Day); Age at Death; Sex; Tribe; Ward (Yes/No); Degree of Blood; Cause of Death; At Jurisdiction Where Enrolled (Yes/No); (If no – Where)

1932 81728 TSinigin[sic], Ethel; 1931-7-6; 22; f; Navajo; yes; F; Tbc; yes
" 81742 Tsinigin, Woodie; 1931-7-27; 14; m; Navajo; yes; F; Tbc; yes
" 85944 Watson, Elson; 1931-5-19; 20; m; Navajo; yes; F; Unknown; yes
" 71831 Williams, Edna Mae; 1931-7-13; 10; f; Navajo; yes; F; Dysentary[sic] ?; yes
" 85717 Williams, Lyman; 1931-10- -; 5; m; Navajo; yes; F; Unknown; yes
" 71365 Virgil, Kenneth; 1931-7-14; 12; m; Navajo; yes; F; Pneumonia (lungs); yes
" 75258 Yazzie, Violet; 1931-5-12; 29; f; Navajo; yes; F; Flu & Pneumonia; yes

Deaths Occurring between the Dates of **April 1, 1932 – March 31, 1933** of Indians Enrolled at Jurisdiction

1932 79797 Begaysonbegay, Pearl; 1932-1- -; 14; f; Navajo; yes; F; Unknown; yes
" 71678 Berlin, Dorothy; 1933-3-13; 44; f; Navajo; yes; F; Curebral[sic] Hemorrhage; yes
" 71219 Bigman, Austin; 1933-1- -; 68; m; Navajo; yes; F; Unknown; yes
" 71744 Bigsinger, Kesey; 1932-8-15; 1932-8-15; 8; m; Navajo; yes; F; Tbc Meninges; yes
" 71719 Binally, Gay; 1932-7-25; 28; f; Navajo; yes; F; Pulmonary, Chronic Advanced T.B.; yes
" 77508 Binally, John Henry; 1932-8-9; 1; m; Navajo; yes; F; Tbc Meninges; yes
" 77621 Blackhair, Mary Yazzie; 1933-1- -; 56; f; Navajo; yes; F; Unknown; yes
" 75777 Chambage, Mary; 1932-12-26; 2; f; Navajo; yes; F; Unknown; yes
" 75485 ChewingTobacco, Della; 1933-3-26; 72; f; Navajo; yes; F; Unknown; yes
" 83603 Chizzieyazzie, Thom; 1932-9- -; 15; m; Navajo; yes; F; Unknown; yes
" 86026 Clark, Bud; 1932-4-8; 17; m; Navajo; yes; F; Pheumonia[sic] and cardiac failure; yes
" 75248 Closewater, Cora; 1932-11-10; 68; f; Navajo; yes; F; Neningites[sic]-Sec Acute Mastoidetes[sic]; yes
" 81696 Colie, Martha; 1932-12-1; 79; f; Navajo; yes; F; Unknown; yes
" 71103 Edge Water, Preston; 1932-7-15; 10; m; Navajo; yes; F; Accidental Drowning; yes
" 71757 Etsity, Charley; 1932-4-29; 72; m; Navajo; yes; F; Corony[sic] Embolus; yes
" 81658 Franklin, Harold; 1932-11-27; 103?; f[sic]; Navajo; yes; F; Unknown; yes
" 77645 Grant, Betsy; 1932-4-4; 7; f; Navajo; yes; F; Unknown; yes
" 85722 Grey, Margaret; 1932-4-4; 7; f; Navajo; yes; F; Unknown; yes
" 82137 Harper, Walter; 1933-2-22; 38; m; Navajo; yes; F; Unknown; yes
" 81407 Hosteen, Bessie; 1932-9-16; 32; f; Navajo; yes; F; Advanced pulmonary tuberculosis; yes
" 73521 Johnson, Elwood; 1932-11-19; 17; m; Navajo; yes; F; Spinal Cocerebro[sic] fever; yes
" 81427 Josly, Edna; 1933-3-3; 3; f; Navajo; yes; F; Unknown; yes
" 71620 Kaibetiny, Rebecca; 1932-5- -; 27; f; Navajo; yes; F; Unknown; yes
" 75782 John, Sallie; 1933-3-9; 3 mo; f; Navajo; yes; F; Unknown; yes
" 79456 Luna, Maud Long; 1932-6- -; 22; f; Navajo; yes; F; Unknown; yes
" 71929 Maloney, Jimmie; 1933-2-6; 3; m; Navajo; yes; F; Unknown; yes
" 71887 Maloney, Mary Lee; 1932-4-5; 3 mo; m[sic]; Navajo; yes; F; Lobar Pneumonia; yes

Western Navajo Reservation
Navajo Death Rolls 1926-1933

Key: Year and Number Last Census Roll ; Surname, Given; Date of Birth (Year-Month-Day); Age at Death; Sex; Tribe; Ward (Yes/No); Degree of Blood; Cause of Death; At Jurisdiction Where Enrolled (Yes/No); (If no – Where)

"   71099 Maloney, Mary Louise; 1933-2- -; 7; f; Navajo; yes; F; Unknown; yes
"   77576 Means, Sallie; 1933-1-27; 56; f; Navajo; yes; F; Unknown; yes
"   77755 More, Annette; 1932-7-22; 1; f; Navajo; yes; F; Gastro-enteritis; yes
"   81816 Nez, Ruth; 1932-7-26; 2; f; Navajo; yes; F; Wounds multiple crushing of head; yes
"   79870 Perkins, Dan; 1932-4-20; 1; m; Navajo; yes; F; Unknown; yes
"   77613 Phoenix, Cora; 1932-7-27; 34; f; Navajo; yes; F; Unknown; yes
"   83645 Secody, William; 1933-2-12; 49; m; Navajo; yes; F; Unknown; yes
"   73479 Stanley, Jane; 1933-3-12; 10; f; Navajo; yes; F; Tb of Meninges; yes
"   81729 Tisingine, Gray; 1932-5-18; 10; m; Navajo; yes; F; Tb of Meninges; yes
"   82140 Todatine, Juanita; 1932-5-6; 18; f; Navajo; yes; F; Unknown; yes
"   None Tohannie, H Dutton; 1932-7-17; 2 mo; m; Navajo; yes; F; actue[sic] Gastro-enterites[sic]; yes
"   71128 TSinnie[sic], Ira; 1932-6-16; 32; m; Navajo; yes; F; Unknown; yes
"   81886 Webster, Charley; 1933-2-28; 65; m; Navajo; yes; F; Pneumonia LUb[sic] L; yes
"   75739 Wheeler, Roland; 1932-11- -; 6 mo?; m; Navajo; yes; F; Unknown; yes
"   73460 White, Isaac; 1932-12-21; 18; m; Navajo; yes; F; Acute Rheumatic fever; yes
"   73659 White, Mary; 1933-1- -; 76; f; Navajo; yes; F; Unknown; yes
"   71723 Whitehair, Lenard; 1032- 11- -; 84; m; Navajo; yes; F; Unknown; yes
"   83701 Whitehorse, Pop; 1933-3-5; 71; m; Navajo; yes; F; Unknown; yes
"   71555 Yazzie, Homer; 1933-3-24; 37; m; Navajo; yes; F; Unknown; yes
"   43646 Speck, Grace; 1932-4-26; [blank]; f; Navajo; yes; F; Intestinal obstruction; yes

DEATHS - HOPI

Exclusive of Stillbirths

Western Navajo Reservation
Hopi Death Rolls 1926-1933

Key: Year and Number Last Census Roll ; Surname, Given; Date of Birth (Year-Month-Day); Age at Death; Sex; Tribe; Ward (Yes/No); Degree of Blood; Cause of Death; At Jurisdiction Where Enrolled (Yes/No); (If no – Where)

Births Occurring between the Dates of **April 1, 1927 – March 31, 1928** to Parents Enrolled at Jurisdiction

Siweyestewa, Henry; 1927-4-3; 27; m; Hopi; yes; F; Nephritis; yes
Dalton, Pearl; 1927-12-24; 1 mo; f; Hopi; yes; F; Unknown; yes
Honyestewa, H. Willard; 1927-7-30; 3 mo; m; Hopi; yes; F; Malnutrition; yes
Miles, Kay; 1928-1-16; 1¾; m; Hopi; yes; F; Unknown; yes
Phillip, Robert; 1927-11-20; 5 mo; m; Hopi; yes; F; Unknown; yes
Quache, Clarence; 1928-1-9; 7 mo; m; Hopi; yes; F; Unknown; yes
Tewa, Camilla; 1928-1-10; 1; f; Hopi; yes; F; Unknown; yes

Births Occurring between the Dates of **April 1, 1928 – March 31, 1929** to Parents Enrolled at Jurisdiction

Accowsie, [blank]; 1928-5-30; 80; m; Hopi; yes; F; Unknown; yes
Gashyesva, Nellie Jenkins; 1929-4-18; 36; f; Hopi; yes; F; Pulmonary Tbc; yes
Guyouganwise, [blank]; 1928-4-14; 100; f; Hopi; yes; F; Unknown; yes
Hoosava, [blank]; 1928-11-28; born dead; m; Hopi; yes; F; [blank]; yes
Jenkins, Russel; 1929-4-24; 1; m; Hopi; yes; F; Meningitis, Tub; yes
Tsawetesa, Rachel; 1928-5-28; 1; f; Hopi; yes; F; Enteretis[sic]; yes

Births Occurring between the Dates of **April 1, 1929 – March 31, 1930** to Parents Enrolled at Jurisdiction

Kayongyemptewa, J Burton; 1929-9-18; 1; f; Hopi; yes; F; Unknown; yes
Phillips, Fredrick; 1930-3-18; 1 mo; m; Hopi; yes; F; Diarrhea; yes

Births Occurring between the Dates of **April 1, 1930 – March 31, 1931** to Parents Enrolled at Jurisdiction

Holmes, [blank]; 1930-12-15; 2 mo; m; Hopi; yes; F; Unknown; yes
Honahni, [blank]; 1930-11-24; 9 da; f; Hopi; yes; F; Unknown; yes
Honahni, Asher; 1930-6-28; 14; m; Hopi; yes; F; Tubercular meningitis; yes
~~1930 71639 Leahni, Beatrice; 1930-7-[blank]; 4; f; Puite (unk); yes; F; Unknown; yes~~
Loytokeshe, [blank]; 1930-11-29; 79; m; Hopi; yes; F; Unknown; yes
Naseen, Adrian; 1930-4-30; 34; m; Hopi; yes; F; Pneumonia; yes
Quache, [blank]; 1930-12-15; 6 hrs; m; Hopi; yes; F; Unknown; yes
Seweumptewa, [blank]; 1930-9-[blank]; 50; m; Hopi; yes; F; Unknown; yes
Seweumptewa, William Roy; 1931-1-30; 4 mo; m; Hopi; yes; F; Unknown; yes
Talehyea, Norman; 1930-12-19; 5 mo; m; Hopi; yes; F; Unknown; yes

Births Occurring between the Dates of **April 1, 1931 – March 31, 1932** to Parents Enrolled at Jurisdiction

Dallas, Thersa[sic]; 1931-[blank]-[blank]; 6; f; Hopi; yes; F; Unknown; yes
Humetewa, Clarence; 1931-4-21; 1 mo; m; Hopi; yes; F; Under mourished?[sic]; yes
Johnson, Joseph; 1931?-[blank]-[blank]; 1 ?; m; Hopi; yes; F; Unknown; yes
Sidwiyestewa, Stella; 1931-7-9; 36; f; Hopi; yes; F; Tumor, abdomen; yes
Tewa, Willie; 1931-7-11; 31; m; Hopi; yes; F; Unknown; yes

175

Western Navajo Reservation
Hopi Death Rolls 1926-1933

Key: Year and Number Last Census Roll ; Surname, Given; Date of Birth (Year-Month-Day); Age at Death; Sex; Tribe; Ward (Yes/No); Degree of Blood; Cause of Death; At Jurisdiction Where Enrolled (Yes/No); (If no – Where)

Jenkins, Mable; 1932-1-10; 11; f; Hopi; yes; F; Unknown; yes

Births Occurring between the Dates of **April 1, 1932 – March 31, 1933** to Parents Enrolled at Jurisdiction

Dallas, Bernard; 1933-3-12; 1; m; Hopi; yes; F; Unknown; yes
~~Chielysters, Fred; 1921-4-7; 22; m; Navajo-Paiute; yes; F; Pulmonary Tb Acute; yes~~
Gaseoma, [blank]; 1933-2-[blank]; 3 da; f; Hopi ½ ?; yes; Unknown; yes
Holmes, [blank]; 1921-5-[blank]; 18 da; m; Hopi; yes; F; Unknown; yes
Honeyestewa, [blank]; 1932-8-[blank]; 5 da; f; Hopi; yes; F; Unknown; yes
Hoosava, Mary Etta; 1932-11-[blank]; 4 mo; f; Hopi; yes; F; Unknown; yes
Humetewa, Margrete; 1933-3-8; 2; f; Hopi; yes; F; Unknown; yes
Humetewa, Veta; 1932-5-[blank]; 23; f; Hopi; yes; F; Unknown; yes
Kawanheptewa, Teddy; 1932-9-18; 22; m; Hopi; yes; F; Pulmonary Tb; yes
Kaye, George; 1932-4-17; 32; m; Hopi; yes; F; Unknown; yes
Kaye, Theodore; 1932-7-[blank]; 14 mo ?; m; Hopi; yes; F; Unknown; yes
Kaye, Theresa; 1933-1-[blank]; 4; f; Hopi; yes; F; Unknown; yes
Ponayonetewa, Ione Palmer; 1932-9-21; 18; f; Hopi; yes; F; Unknown; yes
Taleshoma, David; 1932-12-5; 2; m; Hopi; yes; F; Acute parenchynietous[sic] nephritis; yes
Tenochenewa, Warren; 1932-12-20; 10 mo; m; Hopi; yes; F; Unknown; yes

DEATHS - PAIUTE

Exclusive of Stillbirths

Western Navajo Reservation
Paiute Death Rolls 1926-1933

Key: Year and Number Last Census Roll ; Surname, Given; Date of Birth (Year-Month-Day); Age at Death; Sex; Tribe; Ward (Yes/No); Degree of Blood; Cause of Death; At Jurisdiction Where Enrolled (Yes/No); (If no – Where)

Births Occurring between the Dates of **Apr. 1, 1931 – March 31, 1932** to Parents Enrolled at Jurisdiction

1932 4574 Chilysters, Fred; 1932-4-7; 29; m; Piute-Navajo; yes; F; Unknown; yes
1932 4589 Leanni, Beatrice; 1929-4-14; 7; f; Piute; yes; F; Unknown; yes

Limited Index

ABE, Joe 84
AHSOHTSE, Margaret 118
AKEE 2
    Lee 111
BADFOOT
    Lena 118
    Mona 118
    Ray 118
BAILEY, Pat 89
BARNES, Wilford 15
BEGAY
    John 139
    Mike 82
    Wallace 139
BEJADA, Jessie 65
BENSON 10
BERDEN, Joseph 139
BESENT, Rose 84
BIGAMBLER, Andrew 11
BILAI, Betsy 36
BILIA, Susanna 36
BINALLY, Ben 8
BIZARDI, Amos 139
BLACK
    Hettie 73
    Nettie 73
BLACKHAT, Maxine 60
BOONE, Sam 56
BRAIDER, Juliet 5
BURKE
    Gladys 56
    Margaret 56
BURTON
    Agnes 140
    Beulah 130
    Clara 130
    Donald 130
    Ellene 130
    Gale 23
    Geraldine 139,140
    Horace 130
    Nellie 130
    Thomas 139,140
CHEE, Ned 139
CHISSYYAZZIE, Laura 76
CLAW, Silas 22
CLITSO, Seth 124
CODY, Elsie 57
CONLEY, Con 83
DAVIS
    Eli 139
    Rose 112
DENALSOIE, Belva 100
DENETDELE, Martha 71
DEPTHLONEY, Nancy 1
DICK, Frank 139
DICKENS, Effie 37
DINALPAHE
    Dan 118
    Joe 118
    Luther 118
DINETSO, Hooke 23
DOCTOR, Johnnie 67
EDGEWATER
    Dillon 12
    Grace 119
EDISON, Mary 20
EDWARDS
    Avis 30
    Frances 30
    May 87
ENDISCHEE, Dorothy 90
ETSITTY, Richard 23
GREEN, Nora 36
GREYHAIR, Amy 116
HOLIDAY, Ford 102
HOLLAR, William 86
HOLLIDAY, Betsy 123
HOSKINS, Boyd 57
HOSTEENEZ, Lutie 86
HOSTELO
    Elsie 37
    Louis 37
    Lucile 37
HUNT, Jean 54
JODY, Betty 35
JOHN, Harry 68
JOHNSON
    Gray 105
    Paul 48
JOSLY
    Alice 62
    Avas 62
KEAMS

Limited Index

Frances 19
Lee 19
Louise 19
Mark 19
Opal 19
Owen Talker 19
Ramona 19
KESQUELLA, John 139
KESQUILIA, Christine 64
LE CLERE, Mabel Johnson 139
LEFLORE, Rena 37
LEFTHAND, Bernell 139
LEHIHI, Henry 139
LEIHI, Henry 139
LEWIS
   Violet 140
   Walter 67
LINCHEEZE, Lillie 2
LITTLE
   Clara 116
   Florencew 20
   Kee 116
   Ping 116
   Sam 116
LITTLEMAN, Anna 100
MALONEY
   James 8
   John 8
   Marvin 8
   Okee 8
MANHIEMER, Joe 89
MANN, Tamon 139
MANNHEIMER, Kiern 62
MANYGOATS, Silvia 83
NASEWMTEWA, Paul 126
NATAHE, Calvin 93
NELSON
   Alfred 67
   Ivan 67
NORRIS, Fred 98
PEACHES, Henry 33
QUASHERS, Esther 13
REDBURROW, Mrs 139
REID, Logan 5
ROSS, Heber 51
SAGANITSO, Louis 60
SAKIESTEWA, Rosie 130

SCENELLY, Gus 48
SEATON, Nora 101
SIWEYESTEWA, Lyda 137
SKENANDORE, Irene 139
SMITH
   Jack 112
   Mathew 34
STANDLY
   Inez 1
   Mabel 1
STANLEY, Margery 1
STEWART, Ben 77
TACHEBEGAY
   Ada 39
   Agnes 39
TEEL
   Bahe 86
   Lona 86
THIN, Dan 49
TISI, Jerry 7
TOHANNE, Kenneth 19
TSINNIE
   James 64
   Richard 5
VIRGIL, Fay 78
WEBB, Sarah 139
WEBSTER, Mary Corinne 123
WETHERALL, Bettie 17
WHITE, Albert 139
WHITEHAIR
   Dalton 139
   Herschel 139
WILLIAMS, Jerry 139
YANAANATZA, Phoebe 71
YANATZA
   Anna 71
   Phoebe 139
YANLWOOD, Harley 79
YAZZIE, Bessie 46

www.ingramcontent.com/pod-product-compliance
Lightning Source LLC
Chambersburg PA
CBHW020254030426
42336CB00010B/760